形象德育论

孙婷婷　著

Study on Image
of Moral Education

中国社会科学出版社

图书在版编目（CIP）数据

形象德育论／孙婷婷著.—北京：中国社会科学出版社，
2023.4

ISBN 978 - 7 - 5227 - 1704 - 3

Ⅰ.①形… Ⅱ.①孙… Ⅲ.①德育—研究 Ⅳ.①G41

中国国家版本馆 CIP 数据核字（2023）第 052861 号

出 版 人	赵剑英
责任编辑	马　明
责任校对	王佳萌
责任印制	王　超

出　　版	中国社会科学出版社
社　　址	北京鼓楼西大街甲 158 号
邮　　编	100720
网　　址	http://www.csspw.cn
发 行 部	010 - 84083685
门 市 部	010 - 84029450
经　　销	新华书店及其他书店

印刷装订	三河市华骏印务包装有限公司
版　　次	2023 年 4 月第 1 版
印　　次	2023 年 4 月第 1 次印刷

开　　本	710×1000　1/16
印　　张	20.5
字　　数	316 千字
定　　价	109.00 元

凡购买中国社会科学出版社图书，如有质量问题请与本社营销中心联系调换
电话:010 - 84083683

序

　　《形象德育论》是我国第一本专门而系统地研究形象德育的学术专著。该书是孙婷婷博士在其同名博士学位论文基础上修改完成的，作为其博士导师，我围绕形象德育问题同她进行过多次探讨，确定了论文的选题和思路，并提出了一些修改意见。孙婷婷博士孜孜不倦、勤奋钻研形象德育问题，用心血和汗水浇灌出了一篇高质量的《形象德育论》博士学位论文，该论文被全国高校思想政治教育研究会学术委员会评为全国高校思想政治教育学科优秀博士学位论文。在此基础上，孙婷婷博士继续专注和不断深化形象德育问题研究，发表了一系列相关研究成果，该书就是其潜心研究的结晶。看到该学术专著即将付梓，欣慰之情油然而生！

　　形象德育是德育研究的新领域、新课题。该书对形象德育的一系列问题进行了深入探索。该书的创新之处主要有以下几点。

　　第一，深入探讨了形象德育内在的、固有的思维根基。长期以来，思想政治教育习惯使用说理教育，而对形象德育则关注和探索不够。形象德育与说理教育具有不同的思维基础。正如人脑具有左脑和右脑构成的不同结构一样，人脑的思维也有形象思维和抽象思维两种不同的思维形态。形象思维是运用形象、图像、景象的思维，抽象思维是运用概念、判断、推理的思维，前者是具象的，后者是抽象的，前者诉诸逻辑思维，后者诉诸意象思维，特别是运用一定的典型化的生动感人的艺术形象、生活形象、自然形象乃至虚拟形象进行想象和联想，使人们在身临其境的形象德育活动中产生一种思想感悟和情感共鸣。因此，形象德育具有抽象的说理教育所不可替代的优势。

　　第二，首次明确提出并探索了形象德育的内涵和本质。指出形象德育就是依托和运用生动具体的形象开展思想道德教育，培育、塑造和提高人的思想道德素质的一种社会实践活动。形象德育的本质就是形象启迪思想。"形象"是形象德育的基础和依托，"思想"是形象德育所要揭示的形象背后隐藏的深刻的意蕴、观念和价值，"启迪"是运用形象的内容和方法来启发、影响、教育人的德育活动过程。形象德育始终离不开形象的发掘、创作与呈现，离不开形象所具有的深刻思想意蕴的凝练、交流与感悟。

第三，分析了形象德育的要素和结构。形象德育是一个系统，由艺术形象德育、生活形象德育、自然形象德育、虚拟形象德育四个要素或子系统构成，诸要素或子系统以一定的方式相互联系、相互结合和相互作用，形成了形象德育的系统结构。形象德育要以社会生活中涌现出的先进典型人物形象为主导，优化形象德育结构，带动艺术形象、自然形象和虚拟形象共同育德的活动，提高形象德育的整体效应。

第四，探索了形象德育的过程及其规律。形象德育是一个由发现形象、塑造形象、传播形象、认同形象、效仿形象等阶段有机构成和有序推进的客观过程。形象德育的实践活动过程，受到内在固有的形神统一规律、情理交融规律、主客感应规律、言行一致规律等客观规律的主导和制约。该书深入探索和揭示了形象德育的这些客观规律，为深入开展形象德育、提高形象德育科学化水平提供了重要参考。

形象德育是思想政治教育的一个全新的研究领域，这一领域随着智媒体时代视觉文化和视觉艺术的发展而初放光彩。该书的出版，不仅拓展了思想政治教育的研究视域，而且奠定了形象德育进一步探索的重要基础，对于推进思想政治教育的理论与实践的创新发展具有重要的时代价值。当然，该书对抽象思维和形象思维在思想政治教育中优势互补的探索还有待深化。然而，瑕不掩瑜。古人云："苟日新，日日新，又日新。"求学无止境，创新有来人。对于一位年轻学者来说，这部著作的面世应该是万里长征刚走完第一步，相信其会继续努力，不懈耕耘，取得更加丰硕的学术成果。

是为序。

骆郁廷
2022 年 3 月于珞珈山

前　言

　　形象德育是德育研究的重要领域，也是德育研究的重大课题。人们生活在丰富多彩的形象构成的世界里，思想和行为无时无刻不受到形象的影响。但形象的这种影响，往往是自发产生的，而不是自觉形成的。将形象纳入德育研究的视野，将形象德育作为专门的研究对象，系统探索形象德育的内涵本质、特点规律、路径方法，有助于深入推进形象德育的理论创新和实践发展，使形象对人的思想行为的影响，由自发上升到自觉，由经验上升到科学。

　　形象包括呈现于人们眼前的物象，也包括呈现于大脑中的意象，它们是人类文化的形象之网的纵横线，共同复制、陈述、传播着人类经验。形象编织了人类生活的重要主题，构建了个体经验、思想、交流的基本载体。广袤宇宙，大千世界，从日常生活到社会活动，形象的触角蔓延到每一个角落，人们生活在千姿百态、生动鲜活的形象当中。人们无时无刻不在感知着各种具体形象，人与形象，始终处在亲密的互动之中。形象通过人的感官作用于人脑，形成人的"主观印象"，经过加工、整理、综合，成为人的思想认识的一部分。没有形象，人的思想就会枯萎；没有形象，人的情感就要枯竭；没有形象，人的生活就会显得苍白。人们徜徉在大自然中，欣赏山川河流、花鸟鱼虫，常赋予其以主体情感和审美意蕴，融会天人合一、情理交融的和谐感和愉悦感；文艺作品塑造的艺术形象，生动再现了社会生活的本质，一遍遍升华着人们的情感；流变不居、气象万千的社会生活，蕴育出大批的先进人物和典型形象，一次又一次感动、启迪着人们；赛博空间中充满艺术想象力的虚拟形象，彰显着信仰和人性的力量，牵动着人们的喜怒哀乐。无论是在日常生活中，还是在艺术生活、虚拟生活中，人们都在使用形象，始终离不开生动具体的形象。

形象通过模仿、渗透、认知等途径传布思想而成为德育载体。本书以马克思主义关于形象德育的重要论述为指导，以社会实践中的形象德育活动为基础，以形象德育的有效实施为目的，围绕"为什么要研究形象德育""什么是形象德育""如何有效开展形象德育"这些基本问题，探究形象德育的价值、依据、内涵、本质、类型、结构、过程、规律、路径、方法，尝试建立形象德育的系统理论研究，推进形象德育的理论创新和实践发展。

循着这一路径，本书主要从以下三个方面开展研究。

第一，形象德育的缘起。"为什么"要开展形象德育是形象德育研究的前提。本部分内容主要集中在第一和第二章，探索形象德育的缘起、价值和依据，回答为什么要开展形象德育。全球化、信息化、网络化，尤其是以信息化技术为背景的图像时代，构筑了德育发展的时代语境，重塑着人类生活的现实意义空间，深刻影响并革新着人类的思维、行为乃至生存方式，形象德育的时代价值在这一境遇下得到进一步凸显。在第二章形象德育研究的基本依据中，笔者尝试研究形象德育的基本依据，包括形象德育的内在依据、理论依据和实践依据，从三个方面阐明和论证形象德育的客观性、必然性和必要性，尤其是紧迫性。

第二，形象德育的实质。形象德育"是什么"是形象德育研究的核心。本部分内容主要集中在第三章和第四章，主要对形象德育的内涵、本质、特点、结构等进行研究。在第三章，主要探讨和分析了形象德育的内涵、本质和特点。形象德育是依托和运用生动具体的形象开展思想道德教育，培育、塑造和提高人的思想道德素质的一种社会实践活动。形象的本质在于形象启迪思想，这是贯穿一切形象德育活动、贯穿形象德育活动始终的形象德育的本质。形象德育主要呈现出直观性、生动性、渗透性、感染性、体验性、示范性等特征。第四章主要对形象德育的结构进行分析。形象德育的结构主要由艺术形象德育、生活形象德育、自然形象德育、虚拟形象德育四个方面构成，并以一定的方式相互联系、相互作用和相互结合，形成了一定的内在结构，提出要以生活形象德育为主导，优化形象德育结构、提高形象德育整体效应。

第三，形象德育的实施。形象德育"怎么做"是形象德育研究的落脚点。这部分的内容主要集中在第五章和第六章，着重要研究形象德育的过程、规律、途径和方法。第五章阐明和论证形象德育包括发现形象、塑造形象、传播形象、认同形象以及效仿形象五个环节，各环节环环相扣、紧密联系，共同构成形象德育的客观过程。指出形象德育的过程受形象德育规律的支配和指导，是形象德育规律的反映和表现。提出形象德育的规律，体现为形象德育的各要素之间内在、本质的必然的联系，包括形神统一规律、情理交融规律、主客感应规律、言行一致规律等。第六章主要对于形象德育作为一项系统工程，提升实效必须创设的路径方法。从课堂、艺术、实践、传媒、网络、人格等途径加以推进，提出形象德育的具体方法，如典型教育法、艺术欣赏法、直观教育法、情境模拟法、环境熏陶法、感受体验法、情感共鸣法、言传身教法等，为实践开展提供路径选择和方法参考。

形象德育的缘起、形象德育的本质和形象德育的实施之间有着内在的联系。形象德育的缘起研究是形象本质研究的前提，形象德育的本质研究为深入开展形象德育、提高形象德育科学化水平提供了理论前提。形象德育的实施是形象德育本质研究的最终环节。三者相互联系，关系层层递进，环环相扣，共同构成了形象德育研究的有机整体，要系统地加以认识和把握。

目　录

第一章

形象德育研究引论

形象与人类文明相伴相生，我们生活在丰富形象构成的世界中，形象强烈地渗透到社会生活的各个领域。打开历史长卷，或漫步现实世界，又或是进入虚拟生活，我们总是随处可以领略到各种各样的形象，随时可以感受到形象的魅力。形象作为人们最常见的东西，与人发生着广泛而密切的联系，无声却又有力地影响着人们的思想和行为。在传播技术发达的今天，形象更是以各种视觉图像的方式集中而多维地呈现出来，人们对形象的关注自然越发频繁，受形象影响的程度越发深入，形象的内在能量得到了极大的扩张，相应的，它在人类社会生活中的意义也越发鲜明。同时，形象是德育研究的重要范畴，形象构成了人类经验、思想、交流的基本载体，通过模仿、渗透、认知等途径传载思想、发挥教育作用，形象的优越特性及其发展变化为深入开展形象德育的理论探索，并促使这种理论探索朝着推动德育实践创新的方向演进，开拓了广阔的空间。

第一节　问题的提出

将形象纳入德育范畴，将形象德育作为德育理论研究的新课题，并不是偶然的。这是德育理论创新研究的必然要求，也是提升德育实效的客观要求，同时也是促进人的全面发展的内在需求。

一　德育理论创新的必然要求

把形象德育纳入思想政治教育的研究视野，有利于拓展思想政治教育的研究领域，实现德育理论的创新。德育实践是德育研究的对象，德育实践总是德育主体在特定思维指导作用下的实践活动，德育研究总是要研究德育主体的思维方式及其影响和主导的德育实践。德育中的思维包括抽象思维和形象思维。长期的传统德育实践中，人们往往倚重单一的抽象思维方法，以语言文字作为思维的工具，更加注重抽象的理论思维、理论灌输和理论教育，关注理性因素在德育中的地位和作用，诉诸抽象的概念、逻辑的思维和理论的阐述，靠理论教育、影响、说服人。同时，往往忽视发挥形象思维、形象启迪在德育中的积极作用，忽视形象德育的探索与创新，对形象德育在认识上尚有偏差，运用上不够自觉，存在重抽象性轻形象性、重深刻性轻生动性、重思想性轻艺术性、重逻辑性轻感染性的现象。即使看到了形象思维的重要作用，也往往把形象思维局限在智育的范畴中，忽略了其在德育中的作用。或是在形象德育的局部方面，如在运用典型人物示范作用、直观教学手段和情境育德、活动育德等方法提升人的道德水平等方面，取得突出成果，但却从未全面、深入地研究形象德育问题，提出概念，形成理念，探索形象德育的特点和规律，创新形象德育的理论与方法。过度重视抽象理论的德育，在理论和逻辑上不乏严谨、完整，有益于逻辑思辨训练和思维养成，但显得枯燥乏味，缺乏吸引力和感染力。与人们往往重抽象思维、轻形象思维相一致，德育研究存在重理论教育、轻形象德育的现象也就不足为怪了。这种偏向，不仅影响了德育研究的视域，也影响了德育研究的深度。把形象德育纳入德育研究的视野，势必涉及形象德育与形象智育、形象德育与理论德育的比较研究，涉及马克思主义以及中西方关于形象德育的有关理论与方法的研究，尤其涉及中外德育理论和方法的比较研究，有助于扩大德育的研究范围，开辟德育新的研究领域。

形象德育研究是一个多学科、跨学科研究的重大课题，涉及心理学、社会学、教育学、文学、美学、艺术以及现代传播学等相关学科。国外利用跨学科的研究成果推进运用形象的内容和方法育德的形象德育研究，已经做了一些有益的探索，取得了一些积极成效，为我们吸收和借鉴这些成果，促进形象德育研究的跨学科理论探讨和多学科交叉融合，提供了可资借鉴的"他山之石"。我们要站在跨学科、多学科研究的理论高度，开展形象德育开放性、多维度的比较研究，不断拓展形象德育研究的广度、深度。

党的十八大以来，以习近平同志为核心的党中央高度重视思想政治工作。习近平总书记在全国高校思想政治工作会议上指出："做好高校思想政治工作，要因事而化、因时而进、因势而新。要遵循思想政治工作规律，遵循教书育人规律，遵循学生成长规律，不断提高工作能力和水平。"[①] 这就为在新时代推进思想政治工作提供了科学的指导原则的同时，也为在新时代不断推动思想政治教育的理论创新赋予了更为明确的历史使命，思想政治教育工作者必须顺应时代、立足现实，加强和创新思想政治教育基础理论研究。德育是一门研究人的思想道德教育规律的科学，德育对象不是别的，是活生生的人，是生活在现实社会关系中有血有肉有情感的人。列夫·托尔斯泰认为："各种各样的感情……只要他们感染读者、观众、听众，就都是艺术的对象。"[②] 艺术是情感的表达，艺术形象再现的同时也意味着可以引发既定的情感反应。柏拉图"听到荷马或其他悲剧诗人摹仿一个英雄遇到灾祸，说出一大段伤心话，捶着胸膛痛哭，我们中间最好的人也会感到快感，忘其所以地表达同情，并且赞赏诗人有本领，能这样感动我们"。[③] 从社会关系中具体的人出发，将其培养成具有一定社会所需要的思想道德素质和综合素质的人，是德育的根本任务。"由于道德的活动与物质生产和科学活动不同，它主要不是对象性的活动而是关系性的活动，它是人将自己与外部关系的合理性反求于己，由内心建立的评价尺度激荡起的情感。因此，道德感不是被动地接受社会道德规范对它的约束，而是主体内蕴涵的归属欲望和向善要求得到满足与否的情感反映。"[④] 德育只有诉诸生动的形象和丰富的情感，引发人们思想和情感上的变化，才能达到育人的目的。

形象德育，主张运用形象化的内容和方法进行德育，既需要教育者

---

① 习近平：《全国高校思想政治工作会议讲话》，《人民日报》2016 年 12 月 9 日第 1 版。

② ［俄］列夫·托尔斯泰：《什么是艺术》，何永祥译，江苏美术出版社 1990 年版，第 59 页。

③ ［古希腊］柏拉图：《文艺对话集》，朱光潜译，人民文学出版社 1963 年版，第 85 页。

④ 朱小蔓：《情感德育论》，人民教育出版社 2005 年版，第 69 页。

仔细观察、比较、遴选形象，又需要引导学生思考形象背后的思想意蕴。形象德育倡导生动的感知、激情的参与、用心的品味、内在的体认，比起平铺直叙的理论表达，多了一些自由想象的空间，添了一份生动鲜活的情趣。邵尧夫诗云："'月到天心处，风来水面时'，子美非知道者，何与尧夫之言若有合也。予为集一联云：'水流云在，月到风来'，对此景象，可以目击道存矣。"所谓"目击道存"，是指既有可以感知的具体形象，又有内在蕴藏的生活哲理，因而鲜明生动，饶富理趣。形象德育具有自身的思想内涵与作用机理，深入探索形象思维影响和作用人的心理、意识和行为的内在机理，全面开展形象德育的价值、内涵、本质、内容、结构等一系列基础理论问题研究，深入揭示形象德育的本质特点和基本规律，有助于加深人们对形象德育的基础理论研究，促进形象德育乃至整个德育的基础理论创新。

德育要注重用科学的理论教育武装学生，把理论讲透彻、说明白，然而，若只是平白端出抽象的理论、知识、概念给学生，而缺乏形象的启迪、人格的感染、情感的熏陶、环境的浸润，无法引起受众心灵的激荡，这样的德育往往难以达到育人的目的，甚至会遭受挫折和失败。"艺术能在任何人身上产生作用，不管他的文明的程度和受教育的程度如何，而且图画、声音和形象能感染每一个人，不管他处在某种进化的阶段上。"① 德育固然离不开理论的灌输，但也十分需要注意形象的启迪。形象思维在德育中大有可为。形象德育活动总是伴随着生动的形象、丰富的想象、深刻的思想和强烈的情感，把真理性的抽象理论转化为生动、具体的案例、事实、故事等，适当而巧妙地利用形象思维的方法，如修辞中的排比、语言中的幽默、文学中栩栩如生的典型、生活中富含思想与情趣的事例，等等，无疑会使抽象的说理变得更加生动活泼、活灵活现。德育唯有把理论育德和形象育德有机结合起来、把图像与思想结合起来、把形象思维与德育活动结合起来，使逻辑性的理论与形象性的材料相辅相成、相得益彰，以理论说服人、以典型感召人、以形象感染人、以情操感动人，才能使德育既深刻又生动，有效实现具体感知和抽象思

---

① ［俄］列夫·托尔斯泰：《艺术论》，丰陈宝译，人民文学出版社1958年版，第103页。

维的统一，生动形象和深奥理论的统一。总结形象德育实践的鲜活经验，概括形象德育研究的最新成果，建构内发性、生动性、主体性的德育，使德育贴近生活，贴近实际，贴近学生，使得学生的感官得以感受、情绪得以体验、情感得以共鸣、心灵得以洗礼、思想得以启迪、境界得以提升，从而实现德育实践经验的理论升华，促进理论育德与形象育德的德育理论的融合与创新。

二　德育实效提升的客观要求

提高德育实效，不仅要重视抽象的理论教育，更要重视生动的形象教育。如果教育者只是用抽象的理论向受众灌输某种思想观念，往往会引发逆反心理。形象德育生动性更鲜明、渗透性更强烈、作用力更持久。提高德育实效需要广泛深入地开展形象德育研究，推动形象德育实践。

马克思主义认识论认为，人的认识总是遵循从感性到理性、从形象到抽象、从现象到本质、从简单到复杂的认识规律，德育工作要取得实效，必然要遵循人的认识基本规律，把感性认识和理性认识结合起来、把形象思维与抽象思维结合起来、把观察现象和把握本质结合起来，由表及里，由形而意，由浅入深。人们认识事物，总是在感性认识的基础上，由生动的直观上升到抽象的思维，经过抽象思维，运用概念、判断和推理，进而发现和认识事物的本质。毛泽东在《实践论》中对人的认识规律作出了精辟而生动的论述，"原来人在实践过程中，开始只是看到过程中各个事物的现象方面，看到各个事物的片面，看到各个事物之间的外部联系。例如有些外面的人们到延安来考察，头一二天，他们看到了延安的地形、街道、屋宇，接触了许多的人，参加了宴会、晚会和群众大会，听到了各种说话，看到了各种文件，这些就是事物的现象，事物的各个片面以及这些事物的外部联系。这叫做认识的感性阶段，就是感觉和印象的阶段"[①]。个别事物作用于感官引起感觉，生起了印象以及印象间外部的联系，是认识的第一个阶段。社会实践的继续，使人们引起感觉和印象的东西反复多次，生起了一个认识过程中的突变，产生了

---

① 《毛泽东选集》第 1 卷，人民出版社 1991 年版，第 284 页。

概念。概念同感觉有了性质上的差别。形成了概念以后，再使用判断和推理的方法，就可产生出合乎理论的结论来。"这个概念、判断和推理的阶段，在人们对于一个事物的整个认识过程中是更重要的阶段，也就是理性认识的阶段。认识的真正任务在于经过感觉而到达于思维，到达于逐步了解客观事物的内部矛盾，了解它的规律性，了解这一过程和那一过程间的内部联系，即到达于论理的认识。"[①] 钱学森是国内最早提出形象思维重要性的著名学者之一，他认为形象思维不仅文学家、艺术家在用，其他人也经常使用，他提倡建立一门专门研究形象思维规律的科学，即形象思维学，"人认识客观世界首先用形象思维而不是抽象思维。就是说，人类思维的发展是从具体到抽象。比如，小孩子的思维也是从形象思维开始，然后到抽象的。……对人的发展来看，一般讲，语言先于思维，是指抽象思维而言的。形象思维是语言之前就有的"[②]。个体的社会化过程，是不断了解、习得、践行社会规范的过程，要不断积累、丰富、发展个体对周围事物和生存世界的表象，发展个体的形象思维，才能进而促进个体抽象思维能力的发展。学者温寒江等在其编写的《开发右脑——发展形象思维的理论和实践》一书中列举了这样一件事："一个20个月的幼儿，在翻阅一本《妈妈和小宝宝》连环画册时，看到画中的妈妈戴着眼镜，便抬头看看屋里的 3 个老人，她发现奶奶没有戴眼镜，便跑到奶奶的房间里取出奶奶的眼镜，并给她戴上。这说明此时她虽然还不会说话，但她已能很好地进行形象思维了。"[③] 幼儿的语言能力还未发展，但是已经在各种交往活动中，通过感官感知外界环境、积累表象，形象思维获得了很好的发展。儿童在实际生活中积累的表象越丰富，形象思维越发展，越有助于推动抽象语言能力的发展，反之亦然。不仅是幼儿，成人思维的发展也是如此。"从人类思维发展史来说，人类首先发

---

① 《毛泽东选集》第 1 卷，人民出版社 1991 年版，第 285 页。

② 钱学森：《关于思维科学》，上海人民出版社 1986 年版，第 137 页。

③ 温寒江、连瑞庆：《开发右脑——发展形象思维的理论和实践》，浙江教育出版社 1997 年版，第 19 页。

展的是形象思维,而抽象思维则很晚才发展起来。"① 就单个人的成长过程而言,人们通常有这么一种共识,经历越丰富,体验越深刻,对事物的感悟和情感就越细致入微。有了大量的观察,有了观察中丰富表象的积累,就越有助于认知和情感的积淀,进而深化思想道德认识。在进行艺术欣赏时,人们之所以能够产生强烈的情绪体验,获得思想上的启迪,是因为人们在日常生活中沉淀了丰富的道德情感。而贫乏的情感体验、苍白的生活经历,是很难获得对道德理论的深刻认识的,更谈不上深度的情感认同了。我国优秀的表演艺术家陈强以其精湛的演技演活了各类角色,尤其是黄世仁、南霸天等反面人物形象,最为深入人心。据陈强生前回忆,其饰演黄世仁的"每场演出,台下都会掀起一浪高过一浪的愤怒呼喊:'打倒恶霸地主!''打倒黄世仁!'在谢幕时其他演员都站在舞台前面,而他只能跪在台角一侧。人们朝他挥舞着拳头,恨不得将他踏在脚底!"② 解放区人民之所以如此痛恨"黄世仁",就是因为其在日常生活中对地主剥削阶级的恨是刻骨铭心的,在日常体验中对地主阶级剥削的事实是明确的、熟悉的、痛恨的。因此,陈强饰演的"南霸天""黄世仁"出现时,强烈地唤起了解放区人民长期积累的真实的阶级情感,并将对地主阶级的恨投射在陈强饰演的"黄世仁"身上,在顷刻间爆发出来,产生了巨大的力量。形象德育恰好符合人的从感性到理性、从具体到抽象的认识发展规律。形象德育,或是创设一个个生动的情境,诱发受众产生思想和情感的共鸣;或是通过艺术形象使受众在审美中感受道德的力量;或是通过感人的场景画面来给人以震撼;或是通过形象化的语言,诱发受众产生大量的联想和想象。总之,形象德育,不是靠逻辑推理,而是靠感官感知的形象,与受众头脑中已储存的大量形象记忆对照、比较、判断,进而升华道德情感,提高道德境界。只有遵循人们从感性到理性、从形象到抽象、从现象到本质的认知规律,重视发展个体形象思维,注重形象思维和抽象思维能力协调发展,才可能收到良

---

① 温寒江:《学习与思维:学习中思维的全面协调可持续发展》,教育科学出版社 2010 年版,第 10 页。

② 詹同玲:《陈强　艺术魅力是永恒的》,《东方电影》2012 年第 7 期。

好的德育效果。

以往的德育遵循和体现人的认识规律不够。特别注重抽象的概念、原理、结论的教育，而忽略了概念、原理、结论产生的事实依据和大量直观材料，不善于从直观的现象、事实、材料中引导出结论，忽视理论教育过程中的生动性。在理论教育和形象德育的选择上，更注重以科学的理论武装人，而忽视了以生动的形象感染人。抽象的理论分析的多，生动直观的材料提供的少，实践考察与参观访问多是流于形式，剩下几条干巴巴的原则结论，结果就是教师讲得费力，学生听得费劲，难以产生情感共鸣，课堂枯燥沉闷，缺乏生机活力，德育应有的价值功能得不到充分发挥。提高德育的实效，要从加强形象德育入手，寓思想于形象，寓理性于感性，运用大量生动直观的形象、事实、材料、案例，提高德育的吸引力、感染力、说服力。

当前，我们正处在历史上任何一个社会形态中都从未有过的图像丰裕期，各种集中、多样、强烈的形象信息，尤其是随着互联网和现代信息技术的发展，各种图像、形象日益成为人们认识和解释世界的重要工具，重组和建构着大众的思维方式和行为方式，构成人们赖以生存与发展的基本场景。德育毫不例外地也受到了图像的冲击，德育教师的教育权威和知识优势受到挑战，人们成为图像信息的采集者和捕猎者，对于受众来说，把握经验的方式比起以往都视觉化和具象化了，直观、感性、具体的图像、形象，日益成为影响人们思想方式和行为方式的重要因素，受众不再仅仅依恋书本、文字，阅读德育经典、原典的耐心不再。人们也不喜欢深入思考为什么要去占有、占有什么，偏好去寻找、占有、消费更娱乐化、更有趣、更流行的内容，迷恋卡通、动漫、电影，热衷"水煮""麻辣""无厘头"，喜爱在网络世界里孤独地狂欢。有学者断言："教育和当代大众传媒的结合所表征的不单单是图像的消费，它本身也是前面所提到的那个扩张过程的一部分。人们对媒体的使用和体验在不断增长。艺术和社会科学方面的新学科几乎都在利用流行图像，不管是在成人教育上，在学位课程上，还是在和失业的年轻人合作的项目计划上。引出了一种对大众传媒的新的解读方式。"①

当正规的严肃教学不适应人们口味的时候，德育何为？固着、依恋、沿袭传统德育范式显然是行不通的。既然严肃教学无法调动学生的积极性，是不是就意味着对于抽象理论应当抛弃和冷落？波兹曼曾担心，由于图像的影响已经渗入世界每一个角落，学校很可能沦为图像的奴隶，教学活动便成为一种娱乐活动。他的担忧不无道理。当受众对于抽象的需要思考的事物缺乏耐心时，教师只好改变教学方式，考虑如何娱乐学生、活跃课堂，德育娱乐化似乎成了一条捷径。于是，他们拿"点心"当"主食"，一味地拱手相让教育应有的思想内涵，过分强调图片内在的无限衍生逻辑，堆出一系列无逻辑、无联系、支离破碎的图像碎片，试图以娱乐挤兑育人，以工具取代内容，以技术抵充艺术，追求肤浅和表面上的娱乐和享受。他们或是费尽心思在课件中添加五颜六色的图片，插科打诨说点笑话，制造炫目效果为受众提供视觉快感，把德育课变成"故事课"、"视频课"或"心灵鸡汤"。他们很少关注图片和教学内容之间的相关性，也不会去思考大量走马观花式地观看图片是否会导致本末倒置、主次不分；他们不再用标签和口号，而是引入大量的视频材料，以讲故事取代说理，而缺乏《大国崛起》背后的理性分析，忽略《勇敢的心》隐含的人性意蕴，很少触及作品的内在灵魂，这样实在算是对形象作品的浅薄图解和亵渎。这样的教育营造出的，必将是一个没有连续性、没有意义、流于表面的闭塞、肤浅、虚幻的世界。

形象德育不是图像的简单堆砌和直观图解，更不是对理论教育的否定、悖离、反叛。形象德育主张在图像的世界里学会解读、选择和批判；要求在形象的认知理解中体会深邃思想，令其价值昭然；要求从虚拟形象中透视、联想、关注现实社会；要求在生动场景的描绘和体验，升华精神境界。形象德育，说到底，是要通过生命充盈的生动形象来昭示人们一种深刻的思想。无论传统德育还是寄托娱乐化的德育尝试，都不是形象德育的本意。形象德育不是形象化的东西越多越好，形象始终不能

---

① ［英］安吉拉·默克罗比：《后现代主义与大众文化》，田晓菲译，中央编译出版社2001年版，第28页。

替代掌握、运用思维对象过程中思维能力的训练，尤其是当受众有了足够丰富的表象储存后，直观形象化的作用就不那么明显了。美国传播学学者莱斯特在视觉传播研究领域造诣颇深，他对此表现出了乐观的态度，指出："无论人们在学校、办公室还是在家中，通过使用计算机对文字和图像进行处理都不是一种被动的接受过程，而是一种积极的使用过程。这就扫除了基于两种不同象征结构之间的藩篱，文字和图像成为传播显著意义的方式。尽管还不能断定视觉文化是否能对社会、宗教和教育产生影响，但是有一点必须肯定的是，图像可以促使文字意义的回归。"①联合国教科文组织国际教育发展委员会认为："在一个具有强大的大众通讯工具的世界里，已经能够把行星上最遥远的地区都掌握在人们手中，这就有必要一方面要防止完全只用语言和视觉形象这样的诱惑，另一方面也要避免系统地贬低口语和图画，而美化书面文字。"② 联合国教科文组织干事的一席话，为我们理解形象与文字，并正确处理二者的关系，指明了一条路。"我们不应该把文字和形象对立起来，因为真正的现代教育，从小学的识字训练阶段到高等教育的最高阶段，都应该把文字、声音和形象三者结合起来。"③

德育要清风扑面、触及灵魂，就要回应挑战、善用形象。图像僭越语言文字成为凌驾于文字之上的一种存在，形象信息在传播、摄取过程中，聚焦受众各种感官，满足着人们的视觉需求和视觉愉悦，唤起某种联想和思考，自然回忆并延伸了形象的信息，避免了信息传播过程中的损耗，极大提高了信息传播的效率。可以说，形象极大扩展了自身的魅力，彰显了自身的价值。形象在感知对象中的崛起，意味着教育工作的一种转折和方向。传统的理论、文字表达中，文字是一种器物、一种渠道、一种方式，它直接与某种概念、精神相联系，两者之间的联系是明

---

① ［美］保罗·M. 莱斯特：《视觉传播：形象载动信息》，霍文利等译，北京广播学院出版社 2003 年版，第 447—448 页。

② 联合国教科文组织国际教育发展委员会：《学会生存——教育世界的今天和明天》，华东师范大学比较教育研究所译，上海译文出版社 1979 年版，第 100 页。

③ 联合国教科文组织国际教育发展委员会：《学会生存——教育世界的今天和明天》，华东师范大学比较教育研究所译，上海译文出版社 1979 年版，第 100—101 页。

确的、直白的，文字的意义只存在于它所表达的内容。而在形象表达中，形象本身是可以被观看的，而某种精神蕴藏于形象之中，从认知的层面上来讲，精神只存在于感知到形象的人当中，这样，形象作为一种可以单独存在的精神符号，已经超越了指示性意义，成为现实的存在物。法国哲学家杜夫海纳说：美的对象比其他任何对象都更直接地把握我们、感动我们，因为它既是感性的，又是有意味的。感性不仅不掩饰什么，反而是启迪我们。然而，这就会使人这样设想：令我们心醉神迷、能把我们从这个世界带到另一个世界的东西，它的能力来自它模仿了自然的美。

　　"视觉图像的成败取决于我们能够在多大程度上成功地解读它们。"① 联合国教科文组织国际教育发展委员会《学会生存——教育世界的今天和明天》在谈到形象、形象思维在当前教育中的作用时指出："通过图画进行交流，已经发展到空前的规模。一切视觉的表达方式正在侵入每一个人的世界，正在渗透到所有的现代生活方式。今天，形象，无论作为知识的媒介物，或者作为娱乐，或者作为科学研究的工具，在文化经验的各个阶段上，都表现了出来。"② 回应图像时代的要求，德育必须正确理解和开展形象德育。形象德育的内容和方法是形象的，形象德育的思想意蕴却是深刻的。形象的内容和方法表达着深刻的思想意蕴，最终是要达到形象育德、形象育人的目的。在这方面，习近平总书记提出的中国梦就很好地诠释了图像时代形象德育的真谛。习近平总书记非常注重用形象的方法来启迪、教育和动员人民，他提出的"中国梦"的形象话语，生动地表达了中国人民实现中华民族伟大复兴的共同理想和美好愿景，把实现共产主义的社会理想和个人理想形象地结合在一起，给人们美好的想象和憧憬，成为感召、吸引、团结、凝聚全国人民共同奋斗的强大精神动力和不竭的力量源泉，受到了广大人民群众的高度关注与认同，产生了很好的教育、激励、动员效应。可以说，没有想象就没有创

---

　　① ［美］尼古拉斯·米尔佐夫：《视觉文化导论》，倪伟译，江苏人民出版社 2006 年版，第 16 页。

　　② 联合国教科文组织国际教育发展委员会：《学会生存——教育世界的今天和明天》，华东师范大学比较教育研究所译，上海译文出版社 1979 年版，第 99 页。

造，没有幻想就没有发明，没有梦想就没有成功！形象的话语比抽象的理论更加富有创造力、生命力、感召力。德育要适应图像时代的变化和要求，就要注重形象德育。既要善于从形象入手，运用大量生动的图像、影像、形象来进行教育，又要着力揭示图像、影像、形象蕴藏的深刻的价值意蕴，引导人们形成正确的思想观念和价值取向，达到提升人的思想境界、塑造人的道德人格、完善人的道德品质的目的。

开展形象德育，是适应认知方式变化的需要。随着时代的发展，社会信息传播技术也在不断提高。在基于互联网的信息传播上，呈现出从互联网向融合网、从固定网向移动网、从新媒体向全媒体、从多媒体向自媒体转变的发展趋势。德育的方式与人的认知方式有着密切的关系，而人的认知方式又与时代的发展变化有着密切的关系。深刻认识时代的变化带来的人的认知方式的变革，是我们自觉推进形象德育的前提。图像时代的到来，深刻地影响和改变了人们的认知方式，导致了人们认知方式的深刻变革。这种变革主要体现在以下四个方面。

第一，从文字方式向图像方式的转变。图像时代与以往时代最大的不同就在于，人类以图像而非文字作为认知和把握世界的主要方式。文字的重要性被逐渐降低，视觉图像成为人们主要的感知对象，即使不能完全用图像表达，人们也会尽量把文字表达简单化、形象化、符号化，成为视觉图像的组成部分和重要补充。视觉图像是建立在现代信息技术特别是互联网多媒体技术基础之上的，有了互联网多媒体技术，人们不仅可以建构起视听基础上的丰富图像，而且可以在现实图像的基础上建构起虚拟图像，并且促进文字信息和图像信息、现实图像和虚拟图像的融合与融通，为人们充分运用自己的视觉感知和把握丰富多彩的图像信息创造了客观条件。在图像时代，图像充斥着人们生活的每一个空间，深刻地影响着人们的生存、生活乃至认知方式，图像语言以前所未有的力度影响着生活、文化和认知的每一个层面。

第二，从抽象方式向形象方式的转变。人们认知世界，由文字为主向图像为主的认知方式的转变，实质上是从抽象的认知方式为主向形象的认知方式为主的转变。抽象的认知方式，主要诉诸人的抽象思维，诉诸抽象思维赖以发生作用的语言信号系统。而语言信号系统，主要以语言文字的方式出现，人们主要通过语言文字来认识、了解和把握世界。这时，书信、报纸、小说等大量的语言文字的出版物，就成为人们认知和把握世界的主要载体，这也就是迪布雷所说的以文字印刷出版物为主的"书写统治时代"。而语言文字本身是人类生活经验长期积淀和高度概括的产物，具有抽象性。运用这种方式认知和把握世界，就是一种抽象的认知方式。现在，随着互联网技术的发展，视听产品大量进入人们的日常生活。视听产品的大量出现和使用，表明社会真正进入了"视觉图像时代"，而"视觉图像时代"也就是迪布雷所说的"视觉统治时代"，人们认知和把握世界进入了以形象的认知方式为主的时代。视觉图像主要诉诸人们的形象思维，人们把图像与语言、思维结合起来，形成了图像语言、图像思维，并运用图像语言和图像思维来认知、思考和把握现实世界，感悟和体认图像世界丰富而深刻的思想意蕴。

第三，从平面方式向立体方式的转变。伴随着现代信息传播技术特别是互联网技术的发展，人们的认知方式日益由单一的平面认知走向立体的多维认知。过去，人们总是习惯于通过语言文字的平面载体来认识和把握世界。平面载体主要是通过语言文字的线性结构来帮助人们认识和反映世界，在平面载体的语言文字中，各个词语前后相连，彼此之间结成一种以语言的线条特征为基础的关系，这种线条性特征决定了它所显示的事物只能是历时的、平面的，认知方式既是抽象的，又是线性的，不可能共时地再现立体、多维的世界中所发生的一切事物，容易限制人们的想象，束缚人们的思想。现在与过去相比，情况已大不一样。人们生活在互联网时代，尤其是青少年，可以说，是在信息化环境下出生和成长的一代，是"网络的一代"。"90后""00后"青少年，他们的学习、阅读、思考、成长方式都深深地受到互联网、数字化、多媒体的影响。特别是互联网、手机网和电视网三网合一之后，出现了移动网络，各种飞信微信、博客微博、图片图景、动画动漫、网络游戏、电影电视、音频视频等新媒体、多媒体、自媒体、全媒体在三网合一尤其是移动网络上立体呈现，深刻改变了信息传播与接受的方式，人们特别是青少年的认知方式也相应地发生了很大的变化，即更多地以形象化的方式获取互联网等传播的信息，反映、了解与认知世界，探索和思考现实世界的变化及其意义。多媒体的信息传播方式，不仅给人们提供了形象化的认知方式，而且给人们提供了多样化的认识维度，有助于人们立体多维地认识和把握世界。

第四，从呈现方式向建构方式的转变。语言文字主要是通过文字的叙述、描述来反映和呈现客观世界，由于客观世界是丰富多彩的，客观事物是千差万别的，而语言文字是高度抽象的、概括的，人们通过抽象的语言文字来反映丰富的现实世界时，往往感到语言的匮乏、笨拙，力有不逮、言不达意，难以穷尽现实世界。人们看到的世界是语言呈现的世界，语言叙述和描述到什么程度，客观世界就呈现到什么程度，而现实世界经过语言的过滤之后，往往舍弃客观事物和现象鲜明的个性特征，从而不同程度地失去原有的丰富和生动。视觉图像主要通过视听基础上呈现的丰富图像来反映和再现客观世界，图像对客观世界的反映和再现，既有客观世界的整体图景，又有具体事物的鲜明特征，既有深刻的思想意蕴，又有生动的具体形象。而形象大于思想，鲜明生动的图像，不仅以多维的方式展现了丰富多彩的客观世界，而且为人们留下了认知和解读图像的广阔空间。形象的图像，具有暗示、隐喻、联想的功能，为人们在认知世界的过程中发挥自己的想象力和创造力提供了可能。而人们借助形象的图像来认知和把握世界时，就不是被动地反映和再现客观世界，而是依靠丰富的想象和联想，融入自己的情感和体验，形成对客观世界的一种能动而生动的反映，甚至可以通过自己的体验、感悟、想象和联想，创造出客观世界中并不存在的图像乃至虚拟图像，实现现实图像和虚拟图像的有机融合，更好地反映丰富多彩的现实世界，这种反映和认知，与其说是一种呈现，不如说是一种建构。这种建构式的认知，源于生活又高于生活，源于现实又高于现实，对客观现实的反映更生动、更准确、更深刻。图像时代人们的认知方式的这些深刻变革，对德育既提出了挑战，又提供了机遇。对道德教育带来的最大变化和影响，就是形象德育的凸显。我们不能沿用传统的方法来进行道德教育，而必须回应挑战、把握机遇，创造性地探索和开展形象德育，不断增强德育的影响力和实效性。

三　促进人的全面发展的需要

开展形象德育研究，源于人的全面发展的内在需要。人的需要，尤其是精神需要是永无止境的，只要人的生命存在，人的需求和精神需要就不会停止。那么，与人的需要相对应的德育形式，也会不可阻遏地涌现。在人的对象化过程中，"人以一种全面的方式，就是说，作为一个完整的人，占有自己的全面的本质"。[①] 而形象德育，就是这样一种新的德育形式。形象德育，把德育思想形象化、生动化、具体化，即把抽象的道理寓于生动的、直观的、形象的事物、人物、场景、情境之中，使教育对象充分调动各种感官，直接感受各种生动、具体、感人的形象，并在各种形象变幻、组合、碰撞、激荡的过程中，深刻感知、体验、认识生动的形象蕴含的深刻思想意义。

形象德育有助于最大限度地开发人的潜能。形象德育能促进形象思维和抽象思维的交叉渗透、切换互译和协调发展，使人的整体思维水平得到提高，使人的观察能力、记忆能力、想象能力、思考能力、创造能力得到全面提高和充分发展，使人的潜能得到最大限度的开发、利用和实现。形象德育具有内隐性。形象传达思想信息，不似理论教育那般直接，它很含蓄，不直接亮出思想观点，而是诉诸形象，给受众以想象和思考。这时形象本身携带的大量个性化特征的信息会凸显，受众在进行形象解读时可以利用自己的想象加以重新排列、组合、加工，表现出更强的个性化、创造性倾向，这就为受众提供了更大的思维空间和精神空间，受众的想象力、理解力、创造力得到了很好的锻炼和培养，激发和丰富了受众的创造性思维活动。"形象对于受众来说，他们不是将之作为一种中性的客观景象来接受，而是和自己的个人经历以及文化背景结合起来综合分析。"[②] 视觉说服理论告诉我们，图形形象往往在悄无声息中诉说着、表述着、彰显着某种观点，在潜移默化中不知不觉地渗透人心。"图像被认为是令人经由情感的路径，而文字、口头资料使人处于一条更

---

① 《马克思恩格斯文集》第 1 卷，人民出版社 2009 年版，第 189 页。
② 任悦：《视觉传播概论》，中国人民大学出版社 2008 年版，第 233 页。

为理性、合乎逻辑和线性的思维路径。"① 形象说服人，就在于它满足着解读形象中人所发挥的创造性。形象解读过程给受众提供广阔选择的空间，本身就是一种思维创造过程，有情感，有理性，有对细节的把握，有对本质的思考，尊重受众的个性需求，受众在主动获取形象信息的过程中，如果感到自己的创造性被激活，就会产生愉情励志的力量，使得信息传播过程变成异常愉快的解构和建构过程，而信息本身具有的目的性和倾向性特征就会被很好地隐藏起来，受众会在愉快轻松的氛围中逐步朝着传播者的意图靠拢，乃至形成思想上的共鸣。

当然，这不是说理论教育就不需要受众的形象思维参与，而是说形象德育能够给受众提供更大的想象、思维与创造空间。形象德育，要将一切抽象的东西化为具象性、再现性的事物，去描述、去叙事、去表现，既有强烈直接的情感表达，又赋予了丰富的创造性想象，既有直观性、具体性，又为思想和意义的传达提供了可供思考的空间，因而具有超越时间空间的巨大力量，给受众留下了体味、阐释、思考的广阔空间。形象德育尤其能促进人的形象思维的发展，促进想象力、创造力的活跃，促进人们做出重大发现、发明和创造。麦金认为："在教育领域，正是读、写、算长年累月使受教育者在言语的或逻辑的思维能力方面不断得到加强，相应地视觉思维能力则日益受到削弱乃至衰退。读、写、算方式的根本特点，就是不能由认识主体去直接地感受到那种鲜活的视觉意象，主体所能利用的便只是一些间接获得的、已经条理化的或已纳入现成规范中的知识。在这种方式引导下的思维，便难以发挥主体的能动性去进行自由选择，也难以摆脱现成规范或已有程式而由主体去直接感受或体验事物的本来面目。"② "创造思考者能作出电脑所不能做的事。如果是特殊情境需要，他们会抛弃语言，运用其他思维模式……学会形象思维就成为综合心智活动的核心。"形象德育更注重形象思维，将心智、情感、能力、价值等方面整合在形象之中，使参与者运用"形象"语言去

---

① 埃莱娜·若费：《视觉资料的力量：说服、情感与认同》，陈源译，《第欧根尼》2008年第2期。

② 傅世侠：《关于视觉思维问题》，《北京大学学报》（哲学社会科学版）1999年第2期。

思考，使得形象思维在道德教育与人的品德生成与发展的过程中，占据之前未有的地位，实现一种开放的、创造性的超越性思维。钱学森说："从思维科学角度看，科学工作总是从一个猜想开始的，然后才是科学论证；换言之，卓有成效的科学理论思维，无不以形象的分析与综合为基础，科学工作是源于形象思维，终于抽象思维。"著名的"相对论"学说就是以爱因斯坦虚构的"快速列车"与"闪电"的形象为基础。这种具体的场景给高度抽象的相对论理论以合乎逻辑的形象化说明，是"相对论"的可感性认识基础。爱因斯坦曾经明确表示，他思考问题时不是用语言进行思考，而是用活动的、跳跃的形象进行思考，当这种思考完成以后，他要花很大力气把它们转换成语言。可以想见，缺乏这一形象化的认识基础的高深理论是很难表述得如此清晰明白的。

人的潜能开发是一个永恒的命题。所谓人的潜能，即马克思所说的"自身的自然中沉睡的潜力"，一般认为，包括人的生理潜能、心理潜能、道德潜能和智力潜能，是蕴藏在人体内部的尚未利用的综合能量。"毫无疑问，人类的历史就是发挥潜能的历史。发挥人类潜能，也是开启人类未来的钥匙。"① 马克思曾把人的潜能开发作为共产主义社会的重要指标，对未来的共产主义社会做过大胆设想，"未来社会将是一个各尽所能、按需分配、每个人的潜能都得到充分发展和发挥的社会"。党和国家领导人非常重视人的潜能的培养，正如江泽民同志在第三次全国教育工作会议上强调的，素质教育就是要开发和发展人的禀赋与潜能。因此，人的潜能开发，是素质教育的本质规定。

现代思维科学研究成果一再表明：单单抽象思维或形象思维无法达到认识事物的目的，在同一思维过程中，抽象思维和形象思维同时存在，互为前提、交叉渗透、优势互补、反复交替、互相促进，不能互相代替，也不能互相混淆。这是人的思维活动的客观规律，人的潜能开发也不能背离这个规律。也就是说，只有形象思维和抽象思维相互配合、协同作用，才能完成人类的高级思维过程，人的思维潜能开发才得以成为可能。一个真正伟大的文学家，他首先也必定是一个深刻的思想家，也就是要

① ［美］H. A. 奥图：《人的潜能》，刘君业译，世界图书出版公司1988年版，第8页。

达到恩格斯评论济金根时提出的，较大的思想深度和自觉的历史内容同莎士比亚剧作的情节的生动性和丰富性的完美融合。

同样，在科学探索中，纯粹的抽象思维也是不存在的，可以说，任何一项科学成果都离不开具体的事物。列宁说过："有人认为，只有诗人才需要幻想，这是没有理由的，这是愚蠢的偏见！甚至在数学上也是需要幻想的，甚至没有它就不可能发明微积分。"① 数学作为高度抽象的自然科学的基础学科，都离不开幻想、想象等形象思维，其他自然科学就更加离不开形象思维。达尔文的《进化论》，是他爬高山、走丛林、挖化石、搜标本，对这些形象进行深入、系统的分析，观察、比较、研究，并用生动的想象来复现这些古生物原形的结果。达尔文观察研究生物的活动并不限于感性认识阶段，而是贯穿在他全部认识过程的始末。达尔文的研究过程一开始就包含了对自然界花鸟鱼虫、飞禽走兽以及人类社会变化的具体特征的观察和认知，始终是以形象思维为基础的。社会科学更是离不开形象思维。在青年时代，莎士比亚远比黑格尔更多地占据着马克思的大脑。马克思的《资本论》曾经引用《雅典的泰门》中的台词，形象地揭示了货币的本质及资本主义商品交换背后隐藏的人与人之间的金钱关系。莎士比亚在《雅典的泰门》中说："金子！黄黄的、发光的、宝贵的金子/这东西，只这一点点儿/就可以使黑的变成白的，丑的变成美的/错的变成对的，卑贱变成尊贵/老人变成少年，懦夫变成勇士。"马克思在引述了这些诗句之后指出，"莎士比亚把货币的本质描绘得十分出色"。② 马克思的《资本论》揭示的剩余价值理论，正是依据欧洲资本主义国家千千万万个资本家残酷剥削工人的大量形象、翔实的事实和材料，加以科学的归纳、概括、总结、论证而得出来的，是从生动的直观出发进行科学抽象的产物。因此，要深刻理解《资本论》，理解货币、资本的本质，也必须注重形象的叙述、表达和阐发。

形象德育还能有效促进人的全面和谐发展。传统德育总以抽象化的方式来理解、把握和培养人，结果往往培养出的是"单向度的人"，而不

---

① 《列宁全集》第 33 卷，人民出版社 1957 年版，第 282 页。
② 《马克思恩格斯全集》第 3 卷，人民出版社 2002 年版，第 395 页。

是像马克思说的那样，"人以一种全面的方式，就是说，作为一个总体的人，占有自己的全面的本质"。①即培养出身心和谐、情感丰富、全面发展的人。爱因斯坦曾指出："用专业知识教育人是不够的。通过专业学习，他可以成为一种有用的机器，但是不能成为一个和谐发展的人。要使学生对价值有所理解，并且产生热烈的感情，那是最基本的。他必须获得美和道德的善，有鲜明的辨别力。否则，他——连同他的专业知识——就更像一只受过很好训练的狗，而不是一个和谐发展的人。"②抽象化的培养导致人的能力发展和素质发展的结构性缺陷，最终导致人的抽象化和人的失落，影响了学生的全面发展，这显然与德育目的大相径庭。现代德育呼唤德育的人学回归。以人学视界体认、体察德育，把德育指向活生生的现实的人，把握人的"生存实践性"，则是对传统德育批判性反思的结果，是对德育的超越性本质的外在显现，也是现代性德育的应有之义。马克思在《1844 年经济学—哲学手稿》中强调指出："首先应当避免重新把'社会'当作抽象的东西同个体对立起来。个体是社会存在物。"③马克思、恩格斯更加明确地指出："新唯物主义的立脚点则是人类社会或社会化的人类。"④人是全部人类活动和全部人类关系的本质和基础。

马克思主义唯物史观的全部出发点，是社会关系中的现实的人。因此，以马克思主义为指导的德育活动，也必须把培养和造就体现社会关系本质要求、适应当代社会发展需要的现实的人作为出发点和落脚点。而培养和造就这种适应现代社会关系和社会发展的活生生的、现实的人，离不开形象德育活动。在形象德育的过程中，对于教育对象来说，无论是观察、记忆、描述，还是想象、思考和创造，这一切活动，都离不开具体形象的感性材料，离不开对具体形象的感知、认识、理解和把握，这对于启迪学生思想、丰富学生情感、促进学生的德智体全面发展，不

---

① 《马克思恩格斯全集》第 3 卷，人民出版社 2002 年版，第 303 页。

② ［美］爱因斯坦：《爱因斯坦文集》第 1 卷，范岱年等编译，商务印书馆 1994 年版，第 310 页。

③ 《马克思恩格斯全集》第 3 卷，人民出版社 2002 年版，第 302 页。

④ 《马克思恩格斯选集》第 1 卷，人民出版社 2012 年版，第 140 页。

无裨益。无论德育活动中的教育还是自我教育，都需要借助生动具体的感性材料和直观形象来进行，这种德育活动，才更加生动有效。爱因斯坦曾指出："每个人都有一些理想，这些理想决定着他的努力和判断的方向。就在这个意义上，我从来不把安逸和享乐看作生活目的本身——我把这种伦理基础叫做猪栏的理想。照亮我的道路，是善、美和真。要是没有志同道合者之间的亲切感情，要不是全神贯注于客观世界——那个在艺术和科学工作领域里永远达不到的对象，那么在我看来，生活就会是空虚的。"① 爱因斯坦的这段名言，既是他关于人生理想和价值追求的深刻思考，是其自我观照、自我反思、自我教育的结果，也是我们对学生进行理想信念教育的生动教材。爱因斯坦把满足于物质享受的"安逸"和"享乐"称作"猪栏的理想"，其实就是形象地告诉我们，人不能仅仅停留在物质享受上，而应该有比物质享受更高的人生理想和价值追求，更多地思考如何将自己的劳动奉献给他人和社会，实现真正的人生价值。这种形象的比喻和描述，比很多长篇累牍的"大道理"更能撼动、启发人的思维。今天，我们全面贯彻党的教育方针，满足学生德智体全面发展的需要，特别需要高度重视和系统研究形象德育，为形象德育提供重要的科学依据和理论指导，全面、深入地推动形象德育活动，充分发挥形象德育促进学生全面发展的不可替代的作用。

第二节　研究思路和方法

形象德育作为一种新的德育形态，具有重要的研究价值、丰富的研究内容和广阔的研究空间。系统的研究思路和科学的研究方法，是形象德育研究的重要前提。

一　形象德育的研究思路

形象德育要探索和回答三大问题：为什么需要形象德育？什么是形

---

① ［美］爱因斯坦：《爱因斯坦论科学与教育》，许良英等译，商务印书馆 2016 年版，第112 页。

象德育？如何开展形象德育？这是贯穿本书的基本逻辑线索。本书正是
按照"提出问题→分析问题→解决问题"的思路，循序回答"为什么要
研究形象德育""形象德育是什么""形象德育怎样实施"等基本问题，
形象德育研究按照以上问题承接推进的思路依次展开。其中，"为什么"
和"是什么"的问题，是形象德育的基础研究部分。具体来说，回答为
什么需要形象德育，着重要探索和回答形象德育的缘起、缘由和价值；
阐明和论证形象德育的客观性、必然性和必要性，尤其是现实紧迫性；
回答什么是形象德育，着重探索和回答形象德育的科学内涵，阐明和论
证形象德育的边界和范围，揭示形象育德现象背后的本质，概括形象德
育的内容、类型和特点。搞清楚什么是形象德育，是如何开展形象德育
的前提。"如何做"的问题覆盖了形象德育应用研究部分。回答如何进行
形象德育，着重要探索和回答形象德育的过程、规律、途径、方法和载
体；阐明和论证如何遵循形象德育的规律，开发、利用、整合、优化形
象德育的资源，发挥形象德育的潜能，不断提高形象德育的有效性。因
此，本书以"形象德育"这一核心概念为起点，提出形象德育的价值和
依据、形象德育的本质和特点、形象德育的内容和结构、形象德育的路
径和方法，构建形象德育研究的基本理论框架，并从这一框架出发对形
象德育所涉及的根本问题进行深入研究，探索形象德育的过程和规律，
为形象德育的途径和方法探讨提供依据。形象德育的基础理论研究为应
用研究提供分析框架和理论支撑；应用研究为自觉开展形象德育、提高
德育效果提供路径选择和行动参考。

二　形象德育的研究方法

"不仅探讨的结果应当是合乎真理的，引向结果的途径也应当是合乎
真理的。"研究方法和理论紧密联系，相互作用、相互制衡。任何理论总
涉及一定的方法，研究方法是分析、论证理论的思维工具，方法决定理
论的深度和可信度。没有正确、合适的研究方法，就不能透过现象看本
质，深入探寻形象德育的内在规律，形成对于形象德育的科学、正确的
认识。理论体现着研究方法的合理性和适用性。不同的理论适用不同的
研究方法，应当根据形象德育的类型、特征灵活地选择、运用不同的

方法。

坚持理论研究与文献研究相结合的方法。形象德育的研究虽尚处在起步阶段，但围绕形象德育、形象教育领域的相关学科和交叉学科的研究成果却可系统梳理和广泛借鉴。马克思主义经典作家关于形象德育的地位、作用等的论述，构成了形象德育研究的理论基础和思想来源。搜集、占有、分析、掌握马克思主义，包括马克思主义中国化成果中关于形象德育的论述的思想资源，是形象德育理论得以深入研究和持续发展的根本条件，也是形象德育实践得以顺畅进行的根本保证。此外，形象德育是一项历史的、具体的、客观的实践活动，要把形象德育的基础研究与应用研究结合起来。古今中外，凡是存在一定的阶级，就存在一个阶级对另一个阶级的教育，就存在用形象的内容和方法进行教育的实践活动。形象德育研究，既要以马克思主义形象德育的相关理论为指导，加强基础理论研究，又要关照社会现实，以社会实践活动为基础，加强形象德育理论实践研究，促进形象德育顺利有效的实施。

坚持运用比较分析方法。开展形象德育研究，势必涉及形象和形象教育、形象教育和形象德育、理论德育和形象德育等概念、属性和本质的异同比较，从而在比较中定性分析、明确概念，认识对象的本质、确定对象的性质。形象德育研究，既要对中外形象德育的理念、做法、方法和成效进行横向比较研究，包括德育和宗教在形象教育方面的比较研究、德育和教育在形象教育方面的比较研究，又要对中国古代和当代的形象德育实践进行比较研究，通过对比，勾勒我国形象德育实践的历史演变，批判地借鉴吸收西方的有益做法，揭示形象德育发展的内在规律，创新、发展和完善我国的形象德育。形象德育的当代发展，是在分析比较中国古代、中国共产党、西方国家形象德育的做法的基础上的创新发展。中国古代社会，统治者通过广泛运用通俗艺术传播儒家文化；主张礼乐结合，内化道德规范；强调身教重于言教，提升社会道德境界；化民成俗、倡导社会道德风尚；利用环境陶冶，形成良好品格。中国古代的修身和德育思想十分值得认真研究。中国共产党成立之初，面对革命队伍中大部分是农民的现象，积极探索育人经验，创造出了一系列群众教育的形象内容和方法。如现身说法"诉苦教育"，坚持正面榜样与反面典型相结合，通过文艺作品传播革命思想，以生动活泼的语言进行教育等方法，这些方法经过长期的实践证明，在新的历史条件下仍然有现实价值，必须继承、坚持和发展。西方在形象德育的实践经验非常丰富，美国以其经济、军事、科技等"硬实力"的优势，在全球范围内向世界兜售其政治观、价值观、生活方式，试图影响和主宰世界，折射出浓厚的"霸权"色彩。为了实现这一目的，避免引起其他国家和地区的抵触，美国推行文化宣传计划，通过图书、电影、电视、音乐、舞蹈、戏剧、文学、网络等文化载体和大众传播渠道，隐蔽地向全球大肆推销其价值观。尽管西方资本主义国家的形象德育与我国形象德育在性质和目标上截然不同、尖锐对立，但是他们多样化的教育方式依然可资借鉴。我们要通过批判的借鉴、比较和发展，推动我国形象德育的良性发展。

坚持运用典型分析方法。开展形象德育研究，必然要求对形象德育的成功和失败案例进行反思、考察、研究，总结经验，汲取教训，概括形象德育的特点和规律，展望形象德育的未来发展趋势。运用典型分析法，坚持从个别到一般，从具体到抽象，从而获得关于形象德育的规律性认识。典型分析法，贵在典型，重在选择，关键在分析。典型要真实、要可靠、要多样。要注重分析不同类型、不同性质、不同特点的典型，如分析艺术典型和现实典型、生活典型和虚拟典型、正面典型和反面典型，包括对现实中各年龄、各阶层、各国家、各时期典型产生的不同影响。善于从纷繁芜杂的典型事例和现象中，深入挖掘内在的实质，透过现象揭示本质。要从众多的典型中找寻支撑形象德育的依据，分析不同典型形象在德育中的具体影响、实施和效果，扩大形象德育研究样本的覆盖范围，以提高形象德育研究的针对性、科学性。运用典型分析法研究形象德育，可以突出形象德育的要害与核心，对各类典型进行具体分析，运用艺术典型、生活典型、现实典型、虚拟典型来进行榜样示范、典型引领，突出各种典型的价值引导，规避落后典型的不良影响，推动各类先进典型的行为效仿。

坚持运用多学科分析方法。当前围绕形象德育展开的研究涵盖艺术学、美学、文学、心理学、传播学、政治学、教育学等多个学科，展现了形象德育研究在各领域中的分化与综合，这为形象德育研究提供了广阔的研究视野和丰厚的理论资源。运用跨学科研究法，必须从自身研究旨趣出发，对不同学科视域下的形象德育研究成果进行分析、整理和总结，吸收其中的有益成分，实现形象德育研究的渗透、突围和扩展，在不同学科的碰撞、交流中寻找形象德育研究的理论智慧、建构夯实形象德育的理论大厦。运用多学科研究法开展形象德育，需要借鉴和运用心理学的研究成果和方法，加强形象德育的接受心理和接受机制研究，探讨形象德育的微观心理基础，对比人在德育过程中的接受心理。对比形象德育和理论德育可以发现，理论德育给人的心理影响往往比较枯燥、乏味、强制，易产生疲劳、逆反心理，难以引人入胜；形象德育给人的心理影响则往往比较生动、直观、隐蔽，引人入胜，这就从根本上解释了形象德育为什么更能对人的思想和行为产生积极的影响。此外，形象德育需要同美学、哲学、传播学等多个学科实现深度融通与合作，体现形象德育研究的跨学科特征。

第 二 章

形象德育的依据

形象德育是一种重要的德育形态，它之所以能产生、存在和发展，并发挥不可替代的德育作用，是因其具有主体的内在依据、科学的理论依据、客观的实践依据。

第一节　形象德育的内在依据

形象德育总是一定的人运用生动具体的形象进行的德育活动，人是形象德育的主体。而从人这一形象德育的主体来看，他具有形象德育赖以进行的生理基础、思维基础和能力基础，这些恰好构成了形象德育产生、存在和发展的内在依据。

一　形象德育的生理基础

形象德育的开展，离不开一定的生理基础，这种生理基础，源于人脑的结构及功能。现代脑科学的结构功能理论，深刻阐释了形象德育的生理物质基础。

美国神经生理学家斯佩里通过"割裂脑"实验，打破了"左脑优势"的传统观念，在人类历史上第一次使人们开始真正认识到意识的真相，揭开了人的大脑两半球的秘密。随着脑科学及其相关学科研究的不断深入和发展，现代人脑高级神经活动生理学告诉我们：人的大脑由左右两个半球组成，左右脑在结构和分工上有明显的不同，左脑侧重语言符号的信息加工和逻辑思维能力；右脑偏重于情感、艺术活动和生动直观的形象思维；左右脑又有整体联系，左右脑之间有一束神经组织，叫作胼胝体，使左脑和右脑、抽象思维与形象思维互补、交叉、耦合。人的左脑和右脑、形象思维和抽象思维密切联系，统一进行活动，达到对事物本质的理解和认知。人脑运作流程是由左脑透过语言收集信息，把接收到的信息转换成语言，传到右脑加以印象化，接着传回左脑进行逻辑处理，由右脑显现创意或灵感，最后教给左脑进行语言处理。美国学者布莱克斯利深入考察并概括了人类社会经历的三次文明与人类思维方式变革之间的关系，提出人类社会经历过"左脑革命""计算机革命"，并将进入第三次革命即"右脑革命"时期。

　　人类思维经历的第一次革命是"左脑革命"。在产生语言之前的极其久远的原始社会蛮荒时期，人类凭借动物式"直接的、天然的方式对环境作超前反应"①，这种思维是一种简单的、直觉的、非逻辑的右脑思维。当人类不再直接依靠视觉表象来反映客观自然，而是开始以"原始的图画文字直接唤起视觉的表象"②，实质上是原始人类思维从单纯的右脑直觉，转化为以左脑的逻辑思维为人类认识的主导思维，左右脑共同参与协调作用为标志的一场"左脑革命"，这使左脑的思维力量得以充分发挥，使得人类社会在几千年前从石器时代产生了飞跃性的发展，拉开了人类文明进程的序幕。第二次思维革命是"计算机革命"。20 世纪 40 年代末，世界上第一台电子计算机——埃尼阿克在美国问世，是计算机革命的开始。计算机高速、巨量、准确地处理信息的能力，进一步延伸和拓展了人类言语的、逻辑的、抽象的思维能力。计算机要严格遵循明确的逻辑规则和步骤有序地处理和运行，依靠的是分析、判断、编程、储存等，这些都是对人脑左半球逻辑思维的功能性模拟和运作，是"左脑革命"的进一步延伸和拓展。左脑的思维越来越发展，各种崇尚左脑方式的逻辑力量不断被强化，右脑的思维就越来越被压抑、被忽视。正是在这个层面上，布莱克斯利引出和阐发了"右脑革命"的问题。"右脑革

---

① ［美］托马斯·R. 布莱克斯利：《右脑与创造》，傅世侠、夏佩玉译，北京大学出版社1992 年版，第 89 页。

② ［美］托马斯·R. 布莱克斯利：《右脑与创造》，傅世侠、夏佩玉译，北京大学出版社1992 年版，第 89 页。

命"是对"左脑革命"和"计算机革命"的继承、发展和超越，是人类思维方式上的第三次革命。"右脑革命"致力于通过"开发创造力和全方位的思维能力"，改变以往以左脑为主导的思维模式。由于"右脑具有填补空白和产生直觉突破的创造性……左脑则可接近右脑的直觉，并且能检验那些直觉和把直觉转换成计算机的或其他的人的逻辑语言"①，如果人类能够吸收前两次思维方式革命的积极成果，在更高、更深层面实现左右脑的整合协调，促进形象思维与抽象思维的互补，形成一种计算机、左脑、右脑之间的"三向合作关系"，使"言语的思维和直觉的思维之间取得平衡的发展"②，那么，"人们不仅能够体验到生命的智能方面的力量，也能体验到生命的情感方面的意义"③，而且"不仅个人而且整个社会，都能以富于创造性的非逻辑认知方式带动理论性的、证明性的逻辑认知方式来与客观世界打交道，那么不仅整个认识论基础与方法论原则都有可能产生全新的变化，而且它还将给人类社会的文明发展，增添全新的不可估量的巨大动力"④。

教育领域的"右脑革命"，其核心在于促进人的非语言智能的开发，培养人的创造力。令人遗憾的是，当今我们的教育仍是过于倚重左脑思维。我们的教育活动往往过于注重理论、思想、概念、原则的灌输，偏重言语、逻辑，倚重左脑功能的训练和开发，相反，对于发挥人的想象力、创造力及情感功能的右脑功能的训练和开发却相当欠缺，这样培养出的只能是左脑技能高度发展却缺乏创造力的人。布莱克斯利曾专门对美国大学教育状况进行了大量的调查研究，他一针见血地指出，当今的美国学校，整个教育系统之中几乎都是以训练人的逻辑思维和言语能力为重，忽视了人的非言语能力、直觉能力的培养，很大程度上偏废了直

---

① ［美］托马斯·R.布莱克斯利：《右脑与创造》，傅世侠、夏佩玉译，北京大学出版社1992年版，第92页。

② ［美］托马斯·R.布莱克斯利：《右脑与创造》，傅世侠、夏佩玉译，北京大学出版社1992年版，第92页。

③ ［美］托马斯·R.布莱克斯利：《右脑与创造》，傅世侠、夏佩玉译，北京大学出版社1992年版，第92页。

④ 傅世侠、张昀：《生命科学与人类文明》，北京大学出版社1994年版，第158页。

觉、想象、创造等右脑思维潜力的开发和挖掘，其结果就是造成了高等教育的衰退。联合国教科文组织国际教育发展委员会很早就关注到了这一问题："很久以来，教育的任务就是一种刻板的职能，固定的情境，一时的生存，一种特殊的职业或特定的职位作为准备。教育灌输着属于古旧范畴的传统知识。这种见解至今仍十分流行。然而，那种想在早年时期一劳永逸地获得一套有用的知识或技术的想法已经过时了。传统教育的这个根本准则正在崩溃，现在不是已经到了寻找完全的教育体系的时候了吗？"[①] 我国教育领域中也存在着"重左脑轻右脑"的状况，时任国务院副总理李岚清在 1998 年的教育工作会议上提出"开发右脑比开发左脑的作用还要大，现在再不进行素质教育，就到了一种极为危险的地步"。[②] 国内也有不少科学家已经重视这个问题，强调要大力开发右脑，培养和发展右脑那些形象的、直觉的、创造性的思维能力。钱学森指出，"科学技术工作决不能局限于抽象思维的归纳推理法，即所谓的'科学方法'，而必须兼用形象或直感思维，甚至要得助于灵感或顿悟思维"[③]，要"把形象（直感）思维作为思维科学的突破口"[④]，并预言"思维科学的研究将孕育一场新的科学革命"[⑤]。对形象思维的运用和研究不仅有利于推动人的知识和智力的发展，而且它很可能对教育和技术带来深刻的变革，有力促进人的全面发展，其深远意义不可低估。

　　形象德育正是基于人类思维方式变革基础上提出的。形象德育，符合人的认知规律，为克服传统德育的缺陷、促进左右脑的协调发展和人的和谐发展提供了现实出路。事实上，很多影响人类历史的光辉成果就是运用右脑的图像记忆机能与左脑的逻辑语言机能紧密结合创造出来的。形象德育通过形象化的学习、教育和训练，使人的左右脑协同发展，使人的潜在能力和能量得到更好的发掘和发挥。形象德育实质上是人们对

　　① 联合国教科文组织国际教育发展委员会：《学会生存——教育世界的今天和明天》，华东师范大学比较教育研究所译，上海译文出版社 1979 年版，第 108 页。

　　② 王成军、沈豫浙：《应用创造学》，北京大学出版社 2010 年版，第 143 页。

　　③ 钱学森：《关于思维科学》，上海人民出版社 1986 年版，第 23 页。

　　④ 钱学森：《关于思维科学》，上海人民出版社 1986 年版，第 141 页。

　　⑤ 钱学森：《关于思维科学》，上海人民出版社 1986 年版，第 163 页。

日常生活中具有思想启迪价值的事物和现象的直观感觉的应用，这种直觉以表象为基础，进行联想、想象与类比，保证大脑左右半球交替兴奋，互相补充，协同作用，使人们的形象思维能力与抽象思维能力有机结合。正如马克思所说："人对世界的任何一种人的关系——视觉、听觉、嗅觉、味觉、触觉、思维、直观、情感、愿望、活动、爱，——总之，他的个体的一切器官，正像在形式上直接是社会的器官的那些器官一样，是通过自己的对象性关系，即通过自己同对象的关系而对对象的占有，对人的现实的占有。"① 形象德育正是通过全部感官感受生动具体的对象，进而深刻地认识、把握和占有对象。

同时，当我们观察人的思维过程，也不难发现，人的思维是由感觉和行动引起的，"通往大脑的六个主要通道：我们学习是通过……我们所看、我们所听、我们所尝、我们所触、我们所嗅、我们所做"②。儿童通常是通过感官感受、体验一种事物，吸收关于事物的信息，进而理解和掌握事物的概念的。"一个孩子要理解'圆'这个抽象概念，他必须首先有许多圆的东西的经验。他需要时间去感知圆的图形，滚动一只圆球，思考各类圆形物体的共同点，并去看圆形物体的图片。孩子们玩时，喜欢用推、拖、捅、击或其它动作控制物体，这些物体可能是玩具车、鸡蛋箱或鹅卵石。正是这些动作和对实物的感觉使玩成为如此有效的教育手段。"③ 个体情感与记忆系统紧密相连，如果要掌握的内容能唤起个体情感，嵌入个体的知识经验，人的左脑、右脑同时被调动起来了，就更容易全面而迅速地理解和记忆。我们往往也会有这么一种生活体验，"如果你听一首歌，左脑会处理歌词，右脑会处理旋律。因此，我们能轻而易举学会流行歌曲歌词，这并不是偶然的。你没有必要花很大力气去做。你很快学会是因为左脑和右脑都动员了起来——边缘系统中大脑的情感

---

① 《马克思恩格斯全集》第 3 卷，人民出版社 2002 年版，第 303 页。

② 引自 ［美］珍妮特·沃斯、［新西兰］戈登·德莱顿：《学习的革命：通向 21 世纪的个人护照》，顾瑞荣、陈标、许静译，上海三联书店 1997 年版，第 100 页。

③ 引自 ［美］珍妮特·沃斯、［新西兰］戈登·德莱顿：《学习的革命：通向 21 世纪的个人护照》，顾瑞荣、陈标、许静译，上海三联书店 1997 年版，第 225—227 页。

中心也加入了"。① 只有左右脑相互作用、相互配合、协调工作，才能促进个体的和谐发展，发挥人的潜能，使人的聪明才智得到更好的迸发。反之，如果大脑在完成一项任务时，只限于一侧脑半球的功能发挥，就会导致另一侧脑半球功能的弱化。

二　形象德育的思维基础

形象德育的开展，离不开一定的思维基础。这种思维基础，就是人的形象思维，它是形象德育得以进行的又一重要依据。马克思主义认识论告诉我们，客观世界的丰富性决定了人类掌握世界的思维方式的多样性。恩格斯很早就看到思维样式的多样性，他说："从个别到特殊并从特殊到普遍的递进，并不是在一种样式中，而是在许多种样式中实现的。"② 马克思更是明确提出了不同思维形式的类型："整体，当它在头脑中作为思想整体而出现时，是思维着的头脑的产物，这个头脑用它所专有的方式掌握世界，而这种方式是不同于对于世界的艺术精神的、宗教精神的、实践精神的掌握的。"③ 实际上，这里提出了哲学思维、艺术思维、宗教思维和实践思维四种思维方式。这四种思维方式的区别，说到底，主要就是抽象思维和形象思维的区别。除了哲学是用抽象的形式，以概念、判断、推理的形式反映世界外，剩下的三种思维方式总体上是以形象的形式反映世界的。艺术思维是形象思维，想象、幻想是艺术掌握世界的方式，这已形成广泛共识。宗教掌握世界的方式，同艺术一样，也是一种形象思维的方式，是通过幻想的具体形象反映自然、社会、人自身，只不过它是把歪曲的现实当作现实。关于这一点，费尔巴哈说道："一个神就是一个被想象的实体，就是一个幻想实体；并且，因为幻想是诗的主要形式或工具，所以人们也可以说：宗教就是诗，神就是一个诗意的

---

① 引自［美］珍妮特·沃斯、［新西兰］戈登·德莱顿：《学习的革命：通向 21 世纪的个人护照》，顾瑞荣、陈标、许静译，上海三联书店 1997 年版，第 99 页。
② 《马克思恩格斯选集》第 3 卷，人民出版社 2012 年版，第 928 页。
③ 《马克思恩格斯选集》第 2 卷，人民出版社 2012 年版，第 701 页。

实体。"① 实践思维也是一种形象思维，主要是基于实践的参与形成的一种个体的观察、理解和认识。一句话，理论掌握世界的方式以它思维着的具体对象为旨归，而艺术思维掌握世界用的是艺术的想象，宗教思维用的是神秘的幻想，实践思维用的是直接的体验，都是以形象的方式在头脑中反映世界的。

　　人类的思维方式归结起来，一是抽象的逻辑思维，二是生动的形象思维。逻辑思维与形象思维的区别在于认识现实的方式不同。"逻辑思维是通过概念的形式，从现实中个别的具体的事物中，抽象出它们本质的规律，以得出一般的法则。形象思维则是通过形象的方式，就在个别的具体的具有特征的事件和人物中，来揭示现实生活的本质规律。因此，逻辑思维和形象思维，都是我们的认识逐渐由现象向本质的深入，都在于揭示现实生活的规律性。"②

　　逻辑思维和形象思维，前者适用于哲学、社会科学、自然科学等人类的一切科学认识的活动，"通过概念的形式"反映现实，把反映现实的这种认识，凝聚在抽象的概念、公式、定理或理论的形式之中。后者则适用于人类的艺术、情感、审美活动，"通过形象的方式"反映现实，把反映现实的这种认识，凝聚在生动感人的情节、场面、图景、人物的形式之中。抽象思维和形象思维，都是通过人脑的分析、综合和抽象、概括过程而实现的：抽象思维的进行，要有形象思维的支持，抽象思维的结果是概念，以概念反映客观现实，形象思维的产生要受抽象思维的制约，形象思维的结果是形象，以形象反映客观现实。建筑师在设计一幢新楼时，所用的材料是头脑中关于各种新楼的具体、生动的形象，需要对不同的形象进行多次对比、筛选、分析、组合，通过大量丰富的联想和想象活动，最终形成一幢新楼的蓝图。在新楼的设计中，所有的抽象材料终究且必须体现在某种具体的形象材料中，才能变成物质的、现实的力量。建筑师的这种思维特点完全不同于科学理论研究中的抽象思维，

　　① ［德］路德维希·费尔巴哈：《费尔巴哈著作选集》下卷，荣震华、王太庆、刘磊译，商务印书馆1984年版，第683页。

　　② 复旦大学中文系文艺理论教研组：《形象思维问题参考资料》第1辑，上海文艺出版社1978年版，第97页。

马克思对此做过精辟而生动的论述。他说："最蹩脚的建筑师从一开始就比最灵巧的蜜蜂高明的地方，是他在用蜂蜡建筑蜂房以前，已经在自己的头脑中把它建成了。劳动过程结束时得到的结果，在这个过程开始时就已经在劳动者的表象中存在着，即已经观念地存在着。"①

形象思维不仅可以生动地反映和呈现事物的现象，而且能够深刻揭示事物的本质。形象思维运用各种可能使用的形象材料组合成一个形象的整体来反映社会生活本质，使人们认识、把握和改造世界。形象思维在认识和揭示事物的本质上，既深刻又生动，可以表现逻辑思维所表达不了的内容，具有不可替代的作用。应当看到，主体从事的领域和学科不同，其主导思维往往也不同。哲学、科学研究者主要运用抽象思维，文学、艺术创作者主要运用形象思维，他们各自主要运用这两种思维中的一种进行思维活动。一个是用逻辑推理证明，一个是用形象图画说明；一个是诉诸受众的理智，一个是给受众以想象；一个靠判断力，一个靠想象力，但是它们的目的都在于说服人。科学家为了掌握事物间的联系、研究事物内部的本质属性、发现和揭示有关自然或人类社会背后的本质规律，需要使用分析、综合、判断、推理、论证等抽象方式进行科学研究，离不开抽象思维。文艺家要创作典型形象，强调意境、情境、境界之美，主张情感表达、价值承载、美的传递，离不开形象思维。艺术家在创作作品时，仅仅靠法则、论证显然是无法表达出含蓄、悠远的意境的。王安石《泊船瓜洲》中的"春风又绿江南岸"，其生动形象性令人叫绝，诗人曾先后试了"到""过""入""满"等十多个字，试想，若王安石说"春风又到江南岸"，很合乎逻辑，却失了韵味。而最后敲定的"绿"字，乍一看是非逻辑的、无理的，超出了日常经验的惯性思维，但正是这超越融入了丰富的主观想象和联想，生动地传达了诗人内心的深切感受，建构了审美意象，展现了诗情画意，给人春意盎然、春色无边的延伸感和审美感，言有尽而意无穷，写活了江南水乡的春天。

艺术、情感、审美活动离不开形象思维，即使是科学家在科学发现、科学发明中，也少不了形象思维。科学家在科学研究的过程中，不可能

---

① 《马克思恩格斯选集》第2卷，人民出版社2012年版，第170页。

仅仅在抽象的概念、理论王国中漫游。抽象思维和形象思维始终是交替、交错地进行的，很多伟大的发明创造就是在想象、联想中完成的。爱因斯坦曾指出，"在我的思维结构中，书面或口头文字似乎不起任何作用。作为思维元素的心理的东西是一些记号和有一定明晰程度的意象，它们可以由我'随意地'再生和组合。这种组合活动似乎是创造性思维的主要形式"。① 意向的"再生和组合"，无疑是一种创造性活动。任何科学上的重大发现，都是对日常生活中某些具体形象隐藏着的某种规律的捕捉和把握，这里，爱因斯坦回答了他在进行科学研究时，概念符号和视觉意向存在着交替作用的一种关系，在科学研究的第一阶段，他主要运用的是右脑形象思维，通过大量丰富的表象来把握对象。在科学研究的第二阶段，左脑逻辑思维发挥主导作用，对大量丰富表象进行有机组合，产生创新成果。不仅科学家进行科学发现，艺术家创作艺术作品也是如此。对此，黑格尔讲得比较深刻："艺术家的这种构造形象的能力，不仅是一种认识性的想象力、幻想力，而且是一种实践性的感觉力，即实际完成作品的能力。这两方面在真正的艺术家那里是结合在一起的……按艺术的概念，这两方面——心理的构思与作品的完成（或传达）是携手并进的。"② 文艺创作活动通过个性化和典型化具体揭示更加深远、广泛的思想意蕴和价值，它既要明确地表达一定的思想，又要时刻与它依托的事物和现象紧密联系。正是在这种形象思维和抽象思维的交互作用下，人类的思维过程才会产生巨大的张力和创造性。

形象德育固然离不开形象思维，它总要构筑生动的直观、动人的形象，这并不否定形象德育过程中的抽象思维。形象德育中，形象思维必须以抽象思维为前导，运用抽象化的方法，舍弃现象，去除具体形象、人物、事物的细节、非本质的次要的方面，将反映一般、本质、规律的现象加以保留，概括、凝练、总结其中蕴藏的抽象的思想、价值、意义；接着，将蕴藏于具体形象、人物、事物之中的抽象的思想、价值、意义

①　［美］克雷奇、克拉奇菲尔德、利维森等：《心理学纲要》（上），周先庚等译，文化艺术出版社1980年版，第209—211页。

②　［德］黑格尔：《美学》第1卷，朱光潜译，商务印书馆1979年版，第336页。

形象化，将一般、本质、规律的东西集中起来，用形象的人物、场景、方式表达出来。

形象德育不似理论德育逻辑井然地亮观点、摆事实、讲道理、下结论，通过普遍的、带有规律性的抽象真理让人信服，而是通过人们具有情感色彩和感染力的可触及、可捉摸、可欣赏、可意会的形象进行生动具体又有深刻意蕴的教育。形象思维与抽象思维相比，二者对本质的反映方式不同，形象思维在认识、揭露本质上更形象、生动、直观。同样是揭示封建制度的本质，毛泽东的《湖南农民运动考察报告》显然用的是抽象思维的方法，引用政权、族权、神权、夫权等抽象概念阐明和论证当时中国半殖民地半封建社会农民的现实境遇，剑锋所指，一针见血。如文中所说："中国的男子，普通要受三种有系统的权力的支配……至于女子，除受上述三种权力的支配以外，还受男子的支配（夫权）。这四种权力——政权、族权、神权、夫权，代表了全部封建宗法的思想和制度，是束缚中国人民特别是农民的四条极大的绳索。"① 而曹雪芹的《红楼梦》，同样也是揭露和批判封建社会对人的束缚、奴役、毒害，通篇却并未提及政权、族权、神权、夫权的概念，用的则是形象思维方式，《红楼梦》对封建社会压迫人、剥削人的本质的揭露，形象生动，入木三分。

三　形象德育的能力基础

理论教育的能力基础在于抽象思维能力，即运用概念、判断、推理及逻辑方法进行抽象思维的能力。形象德育的能力基础在于形象思维能力，即运用直观、想象、联想、创造、再现的方法进行形象思维的能力。这种形象思维能力，就是形象德育重要的能力基础。人类生活在感性的、直观的、形象的世界之中，为了生存和发展，必须按照自身感官的尺度把握、感受、再现现实的形象，这就有了形象思维。人的形象思维能力便是在长期的把握、感受、再现形象的过程中培养和发展起来的。任何人生活在形象世界中，都要有形象思维，都离不开形象思维，艺术家从对生活的观察中寻找、塑造美的典型，一般人从自然、生活和艺术中欣

① 《毛泽东选集》第 1 卷，人民出版社 1991 年版，第 31 页。

赏、理解和改造形象，这都离不开形象思维。比如，当人们看到大海时，会禁不住地感叹："真壮观！"对于大海这个形象的欣赏和判断是直觉地做出的，并没有经过一个抽象的逻辑推理过程，而是经由人的感官构成的一个大海的整体的动态形象，而后唤起内心振奋愉悦的情感的结果。

著名生理学家巴甫洛夫提出的"两个信号"及其"思维类型"的理论，为深入分析和理解形象德育的能力基础提供了重要依据。巴甫洛夫指出："如果我们关于周围世界的感觉与表象，对于我们来说，乃是现实的第一信号，具体的信号，那末言语，特别首先是那种从言语器官达到大脑皮质的动觉刺激物，乃是第二信号，即信号的信号。它是现实的抽象化，它可加以概括，它组成了那种附加的，即为人类所特有的高级思维——人类在周围世界及其本身之间的高级的定向工具。"[1] 第一信号是人们关于现实世界的感觉和表象的信号，第二信号是言语形成的信号，是"信号的信号"。第二信号是人类独有的，它是在第一信号系统基础上形成的，第一信号由于与第二信号相联系，因而也是与动物的对现实的感觉与表象有着本质区别的。正是借助第一信号和第二信号系统，人们才能不断地、能动地认识和反映世界。根据人的第一信号系统和第二信号系统的不同特点，巴甫洛夫将人的思维活动分为三种类型，即艺术型、分析型、中间型。不同认知风格的人倾向于依靠不同脑半球来思维，艺术型倾向于依靠右脑思维，第一信号系统相对占优势，比较活跃，长于形象思维，善于想象和联想，在进行创作时脑海里常常会呈现出生动具体的形象；分析型倾向于依靠左脑思维，第二信号系统相对占优势，较为活跃，长于抽象思维，善于分析和推理，常运用概念进行判断推理来把握事物；中间型的人介于这两者之间，往往是第一信号、第二信号系统结合运用，绝大多数人属于中间型。德育主体开展德育活动时，由于学习背景、思维习惯、能力基础、网络技术水平等因素的影响，有的擅长形象思维，有的擅长抽象思维，往往也会倾向于采取不同的德育方式。

人的形象思维能力是指人们运用具体的形象或图像反映思维内容的能力和水平。人类在经历的漫长的生产活动中逐步发展了大脑神经系统

---

[1] ［苏联］巴甫洛夫：《巴甫洛夫选集》，吴生林等译，科学出版社 1955 年版，第 177 页。

及其功能，经过对形象长期艰苦的学习、训练和实践，便形成和发展了形象思维能力。这种形象思维能力，一方面要有世代遗传积淀下的生理条件做基础；另一方面要凭借个体的长期努力、兴趣、实践，而一旦人富有创造力的形象思维能力与深刻的抽象思维能力相结合，便会产生、创造优秀的作品。外界形象信息浩如烟海，为什么人们对一些形象信息欣然接受，而对另一些形象信息置若罔闻呢？车尔尼雪夫斯基也说："民歌中关于美人的描写，没有一个美的特征不是表现着旺盛的健康和均衡的体格；相反，上流社会的'美人'必须是'病美人'。"① 对于贾府上的焦大而言，勤劳健康的女子才符合自己的审美标准，自然不爱身体娇弱的林妹妹。任何形象都是具体直观的，是感官可以直接认识和把握的。这主要和主体在进行什么实践以及如何进行实践是一致的。马克思说，"感觉通过自己的实践直接变成了理论家"②，有了感觉，人类才能对感性的形象作出必要的反映。

德育工作者在进行形象德育时，需要运用形象化的表达方式、习惯、载体、语言开展德育活动，必须具备联想想象、排列组合、再现创造等能力。人们具有形象思维能力，不同的是普通人的形象思维能力，一般认为并不是自觉的，而是自发的，他们在思考时头脑中也可能浮现出形象，但总归是偶然的、碎片的、无规律的、不系统的、缺乏逻辑性的，不能构成完整的形象或形象体系，说到底，普通人一般难以进行有始有终、有因有果的形象思维活动。艺术家进行艺术创作，需要从不同角度，感受、体验和想象不同的事物，不断发展和提升形象思维能力。不同类型的艺术家，观察现实、反映现实的手段也不尽相同，比如画家更关注颜色和构图，作家对生活细节和语言更敏感，音乐家易于被旋律吸引，然而有一点是相同的，就是都需要以实际的生活体验作为艺术灵感的来源和依据。聂耳一次同友人到黄浦江码头散步时，忽然听到码头搬运工人的号子声。身边的友人对此并未注意，而聂耳却被这工人的劳动号子深深吸引，情不自禁地感叹道："这有节奏的劳动呼声，多么壮美，旋律

---

① 刘文孝：《外国文学的艺术发展史》，云南人民出版社 2009 年版，第 481 页。

② 马克思：《1844 年经济学—哲学手稿》，刘丕坤译，人民出版社 1979 年版，第 78 页。

多么有力啊！这简单的不断重复的吭唷吭唷，有一种动人心魄的力量。"①
聂耳有感而发创作出著名的《码头工人歌》，成功地塑造了中国工人阶级
的生动艺术形象。显然，聂耳能创造出《码头工人歌》这一艺术作品，
是"长期积累，偶然得之"的结果。聂耳正是具备敏锐的艺术感受力，
长期关注旧中国劳苦大众的生活境况，才获得了友人所未有的深刻体验。
文学家运用形象思维能力是为了塑造文学形象，艺术家运用形象思维能
力是为了创造艺术形象，同样，德育工作者也需要具备这样的形象思维
能力，唯有如此，才能通过形象的内容和方法来教育人、影响人、塑造
人。文学艺术创作、音乐创作等，创作者几乎都要经过系统的学习、训
练的过程，不是一天两天就能够获得的。形象德育的过程，是为满足自
己或他人思想道德发展需要而进行的精神生产活动，是独立的、自觉的、
不断深化的、高级形态的形象思维过程，德育工作者的形象思维能力，
也需要长期培养、训练和积淀才能形成。

第二节　形象德育的理论依据

马克思主义经典作家在领导无产阶级革命和建设的过程中，非常重
视运用形象的内容和方法影响人们的思想和行为，提高人们的思想道德
水平，其相关重要论述为形象德育提供了科学的理论指导和重要的思想
依据。中国古代以及国外关于形象德育的相关论述，也为加强和改进形
象德育提供了重要的思想借鉴。因此，我们必须认真梳理、总结和研究
马克思主义经典作家关于形象德育的重要思想，以及中国古代和西方关
于形象德育的相关论述，为形象德育的理论研究和实践发展提供理论依
据和思想借鉴。

一　马克思主义关于形象德育的论述

马克思主义经典作家及中国共产党人在开展思想政治教育的过程中，
虽然没有提出形象德育的概念，但是对如何运用形象的内容和方式，特

---

① 军械技术学院政教室：《哲学趣例 300 题》，河北人民出版社 1985 年版，第 288 页。

别是运用艺术形象和现实典型开展思想教育做了大量的探索和思考，形成了诸多重要论述，对我们认识、加强和改进形象德育具有直接的指导作用。马克思主义关于形象德育的相关论述主要有以下几点。

（一）关于形象的本质的论述

马克思谈到希腊艺术和希腊神话时曾有一段十分深邃精辟的论述。他说："任何神话都是用想象和借助想象以征服自然力，支配自然力，把自然力加以形象化，因而，随着这些自然力实际上被支配，神话也就消失了。……希腊艺术的前提是希腊神话，也就是已经通过人民的幻想用一种不自觉的艺术方式加工过的自然和社会形式本身。"马克思讨论了神话与人类以及人类社会的关系，为我们深入理解和认识形象的本质问题提供了一条科学路径。形象是一个历史的范畴，形象最初的产生源于人与自然的斗争实践。一方面，人们与其赖以生存的自然界之间存在着支配与反支配的斗争；另一方面，人们通过创造形象来描述、表现他们与自然界斗争的具体实践，以想象和幻想来对抗严酷的现实，借以抒发他们战胜自然的理想、愿望和决心。由此可以看到，形象的本质体现为二重性：形象一方面体现了客观的人与自然、人与人、人与社会的劳动、斗争实践，反映了人对自然规律的认识过程；另一方面，"在所有文明民族所经历的一定阶段上，他们用人格化的方法来同化自然力。正是这种人格化的欲望，到处创造了许多神"①。形象体现了人在处理与自然、与他人、与社会的关系中的主观能动作用，预示着人在认识自然规律的基础上改造自然的要求、欲望和决心。因而，可以说，客观的劳动和斗争实践构成了形象产生的本源；而人的主观能动性，则会以形象化的方式创造性地在想象和幻想中"征服自然"。神话是用幻想的方式和人格化的方式对自然和社会的一种虚幻的反映，神话对自然力的反映和征服是一种虚幻的同一，不是一种现实的同一。一旦自然被人支配了，神话就失去了其存在的本源，人们就失去了创作神话的动力，神话就不复存在了。这时，随着社会历史的发展，人们会创造出与时代相匹配的反映人与自然、人与他人、人与社会的新的矛盾关系的新的形象。恩格斯在评论卡

---

① 《马克思恩格斯文集》第 9 卷，人民出版社 2009 年版，第 356 页。

尔·倍克的《穷人之歌》时明确指出，新时代的文学，应当塑造、表现和"歌颂倔强的、叱咤风云的和革命的无产者"①。随着工人阶级愈益成为历史的主人公和创造者，成为新兴生产力和新的社会发展方向的代表，他们理应占有一席之地，因为新生产方式和新生活方式必然"需要完全不同的人，并将创造出这种人来"②。形象必须真实而又生动地描绘人们的生活和斗争状况，实践发展推动形象的发展变化，整个历史可以看成是伴随社会实践关系不断展开和变化的形象史，实践越推进，形象就越复杂、丰富、多样。

形象是历史的产物，受制于一定的历史条件，但人的自觉性的跃升会使得形象跳脱历史的逻辑，摆脱历史的局限性，呈现出较高的层次和水平。恩格斯在提到挪威的国情状况和艺术生产时这样说道："由于他的隔离状态和自然条件而落后"，"直到现在这个国家才零零散散地出现了一些大工业的萌芽……然而这个国家却出现了文学的繁荣"，因为"挪威的小资产者是自由农民之子，在这种情况下，他们比起堕落的德国小市民来是真正的人，有自己的性格以及首创的和独立的精神"③。可见，形象的存在和发展，既包孕在统一的历史之中，又具有相对的独立性，因此在进行形象分析时，需要结合形象发生发展的具体机制，才能使得形象的欣赏和塑造建立在理性自觉的基础上。马克思和恩格斯指出："我们的出发点是从事实际活动的人，而且从他们的现实生活过程中我们还可以揭示出这一生活过程在意识形态上的反射和回声的发展。"④ 理解形象的本质，要认识到形象的创造主体是人，形象是人创造历史的生动体现，反映的是人的现实生活及其变化，构成了人们现实的感性世界的存在方式，构筑了人类的生存背景。马克思曾就形象的特性进行了深入而精辟的分析。"劳动过程结束时得到的结果，在这个过程开始时就在劳动者的表象中存在着，即已经观念地存在着。它不仅仅使自然物发生形式变化，同时还在自然物中实现自己的目的。这个目的是他知道的，是作为规律

---

① 《马克思恩格斯全集》第 4 卷，人民出版社 1972 年版，第 454 页。
② 《马克思恩格斯选集》第 1 卷，人民出版社 2012 年版，第 307 页。
③ 《马克思恩格斯选集》第 4 卷，人民出版社 1972 年版，第 414 页。
④ 《马克思恩格斯全集》第 3 卷，人民出版社 1972 年版，第 30 页。

决定着他的活动方式和方法的，他必须使他的意志服从这个目的。"① 形象一开始就融入了人的目的，对于具体形象而言，总是体现为一定感性的具体形式，在个体与形象的现实关系中，形象所展现的精神内核是经过社会凝练的抽象的特质，这使得形象成为具体形式与抽象内核的统一体。

（二）关于文艺的育人作用的论述

马克思主义经典作家深入阐述了文学艺术形象的育人作用。马克思把艺术称为"自由的精神生活"②"最高贵的精神生产"③，马克思和恩格斯在《德意志意识形态》中，集中阐释了文艺与现实社会的关系以及文艺在对人的思想教化方面的积极作用。马克思、恩格斯曾对包括狄更斯、勃朗特在内的一批杰出的小说家这样评价道："现代英国的一派出色的小说家，以他们那明白晓畅和令人感动的描写，向世界揭示了政治和社会的真理，比起政治家、政论家和道德家合起来所作的还多。"④ 1844 年，德国西里西亚工人举行起义，马克思高度肯定、赞扬西里西亚工人起义前夕流行的革命歌曲《血腥的屠杀》所起到的重要作用，认为它是勇敢的战斗的呼声，使得这次起义中无产阶级的组织化程度、阶级觉悟、理论水准更高。"这支歌根本没有提到家庭、工厂、地区，相反，无产阶级一下子就决不含糊地、尖锐地、毫不留情地、威风凛凛地大声宣布，它反对私有制社会。西里西亚起义恰恰在开始时就具有了法国和英国的工人起义在结束时才具有的东西，那就是对无产阶级本质的意识。"⑤ 恩格斯也指出，巴尔扎克"在《人间喜剧》里给我们提供了一部法国'社会'，特别是巴黎上流社会的无比精彩的现实主义历史……他的伟大的作品是对上流社会无可阻挡的衰落的一曲无尽的挽歌……他看到了他心爱

---

① 《马克思恩格斯全集》第 23 卷，人民出版社 1972 年版，第 202 页。

② ［德］马克思：《剩余价值学说史》第 1 卷，郭大力译，人民出版社 1975 年版，第 307 页。

③ ［德］马克思：《剩余价值学说史》第 1 卷，郭大力译，人民出版社 1975 年版，第 309 页。

④ 《马克思、恩格斯论艺术》第 2 卷，人民文学出版社 1963 年版，第 402 页。

⑤ 《马克思恩格斯全集》第 3 卷，人民出版社 2002 年版，第 390 页。

的贵族们灭亡的必然性"。① 阶级社会的文艺是阶级社会中各阶级和集团的意识形态的生动表现，能够深刻地反映和揭示社会本质。恩格斯在评论德国画家许布纳尔的油画《西里西亚织工》时，兴高采烈地指出："请允许我提一下优秀的德国画家许布纳尔的一幅面；从宣传社会主义这个角度来看，这幅画所起的作用要比一百本小册子大得多。"② 许布纳尔所画是一群西里西亚的纺织工人向工厂主交亚麻布的场景，真实而有力地把工厂主的贪婪、冷酷、富有和纺织工人的辛苦、穷困、绝望作了鲜明的对比。这些艺术作品用典型化的艺术形象，生动而深刻地揭示了资本主义的社会现实和政治的、社会的真理，对人们的思想具有震撼和启迪作用。

中国共产党人对文化和文艺在团结教育人民、推动革命和建设发展上的作用予以充分肯定。毛泽东紧密围绕文艺与政治的关系，充分肯定了文艺的阶级属性和政治功能，政治决定文艺，"一切文化或文学艺术都是属于一定的阶级，属于一定的政治路线的"③。而文艺对政治具有反作用，文艺"反转来给予伟大的影响于政治"④，推动革命实践运动的发展。文艺的目的就在于"使文艺很好地成为整个革命机器的一个组成部分，作为团结人民、教育人民、打击敌人、消灭敌人的有力的武器，帮助人民同心同德地和敌人作斗争。⑤ 社会主义革命离不开文艺，社会主义建设尤其是"四有新人"培养同样离不开文艺。邓小平把文艺工作者等"思想战线上的战士"称为"灵魂工程师"，指出新时期文艺要通过"塑造四个现代化建设的创业者，表现他们那种有革命理想和科学态度、有高尚情操和创造能力、有宽阔眼界和求实精神的崭新面貌。要通过这些新人的形象，来激发广大群众的社会主义积极性，推动他们从事四个现代化建设的历史性创造活动"。⑥ 江泽民也曾强调："文艺是民族精神的火炬，

---

① 《马克思恩格斯选集》第4卷，人民出版社2012年版，第590—591页。

② 《马克思恩格斯全集》第2卷，人民出版社1957年版，第589页。

③ 《毛泽东选集》第3卷，人民出版社1991年版，第865页。

④ 《毛泽东选集》第3卷，人民出版社1991年版，第866页。

⑤ 《毛泽东选集》第3卷，人民出版社1991年版，第848页。

⑥ 《邓小平文选》第2卷，人民出版社1994年版，第209页。

是人民奋进的号角。在培育和弘扬民族精神方面，文艺可以发挥独特的重要作用。"① 在社会主义建设和改革时期，先进的文化和优秀的文艺作品，仍然并将继续在政治导向、价值引领、精神塑造、情感激励等方面发挥日益重要的作用。文艺是推动新时代实践发展的重要精神动力，习近平总书记高度赞誉文艺的社会作用，并把它作为文艺的重要使命。"文艺创作如果只是单纯记述现状、原始展示丑恶，而没有对光明的歌颂、对理想的抒发、对道德的引导，就不能鼓舞人民前进。"②"好的文艺作品就应该像蓝天上的阳光、春季里的清风一样，能够启迪思想、温润心灵、陶冶人生，能够扫除颓废萎靡之风。"③ 文艺要给予人民至纯至真的审美享受，要传递人民以真切的思想启迪，"用理性之光、正义之光、善良之光照亮生活"④。习近平总书记认为文艺作品应当展现真善美，传递求真、向善、崇美的价值观，"引导人们增强道德判断力和道德荣誉感，向往和追求讲道德、尊道德、守道德的生活"⑤。习近平总书记强调，文艺是实现国家富强、民族振兴、人民幸福的中国梦的号角。"实现中华民族的伟大复兴，是一场震古烁今的伟大事业，需要坚忍不拔的伟大精神，也需要振奋人心的伟大作品。"⑥ 要鼓舞人民参与实现中华民族伟大复兴，"举精神之旗、立精神支柱、建精神家园，离不开文艺"⑦。文艺也是实现人民美好生活需要、满足人民精神文化需要、促进人的发展的内在要求。习近平总书记指出，满足人民日益增长的精神文化需要，就要使

---

① 《江泽民文选》第 3 卷，人民出版社 2006 年版。第 401 页。

② 中共中央宣传部编：《习近平总书记在文艺工作座谈会上的重要讲话学习读本》，学习出版社 2015 年版，第 81 页。

③ 中共中央宣传部编：《习近平总书记在文艺工作座谈会上的重要讲话学习读本》，学习出版社 2015 年版，第 92 页。

④ 习近平：《在中国文联十大、中国作协九大开幕式上的讲话》，人民出版社 2016 年版，第 14 页。

⑤ 中共中央宣传部编：《习近平总书记在文艺工作座谈会上的重要讲话学习读本》，学习出版社 2015 年版，第 101—102 页。

⑥ 习近平：《在中国文联十大、中国作协九大开幕式上的讲话》，人民出版社 2016 年版，第 5 页。

⑦ 中共中央宣传部编：《习近平总书记在文艺工作座谈会上的重要讲话学习读本》，学习出版社 2015 年版，第 15 页。

"文学、戏剧、电影、电视、音乐、舞蹈、美术、摄影、书法、曲艺、杂技以及民间文艺、群众文艺等各领域都要跟上时代发展、把握人民需求，以充沛的激情、生动的笔触、优美的旋律、感人的形象创作生产出人民喜闻乐见的优秀作品，让人民精神文化生活不断迈上新台阶"①。

　　文艺要发挥社会作用，就要在文艺创作中坚持"以人民为中心"的创作导向。马克思说过，"人民历来就是作家'够资格'和'不够资格'的唯一判断者"②。列宁提出并阐述在社会主义条件下，文艺为什么人服务的问题，"它不是为饱食终日的贵妇人服务，不是为百无聊赖、胖得发愁的'一万个上层分子'服务，而是为千千万万劳动人民，为这些国家的精华、国家的力量、国家的未来服务"③。毛泽东在延安文艺工作座谈会上发表的重要讲话中明确提出文艺要为人民大众服务的宗旨，指出人民的生活是文艺创作的唯一源泉："人民生活中本来存在着文学艺术原料的矿藏，这是自然形态的东西，是粗糙的东西，但也是最生动、最丰富、最基本的东西；在这点上说，它们使一切文学艺术相形见绌，它们是一切文学艺术的取之不尽、用之不竭的唯一的源泉。"④ 邓小平也指出："人民需要艺术，艺术更需要人民。自觉地在人民的生活中汲取题材、主题、情节、语言、诗情和画意，用人民创造历史的奋发精神来哺育自己，这就是我们社会主义文艺事业兴旺发达的根本道路。"⑤ 习近平总书记还曾旗帜鲜明地提出："社会主义文艺，从本质上讲，就是人民的文艺。"⑥ 习近平总书记强调："一切优秀文艺工作者的艺术生命都源于人民，一切优秀文艺创作都为了人民。"⑦ "文艺要反映好人民心声，就要坚持为人民

---

①　中共中央宣传部编：《习近平总书记在文艺工作座谈会上的重要讲话学习读本》，学习出版社2015年版，第64页。

②　《马克思恩格斯全集》第1卷，人民出版社1972年版，第90页。

③　《列宁全集》第12卷，人民出版社2012年版，第131页。

④　《毛泽东选集》第3卷，人民出版社1991年版，第860页。

⑤　《邓小平文选》第2卷，人民出版社1994年版，第211页。

⑥　中共中央文献研究室编：《十八大以来重要文献选编》（中），中央文献出版社2016年版，第127页。

⑦　习近平：《在中国文联十大、中国作协九大开幕式上的讲话》，人民出版社2016年版，第10页。

服务、为社会主义服务这个根本方向。这是党对文艺战线提出的一项基本要求，也是决定我国文艺事业前途命运的关键。""党的领导是社会主义文艺发展的根本保证。党的根本宗旨是全心全意为人民服务，文艺的根本宗旨也是为人民创作。"① 社会主义文艺，需要"深入群众、深入生活，诚心诚意做人民的小学生"②。只有真正地认清生活，明悟、参透生活，"才能变成深刻的情节和动人的形象，创作出来的作品才能激荡人心"③。新时代文艺要以党的领导保证"以人民为中心"的创作导向，这对当前广大文艺工作者的文艺创作具有时代性、指导性和规指性意义。

文艺创作要反映时代精神，与时代同频共振。习近平总书记指出："文艺是时代前进的号角，最能代表一个时代的风貌，最能引领一个时代的风气。"④ 恩格斯认为，在阶级社会中，艺术家的使命就在于描述反映人们之间的阶级关系、矛盾和斗争，"主要的出场人物是一定的阶级和倾向的代表，因而也是他们时代的一定思想的代表，他们的动机不是来自琐碎的个人欲望，而正是来自他们所处的历史潮流"⑤。马克思、恩格斯从当时工人运动对文艺的要求出发，明确指出文艺必须真实而又生动地描写工人阶级的生活、斗争和前途，使工人阶级的形象在文学艺术中占有一定的地位。恩格斯指出："工人阶级对压迫他们的周围环境所进行的叛逆的反抗，他们为恢复自己做人的地位所作的令人震撼的努力，不管是半自觉的或是自觉的，都属于历史，因而也应当在现实主义领域内占有一席之地。"⑥ 随着工人阶级愈益成为历史的主人公和创造者，成为新兴生产力和新的社会发展方向的代表，他们理应在文学艺术中占有一席

---

① 中共中央文献研究室编：《十八大以来重要文献选编》（中），中央文献出版社 2016 年版，第 137 页。

② 中共中央宣传部编：《习近平总书记在文艺工作座谈会上的重要讲话学习读本》，学习出版社 2015 年版，第 78 页。

③ 中共中央宣传部编：《习近平总书记在文艺工作座谈会上的重要讲话学习读本》，学习出版社 2015 年版，第 79 页。

④ 中共中央宣传部编：《习近平总书记在文艺工作座谈会上的重要讲话学习读本》，学习出版社 2015 年版，第 8 页。

⑤ 《马克思恩格斯选集》第 4 卷，人民出版社 2012 年版，第 440 页。

⑥ 《马克思恩格斯选集》第 4 卷，人民出版社 2012 年版，第 590 页。

之地，因为新生产方式和新生活方式必然"需要完全不同的人，并将创造出这种人来"①。邓小平也对创作典型生动的艺术形象并运用这种形象育人提出了新要求，指出文艺要表现时代的趋势。"我们的社会主义文艺，要通过有血有肉、生动感人的艺术形象，真实地反映丰富的社会生活，反映人们在各种社会关系中的本质，表现时代前进的要求和历史发展的趋势，并且努力用社会主义思想教育人民，给他们以积极进取、奋发图强的精神。"②邓小平要求文艺工作者要创作出融政治性和现实性于一体的艺术作品，以适应时代要求，发挥文艺宣传工作的重要作用。习近平总书记强调指出，"任何一个时代的经典文艺作品，都是那个时代社会生活和精神的写照，都具有那个时代的烙印和特征"③。文艺创作要"发时代之先声、开社会之先风、启智慧之先河，成为时代变迁和社会变革的先导"④，以反映时代精神为责任担当和神圣使命。在当前，文艺反映时代要求，就是要"抒写改革开放和社会主义现代化建设的蓬勃实践，抒写多彩的中国、进步的中国、团结的中国，激励全国各族人民朝气蓬勃迈向未来"⑤，奏出时代最强音、谱写中国特色社会主义伟大实践的壮丽华章。

马克思主义认为，典型化、具体化、形象化是文学艺术反映世界的基本方式，也是文学艺术能够打动人、感染人、教育人的奥妙所在。马克思指出："人只有凭借现实的、感性的对象才能表现自己的生命。"⑥ 文学艺术的创作过程，是由具体到抽象再到新的具体的过程。前一个具体，是客观存在的、未经加工的具体的、感性的事物及表象，是艺术创作的出发点。抽象是用高度概括和集中的典型化的创作方式进行的一种

---

① 《马克思恩格斯选集》第 1 卷，人民出版社 2012 年版，第 307 页。

② 《邓小平文选》第 2 卷，人民出版社 1994 年版，第 210 页。

③ 习近平：《在中国文联十大、中国作协九大开幕式上的讲话》，人民出版社 2016 年版，第 7 页。

④ 习近平：《在中国文联十大、中国作协九大开幕式上的讲话》，人民出版社 2016 年版，第 7—8 页。

⑤ 习近平：《在中国文联十大、中国作协九大开幕式上的讲话》，人民出版社 2016 年版，第 9 页。

⑥ 《马克思恩格斯文集》第 1 卷，人民出版社 2009 年版，第 210 页。

艺术抽象。后一个具体，则是经过典型化方式创作出来的富有鲜明个性特征的、生动具体的艺术形象。这种生动具体的艺术形象，既是人们运用典型化的方式集中概括和再现具体的感性事物的产物，又是人们生命本质力量的表现与确证。恩格斯强调艺术创作要解决典型和个性的关系，艺术典型既要体现社会生活的本质，又须具有鲜明的个性。因此，在艺术创作中，要"把各个人物用更加对立的方式彼此区别得更加鲜明些"。① 恩格斯将现实主义概括为"除细节的真实外，还要真实地再现典型环境中的典型人物"②。在恩格斯看来，真实性和典型性是现实主义艺术的内在要求和基本规律。③ 恩格斯不欣赏作家将自己的政治立场、思想观点和社会信念等借作品或人物之口赤裸裸地表白出来，"见解愈隐蔽愈好"。艺术形象突出的是典型形象的个性特征，体现了创作者的感受、思想、情感，最能吸引人、打动人和感染人。毛泽东指出："文艺作品中反映出来的生活却可以而且应该比普通的实际生活更高，更强烈，更有集中性，更典型，更理想，因此就更带普遍性。"④ 文学艺术是对社会生活中具体事物的集中反映，而作为这种集中反映的成果的艺术形象，比现实生活更强烈、更典型、更理想。因此，更带有普遍性意义。邓小平指出文艺要按照自身的特性和规律服务政治。"我们的社会主义文艺，要通过有血有肉、生动感人的艺术形象，真实地反映丰富的社会生活，反映人们在各种社会关系中的本质，表现时代前进的要求和历史发展的趋势，并且努力用社会主义思想教育人民，给他们以积极进取、奋发图强的精神。"⑤ 文艺工作者要创造出融政治性和现实性于一体的艺术作品，以适应新时期政治宣传工作的要求，发挥文艺宣传工作的重要作用。在新时代，习近平总书记创造性地赋予了人民在文艺中的新内涵，他强调："人民不是抽象的符号，而是一个一个具体的人，有血有肉，有情感，有

---

① 《马克思恩格斯选集》第 4 卷，人民出版社 2012 年版，第 441 页。
② 《马克思恩格斯选集》第 4 卷，人民出版社 2012 年版，第 590 页。
③ 《马克思恩格斯文集》第 10 卷，人民出版社 2009 年版，第 545 页。
④ 《毛泽东选集》第 3 卷，人民出版社 1991 年版，第 861 页。
⑤ 《邓小平文选》第 2 卷，人民出版社 1994 年版，第 210 页。

爱恨，有梦想，也有内心的冲突和挣扎。"① ""'人民'既有集合性底色又凸显具体的个体性存在。"新时代的文艺创作要聚焦个体的真情实感，"必须从最真实的生活出发，从平凡中发现伟大，从质朴中发现崇高"②，"从而让人民从身边的人和事中体会到人间真情和真谛，感受到世间大爱和大道"③。

艺术家要创造生动感人的优秀作品和艺术形象，必须深入社会实践和人民群众中。"观念的东西不外是移入人的头脑并在人的头脑中改造过的物质的东西而已。"④ 文学艺术也是一种观念形态的东西，人民群众的社会实践和社会生活是一切文学艺术产生的唯一源泉。毛泽东明确指出："人民生活中本来存在着文学艺术原料的矿藏，这是自然形态的东西，是粗糙的东西，但也是最生动、最丰富、最基本的东西；在这点上说，它们使一切文学艺术相形见绌，它们是一切文学艺术的取之不尽、用之不竭的唯一的源泉。"⑤ 要创作优秀作品和艺术形象，最好的方法，就是"必须到群众中去，必须长期地无条件地全心全意地到工农兵群众中去，到火热的斗争中去，到唯一的最广大最丰富的源泉中去，观察、体验、研究、分析一切人，一切阶级，一切群众，一切生动的生活形式和斗争形式，一切文学和艺术的原始材料，然后才有可能进入创作过程"⑥。邓小平也指出："人民需要艺术，艺术更需要人民。自觉地在人民的生活中汲取题材、主题、情节、语言、诗情和画意，用人民创造历史的奋发精神来哺育自己，这就是我们社会主义文艺事业兴旺发达的根本道路。"⑦文艺工作者深入人民群众的社会实践和社会生活中去，不仅是创作优秀

---

① 中共中央文献研究室编：《十八大以来重要文献选编》（中），中央文献出版社 2016 年版，第 129—130 页。

② 习近平：《在中国文联十大、中国作协九大开幕式上的讲话》，人民出版社 2016 年版，第 13 页。

③ 习近平：《在中国文联十大、中国作协九大开幕式上的讲话》，人民出版社 2016 年版，第 11 页。

④ 《马克思恩格斯选集》第 2 卷，人民出版社 2012 年版，第 93 页。

⑤ 《毛泽东选集》第 3 卷，人民出版社 1991 年版，第 860 页。

⑥ 《毛泽东选集》第 3 卷，人民出版社 1991 年版，第 860—861 页。

⑦ 《邓小平文选》第 2 卷，人民出版社 1994 年版，第 211 页。

作品和艺术形象的需要，也是成长为人民群众所需要的艺术家的需要。如何与群众打成一片，习近平总书记指出，"文艺工作者要想有成就，就必须自觉与人民同呼吸、共命运、心连心，欢乐着人民的欢乐，忧患着人民的忧患，做人民的孺子牛。这是唯一正确的道路，也是作家艺术家最大的幸福"。①

（三）关于运用榜样影响和教育人的论述

运用社会实践和社会生活的现实典型和榜样影响并教育人，是形象德育的一个重要方面。马克思主义对树立和运用现实典型，充分发挥榜样的示范教育作用做了深入的探索，形成了一系列榜样教育的重要论述。

社会实践和社会生活中涌现出的先进典型与榜样人物，有着重要的导向、引领、示范作用。"抓什么样的典型，就能体现什么样的导向，就会收到什么样的效果。"②"要大力弘扬和宣传先进典型，充分发挥其示范引导作用。"③ 人总是生活在一定的、现实的社会关系中，代表着不同的生产力、生产关系和生产力发展的不同水平，呈现出先进、中间、落后等不同的发展样态。榜样教育正是通过在人民群众中树立和宣传先进典型和模范的事迹和精神，带动和影响中间分子，教育和转化落后分子，从而营造出一种可比可学的竞赛氛围，实现人与人之间从不平衡到平衡，再到新的不平衡的发展过程。开展榜样教育，就是要用榜样的率先垂范和人格力量影响、感染、带动别人一起前进。马克思这样说道："如果你想感化别人，那你就必须是一个实际上能鼓舞和推动别人前进的人。"④榜样生活在人民群众中，生活在社会实践中，生活在现实生活中，生活在人们身边，榜样是用行动和事实而不是语言来影响人的，可亲、可感、可比、可学，因此，要多用榜样来影响和带动人们，发挥榜样潜移默化的示范作用。

① 中共中央文献研究室编：《十八大以来重要文献选编》（中），中央文献出版社 2016 年版，第 130 页。

② 习近平：《之江新语》，浙江人民出版社 2007 年版，第 212 页。

③ 习近平：《干在实处　走在前列——推进浙江新发展的思考与实践》，中共中央党校出版社 2014 年版，第 396 页。

④ 《马克思恩格斯文集》第 1 卷，人民出版社 2009 年版，第 247 页。

中国共产党高度重视和充分肯定英雄模范的榜样示范作用，并把发挥英雄模范的榜样示范作用作为教育、影响、鼓舞人民的重要方法。早在战争年代，毛泽东就指出："边区还要开劳动英雄大会，有各区劳动英雄、战斗英雄、各方面的模范工作者参加。这是群众创造出来的好方法，这样的方法是一种好的竞赛方法，可以提高干部，联系群众，推进工作。"① 榜样的方法，是一种形象的方法，它为人们树立了效仿的楷模和学习的标杆。榜样的方法，是一种竞赛的方法，它使人民群众通过比较、竞赛和竞争，不断向先进人物看齐，推动人与社会的不断发展与进步。榜样的方法，还是一种联系的方法，它使领导通过先进模范人物与广大人民群众联系起来，以重点带动一般，以骨干带动群众。榜样作为人民群众中的优秀分子，力量如此重要，榜样的产生应当依靠民主的方式。习近平总书记对典型与典型人物一直非常重视，他在情感上非常亲近关心先进典型，对一些具体的人物典型有着亲切亲身的感受，而且在理论上深入剖析先进典型，在更加宏阔深刻的视野下，对典型人物宣传的目的、重要价值、典型人物如何遴选发现、如何宣传以及向先进典型学习效仿等命题，作出了极具指导意义与说服力的阐述。

榜样的示范作用是发挥精神的引领作用。习近平总书记多次强调，"抓典型，更具意义的是要树立精神上的榜样，让人们学习典型所体现的精神，让典型身上的精神发扬光大"② "向先进典型学习，可学者多矣！最关键的是要学精神、学品质、学方法"③。列宁在谈及"共产主义星期六义务劳动"时这样说："'共产主义星期六义务劳动'之所以具有巨大的历史意义，是因为它向我们表明了工人自觉自愿提高劳动生产率、过渡到新的劳动纪律、创造社会主义的经济条件和生活条件的首创精神。"④ 参加"共产主义星期六义务劳动"的先进工人群体的模范行动，之所以深深感动和教育了人们，正是因为他们体现了一种自觉自愿的劳动态度和首创精神。列宁号召人们向他们学习，实质上就是要学习、发扬和践

① 《毛泽东文集》第 3 卷，人民出版社 1996 年版，第 98 页。
② 习近平：《之江新语》，浙江人民出版社 2007 年版，第 212 页。
③ 习近平：《之江新语》，浙江人民出版社 2007 年版，第 218 页。
④ 《列宁选集》第 4 卷，人民出版社 2012 年版，第 55 页。

行他们这种共产主义的首创精神。毛泽东特别强调学习和弘扬先进模范人物的崇高精神，毛泽东特别推崇鲁迅，把鲁迅作为新文化战线的模范，号召人们向鲁迅学习，尤其是学习鲁迅的精神，把鲁迅精神带到抗战队伍中，为实现民族的解放而奋斗。弘扬和学习榜样，关键在于模范精神的继承和弘扬。

习近平总书记着眼于中华民族伟大复兴的宏大愿景，多次赞扬时代先锋、国家脊梁、道德模范、改革先锋、普通工人等先进典型和模范，号召学习先进典型，学习先进榜样。习近平总书记指出："必须大力弘扬劳模精神、发挥劳模作用。榜样的力量是无穷的。劳动模范是民族的精英、人民的楷模。长期以来，广大劳模以平凡的劳动创造了不平凡的业绩，铸就了爱岗敬业、争创一流，艰苦奋斗、勇于创新，淡泊名利、甘于奉献的劳模精神，丰富了民族精神和时代精神的内涵，是我们极为宝贵的精神财富。"[1] 习近平总书记认为，学习典型，就要学习典型内蕴的深层精神，而不是表面上的言行。"抓典型，更具意义的是要树立精神上的榜样，让人们学习典型所体现的精神，让典型身上的精神发扬光大。"[2] 榜样的示范作用是发挥精神的引领作用，树立、宣传榜样，目的就是形成人人学习、效仿榜样，见贤思齐，争先恐后的社会良好风气，要"充分发挥党和国家功勋荣誉表彰的精神引领、典型示范作用，推动全社会形成见贤思齐、崇尚英雄、争做先锋的良好氛围"[3]。

榜样具有多种不同的类型。现实社会生活是丰富多彩的，现实社会生活中的榜样也是多种多样的，榜样既有个人典型，又有集体典型。列宁所赞颂的自觉自愿参加"共产主义星期六义务劳动"的先进群体，就是一种集体典型。毛泽东也十分重视集体典型的榜样示范作用，指出："一切宣传鼓动应顾到下述各方面。一方面利用已经产生并正在继续产生的民族革命典型（英勇抗战、为国捐躯、平型关、台儿庄、八百壮士、

---

① 中共中央文献研究室编：《习近平关于实现中华民族伟大复兴的中国梦论述摘编》，中央文献出版社 2013 年版，第 36—37 页。

② 习近平：《之江新语》，浙江人民出版社 2013 年版，第 212 页。

③ 中共中央宣传部、中央全面依法治国委员会办公室编：《习近平法治思想学习纲要》，人民出版社、学习出版社 2021 年版，第 54 页。

游击战争的前进、慷慨捐输、华侨爱国等等），向前线后方国内国外广为传播。又一方面，揭发、清洗、淘汰民族阵线中存在着与增长着的消极性（妥协倾向、悲观情绪、腐败现象等等）。再一方面，将敌人一切残暴兽行的具体实例，向全国公布，向全世界控诉，用以达到提高民族觉悟、发扬民族自尊心与自信心之目的。"[1] 除了集体的先进典型外，榜样还大量体现为个体的先进典型。毛泽东指出："我们应当写闻一多颂，写朱自清颂，他们表现了我们民族的英雄气概。"[2] 毛泽东所说的闻一多、朱自清乃至鲁迅等，就是体现了民族精神和英勇气概的民族英雄，即体现当时时代要求的先进个人典型。先进典型既表现为集体先进典型，又表现为个人先进典型；既表现为战争中的英雄，又表现为劳动中的模范。因此，我们既要学习个人典型，又要学习集体典型；既要学习战斗英雄，又要学习劳动模范，这样才能使榜样多样化、影响广泛化、作用最大化。

社会生活中除了先进模范人物的正面典型，也还存在着一些反面典型。马克思主义认为，反面典型同样具有重要的教育作用，不同的是，反面典型的教育作用是通过"见不贤而内省"，吸取反面典型的教训而产生的一种借鉴、警示、反省作用。毛泽东就说过："我们的教员不只是马克思、恩格斯、列宁、斯大林。帝国主义是我们的教员，蒋介石是我们的教员，犯错误的同志也是我们的教员。没有他们，我们就学不会办事。"[3] 邓小平也十分重视正反典型的对比教育，指出："报纸搞批评，要抓住典型，有头有尾，向积极方面诱导，有时还要有意识地作好坏对比。"[4] 当然，反面典型教育要把握好度，切忌过分宣传和渲染，不能喧宾夺主。"在开展反坏人坏事的广泛斗争达到了一个适当阶段的时候，就应将各地典型的好人好事加以调查分析和表扬，使全党都向这些好的典型看齐，发扬正气，压倒邪气。"[5] 习近平总书记高度重视警示教育，强调"要加强警示教育，把一些反面典型跌入违纪违法泥坑的教训给大家说

①《毛泽东新闻工作文选》，新华出版社1983年版，第40页。
②《毛泽东选集》第4卷，人民出版社1991年版，第1495—1496页。
③《毛泽东文集》第7卷，人民出版社1999年版，第64—65页。
④《邓小平文选》第1卷，人民出版社1994年版，第150页。
⑤《毛泽东文集》第6卷，人民出版社1999年版，第255页。

说透，让大家引为镜鉴、自觉自律"。将熟悉的身边人从好同志堕落成阶下囚的过程当成一面镜子，对心灵的震慑、对人的警示作用无疑是很有效果的。

开展榜样教育要注重持续性。榜样的树立、遴选、宣传都要有严格的标准和程序。宣传学习榜样，要从实际出发，实事求是，不能概念化、公式化、简单化。邓小平指出："宣传好的典型时，一定要讲清楚他们是在什么条件下，怎样根据自己的情况搞起来的，不能把他们说得什么都好，什么问题都解决了，更不能要求别的地方不顾自己的条件生搬硬套。"① 对待榜样人物、英雄模范，要持续关心教育。各个时代的英雄都是中华民族前进的脊梁，习近平总书记曾在多个场合表达对英雄的崇敬之情，号召全社会铭记英雄，崇尚英雄，关爱英雄。习近平总书记强调，"一个有希望的民族不能没有英雄，一个有前途的国家不能没有先锋"②，对于英雄榜样，要持续地关心，给予真诚地关切。习近平总书记指出，"谁是最可爱的人，不要让英雄既流血又流泪，让军人受到尊崇，这是最基本的，这个要保障"③。先进模范人物，是在实践中相比较而存在、相竞争而产生的，先进模范人物不是一成不变的，毛泽东认为，"凡当选的英雄模范，须勤加教育，力戒骄傲，方能培养成为永久模范人物。如果只有赞扬，没有教育，骄傲落选，将是必然现象，此点请加注意"④。只有经常关心、爱护、教育先进模范人物，提醒他们戒骄戒躁，才能使他们始终保持先进性，持续发挥示范作用。

（四）关于结合生活实际，运用生动事实教育人的论述

运用生动事实教育人，把道理隐藏在对事实的叙述中，是马克思主义形象德育思想的又一重要方面。人的社会意识的本质是对社会存在的反映，要影响和转变人的思想、意识和观念，最有效的办法是以事实教

---

① 《邓小平文选》第 2 卷，人民出版社 1994 年版，第 316 页。

② 《习近平在纪念中国人民抗日战争暨世界反法西斯战争胜利 70 周年系列活动上的讲话》，人民出版社 2015 年版，第 19 页。

③ 《谱写新时代强军兴军的崭新篇章——习近平主席在解放军和武警部队代表团发表重要讲话引起强烈反响》，《解放军报》2018 年 3 月 13 日，第 1 版。

④ 《毛泽东文集》第 3 卷，人民出版社 1996 年版，第 246 页。

育人，摆出理论观点赖以支撑事实来达到人们深度认可、接受新的理论观点的目的。马克思、恩格斯认为，事实是宣传成功的基础，传播者要用事实说话，让暗含着某种意图、倾向、目的的事实为受众喜爱、认同、接受，他们非常重视利用事实来推动社会主义的宣传。"使读者确立无可争辩的信念，只有明显的、无可争辩的事实才能做到这一点，特别是在一个被无穷的'祖先智慧'迫使人们持怀疑论的世纪里，仅凭空洞的说教，哪怕是很高明的权威的说教都不能使人产生这种信念。"① 以事实教育人，就要熟悉、了解、结合受众的实际，善于组织事实。马克思、恩格斯认为，为了提高宣传效果，影响更多受众，宣传者充分考虑甚至要迎合某些宣传对象。为了使《资本论》第一卷被传播出去，影响部分德国的小资产阶级，恩格斯甚至同意："尽可能按贝塔的方式，适应这种低级趣味报纸的要求。"② "要善于对所有一切专横和压迫的现象作出反应，不管这种现象发生在什么地方，涉及哪一个阶层或哪一个阶级；他们要善于把所有这些现象综合成为一幅警察暴行和资本主义剥削的图画；他们要善于利用每一件小事来向大家说明自己的社会主义信念和自己的民主主义要求，向大家解释无产阶级解放斗争的世界历史意义。"③ 列宁曾多次批评报刊充斥着各种政治空话和议论，而缺乏对平凡的日常生活和工作的报道，"我们很少用现实生活各个方面存在的生动具体的事例和典型来教育群众，而这正是报刊在从资本主义到共产主义的过渡时期的主要任务"④。针对报刊宣传领域存在的"理论说教"这一弊病，列宁在方法论层面给出了解决方案，即"在传达这种思想时，要善于用通俗易懂的语言，并且能够借助于日常生活中他们所知道的事实"⑤。人的思想觉悟的提升，是以感性认识为基础的，是在认识事物的本质和规律之后产生的。只有从人们亲身观察、感受到的生动、具体的事实出发，才能使人们的认识由感性上升到理性，由具体上升到抽象，改变思想认知、提升自身的思

---

① 《马克思恩格斯全集》第 42 卷，人民出版社 1979 年版，第 277 页。
② 《马克思恩格斯全集》第 32 卷，人民出版社 1975 年版，第 119 页。
③ 《列宁选集》第 1 卷，人民出版社 2012 年版，第 364 页。
④ 《列宁选集》第 3 卷，人民出版社 2012 年版，第 573 页。
⑤ 《列宁全集》第 4 卷，人民出版社 2013 年版，第 279 页。

想觉悟。比起抽象的理论灌输，生动直观的事实更能教育、启迪、说服人。列宁指出，"培养共产主义青年，决不是向他们灌输关于道德的各种美丽动听的言词和准则……当人们看到他们的父母在地主和资本家的压迫下怎样生活的时候，当他们自己分担那些开始同剥削者作斗争的人们所受的痛苦的时候，当他们看到为了继续这一斗争以保卫已经取得的成果，付出了多大的牺牲，看到地主和资本家是多么疯狂的敌人的时候，他们就在这种环境中培养成为共产主义者"。① 事实胜于雄辩，立足社会实际生活和斗争实践，把"陈情"和"说理"交互使用，结合生动直观的各种事实对青年进行共产主义教育，往往能取得更好的效果。毛泽东非常注重运用生动直观的事实和行为进行思想政治教育。他组织制定的"三大纪律、八项注意"，就是从具体事实和行为出发，对革命军人提出要求、进行教育的。在谈到"向反革命派宣传反攻，以打破反革命派宣传"时，毛泽东特别强调："我们反攻敌人的方法，并不多用辩论，只是忠实地报告我们革命工作的事实。"② 用大量生动直观的事实说话，给人以真实感和感染力，增强吸引力和说服力。邓小平强调实事求是是马克思主义的精髓，针对有些人对改革政策有不同观点的现象，邓小平指出要"拿事实来说话，让改革的实际进展去说服他们"。理论、道路的正确与否，要靠事实来说话。③ 习近平总书记认为："中国特色社会主义是不是好，要看事实，要看中国人民的判断，而不是看那些戴着有色眼镜的人的主观臆断。"④ 中国特色社会主义实践取得的生动的辉煌成就，是社会主义道路优越性的例证，用生动辉煌的成就这一真实可信、有血有肉的的事实教育人，胜于空洞无物的说教，道理在事实面前不言自明，歪理在事实面前不攻自破，这样的讲话有血有肉、有理有据，令人心服口服。

运用事实，结合亲身经历启发阶级觉悟，是党和人民军队进行思想政治教育的一大创举，受到共产党人的充分肯定和大力推广，"诉苦三查

① 《列宁选集》第 4 卷，人民出版社 2012 年版，第 292 页。
② 《毛泽东文集》第 1 卷，人民出版社 1993 年版，第 22 页。
③ 《邓小平文选》第 3 卷，人民出版社 1993 年版，第 156 页。
④ 习近平：《在庆祝中国共产党成立 95 周年大会上的讲话》，人民出版社 2016 年版，第 14 页。

运动"就是一例。"诉苦（诉旧社会和反动派所给予劳动人民之苦）和三查（查阶级、查工作、查斗志）运动的正确进行，大大提高了全军指战员为解放被剥削的劳动大众，为全国的土地改革，为消灭人民公敌蒋介石匪帮而战的觉悟性；同时就大大加强了全体指战员在共产党领导之下的坚强的团结。"① 中华人民共和国成立后，毛泽东还把它作为对青年进行教育的一个重要方法。"青年们没有见过地主剥削、资本家剥削，也没有打过仗，没有看见过什么是帝国主义。就是现在二十几岁的人，当时也只有十岁左右，对旧社会什么也不知道。所以由他们的父母、老年人讲一讲过去，很有必要，不然不知道过去那段历史。"② 历史是最好的教科书，结合历史事实对青年一代进行教育，才能使他们牢记历史、认清现实、坚定走历史和人民选择的正确的社会主义道路的信念。习近平总书记也曾提到，要坚持正确的历史观，就要"让历史说话，用史实发言"③，"更多通过档案、资料、事实、当事人证词等各种人证、物证来说话"④，"搞历史博物展览，为的是见证历史、以史鉴今、启迪后人"⑤。认清历史、了解历史，需要生动的细节，需要铁一般的事实，只有事实成为强有力的说服，历史才能成为最好的老师。事实是最好的说服，讲事实就是讲真理、讲实干。习近平指出："事实是真理的依据，实干是成就事业的必由之路。这也是'空谈误国，实干兴邦'的真谛。"⑥ "讲故事就是讲事实、讲形象、讲情感、讲道理，讲事实才能说服人，讲形象才能打动人，讲情感才能感染人，讲道理才能影响人。"⑦ 故事是"世界语"，一个好故事胜过千言万语，讲故事就是讲事实，事实是神圣的，用

---

① 《毛泽东选集》第 4 卷，人民出版社 1991 年版，第 1294 页。

② 《毛泽东文集》第 8 卷，人民出版社 1999 年版，第 407 页。

③ 习近平：《让历史说话，用史实发言》，《老兵话当年》第二十三辑。

④ 习近平：《让历史说话，用史实发言》，《老兵话当年》第二十三辑。

⑤ 习近平：《习近平在北京考察工作时强调 立足优势 深化改革 勇于开拓 在建设首善之区上不断取得新成绩》，《人民日报》2014 年 2 月 27 日。

⑥ 习近平：《在纪念邓小平同志诞辰 110 周年座谈会上的讲话》，人民出版社 2014 年版，第 14 页。

⑦ 习近平：《习近平在党的新闻舆论工作座谈会上强调：坚持正确方向创新方法手段 提高新闻舆论传播力引导力》，《人民日报》2016 年 2 月 20 日。

事实发言，更加有理有据、有血有肉、有声有色，更"站得住、行得稳、攻不破"，得出的判断和结论自然更可信、更有说服力，容易打动、影响人。

用事实发言，强调真实性，要掌握一定的方法，进行科学区辨，区分何谓事实，避免错误倾向。马克思在《好报刊和坏报刊》一文中就责问："究竟哪一种报刊，'好'报刊还是'坏'报刊，才是'真正的'报刊！哪一种报刊说的是事实，哪一种报刊说的是希望出现的事实！哪一种报刊代表着社会舆论，哪一种报刊在歪曲社会舆论！"① 列宁曾经严厉斥责以偏概全、片面扭曲事实的现象："没有哪种方法比胡乱抽出一些个别事实和玩弄实例更普遍、更站不住脚的了……如果从事实的整体上、从它们的联系中去掌握事实，那么，事实不仅是'顽强的东西'，而且是绝对确凿的证据。如果不是从整体上、不是从联系中去掌握事实，如果事实是零碎的和随意挑出来的，那么，它们就只能是一种儿戏，或者连儿戏都不如。"习近平总书记在谈到新闻报道的真实性时对如何进行事实报道做出了卓富创新的论述。他指出，"要根据事实来描述事实，既准确报道个别事实，又从宏观上把握和反映事件或事物的全貌"。习近平总书记使用了马克思"根据事实来描述事实"的论述，以事实说服教育人，以整体、全面、动态的方式把握个别事实，这是新时代下我们的行动指南，有着鲜明的现实针对性和具体的指导意义。

（五）关于运用生动、形象的大众传媒启发人的论述

在马克思、恩格斯以及列宁生活的时代，报纸、杂志等平面媒体是最重要的大众化载体，因此他们十分注重运用报纸杂志对工人群众进行生动形象的思想政治教育。马克思、恩格斯指出，"报纸最大的好处，就是它每日都能干预运动，能够成为运动的喉舌，能够反映丰富多彩的每日事件，能够使人民和人民的日刊发生不断的、生动活泼的联系。"②《新莱茵报》作为"共产主义运动的喉舌"，一经问世，便投入了急风暴雨的革命斗争。恩格斯在后来回顾起办报期间的斗争生活时，仍带着十分激

---

① 《马克思恩格斯全集》第1卷，人民出版社2002年版，第398页。
② 《马克思恩格斯全集》第10卷，人民出版社1998年版，第115页。

动的豪情："这是革命的时期，在这种时候从事办日报的工作是一种乐趣。你会亲眼看到每一个字的作用，看到文章怎样真正象榴弹一样地打击敌人，看到打出去的炮弹怎样爆炸。"① 正因为《新莱茵报》忠实地充当人民的喉舌，受到了工人和广大劳动群众的热烈拥护与欢迎。人们争相订阅，订户最多时达到六千个。报纸在群众中产生了巨大的影响，它成了一种强大的鼓舞力量，成了革命群众心目中一面指引道路的旗帜。《新莱茵报》指导了斗争、推动了革命，成为当时德国革命的"坚强中心"，引导人民特别是工人由经济事实的认识上升到政治斗争的认识，增强和启发广大工人和劳动人民的政治觉悟，在组织和发动群众投入斗争的过程中起了决定性的作用。

列宁在领导创建世界上第一个社会主义政权的过程中，非常注重通过书籍、报纸杂志、电影等传媒来传播马克思主义，教育、动员和组织工人，完成工人阶级的历史使命。列宁对创办全党的机关报特别重视，创办或主编了包括《火星报》在内的 40 多种报纸杂志，他反复强调，"创办全俄政治报应当是行动的出发点，是建立我们所希望的组织的第一个实际步骤……没有报纸就不可能系统地进行有坚定原则的和全面的宣传鼓动"。② "'生动的政治工作'也只能从生动的政治鼓动着手，而生动的政治鼓动又非有经常出版并且正常发行的全俄报纸不可。"③ 在列宁看来，革命和建设都离不开报纸，革命胜利后的主要任务"就是把报刊由主要报道日常政治新闻的工具，变成对人民群众进行经济教育的重要工具"。④ 为了更好地传播马克思主义，列宁积极动员工人向报纸杂志投稿，提供大量新鲜、生动、真实的材料，反映当地群众的斗争与生活，最好"让工人们有更多的机会给我们的报纸写稿，可以写各种各样的问题，尽量多写些自己的日常生活、感兴趣的问题和工作情况，没有这种材料，社会民主党机关报就一文不值"。⑤ 此外，列宁还曾在他的文章、谈话、

---

① 《马克思恩格斯全集》第 22 卷，人民出版社 1965 年版，第 89 页。
② 《列宁全集》第 5 卷，人民出版社 1986 年版，第 6—7 页。
③ 《列宁选集》第 1 卷，人民出版社 2012 年版，第 474 页。
④ 《列宁全集》第 34 卷，人民出版社 1985 年版，第 135 页。
⑤ 《列宁全集》第 9 卷，人民出版社 1987 年版，第 86—87 页。

札记和书信、法令中，一再提到电影生动活泼，极受群众喜爱，是重要的艺术形式，能启迪、教导群众，有巨大作用和意义。1922年，列宁在和全俄教育委员会委员阿·瓦·卢那察尔斯基的谈话中强调："要摄制浸透着共产主义思想，反映苏维埃现实的影片""让好的电影深入到城市的群众中去，尤其是农村中去"①。

中国共产党人十分注重运用包括报纸在内的各种大众化载体对群众进行生动形象的思想政治教育。国内革命战争时期，毛泽东就指出："政治宣传的普及乡村，全是共产党和农民协会的功绩。很简单的一些标语、图画和讲演，使得农民如同每个都进过一下子政治学校一样，收效非常之广而速。"② 生动活泼的宣传教育方式，对启发提高农民的政治觉悟具有明显的成效。20世纪30年代，为了巩固革命根据地，保障革命事业的发展，当时需要向农民借谷以敷部队之需，而要做到这一点，不能靠强迫，只能靠自愿，这就离不开对农民的生动形象的宣传教育。"这一借谷运动的完成，一定要靠着很好的宣传鼓动工作，宣传言词要非常通俗，并要用各种方法，如演新剧，化装讲演，贴标语，出画报等，使那些尚未请求借谷的群众一体明白，成为全体农民群众自愿借谷的一个大运动。"③ 可以说，形式多样、生动活泼的宣传教育启发了农民的革命自觉，从思想上保障了借谷运动的顺利开展和革命力量的发展壮大。抗战爆发以后，为了广泛动员群众，夺取抗战胜利，毛泽东明确指出，"为此目的，必须动员报纸、刊物、学校、宣传团体、文化艺术团体、军队政治机关、民众团体，及其他一切可能力量，向前线官兵、后方守备部队、沦陷区人民、全国民众，作广大之宣传鼓动，坚定地有计划地执行这一方针"。④ "怎样去动员？靠口说，靠传单布告，靠报纸书册，靠戏剧电影，靠学校，靠民众团体，靠干部人员……"⑤ 抗战期间，漫画被称为笔

---

① 《列宁全集》第14卷，人民出版社1988年版，第7页。
② 《毛泽东选集》第1卷，人民出版社1991年版，第35页。
③ 毛泽东等：《中华苏维埃共和国中央执行委员会训令第二十号——为革命群众借谷供给红军》，《红色中华》1933年3月6日。
④ 《毛泽东新闻工作文选》，新华出版社1983年版，第39—40页。
⑤ 《毛泽东选集》第2卷，人民出版社1991年版，第481页。

杆抗战的先锋，成为抗战动员的有力武器。以《新中华报》为代表的报纸通过漫画这种艺术化、大众化的表现形式，取材边区人民群众生产生活的各个方面，用口语化的题目或标语，紧跟抗战时事，起到了唤醒民众、鼓舞士气的作用，实现了广泛而有效的抗战动员。邓小平对抗战中多种形式生动活泼的政治动员特别是新兵动员给予了充分肯定。他总结了动员新兵较好区域的宝贵经验，"在那里，进行了充分的宣传鼓动工作。运用了各种宣传的武器——戏剧、歌曲、壁报、群众大会、小的飞行演讲、个别谈话等等方法，向群众说明目前形势和生路，揭露敌人的残暴。经过广泛而深入的宣传后，民众的抗日热情很快地激发起来，自动加入军队的踊跃，是远远超过强征的效果"。① 他还强调："要通过文艺作品、报告文学、新闻通讯、摄影、绘画等，把我们真实的战斗生活反映到国际上去，流传到华侨中去，传播到大后方去。"② 正是由于运用多种大众化载体进行了广泛深入的思想动员，才形成了抗战的巨大精神力量，并转化为巨大的物质力量，有力推动和保障了抗日战争的胜利。进入改革开放新的历史时期，随着文学艺术、大众传媒和现代信息技术的发展，中国共产党人越来越重视利用多种现代大众化载体进行生动形象的思想政治教育工作。邓小平总结中华人民共和国成立以来特别是改革开放以来的文艺工作时指出，"已经出现了许多优秀的小说、诗歌、戏剧、电影、曲艺、报告文学以及音乐、舞蹈、摄影、美术等作品。这些作品，对于打破林彪、'四人帮'设置的精神枷锁，肃清他们的流毒和影响，对于解放思想，振奋精神，鼓舞人民同心同德，向四个现代化进军，起了积极的作用"。③ 江泽民指出："从上到下的一切思想文化阵地，包括理论、新闻、出版、报刊、小说、诗歌、音乐、绘画、舞蹈、戏剧、电影、电视、广播、网络等，都应该成为我们宣传科学理论、传播先进文化、塑造美好心灵的阵地。"④ 胡锦涛强调："互联网已成为思想文化信息的集散地和社会舆论的放大器，我们要充分认识以互联网为代表的新兴

---

① 《邓小平文选》第 1 卷，人民出版社 1994 年版，第 3 页。
② 《邓小平文选》第 1 卷，人民出版社 1994 年版，第 26 页。
③ 《邓小平文选》第 2 卷，人民出版社 1994 年版，第 208 页。
④ 《江泽民文选》第 3 卷，人民出版社 2006 年版，第 97 页。

媒体的社会影响力，高度重视互联网的建设、运用、管理，努力使互联网成为传播社会主义先进文化的前沿阵地、提供公共文化服务的有效平台、促进人们精神生活健康发展的广阔空间。"① 进入新时代以来，习近平总书记高度重视思想政治建设并作出许多重要论述。只有适应时代发展的需要，注重运用现代新兴媒体尤其是网络传媒进行生动形象的思想政治教育工作，才能不断提高形象育德的有效性。习近平总书记指出，"今天，宣传思想工作的社会条件已大不一样了，我们有些做法过去有效，现在未必有效；有些过去不合时宜，现在却势在必行；有些过去不可逾越，现在则需要突破"。② 对于如何创新思想政治工作方法，习近平总书记也做出过重要论述："手段创新，就是要积极探索有利于破解工作难题的新举措新办法，特别是要适应社会信息化持续推进的新情况，加快传统媒体和新兴媒体融合发展，充分运用新技术新应用创新媒体传播方式，占领信息传播制高点。"③ 尤其是，处在全媒体时代，信息无处不在、无所不及、无人不用，思想政治工作面临的环境和难度更加复杂多变，新闻舆论工作面临新的挑战。"网络是一把双刃剑，一张图、一段视频经由全媒体几个小时就能形成爆发式传播，对舆论场造成很大影响。这种影响力，用好了造福国家和人民，用不好就可能带来难以预见的危害。"习近平总书记强调指出，在全媒体背景下，"我们要因势而谋、应势而动、顺势而为，加快推动媒体融合发展，使主流媒体具有强大传播力、引导力、影响力、公信力，形成网上网下同心圆，使全体人民在理想信念、价值理念、道德观念上紧紧团结在一起，让正能量更强劲、主旋律更高昂"。"我们要把握国际传播领域移动化、社交化、可视化的趋势，在构建对外传播话语体系上下功夫，在乐于接受和易于理解上下功夫，让更多国外受众听得懂、听得进、听得明白，不断提升对外

---

① 胡锦涛：《在人民日报社考察工作时的讲话》，人民出版社 2008 年版，第 7 页。

② 中共中央文献研究室编：《习近平关于全面深化改革论述摘编 小字本》，中央文献出版社 2014 年版，第 84 页。

③ 中共中央文献研究室编：《习近平关于全面深化改革论述摘编 小字本》，中央文献出版社 2014 年版，第 84—85 页。

传播效果。"①

（六）关于运用生动形象的语言启发教育群众的论述

语言是人们思想交流和情感沟通的工具，运用生动活泼的语言启发人的智慧和觉悟，是马克思主义形象德育思想的一个重要方面。马克思主义经典作家对如何运用生动活泼的语言有着很多的探索和论述。

要根据受众选择恰当的话语方式。思想政治工作要掌握群众、说服群众，就必须根据受众和对象，选择人们愿意听、听得懂、听得进的话语方式来传播、宣扬。为了向"无产者"传播马克思主义，马克思、恩格斯就注意从"无产者"的群体性特征出发选择话语的方式，强调话语的通俗性。无产者主要是指 19 世纪欧洲的工人，他们处于社会的最底层，受尽资本家的剥削、压榨，有着高涨的革命热情，但同时受教育程度普遍较低，有组织性较弱的特点。为了增强宣传的针对性，马克思、恩格斯注重运用通俗鲜活的词语向广大受众阐述深奥的道理。马克思、恩格斯都特别重视理论著作的通俗性，马克思在创作时就充分考虑到大众的接受能力，"已经尽可能地做到通俗易懂"②，就书名的选择和运用，恩格斯非常明确地表示："我认为书名愈简单朴素愈好。"③ 正如马克思所言："我们力求说得尽量简单和通俗，我们就当读者连最起码的政治经济学概念也没有。我们希望工人能明白我们的解说。"④ 毛泽东曾指出："我们是革命党，是为群众办事的，如果也不学群众的语言，那就办不好。"⑤ 农民为主体的劳苦大众是中国社会的基础，是新民主主义革命的最广大动力。毛泽东心系农民，运用大众熟悉的话语来宣传马克思主义。毛泽东对脱离实际的主观主义作风和党八股文风进行了辛辣的讽刺："如果一篇文章，一个演说，颠来倒去，总是那几个名词，一套'学生腔'，没有一点生动活泼的语言，这岂不是语言无味，面目可憎，像个瘪三吗？"⑥ 毛

---

① 习近平：《加快推动媒体融合发展　构建全媒体传播格局》，《前线》2019 年第 4 期。

② 《马克思恩格斯选集》第 2 卷，人民出版社 2012 年版，第 81 页。

③ 《马克思恩格斯全集》第 30 卷，人民出版社 1975 年版，第 97 页。

④ 《马克思恩格斯选集》第 1 卷，人民出版社 2012 年版，第 360 页。

⑤ 《毛泽东选集》第 3 卷，人民出版社 1991 年版，第 837 页。

⑥ 《毛泽东选集》第 3 卷，人民出版社 1991 年版，第 837 页。

泽东提出"要向人民群众学习语言","人民的语汇是很丰富的,生动活泼的,表现实际生活的"①,形成"以新鲜活泼的、为中国老百姓所喜闻乐见的中国作风和中国气派"②。凡是对人讲话,就是在做宣传沟通,就是在做影响人的思想和行为的工作。习近平总书记强调,要"用最明白的语言对话"③,何谓最明白的语言?那就是根据不同受众,采用不同话语方式,"到什么山上唱什么歌,文章和演说也是一样"。面对青年,他提出团干部要主动了解掌握青年的话语方式,提高与青年沟通的语言能力,将其作为重要的工作能力,"干部是同青年人打交道的,青年人接受新事物快,如果我们自己的知识水平、见识程度跟不上广大青年,说科技说不上,说文艺说不通,说工作说不来,说生活说不对路,说来说去就是那几句官话、老话、套话,同广大青年没有共同语言、没有共同爱好,那当然就会话不投机半句多"。习近平总书记在北京大学考察时,用生活中司空见惯的扣子类比青年价值观,以扣扣子强调青年社会主义核心价值观教育重要性的抽象逻辑,既形象又深刻,平实中包蕴着大智慧,在青年人心中留下了深刻的印象,扣子说因此成为思想政治教育的经典示范。为了传播中国声音、讲好中国故事,习近平总书记强调,要"用海外读者乐于接受的方式、易于理解的语言,讲述好中国故事,传播好中国声音,努力成为增信释疑、凝心聚力的桥梁纽带"④。注意沟通语言的针对性、鲜明性、生动性,根据对象的实际情况、语言习惯和文化程度,选择合适的、鲜明生动的语言进行交流沟通,才能提高言语的说服力和沟通的有效性。

高度重视思想交流与沟通中的语言探索。马克思、恩格斯等都是语言大师。他们善于运用生动形象的语言说明深刻抽象的道理,达到吸引人、打动人、启迪人、说服人的目的。为了深刻揭露普鲁士书报检查令

---

① 《毛泽东选集》第3卷,人民出版社1991年版,第844页。
② 《毛泽东选集》第2卷,人民出版社1991年版,第534页。
③ 习近平:《弘扬丝路精神 深化中阿合作——在中阿合作论坛第六届部长级会议开幕式上的讲话》,《人民日报》2014年6月6日第2版。
④ 习近平就人民日报海外版创刊30周年作出重要批示:用海外乐于接受方式易于理解语言 努力做增信释疑凝心聚力桥梁纽带》,《中国经济周刊》2015年第20期。

的专制本质与荒谬，马克思用生动的笔触写道："你们赞美大自然令人赏心悦目的千姿百态和无穷无尽的丰富宝藏，你们并不要求玫瑰花散发出和紫罗兰一样的芳香，但你们为什么却要求世界上最丰富的东西——精神只能有一种存在形式呢？……精神的最主要形式是欢乐、光明，但你们却要使阴暗成为精神的唯一合适的表现；精神只准穿着黑色的衣服，可是花丛中却没有一枝黑色的花朵。"① 这种生动形象的语言，既充分揭露了书报检查令的荒谬，又生动阐明了新闻出版自由的必要性。标志着马克思主义诞生的《共产党宣言》，是马克思主义思想政治教育的典范之作。马克思、恩格斯在《共产党宣言》中一开始就写道："一个幽灵，共产主义的幽灵，在欧洲徘徊。""幽灵"一词以文学语言展开理论的阐述，通俗鲜活、"亲近"大众，达到了引人入胜、令人难忘的教育效果。为了批判封建社会主义和"真正的"社会主义，马克思、恩格斯写道："为了拉拢人民，贵族们把无产阶级的乞食袋当做旗帜来挥舞。但是，每当人民跟着他们走的时候，都发现他们的臀部带有旧的封建纹章，于是就哈哈大笑，一哄而散。"② 极尽辛辣讽刺之妙！在《共产党宣言》的结尾处，讲革命的最终胜利，用的也是一句颇具文学色彩的话语："无产者在这个革命中失去的只是锁链。他们获得的将是整个世界。"③ 马克思在描述共产主义的美好图景时，用的也是形象的语言："在共产主义社会里，任何人都没有特殊的活动范围，而是都可以在任何部门内发展，社会调节着整个生产，因而使我有可能随自己的兴趣今天干这事，明天干那事，上午打猎，下午捕鱼，傍晚从事畜牧，晚饭后从事批判，这样就不会使我老是一个猎人、渔夫、牧人或批判者。"④ 这种形象化的描述，激发了人们对共产主义美好未来的憧憬与向往。正是由于把语言的形象性和理论的深刻性有机结合起来，由形入神、由情入理，才使《共产党宣言》这部篇幅不大的著作胜过了许多鸿篇巨制，得以在世界上广泛传播，产生了巨大的思想影响，并成为教育、引导、动员和激励人们为共产主义

---

① 《马克思恩格斯全集》第 1 卷，人民出版社 1995 年版，第 111 页。
② 《马克思恩格斯选集》第 1 卷，人民出版社 2012 年版，第 423 页。
③ 《马克思恩格斯选集》第 1 卷，人民出版社 2012 年版，第 435 页。
④ 《马克思恩格斯选集》第 1 卷，人民出版社 2012 年版，第 165 页。

而奋斗终生的不朽篇章。

列宁提出"最高限度的马克思主义＝最高限度的通俗和简单明了"①，其经典作品《怎么办?》一书作为马克思主义政党建设的纲领性文件，思想深邃，书名简洁明了，阐述方式引人入胜，实现了马克思主义理论的通俗化。列宁非常重视运用生动形象的语言说明深刻的道理，多次引用《浮士德》中的名句："理论是灰色的，而生活之树是常青的。"② 用以说明理论是生活的反映，生活是理论的源泉，理论总是无法穷尽生活，理论必然随着生活的发展而发展，富有活力的社会生活总是会不断催生和创造新的理论。列宁为了正确评价优秀共产党人卢森堡，引用了俄国的寓言，"我们可以用俄国一个很好的寓言里的两句话来回答：鹰有时比鸡飞得低，但鸡永远不能飞得像鹰那样高"。③ 卢森堡就像一只鹰一样，虽然她也犯过一些错误，如同鹰有时飞的比鸡还低，但更要看到鹰翱翔天空的雄姿，看到她的功绩，列宁以鹰类比，对卢森堡的功与过做了形象而中肯的分析，充分肯定了卢森堡在国际共产主义运动中作出的历史贡献。

毛泽东在开展思想教育时，语言力透纸背，情理并重，时而磅礴凌厉，振聋发聩，时而波澜不惊，春风化雨，擅用大量谚语、成语、歇后语、寓言、神话等生动活泼的群众语言把马克思主义理论讲得通俗易懂、形象生动，普通百姓一听就懂、一学就会。比如，对于党群关系，毛泽东就巧用生活形象来说明："我们共产党人好比种子，人民好比土地。我们到了一个地方，就要同那里的人民结合起来，在人民中间生根、开花。"④ 种子和土地百姓自是清楚，以典证理，附会生活，联系实际，形象而深刻，清晰而动人。当革命遭受挫折，被迫走上长征之路时，毛泽东乐观幽默地说："长征是宣言书，长征是宣传队，长征是播种机。自从盘古开天地，三皇五帝到于今，历史上曾经有过我们这样的长征吗?"⑤ 当国内

---

① 《列宁全集》第 36 卷，人民出版社 1985 年版，第 468 页。

② 《列宁选集》第 3 卷，人民出版社 1995 年版，第 381 页。

③ 《列宁选集》第 4 卷，人民出版社 2012 年版，第 643 页。

④ 《毛泽东选集》第 4 卷，人民出版社 1991 年版，第 1162 页。

⑤ 《毛泽东选集》第 1 卷，人民出版社 1991 年版，第 150 页。

革命战争时期党内外对农民运动提出异议时，他大声说道："革命不是请客吃饭，不是做文章，不是绘画绣花，不能那样雅致，那样从容不迫，文质彬彬，那样温良恭俭让。革命是暴动，是一个阶级推翻一个阶级的暴烈的行动。"① 当井冈山时期革命处于低潮、有人悲观失望时，他用生动的话语预言革命高潮的到来："它是站在海岸遥望海中已经看得见桅杆尖头了的一只航船，它是立于高山之巅远看东方已见光芒四射喷薄欲出的一轮朝日，它是躁动于母腹中的快要成熟了的一个婴儿。"② 对敌充满辛辣的讽刺，见棱见角；于友轻松幽默间的启迪，睿智潇洒，对革命本质的生动揭示可谓是十分精到，令老百姓很容易理解、认同、接受。

党的十八大以来，习近平总书记在推进语言的大众化、形象化、通俗化上又做出了典范，他创造性地使用了"软骨病""补钙""人生的扣子""中国梦""打铁还需自身硬""绿水青山就是金山银山""小康不小康，关键看老乡"等。

只有深入群众，才能深入了解社会生活和社会实际，熟悉和学习群众生动的语言，形成具有中国风格和中国气派的话语体系，不断提高语言表达艺术和思想沟通能力，进一步增强形象育德的效果。习近平总书记就是在长期与人民群众的实践交往中逐渐掌握与群众沟通交流的语言的。在梁家河和正定的日子，习近平总书记与基层百姓朝夕相处，同苦同乐，梁家河期间，为了更好地融入当地群众，习近平总书记坚持学习当地方言，利用村民常说的陕北谚语调动群众的劳动积极性。"大家加把劲！锅里有了，碗里也有了；锅里没有，碗里也没有。"③ 习近平总书记经常对村民说"火车跑得快，全靠车头带"，来强调党支部的重要带头作用。在以后的经历中，习近平总书记始终坚持以人民为中心的思想，讲百姓愿意听、听得懂的大众话语。看到某些党员干部表现出来的话语"八股"现象时，他指出，一些党员领导干部"与新社会群体说话，说不上去；与困难群体说话，说不下去；与青年学生说话，说不进去；与老

---

① 《毛泽东选集》第 1 卷，人民出版社 1991 年版，第 17 页。
② 《毛泽东选集》第 1 卷，人民出版社 1991 年版，第 106 页。
③ 习近平：《之江新语》，浙江人民出版社 2007 年版，第 282 页。

同志说话，给顶了回去"。① 缺乏深入生活、深入群众的具体实践，欠缺人民情怀，是此类话语"八股"的真正原因。习近平总书记依据场合不同，恰如其分地选择语言，精心选择大众话语、经典古话、俗文俚语、网络用语，富有浓郁的生活气息，温暖亲切，清新质朴，却有着直指人心的力量。比如，在十八届中央政治局常委与中外记者见面时，他开口便说"让大家久等了""大家很敬业、很专业、很辛苦"，可谓是接地气、贴人心，符合大众语言风格和习惯，令人备感亲切自然。习近平总书记时不时地会引用格言、古诗、名句，为讲话增华溢彩。他引用王国维治学三境界来鼓励领导干部理论要有"望尽天涯路"的追求和"独上高楼"的勇气，有"衣带渐宽终不悔"的心神往之的态度；更要有"众里寻他千百度"的坚持，最终才能获得"蓦然回首"的领悟，这种语言充满趣味，余韵悠长，老百姓喜闻乐见，起到了很好的教育效果。

二 中国古代社会关于形象德育的论述

中国古人的智慧，仿佛插上了想象的翅膀，视接千里，神游万仞，生动直观，真切自然，富有诗意，情感浓郁。习近平总书记对中华美学做了这样的总结："中华美学讲求托物言志、寓理于情，讲求言简意赅、凝练节制，讲求形神兼备、意境深远，强调知、情、意、行相统一。"② 中国历代思想家常以文载道，以诗言志，以艺传情，以月为镜，以花为鉴，关照和反思人自身的生存境遇和发展命运，如此意境幽远，耐人咀嚼、韵味无穷。捧读中国古代尤其是先秦经典，不难发现，先秦诸子在诗教与乐教的社会作用、环境的熏陶感染作用、榜样人物的引导和教育作用等方面有着一系列论述，深入梳理、分析和借鉴圣贤们的思想成果，赓续传承这种寓教于乐的教育方式，有助于拓展形象德育基础理论研究，挖掘弘扬中华传统文化，为新时代加强和改进德育工作提供有益借鉴。

---

① 傅治平、李一鸣主编：《群众路线教育实践活动党员干部学习读本》，研究出版社 2013 年版，第 78 页。

② 中共中央宣传部编：《习近平总书记在文艺工作座谈会上的重要讲话学习读本》，学习出版社 2015 年版，第 114 页。

（一）关于"象"及"象思维"的基本问题论述

中国古人论及"象"可谓十分博远，既有认知活动中人自身的面象、声象、脉象，又有自然界、社会生活的天象、气象、物象、景象以及思维领域的心象、意象、卦象等。总体而论，古人谈及"象"，并不局限于视象，亦涵盖听、味、触、嗅等象，"象"除了具体感知形态层面，还有精神层面，即，"象"与"象"之间在抽象程度上存在差异。按照学界对于"象"的抽象程度的研究，可以将各种"象"大体划分为若干层次，第一层次是物象，庄子称"凡有貌象声色者，皆物也"①，包括一切可感知的、有形的物质实物之象，如自然界的天象、气象、景象以及世间百态等。第二层次是性象，是从物态之象中抽象出来的事物的性象，与物态之象相比，性象是属于某一类的事物具有的整体性特征，具有相对稳定性。第三个层次是意象，它揭示事物的本质属性，《庄子》讲："言者所以在意，得意而忘言。"② 刘禹锡所说："义得而言丧，故微而难能；境生于象外，故精而寡和。"③ 蕴含某种可意会而又不可言传、起于具象又超然物外的意境。第四个层次是"道象"，反映的是事物变化发展的规律，《易经》讲求阴阳相互转化，五行相生相克，揭示了事物发展趋势。在老子看来，"道"是最抽象的"象"。

中国古人一直相信，心是思维器官，最典型的说法是孟子所谓"心之官则思"④，《管子》"心也者，智之舍也"⑤。古代先哲普遍认为，"象"需以"心"来把握，"心"要以"象"为感知对象，正如张载所述"由象识心，徇象丧心。知象者心"⑥，即是对"心"与"象"关系的经典概括。如何认识"象"，主要是诉诸"象思维"。"象思维"是中国哲学与文化的文脉和根，《周易》《老子》《庄子》，都是"象思维"的产

① 《庄子集释》第 3 册，中华书局 1961 年版，第 635 页。

② 《庄子集释》第 4 册，中华书局 1961 年版，第 944 页。

③ （唐）刘禹锡：《刘禹锡集》，上海人民出版社 1975 年排印本，卷一九。

④ 《孟子·告子上》，中华书局 2017 年版。

⑤ （唐）房玄龄注，（明）刘绩补注，刘晓艺校点：《管子》，上海古籍出版社 2015 年版，第 268 页。

⑥ （宋）张载：《张子全书》，《正蒙·大心篇》，西北大学出版社 2015 年版。

物。古人强调"观物取象",并进而借"象以尽意"把握之。"观物取象",回归"本象",进而"象以尽意",最终达到一种超越时空的永恒之象,实质上正是由比较具体的"象"向比较抽象的"象"的认识升华过程。"象思维"由具体的形态之象出发,对外在物的感性成分进行高度的浓缩和提炼,去繁就简,由此及彼,由表及里,从现象到本质,从个别到一般,达到对本质和规律的深刻理解和把握,达到"象思维"的最高境界。因而,要把握"象"之本真乃至规律,不单单是眼睛看,"大象无形",把握这种无形之"大象",诉诸外视,单单去认识其形,绝非可能,必须转而内观,"致虚极,守静笃,万物并作,吾以观其复"①,需要有更重要的"体道"功夫,回归与动态整体一体相通之心态,回归到婴儿状态,天人合德之心态,追求"天人合一""主客相通",去体悟、领悟、参悟,动态以一种混沌未开又虚灵至极的方式,从整体统一上去认识和把握,在精神上开启无限的创造生机。庄子所述,"天地与我并生,而万物与我为一"②,就是这种天人合一、恢复本真的深刻表述。

中国传统思维中广泛存在的取象比类,老子讲"上善若水"就是典型的例证,通过恰当的比喻引发对事物的抽象的本质属性的深度体验和理解。宗延虎先生在《中国修辞学通史·总论》中谈到了"取象比类",他说:"取象比类,采用形象的手法来表达思想,是中国古代的基本思维方式,诸如比喻、象征、借代、类比等用得较多,形象思维比较发达,这与西方重视逻辑思维形成鲜明的对照。""修辞立其诚",惠子认为"故辞不可不修,说不可不善"③,古代的修辞一开始就有浓厚的社会功用性,孔子认为,能近取譬,是达到仁的有效途径。"子曰:'夫仁者,己欲立而立人;己欲达而达人。能近取譬,可谓仁之方也已。'"④墨子最早给比喻进行了界定:"辟也者,举他物而以明之也。"⑤墨子认为,所谓比喻,就是选择一定的喻体来说明本体。在本体与喻体,他物和此物的关系上,

---

① 《老子》,中华书局 2014 年通行本。
② 《庄子·内篇》,中华书局 2015 年版。
③ (汉)刘向:《说苑》卷一一《善说》篇,中华书局 2019 年版。
④ 《论语·雍也》,中华书局 2016 年版。
⑤ 《墨子·小取》,中华书局 2015 年版。

墨子进一步做了说明，"夫物有以同而不率遂同"①，即本体和喻体要异质相似，有相同的方面，有不同的方面。墨子还指出，比喻的运用要适应一定的情境，不可滥用、多用，要通篇布局、考虑周全、恰切适当，不可行事偏颇、草率使用。"是故辟、侔、援、推之辞，行而异，转而危，远而失，流而离本，则不可不审也，不可常用也。故言多方，殊类，异故，则不可偏观也。"② 荀子认为，譬喻必须要"顺礼义"，否则就是"奸说"，"凡同类同情者，其天官之意物也同；故比方之疑似而通，是所以共其约名以相期也"③。譬喻的作用就在于说明人们所不知道的东西，更好地使所述之理被人们理解。屈原的《离骚》就是善用比喻之不朽佳作。东汉王逸在《离骚经序》中评价道："《离骚》之文，依诗取兴，引类譬谕。故善鸟香草，以配忠贞；恶禽臭物，以比谗佞；灵修美人，以媲于君；宓妃佚女，以譬贤臣；虬龙鸾凤，以托君子；飘风云霓，以为小人。其词温而雅，其义皎而明。凡百君子，莫不慕其清高，嘉其文采，哀其不遇，而愍其志焉。"屈原之《离骚》，实际上就是通过譬喻的方式，取类比象，抒发对意象境界及其对大宇宙整体的感悟，是对事物和规律的抽象认识的结果。

"象"除了外在的自然形态，还有抽象的精神内核，对于事物本质属性的揭示，涉及抽象的部分，通过"取象比类"，其意在于表达事物的某种本质属性。老子讲"上善若水"，"上善"是一种极度抽象的"象"，如何领悟其本质，"上善"与水恰有某种共性（如不争、谦逊、大度、毅力、奉献），这种共性正是老子要指出的"上善"，也就是圣人的本质属性。老子通过萃取二者共性，将内心的体验转化为人们的共同体验，使人们领悟，从中受到启迪。能近取譬，关键以设喻者和接受者都亲近的、可接受度高的事物来说明道理，需要持久深入、敏锐的体验和洞察力。孔子为了说明施行德政便会得到万民拥戴的道理，就以天上众星拱卫北斗这一常见的自然现象来形象地比喻，表达对"德"的本质属性的体验

---

① 《墨子·小取》，中华书局 2015 年版。

② 《墨子·小取》，中华书局 2015 年版。

③ 《荀子·正名》，中华书局 2011 年版，第 345 页。

和理解。"为政以德，譬如北辰，居其所而众星拱之。"① 运用这种日常现象来说理，生动浅明，往往能够唤起接受者的强烈共鸣。孟子劝说梁襄王，正是一个善用喻体、喻博理至、取喻明理、引发共鸣的生动范例。禾苗荣枯、水流顺势而下都是常见的现象，梁襄王自然熟稔，孟子撷取喻体，将人民渴望不嗜杀的君王比作七八月间天旱枯苗盼雨，久旱无雨，则苗枯，天空沛然下雨，则苗自然"浡然兴之"。将苗之枯兴对比，说明雨对禾苗荣枯的影响，由此推出人民对明君的呼唤。又以水之就下的常见自然现象，比作天下人民归附明君，穷理析义，挟情裹势、以情彰理，含蓄地告诫梁襄王，得民心者得天下，行王道就会得民心，符合梁襄王的心理，贴切自然，引人深思。

（二）关于文艺的教化功能的论述

从提倡"德言、德音、诗教学、乐教、诗言志与文以载道"。中国古代文论中的"德言"与"诗言志"，《文心雕龙》中的"文之为德"及唐宋时期勃兴的"文以载道"，中国古人一直强调文艺的社会教化功能，主张发挥文学与艺术的育人、化人之效。

以诗教、乐教为例，传统社会主张礼乐教化，"礼"以修外，"乐"以修内，在传统社会，"诗"与"乐"联系紧密，同时产生，与曲词一同唱出的就是诗，伴着诗调和乐器声响的便是乐。古人很早就发现了诗、乐感化和教育人的作用，歌、乐、舞三者同源，人们载歌载舞，赋诗言志，培养青年人善良、坚韧、正直的品行，可看成是诗教、乐教思想的先声。到了春秋末期，诗乐始为殊途，以孔子为代表的先秦儒家针对"礼崩乐坏"的乱世提出复礼正乐的主张，希望以"诗教"来实施文艺的社会教化功能，以周代的礼乐制度拨乱反正、正本清源。孔子赞誉《诗》："《诗》三百，一言以蔽之，曰'思无邪'。"《诗》所体现的是正直情怀，习《诗》将获得无邪纯正的品质。关于《诗》的功能，孔子有一番经典的概括："诗可以兴，可以观，可以群，可以怨。迩之事父，远之事君，多识于鸟兽草木之名。"《诗》具有认识、审美、教育三大功能，可以获取知识、陶养情志、教化伦理，而《诗》的作用指向的目标就是

---

① 《论语·为政》，北京联合出版公司 2019 年版，第 7 页。

"迩之事父，远之事君"，即修身治国，以此可以发现，孔子对诗教育地位和作用的看法明显具有浓厚的道德意味和政治意义。孔子曰："不学《诗》，无以言"①，"小子何莫学夫《诗》"②，"诵《诗》三百，授之以政，不达；使于四方，不能专对；虽多，亦奚以为"③，"赐与，始可与言《诗》已矣，告诸往而知来者"。④ 在孔子看来，诗教是人生、政治、道德、文化层面的教育，是"立德""立功""立言"的一种重要方式。《诗》所经常采取的表达形式是兴、比、赋，诗是以感性形象来引发情感上与之相通的，由于感性的典型意象与人的心灵具有亲和力，所以这种道德方面的比拟和联想能进入人的最深存在，即是说，它能深入地教化人的心灵。进一步讲，诗教的重点和目的在于"仁"。子夏问曰："'巧笑倩兮，美目盼兮，素以为绚兮。'何谓也?"子曰："绘事后素。"曰："礼后乎?"子曰："起予者商也! 始可与言《诗》已矣。"⑤ 孔子认为，诗歌是用来培养人格修养的，深于诗教的人，常常性格敦厚而不愚钝。《礼记·经解》中有这么一句话，"孔子曰：'入其国其教可知也，其为人也温柔敦厚，诗教也。'"仁是理想的君子人格的核心，是孔子诗教的最终目的。正是由于诗教具有化人的特征，历代儒家学者均把诗教贯穿于教育活动当中，更为童蒙所喜闻乐见。王阳明主张通过"歌诗"的方式化育弟子，《传习录·教约》说："凡习礼歌诗之类，皆所以常存童子之心，使其乐习不倦，而无暇及于邪僻。"

　　孔子十分推崇音乐在教育、培养人中的突出作用。在孔子看来，教育人才，乐教是关键，"兴于诗，立于礼，成于乐"⑥。孔子将乐教这一重要的方法推广至社会治理之中，提倡国家治理要以音乐教育感化人为主，刑罚为辅，"礼乐不兴，则刑罚不中，刑罚不中，则民无所措手足"⑦。郭

---

① 《论语·季氏》，北京联合出版公司 2019 年版，第 132 页。
② 《论语·阳货》，北京联合出版公司 2019 年版，第 136 页。
③ 《论语·子路》，北京联合出版公司 2019 年版，第 99 页。
④ 《论语·学而》，北京联合出版公司 2019 年版，第 6 页。
⑤ 杨伯峻译注：《论语译注》，中华书局 1980 年版，第 25 页。
⑥ 《论语·泰伯》，北京联合出版公司 2019 年版，第 59 页。
⑦ 《论语·子路》，北京联合出版公司 2019 年版，第 98 页。

沫若在论及古代乐的含义时曾这样总结道:"中国旧时的所谓乐,它的内容包含得很广。音乐、诗歌、舞蹈,本是三位一体不用说,绘画、雕镂、建筑等造型艺术也被包含着。甚至于连仪仗、田猎、肴馔都可以涵盖。所谓'乐(岳)者,乐(洛)也',凡是使人快乐,使人的感官可以得到享受的东西,都可以广泛地称之为乐。"① 古代的乐有着浓厚的趣味,蕴含着醇厚的情感。正是如此,儒家学者十分重视乐教培养人们树立高尚的道德情操,《荀子·乐论》《礼记·乐记》中提出了一套专门的理论,详细阐发"乐教"的特点及功能。《乐记》集先秦"乐教"思想之大成,科学地说明了音乐的产生原理以及在陶冶人的性情与移风易俗方面的作用。"乐者,音之所由生也,其本在人心之感于物也。"人心感于外物,就产生了情感,这种情感通过声音按照一定的规律和形式来表现,就产生了音乐。"情动于中,故形于声,声成文谓之音。"② 另外,音乐与政道相通,"治世之音安以乐,其政和;乱世之音怨以怒,其政乖;亡国之音哀以思,其民困"。情感不是毫无底线地满足人的一切欲望,一定要用高尚的音乐来化育道德,将情感纳入理性,将音乐纳入"礼"的规范,用"礼"来节制人的情感,使之符合"天理"的要求和规范。同时,《乐记》认为"礼乐负天地之情",表现和仿效的是天地的情感,情理适度,礼乐互释,真正表现着音乐的本质。"不知声者不可与言音,不知音者不可与言乐。知乐则几于礼矣。礼乐皆得,谓之有德。"总之,"礼乐"既要反映人内心的情感,又要符合社会规范,既要合乎人情,又要合乎"天理",这样就实现了个体的"和","乐和民性""乐者敦和"③,使人性情敦厚,志气和顺,并实现国家的"和","与民同乐""乐文同,则上下和矣"④"乐者,天地之和也"⑤,使民心一致、天人合一,实现从个人到社会、从国家到整个宇宙的全方位的"和",真正发挥音乐的社会作

---

① 郭沫若:《公孙尼子与其音乐理论》,《沫若文集》第 16 卷,人民文学出版社 1962 年版,第 186 页。
② 《礼记·乐记》,中华书局 2017 年版。
③ 《礼记·乐记》,中华书局 2017 年版。
④ 《礼记·乐记》,中华书局 2017 年版。
⑤ 《礼记·乐记》,中华书局 2017 年版。

用。如此看来，乐教超越了形式上的情感性，并非停留在审美愉悦层面上，而是有其明显的社会道德指向。《礼记》说："乐者，通伦理者也。"说的也是乐教的道德指向性。乐教是实现礼的重要手段和途径，通过尽善尽美的音乐教化，能够移风易俗，达到人民和睦、天下和顺的目的。

为了实施诗教、乐教，发挥诗的社会作用，孔子整理、编撰确立文艺经典并发表评论。《诗经》作为"诗教"的重要教材，孔子亲自删减并做评论。孔子欣赏音乐，讲求形式上的美和内容上的善的统一，提倡雅乐，反对恶邪之声，形式上的美就是音乐要声调和谐，内容上的善是指内容上要宣扬封建礼教，改造民众思想。他认为《韶》乐就符合尽善尽美的要求，"'韶'尽美矣，又尽善也"。①《韶》是歌颂舜的乐曲，符合孔子的审美要求，其表现的内容与孔子"仁""和"思想是一致的，以至于"闻《韶》三月不知肉味"，达到如痴如醉的境地。② 在荀子看来，统治阶级最好的治理国家的方式，就是"制《雅》、《颂》之声以道之"③。荀子同样指出音乐与治道之间有着密切的关系，雅颂之声可以感化人，统治者必须制定正声雅乐，使其感动人心，从而更好地巩固社会统治。古代圣王创制音乐，就是为了达到这个目的。"故乐者，天下之大齐也，中和之纪也，人情之所必不免也。"④ 荀子认为，"夫声乐之入人也深，其化人也速"⑤，其他艺术感人效果往往不能如乐之普遍，音乐悦耳娱情，具有强大的感染力，先秦诸子重视诗教、乐教，重视道德情感在道德教育中的作用，在美与善的关系上，主张美善合一、善为主导，以善来规范美，以美来实现善，注意审美的社会价值，反对沉溺于低级的官能享受，主张通过诗教、乐教培养树立高尚的道德情操，旨在培养出美善合一的理想人格，这对于我们开展形象德育有着重要的启示作用。

（三）关于榜样示范作用的重要论述

示范教育在我国源远流长，可以追溯到先秦时代，孔子、荀子等先

---

① 《论语·八佾》，北京联合出版公司 2019 年版，第 22 页。
② 《论语·述而》，北京联合出版公司 2019 年版，第 49 页。
③ 《礼记·乐记》，中华书局 2017 年版。
④ 《荀子·乐论》，中华书局 2011 年版。
⑤ 《荀子·乐论》，中华书局 2011 年版。

哲普遍主张身教示范、榜样教育，并提出了诸如"正人正己""见贤思齐""行不言之教"等睿智见解和精辟论述。先秦诸子通过榜样教育人，尤其是通过统治者的身教示范实现上行下效的观点，某种程度上会督促统治者加强自身修养、培养自身道德，对古代德育实践产生过深远的影响，对于我们在形象德育中处理身教和言教的关系、示范和效仿的关系，尤其是对党员领导干部加强党性修养、塑造自身形象有着重要的启发作用。在中国古代社会，道德榜样的示范影响作用非常深远。先秦诸子如儒家十分重视榜样示范在整个社会教化中的作用，强调正人以正己，教育者、为政者应以身作则，发挥表率作用，以此实现政治教化，改造社会。孔子主张"祖述尧舜，宪章文武"，以古代帝王为典范来改造社会、教化人心，实现大同社会，从而实现政治理想。孔子倡导为政者要治国安民，必须要"为政以德"，以德服人，通过进德修身，正人正己，给百姓做好道德表率，发挥示范作用，实现有序引导，形成良好的社会风气。"政者正也。子帅以正，孰敢不正。"（《论语·颜渊》）孟子认为君子教化民众，是义不容辞的社会责任和道德义务，为政者身正行端，"其身正而天下归之"①，则会感化人，赢得万民之心。孟子还告诫世人，行道要以身作则，言而有信，才有说服力，正所谓"身不行道，不行于妻子"②。荀子的身教示范思想更加深刻，荀子提倡教师、君王的榜样示范，尤其是身教示范作用，"夫师，以身为正仪，而贵自安者也"③。"君者，民之源也，源清则流清，源浊则流浊。"④ 不仅如此，荀子还进一步深入分析、论述、阐明了"上行下效"的道理以及身教示范的重要性和必要性。就在于君王应贤明仁义，知人善任，以身作则，君民之间上行下效，必然天下大治，"上好礼义，尚贤使能，无贪利之心，则下亦将綦辞让，致忠信，而谨于臣子矣"。老子主张"圣人居无为之事，行不言之教"⑤，指出圣人要少说多做，以身作则，躬身亲为，在潜移默化中影响感化受众。

① 《孟子·离娄上》，中华书局 2017 年版。
② 《孟子·尽心下》，中华书局 2017 年版。
③ 《荀子·修身》，中华书局 2011 年版。
④ 《荀子·君道》，中华书局 2011 年版。
⑤ 《道德经》，中华书局 2021 年版。

庄子大力倡导身教示范的重要作用，进一步阐述了老子"行不言之教"的主张。在庄子看来："古之君人者，以得为在民，以失为在己；以正为在民，以枉为在己。故一形有失其形者，退而自责。"① 庄子认为，道一旦说出来就失真、无效、变味，有道之君要严于律己，首先在自身确立起"道"的原则，然后再去培养别人，以德化人。韩非子还提到，"婴儿非有知也，待父母而学者也，听父母之教"，强调儿童最初的榜样人物就是父母，父母应通过身教示范教育引导子女，以培养子女良好的道德品质。董仲舒倡导为政治者发挥表率，实现政治教化，认为以自身的表率进行身教对于稳定政局、净化风气具有十分重要的作用。他告诫统治者说："尔好谊（义），则民向仁而俗善；尔好利，则民好邪而俗败。由是观之，天子大夫者，下民之所视效，远方之所四面而内望也。"② 封建仁义道德的教育，是言教，而统治者的身体力行，是身教，是国家长治久安的根本。先秦诸子通过榜样教育人，尤其是通过统治者的身教示范实现上行下效的观点，对后世德育理论产生过深远的影响。南宋教育家袁采说："己之才学为人所尊，乃可诲人以进修之要；己之性行为人所重，乃可诲人以操履之详。"③ 扬雄指出："师哉！师哉！桐子之命也。务学不如务求师。师者，人之模范也。模不模，范不范，为不少矣。"④ 这些身教示范的思想，对于我们在形象德育中处理身教和言教的关系、示范和效仿的关系，尤其是发挥党员领导干部加强党性修养、塑造自身形象有着重要的启发作用。

中国古代选树的榜样，类型多样，细数孔子树立的榜样形象，上至天子贤臣，下至黎民百姓，天子有尧舜禹："禹，吾无间然矣。菲饮食而致孝乎鬼神，恶衣服而致美乎黼冕，卑宫室而尽力乎沟洫。禹，吾无间然矣。"⑤ "巍巍乎！舜、禹之有天下也而不与焉。"⑥ 孔子也把管仲当作

---

① 《庄子·杂篇·则阳》，中华书局2015年版。
② （汉）班固：《汉书》卷五六《董仲舒传》，中华书局1962年版。
③ （宋）袁采：《袁氏世范》第2卷，远方出版社2005年版。
④ （汉）扬雄：《法言》，中华书局2019年版。
⑤ 《论语·泰伯》，北京联合出版公司2019年版，第62页。
⑥ 《论语·泰伯》，北京联合出版公司2019年版，第61页。

大臣中的典范，评价管仲："人也，夺伯氏骈邑三百，饭疏食，没齿，无怨言。"① 孔子弟子三千，贤者七十有二，他还注意从教育对象中发现典型，多次称赞颜回安贫乐道，实属圣贤之才："贤哉回也！一箪食，一瓢饮，在陋巷，人不堪其忧，回也不改其乐。贤哉，回也！"② 孔子认为，生活中处处可见可资效法的先进榜样，"三人行，必有我师焉，择其善者而从之，其不善者而改之"③，主张把身边朋友作为榜样来对照自己的行为，习其"善"者，弃其"不善"，"以友辅仁"④，除了重视和倡导学习者从身边与日常生活中发现榜样，见贤思齐外，孔子还设立了符合社会期望的理想人格形象——君子，君子作为道德精神的具体代表，是"仁""智""勇"的完美人格典范，成为别人效仿追求的理想。孟子认为，这种道德人格典范并非高不可攀，"人皆可以成尧、舜"⑤，"尧、舜之道，孝悌而已矣。子服尧之服，诵尧之言，行尧之行，是尧而已矣"⑥。即圣人之道简单易行，只要一个人以圣人为榜样，循其言行努力去做，他就是圣人了。此外，孔子要求学生要以正面典型为榜样，学习、效仿他们的行为。同时要经常"自省""自讼"，宰予因为"昼寝"，成为孔子口中的反面教材，要以反面典型为镜子，反观自身行为，实现自我教育。

如何考察榜样学习的效果，孔子特别提倡"言必行，行必果"⑦，对人的考察也要"听其言而观其行"⑧，主张"见贤思齐焉，见不贤而内自省也"⑨，引导人们以榜样的标准要求自己，并在实践中努力达到贤者的境界。荀子认为，道德教育要做到"入乎耳，著乎心，布乎四体，形乎动静"⑩，并主张"见善修然，必以自存也。见不善，愀然，必以自省

① 《论语·宪问》，北京联合出版公司 2019 年版，第 108 页。
② 《论语·雍也》，北京联合出版公司 2019 年版，第 41 页。
③ 《论语·述而》，北京联合出版公司 2019 年版，第 51 页。
④ 《论语·颜渊》，北京联合出版公司 2019 年版，第 97 页。
⑤ 《孟子·告子下》，中华书局 2017 年版。
⑥ 《孟子·告子下》，中华书局 2017 年版。
⑦ 《论语·子路》，北京联合出版公司 2019 年版，第 103 页。
⑧ 《论语·公冶长》，北京联合出版公司 2019 年版，第 31 页。
⑨ 《论语·里仁》，北京联合出版公司 2019 年版，第 26 页。
⑩ 《荀子·劝学》，中华书局 2011 年版。

也"。① 荀子强调以此为榜样而对照自己，主动地仿效学习，发挥主观能动性，通过"化性""起伪"改造自身天性，进而成为圣人。韩愈提出要取人之长，补己之短，随时随地自觉地向他人学习，效仿榜样，集众人之长完善自身。朱熹则认为，学习圣贤，重在日常生活中践行，养成良好的道德行为习惯。王夫之认为，行为的示范作用是有限的、表面的，内心的动机的感召是深层次的、重要的，身教应关切道德动机，动机和实践上树立的典范更能教育人。

（四）关于环境感染陶冶人的论述

先秦诸子如儒家、墨家、法家十分重视外界环境对人的性情品格的陶冶作用，倡导教育者要积极主动创设适合、良好的外部环境，促进受教育者品德的健康成长，留下了大量关于环境熏陶、感染、教育人的论述。

孔子认为，"性相近也，习相远也"②，每一个人都有相近的本性，而后天的环境、教育和对于人的品格发展有着重要作用。据《论语·里仁》记载，孔子说："里仁为美。择不处仁，焉得知？"③ "里仁为美"，居住在有仁德的地方，有利于品德的发展和提升，他强调"居必择仁""慎其所处"，就是要求人们谨慎选择居住环境，结交仁德之人，而选择居住场所的目的，就在于选择和创设良好的环境，从而在长期的耳濡目染中促进品德发展。孟子将孔子"性相近"的论述进一步引申深化规定为"性本善"，并从这一规定阐发环境对人性发展具有的决定性作用，在孟子看来，"圣人与我同类者"④，"善端"是人先天共有的，而这种"善端"能否转化为善行，环境在其中有着决定性的重要影响。孟子举例说："富岁，子弟多赖；凶岁，子弟多暴。非天之降才尔殊也，其所以陷溺其心者然也。"⑤ 丰收之年，物质较为充裕，青年子弟大多懒惰；相反，在灾荒之年，由于生计所迫，有人会铤而走险，青年子弟大多凶暴，作出违

① 《荀子·修身》，中华书局 2011 年版。

② 《论语·阳货》，北京联合出版公司 2019 年版，第 133 页。

③ 《论语·里仁》，北京联合出版公司 2019 年版，第 22 页。

④ 《孟子·告子上》，中华书局 2017 年版。

⑤ 《孟子·告子上》，中华书局 2017 年版。

反社会道德的事。孟子以生活现象类比指出，人在天性上没有什么差别，人人都有"善端"，但这种善端只是善的萌芽，环境在人的善端的培养中起了决定的作用，人的善端能否"扩而充之"，从而得到发展，以先天潜能发展为现实。孟子尤其重视逆境在激励人们成长成才中的重要作用，"故天将降大任于是人也，必先苦其心志，劳其筋骨，饿其体肤，空乏其身，行拂乱其所为，所以动心忍性，曾益其所不能"①。

与性本善的人性预设相对，荀子对人性的本质过程作出了不同的解读，荀子认为"善"并不是天生的，而是人为的，提出"人之性恶，其善者伪也"②。在荀子看来，人的自我的、实然的形态一开始便赋予了恶的本性，这种恶的禀性使得人并未发展成为理性的人格，然而这种恶是可塑的、可变的。荀子认为，恶的天性是人生而有之的，个人品行的表现却受环境的重要影响。"凡人有所一同……可以为尧、舜，可以为桀、跖，可以为工匠，可以为农贾，在势注错习俗之所积耳。"③ 他对此形象地作了个比喻："蓬生麻中，不扶而直；白沙在涅，与之俱黑。"④ 如果人们在良好的环境中，见识"忠信敬让之行"，听闻"尧舜禹汤之道"，变恶为善，合乎礼义。而如果人"与不善人处，则所闻者欺诬、诈伪也；所见者污漫、淫邪、贪利之行也"⑤，在恶劣的环境中，人们往往会"身且加于刑戮而不自知"⑥，善的也会变成恶的了。如何化解人性的恶，使人能够从实然走向应然，开辟一条通往理想人格的通途，荀子提出最关键的就在于"化性起伪"。"性也者，吾所不能为也，然而可化也；情也者，非吾所有也，然而可为也。注错习俗，所以化性也，并一而不二，所以成积也。习俗移志，安久移质。"⑦ 荀子重视环境对人的感染熏陶作用，主张通过"化性起伪"，要发挥自身的积极性和主动性来处理、选择

---

① 《孟子·告子下》，中华书局 2017 年版。
② 《荀子·性恶》，中华书局 2011 年版。
③ 《荀子·荣辱》，中华书局 2011 年版。
④ 《荀子·劝学》，中华书局 2011 年版。
⑤ 《荀子·性恶》，中华书局 2011 年版。
⑥ 《荀子·性恶》，中华书局 2011 年版。
⑦ 《荀子·儒效》，中华书局 2011 年版。

和创造适宜的环境，谨慎选择居住环境和朋友，从而发挥良好环境的影响，改造人的本然恶性，提升人的道德境界，实现理想人格。

墨子认为环境对人的道德品质有习染作用，主张要高度重视并谨慎对待环境的感染熏陶作用，他说："染于苍则苍，染于黄则黄，所入者变，其色亦变，五入必，而已则为五色矣。故染不可不慎也！"① 墨子以染丝变色的现象，生动地类比不同环境对人的影响作用，并提醒人们要谨慎对待、认真把握环境的这种作用，这和孔子的"居必择仁"，"慎其所处"的思想一样，都肯定了人的主观因素和主体的作用，特别重视环境的习染和熏陶作用。墨子仍试图探索不同的环境，尤其是政治经济状况和人的品德的关系，他说："故时年岁善，则民仁且良；时年岁凶，则民吝且恶。"② 这一点，墨子的看法与孟子一致。墨子既看到了环境的决定性作用，又主张通过人的主观能动性来改善、选择环境，这种思想在当时无疑是十分进步的。

韩非子同样重视环境的作用，他说："夫火形严，故人鲜灼；水形懦，故人多溺。"③ 这里，韩非子以形象的比喻说明不同环境在个体成长中的作用，指出顺境往往会麻痹人，而逆境则能磨炼人，人的成长进步离不开艰苦环境的磨砺和锻炼。他还剖析了具体环境，如社会经济环境、家庭环境对个人品行的影响。他认为，社会经济环境良好，人们就容易养成乐善好施的美德，而当社会经济环境恶劣时，人们就会相互掠夺和侵害。他还指出，"故母厚爱处，子多败，推爱也；父薄爱教笞，子多善，用严也"④。也就是说，母亲对子女宠爱，子女多数难成大器，而父亲不偏爱，能够严格对待，往往能培养出知书达理的孩子。

近朱者赤，近墨者黑，人作为社会中的人，总是会受到环境的影响，先秦诸子重视环境并希望通过创设良好的环境来陶冶人，这一思想对后世影响很大，比如颜之推所述"与善人居，如入芝兰之室，久而自芳也；

---

① 《墨子·所染》，中华书局 2015 年版。
② 《墨子·七患》，中华书局 2015 年版。
③ 《韩非子·内储说上·七术》，中华书局 2015 年版。
④ 《韩非子·六反》，中华书局 2015 年版。

与恶人居，如入鲍鱼之肆，久而自臭也"①。唐代诗人韦应物在《感事》诗中写道："霜雪皎素丝，何意坠墨池。青苍犹可濯，黑色不可移。"暗喻人要慎防外界的东西对自己思想的不良影响。朱熹的"人性皆善，而其类有善恶之殊者，气习之染也。故君子有教，则人皆可以复于善，而不当复论其类之恶矣"②等，都是肯定环境在陶冶人性中的作用，这对于我们考察形象德育的外部环境，创设适宜的德育环境，有很大的启发，暗喻身处怎样的环境，便会受到怎样的影响。

三　国外社会关于形象德育的论述

与中国社会相比，国外社会围绕形象思维、人的认识规律、文艺的社会性等问题，从不同侧面探索了形象德育的相关理论，这些理论是国外社会重视形象德育的有力印证，因而是进行形象德育研究不可或缺的观察视野。集中归纳、分析国外社会的相关理论，对深入探索和推进形象德育不无裨益。

（一）关于人的认知过程及其规律的论述

在西方社会，亚里士多德是较早对人的认识过程中的诸多要素及其特点进行系统分析的思想家。亚里士多德尖锐批评柏拉图的理念论，认为柏拉图"关于形式的那些道理，毁掉了那些我们愿意其存在比理念更为重要的东西"③，他深刻地指出，"凡是不曾存在于感官的东西就不能存在于理智"。④ 亚里士多德的灵魂学说展现了认知的感觉—知觉—理性的三重攀升历程。在亚里士多德看来，感觉是外部世界的对象属性与感觉者的感觉器官的因果性交互。"感觉是撇开感觉对象的质料而接受其形式。"他强调感觉对象所具有的可感形式和激发功能，指出通过视、听、嗅、味、触等五种最基本的感觉机能样式，人们可以获得对象具体属性的感觉。然而，零散、孤立、具体的并不能把握事物的全貌，感觉必

---

①　《颜氏家训·慕贤》，中华书局 2019 年版。

②　（南宋）朱熹集注：《论语集注》卷八，商务印书馆 2015 年版。

③　[古希腊] 亚里士多德：《形而上学》，苗力田译，中国人民大学出版社 2003 年版，第25 页。

④　伍蠡甫主编：《西方文论选》上卷，上海文艺出版社 1964 年版，第 549 页。

须得到某种"综合"，才能从整体上获得对感觉对象的把握。为此，亚里士多德提出"共通感"，它蕴于具体感觉机能之中，是一种"感知型的整合模式"，主体通过"共通感"能获得对感觉对象之诸可感形式的整体性把握。在此基础上，亚里士多德认为，认知活动还必须上升到理性。这一过程要通过想象这一中枢性功能实现，想象是"由现实发生的感觉所产生的运动"，想象通过影像来表象可感形式，为理智提供所需的对象或材料，主动理智可以经过对感觉印象的作用把握感觉印象的普遍本性，从而将潜在的理智内容转为现实。亚里士多德认为，理性是人的独特的自然能力，当理性如此指导人的行为时，便转化成为德性，亚里士多德把德性看作理性的选择，"德性是一种倾向或习惯，包括审慎的目的或选择"①。因而，"有德性的人是万物的标准和尺度"②。亚里士多德重视人的感觉、感性认识在认识事物中的基础性作用，但认为感性认识是认识事物的基础，不是认识的目的和归宿，"我们不能以官能的感觉为智慧"③，感觉有待于进一步上升为理智，理智是人类精神发展的结果。"大家都承认，有些可感觉的事物是被当作为本体，因此我们必须从这方面开始我们的探讨。先向较易知的东西迈进。是比较方便的法门……同样的道理，我们的任务是从对一个人说来较易知的东西下手，然后使本性上可知的东西，成为个人也可掌握的东西。"④亚里士多德承认可感事物的实际存在，没有可感对象，就没有感觉，人们从可感的、具体的、易知的事物出发，再到探索难于感知的本质规律，它总是经历着一个从现象到本质、从感性认识到理性认识的过程，这一点，对于理解和把握形象德育过程中的认知规律有着重要的思想价值。当然，亚里士多德这里谈到的人经感官认识的对象，是外在于人的客观的、具体的事物，任何感性认识必须依赖外在实体。"那引起感觉的东西是外在的。……要感

---

① ［美］梯利著，伍德增补：《西方哲学史》，葛力译，商务印书馆1995年版，第95页。
② ［美］梯利著，伍德增补：《西方哲学史》，葛力译，商务印书馆1995年版，第95页。
③ 参见黄药眠《亚里士多德的美学》，《哲学研究》1980年第4期。
④ 参见黄药眠《亚里士多德的美学》，《哲学研究》1980年第4期。

觉，就必须有被感觉的东西。"① 亚里士多德朴素的唯物主义认识论为我们深刻把握感官、感性认识、理性认识之间的关系提供了正确的认识方法。亚里士多德指出，每种感官都有其作用范围，通常人们通过某一种感官只能感受到与之相应的某个特定方面或侧面，而不可能是别的方面或是全部。如视觉对应的一定是色彩，听觉对应的一定声音，嗅觉对应的一定是气味，味觉对应的一定是味道，超出这个感官作用的特定范围，感觉起不到任何作用。如视觉对于声音，听觉对于气味，嗅觉对于味道，就往往无法感知了。亚里士多德还把这一感知法则推至艺术领域，认为既然每一种感官都有着适用范围，那么相应的，诉诸某种特定感官的艺术形式便会呈现出不同的特征和内容。概言之，亚里士多德以灵魂学说为基础，将认知发生过程描述为感觉→知觉→理智的不断推进过程，形成了对认知驱动、推进过程较为完整的把握，并深深地影响了此后诸多思想家关于认知问题的思考。康德认为人的认识过程内含着"感性、知性、理性"三范畴，感性是"通过我们被对象所刺激的方式来接受表象的能力"②，知性为对有限的东西的认识，"如果没有感性，则对象不会被给予；如果没有知性，则对象不能被思考"，理性为对无限的东西的认识，康德认为人的最高认识能力——理性，包含着某些唯物论和辩证法的合理成分，将近代早期理性哲学推向了新的发展阶段。英国经验主义代表人物洛克同样重视感性、经验在认识中的作用，在《人类理解论》一书中，他指出："我们的一切知识是建立在经验上；并且最后是来源于经验的。"③ 洛克认为，感性经验是唯一牢靠的，而理性知识则是靠不住的。洛克过分夸大了感性认识的作用，认为理性是对感性材料的整理和归纳，不会增添新的知识内容，片面否认了理性认识的作用，否认理性是对感性的发展和超越。在感觉和认识的关系上，费尔巴哈强调感觉是认识的

---

① 参见［德］黑格尔《哲学史讲演录》第二卷，生活·读书·新知三联书店1957年版，第339页。

② 北京大学哲学系外国哲学史教研室编译：《十八世纪末—十九世纪初德国哲学》，商务印书馆1960年版，第15页。

③ ［英］洛克：《人类理智论》，载《十六—十八世纪西欧各国哲学》，商务印书馆1975年版，第366页。

源泉，感觉是将人和外部世界联结起来的中介和手段。费尔巴哈说："谁抽掉了感觉，谁抽掉了关于想象世界对立物的唯一标志，谁也就失去了过渡到客观世界的唯一手段，他不能表明外部事物的存在，正如挖掉了眼睛的人不能证明光的存在一样。"① 在费尔巴哈看来，感觉是人产生认识的唯一门户，如果客观世界不存在，感觉也就不复存在了。那么，人的感觉是如何反映客观世界的呢？在这个问题上，费尔巴哈说："在人的脑中和心中的自然界与人的脑外和心外的自然界是有区别的……因而，人关于日、月、星和其他一切自然存在物的表象，虽然这些表象也是自然界的产物，却是和自然界中的它们的对象有所区别的另一种产物。"② 按照费尔巴哈的观点，感觉既不能与它所反映的事物割裂开来，又不能将感觉等同于感觉的对象，事物的属性是不以感觉为转移的客观存在。"咸味是盐的客观属性的主观表现。"③ 这段话深刻地说明了感觉始终是主体的感觉，不可能存在于主体之外，客观事物经过人的感觉进入人的主观意识，感觉是以客观现实为内容的主观印象。维柯在《新科学》中对感性认识和理性认识的关系这样分析道："人心所理解的东西没有不是先已由感官得到印象的。"④ 这就是说，感性认识在认识事物中有着基础性地位，人的理智所把握的任何事物，都必须以人的感官感知为前提，不经过人的感官感知，是永远不可能认识和把握事物的。维柯认为，人的思维过程表现为诗性的智慧和逻辑思维两个过程，二者相互联系、相互依赖，又完全不同，相互对立。"人最初只有感受而不能知觉，接着用一种被搅动的不安的心灵去知觉，最后才用清晰的理智去思索。"⑤ 诗人和哲学家的思维不同。诗性智慧和逻辑思维又相互对立，有着清晰的界限。诗性智慧是逻辑思维的基础，形象思维先于抽象思维，逻辑思维由诗性

---

① 参见高觉敷《西方近代心理学史》，人民教育出版社 2001 年版，第 83 页。

② 参见［苏联］C. Щ. 加巴拉耶夫《费尔巴哈的唯物主义》，涂纪亮、余传金译，科学出版社 1959 年版，第 161 页。

③ 参见［苏联］C. Щ. 加巴拉耶夫《费尔巴哈的唯物主义》，涂纪亮、余传金译，科学出版社 1959 年版，第 162 页。

④ 伍蠡甫主编：《西方文论选》上卷，上海译文出版社 1988 年版，第 551 页。

⑤ 马奇：《西方美学史资料汇编》，上海人民出版社 1987 年版，第 444 页。

智慧生发出来，没有诗性智慧，没有形象思维，便不可能产生人类历史。维柯还指出，"哲学语句愈升向共相，就愈接近真理；而诗性语句愈掌握殊相，就愈确凿可凭"。① 诗歌表现个别形象，哲学表现普遍规律，这对于我们把握形象思维的本质特征有着重要的启示。

（二）关于艺术的来源问题的论述

西方古代哲学家把艺术看作是对自然活动的一种再现，是一种认知的艺术。古希腊哲学家德谟克利特把艺术看作人类模仿自然的活动，他曾这样描绘艺术："一般说来，诗的起源仿佛有两个原因，都是出于天性。人从孩提的时候起有摹仿的本能。""摹仿出于我们的天性，而音调感和节奏感也是出于我们的天性，起初那些天生最富于这种资质的人，使它一步步发展，后来就由临时口颂而作出诗歌。"亚里士多德认为艺术在于"模仿"。他指出，"人从孩提的时候起就有摹仿的本能，人对于摹仿的作品总是感到快感……其原因也是由于求知不仅对哲学家是最快乐的事，对一般人亦然，只是一般人求知的能力比较薄弱罢了。我们看见那些图像所以感到快感，就因为我们一面在看，一面在求知，断定每一事物是某一事物"。② 亚里士多德进一步指出，"诗人的职责不在于描述已经发生的事，而在于描述可能发生的事，即根据可然或必然的原则可能发生的事"。③ 在亚里士多德看来，诗和艺术作为模仿自然的现实的存在，虽然也许在现实中是不存在的，但它是按照必然律创造出来的，体现了本质真实，所以比那些现实中的已然事件更加真实可靠。这一思想在《政治学》中得到了经典概括："品德高尚的人所以异于众人中的任何人，就在于他一身集合了许多人的素质；美人之所以异于常人的容貌，艺术品之所以异于真实的事物，原因也是这样，——在人的相貌或作品上，一样一样原来是分散的众美，集合成了一个整体。我们目前所称美的恰恰正是这个整体。"④ 亚里士多德在艺术创作上的求真传统及其孕育的现

---

① ［意］维柯：《新科学》附《维柯自传》，朱光潜译，人民文学出版社1986年版，第105页。
② 参见胡经之《西方文艺理论名著教程》，北京大学出版社1986年版，第66页。
③ ［古希腊］亚里士多德：《诗学》，陈中梅译，商务印书馆1996年版，第81页。
④ 参见范明生《西方美学通史》第1卷《古希腊罗马美学》，上海文艺出版社1999年版，第505页。

实主义精神一度成为当时的权威话语。这一对于艺术本质的认识在西方文学界、画界影响甚深。文艺复兴时代的艺术家进一步形象化地发挥了"摹仿说"，达·芬奇就把画家的心看作对自然的反映，他希望理解、进入自然的心灵，成为自然与艺术之间的解释者。达·芬奇在他自己的《论绘画》笔记中就明确说过："画家的心应该像一面镜子，永远把它所反映事物的色彩摄进来，前面摆多少事物，就摄取多少形象。"①由于艺术"摹仿"强调了决定艺术本质的对象、被动的描写等方面，却忽视了决定艺术本质的主体、能动的创造方面。近代西方思想家、美学家进一步强化和发展了艺术的本质在于"摹仿"这一观点，如果说古希腊的哲学家的艺术"摹仿"说依然具有强烈的自然主体论色彩的话，那么，这一时期文艺思想出现了一个重大的转向——不再像古希腊的哲学家们依据客观自然来规定艺术，而是更加凸显人在"摹仿"中的作用，本被遮蔽的人的主体性显现、释放了。鲍姆嘉滕认为，"诗是对于自然及其所属行为的模仿"，②艺术的本质仍然是"模仿自然"，也要讲究模仿的真实，然而这种真实是"凭感性就能认识到的真实"。③

现实主义思想家也深受这一转向的影响，比如俄国民主主义文艺批评家别林斯基写道："艺术是对于真实的直接观照，或者是形象中的思维。"④别林斯基肯定了艺术与科学一样都能反映社会生活的本质方面，只是反映的方式不同，科学依靠的是数据和材料，艺术诉诸的是形象和图画，前者通过人的理智发生作用，后者通过人的想象发生作用。"人们看到，艺术和科学不是同一件东西，却没有看到它们之间的差别根本不在内容，而在处理特定内容时所用的方法。哲学家用三段论法说话，诗人则用形象和图画说话，然而他们说的都是同一件事。政治经济学家被统计材料武装着，诉诸读者或听众的理智，证明社会中某一阶级的状况，由于某些原因，业已大为改善，或者大为恶化。诗人被生动而鲜明的现实描绘武装着，诉诸读者的想象，在真实的画面里面显示社会中某一阶

---

① 伍蠡甫主编：《西方文论选》上册，上海译文出版社1979年版，第183页。
② ［德］鲍姆嘉滕：《美学》，简明、王旭晓译，文化艺术出版社1987年版，第167页。
③ ［德］鲍姆嘉滕：《美学》，简明、王旭晓译，文化艺术出版社1987年版，第40页。
④ ［俄］别列金娜选辑：《别林斯基论文学》，梁真译，新文艺出版社1958年版，第97页。

级的状况，由于某些原因，业已大为改善，或者大为恶化，一个是证明，另一个是显示，可是他们都是说服，所不同的只是一个用逻辑结论，另一个用图画而已。"① 别林斯基关于文艺创作规律和艺术思维的特殊性的精辟分析，为我们深化和把握形象德育提供了重要的理论借鉴。别林斯基还指出，艺术也传达思想，但不是通过哲学的抽象来完成，而是通过情感的流动来传达，艺术靠的是人内心的激情和情感。"艺术并不容纳抽象的哲学思想，更不要容纳理性的思想：它只容纳诗的思想，而这诗的思想——不是三段论法，不是教条，不是格言，而是活的激情，是热情。"② 维柯看到了诗与哲学的区别，认为诗要通过个别事物来展现真理，哲学则要通过揭示一般规律来反映真理。"哲学飞腾到普遍性相，诗却必须深深地沉没到个别事例里去。"③ 别林斯基说的深刻："如果一部艺术作品只是为描写生活而描写生活，没有发自时代主导思想的强大的、主观的激动，如果它不是痛苦的哀号或者欢乐的颂赞，如果它不是问题或者对于问题的解答，那么，对于我们时代说来，它便是一部僵死的作品。"④ 艺术作品是对社会生活的形象反映，它深深融入了作者的主观情感。艺术表现人的情感可以看成是现代艺术对其本质最为普遍的解释，精神分析心理学家弗洛伊德甚至认为艺术是种"力比多转移"的产物。

屠格涅夫在谈到艺术创作时这样写道："我没有随意发明的天才，总是需要一个使我能够站稳脚跟的基地"，这个基地就是社会生活。黑格尔把生活看成是艺术家创造活动的基础和源泉，深刻指出："艺术家创作所依靠的是生活的富裕……他应该看得多，听得多，而且记得多……得到过很多的经历，有丰富的生活，然后才能用具体形象把生活中真正深刻的东西表现出来。"⑤ 车尔尼雪夫斯基曾对艺术与现实的关系进行了深入

---

① 伍蠡甫主编：《西方文论选》下册，上海译文出版社 1979 年版，第 390 页。

② ［俄］别列金娜选辑：《别林斯基论文学》，梁真译，新文艺出版社 1958 年版，第 52—53 页。

③ 伍蠡甫主编：《西方文论选》上册，上海译文出版社 1979 年版，第 547 页。

④ ［俄］别林斯基：《别林斯基选集》第 3 卷，满涛译，上海译文出版社 1980 年版，第 575 页。

⑤ ［德］黑格尔：《美学》第 1 卷，朱光潜译，商务印书馆 1979 年版，第 357—358 页。

分析，认为艺术创作厚植于火热的社会生活，他形象地说道："生活现象如同没有戳记的黄金"，"艺术作品像是钞票"，钞票的"全部价值是由它代表着若干金子这个事实而来的"。车尔尼雪夫斯基批判了当时社会存在的一种"为艺术而艺术"的错误观点，纯艺术者认为"社会利益是不存在的，他们只知道离开推动社会前进的历史问题而独立的个人的享受和悲苦"①。车尔尼雪夫斯基明确指出："在人类生活的所有方面，只有那些和社会的要求保持活的联系的倾向，才能获得辉煌的发展。凡是在生活的土壤中不生根的东西，就会是萎靡的，苍白的，不但不能获得历史的意义，而且它的本身，由于对社会没有影响，也将是渺不足道的。"② 文艺创作要联系现实，也是文艺作品产生社会作用的必然要求。文学作品同现实生活发生活生生的关系，"使人们在读了这部作品之后，感受到自己和过去有所不同，感到他们对事物的看法更清楚了或发生了变化，感到他们的精神生活或道德生活受到了推动"③。车尔尼雪夫斯基认为，艺术的作用以生动的方式反映和再现生活，"艺术作品的第一个作用，普通的作用，是再现现实生活中使人感到兴趣的现象"④。车尔尼雪夫斯基所理解的现实生活包括客观世界和精神世界两个层面，而后者主要来自对现实生活的想象。"艺术除了再现生活以外还有另外的作用——那就是说明生活。"⑤ 艺术和概念同样可以表现现实，但是二者表现现实的方式和特点不同。车尔尼雪夫斯基认为，艺术与概念相比较，概念"所代表的事物的一切偶然的特征都被忽略了，只剩下了主要的特征"⑥。而诗歌的

---

① ［俄］车尔尼雪夫斯基：《车尔尼雪夫斯基选集》上卷，周扬等译，生活·读书·新知三联书店 1958 年版，第 549 页。

② ［俄］车尔尼雪夫斯基：《车尔尼雪夫斯基论文学》上册，辛未艾译，上海译文出版社 1978 年版，第 543 页。

③ 汝信、夏森：《西方美学史论丛》，人民文学出版社 1968 年版，第 260 页。

④ ［俄］车尔尼雪夫斯基：《生活与美学》，周扬译，人民文学出版社 1957 年版，第 100—101 页。

⑤ ［俄］车尔尼雪夫斯基：《生活与美学》，周扬译，人民文学出版社 1957 年版，第 101 页。

⑥ ［俄］车尔尼雪夫斯基：《生活与美学》，周扬译，人民文学出版社 1957 年版，第 101 页。

价值在于"它生动鲜明地表现现实"①。车尔尼雪夫斯基关于生活和艺术的关系的思想无疑是深刻而精到的。

艺术来源于生活，是对生活的再现和说明，艺术家要创造优秀的艺术作品，首先要具备敏锐的观察与感受社会生活的能力。巴尔扎克就生动地描绘道，要"具有蜗牛般眼观四方的能力，狗一般的嗅觉，田鼠般的耳朵，能看到、听到、感到周围的一切"②。艺术家广泛接触、深入体验，攫取社会生活中各种素材进行分解、加工、概括、提纯、创造，这是艺术创造的唯一方法。艺术家除了具有敏锐的观察力，更要有深刻的思辨力，善于抓住社会生活中的本质方面，深刻理解社会生活本质的全部意义。黑格尔说："没有思考和分辨，艺术家就无法驾驭他所要表现的内容。"③ 社会生活是丰富多变的，艺术家选择如何表现和表现社会生活的什么方面，最终取决于艺术家的世界观。高尔基说："文学的任务是反映和描绘劳动生活的图画，把真理比为形象——人物的性格和典型。"④高尔基始终把反映和描绘劳动人民的生活、形象地表达真理作为自己的追求，所以才能成为真正的无产阶级的伟大的文学家。

（三）关于艺术创作中的思维方式及规律的论述

艺术创作活动，作为一种特殊的精神活动，有着自己独特的思维、规律和方法。艺术创作活动离不开形象思维，离不开想象，想象是形象塑造的基本方法。所谓想象力，培根将其归结为在思维中实现自由联合、组合排列的能力。"想象因为不要物质规律的束缚，可以随意把自然界里分开的东西联合，联合的东西分开。"⑤ 想象"能够创造和自己活动，首创各种可能的意象，赋予以随心所欲的模样"，艺术家凭借丰富自由的想

---

① ［俄］车尔尼雪夫斯基：《生活与美学》，周扬译，人民文学出版社 1957 年版，第102 页。

② ［法］巴尔扎克：《幻灭》，傅雷译，人民文学出版社 1989 年版。

③ 参见董立武、张耳《列宁文艺思想论集》，中国社会科学出版社 1986 年版，第 111 页。

④ 哈尔滨师范学院中文系形象思维资料编辑室：《形象思维资料汇编》，人民文学出版社1980 年版，第 243 页。

⑤ 古典文艺理论译丛编辑委员会：《古典文艺理论论丛》第 11 册，人民出版社 1966 年版，第 11 页。

象，"补充事实的链条中不足的和还没有发现的环节"①，对生活表象的理想化、概括化，创造出独特的艺术形象。高尔基甚至将想象看成是一种"艺术的"思维，"想象在其本质上也是对于世界的思维，但它主要是用形象来思维，是'艺术的'思维；可以说，想象——这是赋予大自然的自发现象与事物以人的品质、感觉、甚至还有意图的能力。"② 想象是艺术家思想和情感的黏合剂，艺术家正是通过艺术想象思维掌握世界的。一方面艺术家通过艺术想象将主观认识和情感熔铸于一定的艺术形象，同时艺术想象受到主观经验、认识驱使、指导。任何艺术创作中的想象都不是凭空产生的，而是建立在观察实践的基础上。艺术家从"生活的地下矿苗中……把现实这黄金洗炼出来，融合在优美的形式里"③。贺拉斯也曾说："有人问，写一首好诗，是靠天才呢，还是靠艺术？我的看法是：苦学而没有丰富的天才，有天才而没有训练，都归无用。"艺术家在生活中积累各种记忆表象，是形成想象的原材料，艺术家对各种记忆表象加以分析、综合，在旧的基础上进行新的创造。艺术家的生活观察和体验越丰富，就越有助于其想象，越有助于艺术灵感和艺术创作。

艺术活动中的想象力可以认识真理。歌德认为，"想象超出感觉之上而又为感觉所吸引。但是想象一发觉向上还有理性，就牢牢地依贴着这个最高领导者。……透入一切的、装饰一切的想象不断地愈吸收感觉里的养料，就愈有吸引力；它愈和理性结合，就愈高贵。到了极境，就出现了真正的诗，也就是真正的哲学。"④ 想象力和人的感性具有创造性，与人的理性一样，同样可以认识真理。除此之外，想象力突破人的经验的限制，显示出自由空间。康德指出："想象力是一个创造性的认识功能；它有本领。能从真正的自然界所呈供的素材里创选出另一个相象的

---

① 北京师范大学中文系文艺理论教研室：《文学理论学习参考资料》下册，春风文艺出版社1982年版，第357页。

② ［苏联］高尔基：《论文学》，孟昌、曹葆华、戈宝权译，人民文学出版社1978年版，第160页。

③ ［苏联］高尔基：《论文学》，孟昌、曹葆华、戈宝权译，人民文学出版社1978年版，第126—128页。

④ 中国社会科学院文学研究所编：《古典文艺理论译丛》第4卷，知识产权出版社2010年版，第1976页。

自然界。……诗人企图使极乐世界、地狱界、永存、创世等等那些无迹无象的情事的理性观念变而为具形具体。至于死亡、嫉妒、罪恶、爱情、名誉等等那些人生经验里有例可找的情事，诗人又超越经验的限制，运用想象力使它们具有圆满完善的、自然界里无可比拟的形象；这种想象和理性所提示的典范互相竞赛，看谁能达到最伟大的境界。"①

　　艺术创作中逻辑思维的作用体现在认识、理解和把握现实的本质。"要想能够描写现实，只有创造的天赋是不够的；必得还有理性，才能理解现实。"别林斯基认为，任何形象都是理性和感性、抽象思维和形象思维综合影响、共同作用的结果，认为艺术创作是"思想在形象中的体现"②，同时强调"直觉"的力量，"一切形象都是理性和直觉、思想和感情和谐地结合在一起而创造出来的。这样的结合只有在创作者直接参加创造现实的工作、参加革新生活的斗争之下方有可能"③。高尔基认为，"艺术家应该努力使自己的想象力和逻辑、直觉、理性的力量平衡起来"。④ 他举过一个非常生动的例子："工人把矿石熔炼成生铁，把生铁熔炼成熟铁和钢，又用钢做成缝纫针、大炮和装甲舰。文学家的材料就是和文学家本人一样的人，他们具有同样的品质、打算、愿望和多变的趣味和情绪……作家要赋予自己所选择和想象的人物以一种对于某一集团的成员说来具有典型性的形式。"⑤ 高尔基重视想象在创作中的重要作用，同时还强调要以理性调节想象，更有效地进行想象活动，无疑更加辩证、科学。形象思维占据文艺活动的主要方面，体现出文艺活动质的规定性，将文艺活动与其他思想活动区分开来。典型的艺术形象，是形象思维和

---

① 中国社会科学院文学研究所编：《古典文艺理论译丛》第 4 卷，知识产权出版社 2010 年版，第 2010 页。

② ［苏联］高尔基：《论文学》，孟昌、曹葆华、戈宝权译，人民文学出版社 1978 年版，第 193 页。

③ ［苏联］高尔基：《文学论文选》，孟昌、曹葆华译，人民文学出版社 1958 年版，第 327 页。

④ 哈尔滨师范学院中文系形象思维资料编辑室：《形象思维资料汇编》，人民文学出版社 1980 年版，第 77 页。

⑤ 哈尔滨师范学院中文系形象思维资料编辑室：《形象思维资料汇编》，人民文学出版社 1980 年版，第 235 页。

抽象思维和谐辩证的"合金"。

艺术创作中，要遵循艺术创作的规律，始终以创作艺术形象、艺术典型为宗旨。屠格涅夫谈道："在我写作事业的整个过程中——从来不是从观念，而永远是从形象出发。"① 艺术创作中塑造艺术形象，必须要了解何为典型。别林斯基是西方第一个最早地把"典型"作为文艺创作基本规律的人之一。别林斯基指出："创作独创性的，或者更确切点说，创作本身的吸纳主标志之一，就是这典型性——如果可以这样说的话——这就是作者的纹章标记。"② 他还指出，"典型是创作的基本法则，没有典型化，就没有创作"③。在别林斯基看来，"每一个典型对于读者都是似曾相识的不相识者"，也就是说典型要是"陌生的熟悉人"，此外，典型要有代表性，"典型既是一个人，又是很多人，就是说：是这样的一种人物描写：在他身上包括了那体现同一概念的一整个范畴的人们"④。艺术创作要塑造艺术形象，艺术形象比实际形象更典型、更光辉、更崇高、更完整，因而更美，重要一条，就是在于艺术形象经过典型化的艺术创作过程，典型化是艺术创作的根本原则和方法。典型化创作，要处理个别化与概括化的关系。思想家们就此展开过丰富的论述。车尔尼雪夫斯基注意到了个性化对于普遍的意义，指出："个别的细节丝毫不见事物的一般意义，相反，却使它的一般意义更加活跃和扩大，无论如何，诗由于力图给予他的形象以活生生的个性，从而也就承认了个别事物的高度优越性。"⑤ 黑格尔认为，"具体者就是有规定性的普遍者，因此包含有它的对方在内"。有规定性的普遍者，就是包含着普遍的特殊，是包含着共性的个性。普遍规律，是在"具体者"这个特殊形式的矛盾运动、变化中

---

① 古典文艺理论译丛编辑委员会：《古典文艺理论论丛》第 11 册，人民文学出版社 1966 年版，第 102 页。

② ［俄］别列金娜选辑：《别林斯基论文学》，梁真译，新文艺出版社 1958 年版，第 120 页。

③ 朱光潜：《西方美学史》下卷，商务印书馆 2011 年版，第 197 页。

④ ［俄］别列金娜选辑：《别林斯基论文学》，梁真译，新文艺出版社 1958 年版，第 120 页。

⑤ ［俄］车尔尼雪夫斯基：《车尔尼雪夫斯基论文集》上卷，辛未艾译，新文艺出版社 1956 年版，第 70 页。

实现的。或者说，在黑格尔看来，具体的艺术形象展现的规律既不是外部世界的普遍规律，也不是人的思维发展的规律，而是一种特殊形态的矛盾运动，这一点不能违背。诗人歌德指出不能"为一般而找特殊"，"诗人应该抓住特殊，如果其中有些健康的因素，他就会从这特殊中表现出一般。"① 这深刻说明，个性化离不开概括化，离开概括化，为了个性而个性，就丧失了形象存在的社会意义，成为"恶劣的个性化"。作家雨果认为《克伦威尔序》中对"典型"进行了细分，他说："实际上在新的诗歌中，崇高优美将表现灵魂经过基督教道德进化后的真实状态、而滑稽丑怪则将表现人类的兽性。""美只有一种典型，丑却千变万化。"② "这两个典型，一旦被如此割裂而各行其素，他们就会各自片面地发展，结果把真实扔在中间，而它们则一个在左，一个在右。"③ 可见，雨果对于典型的见解是十分深刻的，在雨果看来，典型反映的是一般，是崇高优美或者兽性，而典型要反映现实生活，必须要在杂糅了"两个典型"及神性和兽性之间获得一种真实感。

特殊要通过概括化来表现"一般"。"有才能的画家在画布上所作的风景，必优于自然中任何美妙的景色。为什么？因为在画幅中，没有偶然和多余的东西，所有的部分都从属于一个整体，一切趋向于一个目的，一切都有助于形成一个美丽的、完整的、独特的东西。"④ 现实生活蕴含着义学艺术不可比拟的、更加生动丰富的内容，却是分散的、偶然的、不完整的，艺术家通过"典型化"的创作方式，摒弃了现实生活中偶然的、零散的、粗糙的，在"一个目的"的统领下，吸取了本质的、必然的东西，从而塑造出艺术作品。概括化离不开个性化、集中在一起的具体现象和个性特征，如果脱离具体的人物和事物，是无论如何也不能成为活生生的典型形象的。在托尔斯泰看来，"如果直接把一个人做原型来对照进行写作"，"根本就不会产生典型——结果会变成某种个别的、特殊的、索然无味的东西"。所以，必须"抓住某个人身上主要的、性格鲜

---

① ［德］爱克曼：《歌德谈话录》，朱光潜译，人民文学出版社 1978 年版，第 90 页。

② ［法］雨果：《克伦威尔 序言》，柳鸣九译，《世界文学》1961 年第 3 期。

③ ［法］雨果：《雨果文集 莎士比亚论》，柳鸣九译，译林出版社 2013 年版，第 47 页。

④ ［俄］别列金娜选辑：《别林斯基论文学》，梁真译，新文艺出版社 1958 年版，第 126 页。

明的特征，并且用你观察到的其他人的性格特征加以补充"。因而，"为了创造一个明确的典型，必须观察许许多多同一类型的人"。巴尔扎克说，"结合几个性质相同的性格的特点揉成典型人物"，别林斯基说，"不要只描写某一个挑水人，而是要借一个人写出一切挑水的人"①，艺术形象的创造过程，离不开个性化和概括化的关系，二者统一于艺术创造的过程。高尔基总结了现实主义典型的创作经验，指出："把许多英雄人物的有代表性的功绩'抽象化'——分离出来，然后再把这些特点'具体化'——概括在一个英雄人物的身上……把每个商人、贵族、农民身上最自然的特征分离出来，并概括在一个商人、贵族、农民的身上，这样就形成了'文学的典型'。浮士德、哈姆雷特、堂·吉诃德这些典型就是这样创造出来的。"高尔基对于文艺创作过程中两个阶段的划分有着深刻的意义解读，为我们深入分析和探询文艺创作过程提供了重要的思想参考。典型形象本身就是共性与个性的统一，个性是共性的个性，个性越丰富，形象就越生动；共性是个性身上体现的共性，共性越集中，概括得越充分，形象就越真实，二者相互交织、有机结合、高度统一于典型形象之中。

（四）关于文艺的社会功能的论述

古希腊的哲学家、艺术家认为文艺有助于改善道德和影响社会，主张将文艺作为道德教育的重要载体。著名喜剧作家阿里斯托芬较早明确地指出文艺应有的社会功能，文艺"能够规劝人，把他们训练成为更好的公民"，被恩格斯称为"有强烈倾向性的诗人"②。毕达哥拉斯学派认为，"音乐家的使命就在于使和谐从天上降临人世，而音乐的使命就是使灵魂归于永恒的和谐"③。在发现和谐的音乐在个人心灵、灵魂的提升后，毕达哥拉斯学派进而深入认识到音乐对于整个国家社会整体发展的积极功能，至此，毕达哥拉斯将文艺的功能从个人扩大到社会伦理道德层面。"音乐知识的作用与运用，把自身展露在人的四个方面：在灵魂中，在肉

---

① ［俄］别列金娜选辑：《别林斯基论文学》，梁真译，新文艺出版社1958年版，第129页。
② 《马克思恩格斯选集》第4卷，人民出版社2012年版，第579页。
③ 阎国忠：《古希腊罗马美学》，北京大学出版社1983年版，第25页。

体中，在家庭中，在国家中，因为这些事物都需要和谐与统一。"①

柏拉图从其理想国的社会理想出发，审思概括文艺的功能特性，提出"诗不但要是快乐的而且是有用的"。柏拉图深入阐述了绘画、诗歌、音乐等艺术形式在德行培养和情感陶冶上的巨大作用，"图画和一切类似艺术都表现这些好品质，纺织，刺绣，建筑以及一切器具的制作，乃至于动植物的形体也都是如此。这一切都各有美与不美的分别"。② 柏拉图认为，好的音乐可以直接作用于人们的心灵，文艺发挥的作用，是一种潜移默化的感染力。"节奏与乐调有最强烈的力量浸入心灵的最深处，如果教育的方式适合，它们就会拿美来浸润心灵，使它也就因而美化。"③要使青少年"天天耳濡目染于优美的作品，像从一种清幽境界呼吸一阵清风，来呼吸它们的好影响，使他们不知不觉地从小就培养起对于美的爱好，并且培养起融美于心灵的习惯"④。文艺陶冶情操，提升人们的精神境界，相比于直接的真理知识的灌注，更加有效。因此，他要求把"只会模仿，不能带给人们真理"的模仿性的诗人驱逐出理想国、建立严格的诗歌、音乐审查制度，从而为培养德善提供好的环境。

亚里士多德在吸收、借鉴柏拉图的文艺理论的基础上，就古希腊的悲剧、史诗和音乐对文艺的社会性和审美性的关系，文艺与现实、道德的内在关系，文艺的内在规律等进行了分析研究。亚里士多德肯定了文艺对人的品德修成、情感陶冶所起到的影响和作用，尤以悲剧"净化论"影响最为深远。亚里士多德认为，"悲剧是对某种严肃、完美和宏大行为的摹仿，它借助于富有增华功能的各种语言形式，并把这些语言形式分别用于剧中的每个部分，它是以行动而不是以叙述的方式摹仿对象，通过引发痛苦和恐惧，以达到让这类情感得以净化的目的。"⑤ 悲剧能使得

---

① 范明生：《西方美学通史》第1卷，上海文艺出版社1999年版，第116页。

② ［古希腊］柏拉图：《柏拉图文艺对话集》，朱光潜译，安徽教育出版社2007年版，第72页。

③ ［古希腊］柏拉图：《柏拉图文艺对话集》，朱光潜译，安徽教育出版社2007年版，第73页。

④ ［古希腊］柏拉图：《柏拉图文艺对话集》，朱光潜译，安徽教育出版社2007年版，第73页。

⑤ 苗力田主编：《亚里士多德全集》第9卷，中国人民大学出版社1994年版，第649页。

人的情感或得到舒缓或得到激发，达到一种既不过于强烈也不过分冷淡的"适度"状态，而这种"适度"，就是最高的善和最大的美。亚里士多德指出史诗也同样具有教益启迪作用。"史诗的情节也应像悲剧的情节那样，按照戏剧的原则安排……给我们一种它特别能给的快感。"[1] 亚里士多德尤其重视音乐的道德教育作用，"音乐应该学习，并不只是为着一个目的，而是同时为着几个目的，那就是（1）教育，（2）净化，（3）精神享受，也就是紧张劳动后的安静和休息"[2]。音乐总能给人巨大的快感，然而音乐的目的却不是给人以暂时的、偶然的心畅神怡的愉悦感，而是引导人们逐步接近终极的善或幸福，荡涤人的灵魂使它发生变化，其重要性几乎超越了其他一切教育形式。

贺拉斯在前人的文艺伦理思想基础上进一步概括，提出著名的"寓教于乐"说。"寓教于乐"就是将娱乐功能和教育功能统一起来，通过"乐"来实现"教"，在感性愉悦的基础上达到教育启迪效果。[3] "一首诗仅仅具有美是不够的，还必须有魅力，必须能够按作者愿望左右读者的心灵。""诗人的愿望应该是给人益处和乐趣，他写的东西应该给人以快感，同时对生活有帮助。……寓教于乐，既劝谕读者，又使他喜爱，才能符合众望。"[4] 贺拉斯的"寓教于乐"，也就是将文艺的娱乐功能和教育功能统一起来，通过感性愉悦的方式达到最好的教育效果。

18世纪的启蒙思想家将文艺看作向人民宣传进步思想的最有效的手段。莱辛认为，戏剧是诗的最高形式，戏剧最能充分地反映现实，"悲剧是一首引起怜悯的诗"[5]。悲剧通过展现现实生活中的矛盾冲突来描写生活，从而产生巨大的教育作用，因此，"剧院应该是道德世界的大课堂"。[6] 狄德罗主张文艺要为道德服务，提倡戏剧创作者要以严肃的态度

---

① ［古希腊］亚里士多德：《诗学》，陈中梅译，商务印书馆1996年版，第82页。

② 朱光潜：《西方美学史》，人民文学出版社2003年版，第86页。

③ ［古希腊］亚里士多德、［古罗马］贺拉斯：《诗学　诗艺》，罗念生、杨周翰译，人民文学出版社1962年版，第142页。

④ ［古希腊］亚里士多德、［古罗马］贺拉斯：《诗学　诗艺》，罗念生、杨周翰译，人民文学出版社1962年版，第155页。

⑤ ［德］莱辛：《汉堡剧评》，张黎译，上海译文出版社1998年版，第393页。

⑥ ［德］莱辛：《汉堡剧评》，张黎译，上海译文出版社1998年版，第10页。

反映社会生活主题，深刻揭示社会现实生活中的矛盾，达到移风易俗、改造社会的目的。"假使政府在准备修改某项法律或者取缔某项习俗的时候善于利用戏剧，那将是多么有效的移风易俗的手段啊！"① 艺术不仅反映社会，也是改造社会的重要力量。巴尔扎克高度肯定讽刺文艺的社会效用，他不失幽默地说："从壁画和雕刻直到讽刺漫画，难道人们能忘记艺术所蕴藏的巨大威力？谁能不记得一八一五年出现的那幅讽刺漫画呢？画中缩在躺椅上的团队高声喊道：'我们只等轿夫来把我们抬着前进！'这幅讽刺漫画曾经轰动一时，起过巨大的影响。一个专制政权身染病患时，便能一触即倒。"②

西方学者也对文艺的性质、功能等问题进行了具体分析，其中不乏一些真知灼见。阿多诺强调艺术自身的特性与社会性之间既一致又背反的辩证关系，指出："艺术的双重本质——其自律性与其社会现实性——反复不断地处于既相互依赖又彼此冲突的状态。"③ 他进一步深入分析，"艺术的社会性主要因为它站在社会的对立面。但是，这种具有对立性的艺术只有在它成为自律性的东西时才会出现。通过凝结成一个自为的实体，而不是服从现存的社会规范并由此显示其'社会效用'，艺术凭藉其存在本身对社会展开批判"。④ 马尔库塞也曾指出："艺术的基本品质，即对既成现实的控诉，对美的解放形象的乞灵，正是基于这样　些方面，艺术在这里超越了它的社会限定，摆脱了既定的言行领域，同时又保持其势不可挡的存在风貌。"⑤ 他同时强调艺术的批判功能和社会作用是通过审美化的方式来实现的，这就把艺术与其他社会意识区分开来。"艺术的批判功能，它对解放斗争的贡献，寓于美学形式之中。一件艺术品真实与否，不看它的内容，也不看它的'纯'形式，而要看内容是否已经

---

① 伍蠡甫主编：《西方文论选》上卷，人民文学出版社上海分社 1964 年版，第 369 页。

② 古典文艺理论译丛编辑委员会：《古典文艺理论译丛》第 10 册，人民文学出版社 1965 年版，第 95 页。

③ ［德］阿多诺：《美学理论》，王柯平译，四川人民出版社 1998 年版，第 392 页。

④ ［德］阿多诺：《美学理论》，王柯平译，四川人民出版社 1998 年版，第 386 页。

⑤ ［美］赫·马尔库塞等：《现代美学析疑》，绿原译，文化艺术出版社 1987 年版，第 7 页。

变成了形式。"① 在马尔库塞看来，艺术虽不能直接用来改变世界，却可以通过想象的变形来建构与现实对抗的力量，有助于改变经验主体的感性结构，实现人的思想革命，进而造就新社会。

美国品格教育代表人物托马斯·里克纳认为，故事具有重要的教育价值和社会功用，通过甄选、讲述故事可以实现对儿童的品格塑造。"讲故事是发展儿童品格的自然方式，因为故事使用吸引而非强迫的力量来教育人，每个人都会经历过好故事及其强烈情感的感受。"② 一切故事都以一定的生活形式相联结的生命历程为背景，听众通过自居、移情和心理投射等想象的方式"置身"其中，从而听众获得一种体验，感受不同角色的态度、观念、价值，而故事的意义就此得到说明。麦金太尔认为，故事在儿童品德教育中占据着重要的地位，"正是通过听许多重要的故事……儿童才领会或没有领会到一个孩子是什么，一个父亲或母亲是什么……说故事在教育我们成为有德性的人的过程中，起了一个关键的作用"③。基尔帕特里克进一步指出，故事是发展儿童良好品格的重要方法，在传播道德和智慧的过程中尤为重要，因此要特别注意故事的情感价值和示范作用。关于故事所起到的作用，他做了具体的梳理归纳："故事能够创造对善的情感依赖，激发学生成善的渴望；故事能提供大量的良好示范，这种示范在儿童的日常行为环境中经常缺乏；故事能够使学生熟悉他们需要知道的行为规范；故事能够帮助学生认识他们的生活。"④ 故事伴随着一种情感的互动和交流，好的故事总能唤起人强烈的情感体验，"孩子们在家庭中阅读和聆听适宜的故事，能够对好的、有价值的行为产生一种自然的情感依附，在幼儿心灵和想像中植入一种对美德的珍视和

---

① ［美］赫·马尔库塞等：《现代美学析疑》，绿原译，文化艺术出版社1987年版，第259页。

② 参见孙晓轲《儿童德性论》，山东人民出版社2011年版，第151页。

③ ［美］A. 麦金太尔：《德性之后》，龚群等译，中国社会科学出版社1995年版，第272—273页。

④ 参见郑富兴《美国中小学品格教育实践中的故事法探析》，《外国教育研究》2002年第11期。

想象，帮助人们防止道德教育的盲目性"①。

第三节 形象德育的实践依据

形象德育不仅有着丰富的理论依据，而且具有客观的实践依据。形象德育早已有之，古今中外，在人类教育实践中，积累了许多形象教育以及形象德育的实践经验。但总体分析，现有的形象德育实践在对规律的探索上还不够，呈现零散化、片面化、碎片化的特征，远未达到自觉性和科学化的程度。截取人类社会发展的几个重要阶段和形态，因循时间线索与空间线索相结合的方式，深入挖掘、分析和梳理人类社会，包括中国古代社会、西方社会、中国共产党形象德育的历史和经验，拾英撷萃，取其精华，以便更好地指导和改进形象德育。

一 中国古代社会的形象德育实践

图腾崇拜是人类历史上较早的一种文化现象，可以看作人类早期形象德育活动的象征。"在原始人的思维的集体表象中，客体、存在物、现象能够以我们不可思议的方式同时是它们自身，又是其他什么东西。它们也以差不多同样不可思议的方式发出和接受那些在它们之外被感觉的、继续留在它们里面的神秘力量、能力、性质、作用。"② 借助这种原始思维的形态，我们可以理解图腾对于原始先民的特殊含义。原始先民们最初为了摆脱和克服外界的各种威胁和内心的怖栗，寻求精神上的安慰和寄托，就产生了图腾崇拜的现象。"咸鸟生乘厘，乘厘生后照，后照始为巴人。"《山海经》记录的巴国，就是鸟图腾的国度，巴人崇拜太阳鸟，"对于原始意识来说，是力求个体、祖先和图腾合而为一的"。图腾作为一种人类为其自身创造出来的独特的形象，承载着原始氏族一定的价值和信仰。原始先民将图腾看作氏族的保护神，当作先人的转世，自己的

---

① 参见郑富兴《美国中小学品格教育实践中的故事法探析》，《外国教育研究》2002 年第 11 期。

② ［法］列维－布留尔：《原始思维》，丁由译，商务印书馆 1981 年版，第 69—70 页。

亲人或氏族的标志，长辈和老人会从小教育下一代对本氏族图腾的崇拜和信仰，人们通过认识、认同图腾，了解氏族文化，强化图腾观念，培养对本氏族的忠诚、情感和热爱。图腾成为原始氏族最重要的黏合剂和稳定剂，很好地维护了氏族的团结和安定。

原始社会要求群体成员所具备的热爱氏族、团结互助、勇敢坚毅的道德品质在一些民族神话中亦有反映。在茹毛饮血、而衣皮苇、构木为巢的原始社会，生产力水平极其低下，人们为了认识自然、改造自然、支配自然，便根据对自身形象、生产劳动和自然力的理解，动用神奇的幻想和想象，把自然力形象化、人格化、具体化，想象出理想化的神的形象。"古人创造神话传说，宗旨原在人类地位之提升。不愿下侪于禽兽，往往自为族类附庸于天上神种，必须自命不凡，方能裁制万物。"[1]这种神的形象，表现了原始先民人性的觉醒、精神的跃进、地位的提升，显示出原始先民高度的智慧。古代神话反映了原始人对掌握生活和未来的愿望和期待。依据自己与自然的斗争，以及社会生活生产实践，原始人想象和创造了许多关于神的故事，透过不同民族的早期神话，我们约莫可以捕捉到当时的生产水平、道德心理、斗争实践和行为模式。原始先民通过编造神话将人与动物标清界限，与天神拉近距离，长辈和老人也运用神话故事及神话幻想创造神话英雄人物教育青少年，例如女娲补天、后羿射日等，培养他们勇敢坚毅、艰苦奋斗、不畏艰险的品格。原始歌舞是原始人本质力量的对象化。"昔葛天氏之乐，三人操牛尾，投足以歌八阕。"[2] 人们通过歌舞来反映劳动生活、再现战争场面、表达图腾敬畏、歌颂氏族领袖、开展宗教活动，是节日、仪式、礼仪、庆典中的重要内容。原始歌舞将人们的祈福祝愿和欲望快感的宣泄结合在一起，通过拟态、象征的动作再现生活、劳动场景，传递一定的伦理、道德观。原始舞蹈多是群体性的，我们可以想象，原始氏族居民围着篝火、分吃食物、载歌载舞的情景，原始社会舞蹈的过程，就是很好的教育过程，

---

[1]　王尔敏：《先民的智慧：中国古代天人合一的经验》，广西师范大学出版社 2008 年版，第 2 页。

[2]　（战国）吕不韦等编著：《吕氏春秋》，夏华等编译，万卷出版有限责任公司 2017 年版，第 52 页。

参与者联合在一起，激发群体情感，增强氏族集体意识和平等观念。

到了阶级社会，统治阶级往往通过各种形象化方式向人们传递着一定社会所需的价值观念、社会规范和日常伦理。无论是长辈所述的神话故事，还是儒家经典中的名人逸事，抑或是肃穆的宗教仪式，都是潜移默化地向受众输送着一种情感、一种价值、一种态度，对古人的思想和行为产生作用和影响。中国封建社会，受教育权是少数人的权利，普通民众被排斥在正规教育之外，如何"化民成俗"，推动儒学经典著作的"大众化""通俗化"，就成为历代统治阶级关注的重要问题。封建统治者结合百姓的实践生活，以通俗的语言，编制了大量的训诲劝诫的蒙学读物、家训读物、女子读物、圣谕、善书、格言、黄历等日常读物，与儒家传统经典相比，这些日常读物极少抽象地讲儒家道德思想的理论主张，把儒家伦理道德落实到实际生活中，言简意赅、通俗易懂、形象生动、朗朗上口、易于诵读，在民间、家庭中更加流行，对百姓的生活产生的实际影响更为深远。

儿童的思想可塑性最大，"化民成俗"，基础蒙学十分重要，抓住儿童关键的学习时机加强道德教育，成为历代思想家的共识。朱熹在《小学》中引述杨亿的话："童稚之学，不止记诵。养其良知、良能，当以先人之言为主。日记故事，不拘今古，必先以孝弟忠信、礼义廉耻等事。如黄香扇枕，陆绩怀桔，叔敖阴德，子路负米之类，只如俗说，便晓此道理，久久成熟，德性若自然矣。"传统蒙学旨在教导儿童，启迪童稚，祛除荒昧。经典读物如《三字经》《千字文》《弟子规》《百家姓》《童子礼》《小学韵语》《小儿语》《二十四孝》《日记故事》《童蒙训》《幼训》《幼学琼林》《唐诗三百首》等，注重培养儿童通晓生活常识和自然知识，而且注重"明人伦"，承载传播儒家伦理。蒙学读物重视对儿童个体日常生活行为习惯的培养，如《千字文》中对儿童的站念坐姿、起居饮食、在家出外、待人处事等方面有具体的规范和要求。不仅如此，传统蒙学强调封建伦理，尤其是理学伦理观念及规范的培养，如清代蒙学读物《弟子规》对孝悌之义有着极为详尽的条目，"父母呼，应勿缓；父母命，行勿懒；父母教，须敬听；父母责，须顺承"①。《三字经》列举黄香温席、孔融让梨、囊萤映雪的历史故事，告诫人们要孝敬父母、敬爱兄长；例举"披蒲编""削竹简""头悬梁""锥刺股"等历史故事，鼓励儿童刻苦学习、克服困难。《百家姓》教会人们认清血缘世系，遵从祖先孝道。《日记故事》搜集古代圣贤、可师效仿之事，供儿童记诵。这些蒙学读物，对儿童进行精神启蒙和美德教育，传播儒家伦理，起到维护和巩固封建社会秩序的作用。

脱胎于封建社会的女教读本，打上了特定的时代烙印，充斥着三从四德、三纲五常的道德行为守则，对封建社会女子的影响甚远。古代中国，学校教育远未发达，教化子女的任务就自然地落在了家庭这一社会基本单位上。古人教育子女往往与官方的正统教化休戚相关，《寒松堂集奏疏》中就直接写道："一家之教化，即朝廷之教化。"人们往往通过家书、家规、家训等训诫勉励儿孙，内容涉及处事做人、社会公德、家庭伦理、人生追求等日常生活，注重培养孝悌忠诚、友爱兄长、勤俭持家、勤奋好学的品质，体现了封建社会统治阶级的要求，汇聚了家族智者的经验智慧。封建家训比较著名的有刘备的《遗诏敕后主》、李世民的《帝范》、杜甫的《又示宗武》，姚舜牧的《药言》，吴麟征的《家诫要言》等，可谓是从帝王之家、名臣官僚、名儒大家到凡庶百姓，范围非常广泛，形式通俗易懂、生动形象，由于亲情感化，发自肺腑，往往更加感动人心，为维护家庭和谐、传承优良美德起到了不可估量的作用。尽管封建社会女子被排除在正规学校教育之外，但历代统治者无不重视女子教育，认为女教关乎政治教化、社会风俗、家庭伦理，兹事体大。班昭做《女诫》曰："治天下，首正人伦；正人伦，首正夫妇；正夫妇，首重女德。"明代章圣皇太后《女训》曰："为女妇者，诚触于古今之训，家习户诵，则风俗自然淳朴，彝伦自然敦厚，齐家范俗。"为了提高女教的效果，到了封建社会后期，一些课本和书籍甚至会辅之图像、绘画。黄尚文等编纂的《女范编》一书，搜集、精选了汉代至宋代以来的120个封建女教典范形象，专门请来画师依据她们的事迹绘画，配合文字，具

---

① （清）李毓秀：《弟子规》，甘肃少年儿童出版社2018年版，第1页。

有很强的说服感染力。

通俗文学也是人们习得社会规范、了解封建伦理的重要途径，统治者十分注重向基层民众传播社会意识形态，民间通俗文学把社会伦理观念传播到平民阶层之中，在推动封建主流意识形态向下层流动的过程中，显示出巨大的社会教化作用。根植于民间的戏剧，其传播面广、信息量大，传播历史知识、疏通社会心理、塑造民众思想观念。而统治者真正体认到它的社会价值之后，便将之雅化，作为主流意识形态传播的重要形式。明初，高明的《琵琶记》一出，便被朱元璋钦定与"四书""五经"享有同样的地位："五经、四书，布、帛、菽、粟也，家家皆有；高明《琵琶记》，如山珍、海错，富贵家不可无。"① 中国古代戏剧多取自历史事件、家庭生活、宗教故事，唱词也多引经据典，帝王将相、勇将侠客、节妇烈女，均表演于戏剧之中。正是有了戏剧的存在，黎民百姓虽不通晓儒家学说，但仍然懂得谁是明君贤臣，暴君小人，仍然能从戏剧中懂得行孝节义、礼义廉耻、忠贤仁厚等传统伦理。是非曲直，正义邪恶，通过戏剧中的矛盾冲突和生动表演，最能激起民众强烈的情感。正如唐代段安杰所言，戏剧"上可以吁天降神，下可以移风变俗"②。戏剧为疏通社会心理，疏导负面能量、排遣压抑情感，起到了化民成俗、固邦安民的重要作用。由于贴近百姓的日常生活和实际体验，适合百姓的理解水平和接受能力，戏剧深受百姓喜爱。清代王应奎曾详述了清初江南乡村演戏的盛况："观者方数十里，男女杂沓而至，男子有黎而老者，童而孺者，有扶杖者，有牵衣裾者，有衣冠甚伟者，有竖褐不完者，有踽步者，有蹀足者，有于众中挡拨挨枕以示雄者，约而计之，殆不下数千人焉。"③ 从戏剧中悟出的生活哲理，一直支配着普通民众的实际生活和道德行为，构建了普通民众道德生活的意义依据和价值准绳，生成、印证并巩固着人们朴素而完整的道德观，在传承传统文化、塑造民族精神、形塑理想人格等方面一直发挥着不可替代的功效。

---

① （明）徐渭：《南词叙录》，中国戏剧出版社 1989 年版，第 6 页。
② （唐）段安节：《乐府杂录》，商务印书馆 1936 年版，原序言第 2—3 页。
③ （清）王应奎：《柳南文钞》卷 4—卷 6，暂未找到具体页码。

中国古代封建社会的教化方式多样、形式活泼、内容丰富，实现了从男子到妇女、儿童，从王公贵族到寻常百姓，从日常伦理到儒学思想，从家庭教育到社会教育，从世俗人家到宗教人士，涉及不同阶层、不同职业、不同性别、不同年龄的教化对象，可谓构建了全方位、多层次的传播平台，形成了自上而下的教化网络，在宣扬封建伦理、促进道德教化、维护封建统治方面，发挥了不可低估的作用。

二　西方主要国家形象德育的探索

文艺是时代前进的号角，最能代表时代的风貌，最能引领时代的风气。古希腊时期，人们通过神话、悲剧、寓言、音乐等文学艺术形式教育人、影响人，达到维系道德、净化社会的作用。古希腊是整个西方文明的发源地，被黑格尔誉为"精神"园地，蕴藏着丰富的形象德育的实践经验。古希腊道德教育普遍采取浸润的方式，将道德教育渗透在日常活动和丰富的形象载体之中，通过传说、故事、神话、悲剧、寓言、史诗等进行道德教育。古希腊神话以恢宏的艺术形式、生动的众神形象，鲜明的个性化特征，真实而生动地表达着道德规训和价值观念，影响和改变着人们的道德生活。马克思对希腊神话给予了高度评价，认为"希腊神话不只是希腊艺术的宝库，而且是它的土壤"[1]。这些艺术形式在"一个更高的阶梯上"，"真实地再现"了人类的儿童时代，因而具有"永久的魅力"[2]。古希腊人通过塑造不同类型的神话英雄人物来彰显正义的力量和价值，鼓励和号召人们学习和追求智慧、勇气、责任、正义等优秀品质。普罗米修斯充满正义，勇敢地为人类盗来火种的壮举广为传颂；为了祖国、为了荣誉，阿喀琉斯毅然重返战场，为人们所推崇；为了家庭，为了同伴，奥德修斯抵御各种诱惑，战胜外敌，最后阖家团圆，为人们所赞赏。"荷马史诗"描写了俄狄浦斯经历的人伦困境，"俄狄浦斯正是意识到自己犯下弑父娶母的不伦之罪，才自残双目和流放自我。女儿对他十分孝顺，安提戈涅则愿与父亲一起流放。她打着赤脚，忍着

---

[1] 《马克思恩格斯选集》第2卷，人民出版社2012年版，第711页。

[2] 《马克思恩格斯文集》第8卷，人民出版社2009年版，第36页。

饥饿，不怕日晒雨淋，牵着盲父，四处漂泊，乞讨度日"①。"荷马史诗"
探讨的是伦理道德在社会生活中的价值主题，描述了道德原则在何种时
候受到侵犯、挑衅，带来何种恶果，使得人们在了解一个个事件中明白
坚守道德原则的必要性，深刻影响着古希腊人的道德观念和伦理生活，
被奉为"希腊的圣经"。

古希腊戏剧最初只是祭祀和节日的附属品，随着雅典民主的发展，
戏剧逐渐成为希腊人民爱国主义、民主意识和道德发展的重要工具，而
剧场日益成为雅典人城市文化生活的重要场所。"悲剧如此，喜剧亦然，
前者是从酒神颂的临时口占发展出来的，后者是从下等表演的临时口占
发展出来的。"公元前5世纪，在当时统治者的政策支持和引导下，古希
腊戏剧达到了鼎盛。古希腊统治者动员奴隶主参加戏剧比赛，优胜者将
会受到人们的尊敬和赞扬，获奖名单将记载于演剧目录，保存在雅典城
邦的档案馆，获得莫大的地位和荣耀。"到了伯里克里斯时代，还发放看
剧津贴，修建大剧场。在雅典的狄俄倪索斯剧场里，全年不停地演出抒
情歌舞，而在酒神祭典时则演出悲剧和喜剧。"② 雅典城每逢宗教和祭祀
节日，国家便出资上演剧本，组织雅典公民观看戏剧。雅典的剧场成了
雅典人城市生活的重要空间。为了便于公民集体观看戏剧表演，剧场的
规模通常很大，座位多至上万。古希腊悲剧与政治紧密联系，多以神话
英雄的悲壮故事为题材，以反压迫、反专制、反侵略和颂扬英雄主义、
爱国主义为主题，成为教育、启发公民意识和爱国情感的重要载体，起
到了"陶冶、净化、宣泄人的情感"的作用。雅典悲剧诗人福利尼卡斯
创作的著名悲剧《米利都的沦陷》，取材于公元前5世纪初的伊奥利亚起
义，起义失败后，《米利都的沦陷》在雅典上演，数万名公民一起观看戏
剧，音乐、诗歌、表情、动作混合在一起，深深震撼着人们的心灵，雅
典观众们看后失声痛哭，产生了相同的使命感、责任感和归属感等情感
体验，全民共同的精神信仰和爱国情操不断被申明、强化，决心改变一

---

① ［德］古斯塔夫·施瓦布：《希腊古典神话》，曹乃云译，译林出版社 2004 年版，第
268—269 页。

② 杨岂深：《外国文学名著欣赏》第 1 辑，黑龙江人民出版社 1981 年版，第 5 页。

盘散沙的状况，团结一致抵抗波斯，起到了很好的战争动员和道德教化的效果。"不论是聆听演讲吟诵或雄辩，还是在剧场观看悲剧或喜剧，每位观众皆是社会的人、政治的人，深爱着这座城市。"① 苏联历史学家塞尔格叶夫认为，希腊戏剧推动了希腊民主，希腊民主的形式繁荣了希腊戏剧，"希腊城邦的一般文化的高度水准，在很大的程度上应该归功于组织民众、教育民众、启发民众的戏剧"②。

在古希腊，音乐被看成修身养性、安抚灵魂的良药。柏拉图认为，音乐"可以通过音符声调促使男子勇敢地面对战争和其他暴力活动，勇敢地面对负伤和死亡或任何不幸，不屈不挠地与命运抗争"③。古希腊人"期望每一座雕塑和每一幅绘画，以及每一首诗歌和每一首歌曲都应当具有道德教育的价值"④。"自公元前447年至公元前431年的16年中，雅典政府共花费5760万美元在公共建筑、雕像及绘画上"⑤。雅典神庙以及塑像是对人们进行人格教育的绝佳方式，伯利克里通过雅典城邦大兴土木、美化城市、装点神庙，以增强雅典公民的荣誉感和归属感，鼓励雅典公民为了城邦利益和发展而努力。希腊人寓教于乐、潜移默化的德育方式十分成功，"在这样具有教育意义的艺术氛围中，那些遮挡了卑微村落窘境的宏大公共建筑和神庙，以及每一座神庙中那些令人叹为观止的塑像，还有公民大会堂与体育馆等，组成了一个完美的艺术宝库。对艺术具有特别敏感和领悟力的希腊人在这样的环境中所受到的熏陶和影响便可想而知"⑥。

文艺复兴时期，批判和摧毁中世纪神权至上的社会意识形态、人文

---

① 解光云：《古典时期的雅典城市研究——作为城邦中心的雅典城市》，中国社会科学出版社2006年版，第145—146页。

② ［俄］塞尔格叶夫：《古希腊史》，缪灵珠译，高等教育出版社1955年版，第318页。

③ ［英］肯尼思·约翰·弗里曼：《希腊的学校》，朱镜人译，山东教育出版社2009年版，第197页。

④ ［英］肯尼思·约翰·弗里曼：《希腊的学校》，朱镜人译，山东教育出版社2009年版，第197页。

⑤ ［美］威尔·杜兰：《世界文明史 希腊的生活》，幼狮文化公司译，东方出版社1999年版，第427页。

⑥ ［美］威尔·杜兰：《世界文明史 希腊的生活》，幼狮文化公司译，东方出版社1999年版，第198页。

思想的传播、道德信仰的塑造、人的观念的更迭，是通过文学艺术这一途径潜移默化进行的，是形象德育实践的重要节点。文艺复兴时期的艺术作品，在风格、技巧、主题上生动传达着资产阶级的意识，开创了一个摆脱旧制度的束缚、突破蒙昧的人性压抑的新世界，起到了启迪人心、引领变革的重要作用。莎士比亚创作的《哈姆雷特》被称为"一颗最光辉的金刚钻"，真实地概括和反映了文艺复兴时期新兴资产阶级的特征。在剧中，莎士比亚借哈姆雷特之口道出了人的尊严。"人类是一件多么了不得的杰作！多么高贵的理性！多么伟大的力量！多么优美的仪表！多么文雅的举动！在行动上多么象一个天使！在智慧上多么象一个天神！宇宙的精华！万物的灵长！"① 这段振聋发聩的话肯定和尊重人的价值、尊严、利益，彰显出强烈的人文精神，打破了封建社会禁锢人性的牢笼。文艺复兴时期大量的绘画、雕刻、建筑作品同样蕴藏着表达人的伟大和尊严的人文精神。拉斐尔《西斯廷圣母》中塑造的圣母，形神兼备，气韵盎然，不再是冷冰冰的面孔，而是宁静、优雅、可亲、慈祥，有了同人间母亲一样的慈眉善目、贤良淑德的神情，成为有血有肉有情感的人，充满了人间的温情，使信徒们更加直观地感受到圣母的慈爱怜悯。文艺复兴时期教廷对建筑的造型建构有严格的规定，建筑师表面对此认同，实则不屈而争，建筑依旧是宣扬基督的天主教堂，但教堂内部空间不再是中世纪那种贬低今世的、阴冷沉郁的格调，而是欢快的、明亮的、现实的，伯鲁乃列斯基把一个圆穹顶所营造出的象征宇宙的抽象空间置于佛罗伦萨大教堂纵长高耸的十字交叉处，理性、单纯，让人不再有宗教建筑的升腾感、压抑感、神秘感，更像是一个属于人的建筑。文艺复兴时期，米开朗琪罗的《大卫》不是对真实人体的简单复制和抄袭，而是以《圣经》中的英雄为原型创作的。与中世纪贬低人体的艺术风格相比，这部作品遵从写实风格，借助大卫形象的阳刚之美来表现人物，表现了大卫即将投入战斗的片刻，大卫把自己看成一个世界的中心，以漫不经心的高傲姿态俯视敌人的头颅，追求个性的自由，表达人物甚至时代的

---

① ［英］威廉·莎士比亚：《莎士比亚十大经典戏剧》下卷，朱生豪译，中国友谊出版社2016年版，第584页。

精神状态。《大卫》一经雕刻完成，便置放于佛罗伦萨市政厅前面的广场上，佛罗伦萨的人民称大卫是"保卫祖国的市民英雄"①，成为教育人的艺术瑰宝。

现代社会，西方国家更加重视利用文化的软力量传播价值观念。美国利用电影、流行音乐、博物馆、动漫等大众文化来传播其历史文化、意识形态和价值观念，在本质上是通过让本国、他国人民感受到自己国家文化、制度、对外政策及国家形象的正义感和优越性，从而强化意识形态吸引力、影响力、感召力、协同力与整合力，而这一机制是非强制性的、潜移默化的、形象化的、柔性的。事实上，冷战后期，美国等西方国家开始对社会主义国家实行和平演变战略，用文化软力量手段达到从内部分化、西化、瓦解社会主义制度和阵营的目的。苏联解体、东欧剧变被美国等西方国家看成是其软力量发挥功能的"成功范例"，冷战后美国政府更为重视软力量战略在全球范围内的无形影响和渗透。美国前总统布什早在20世纪90年代公布的《美国复兴日程》计划中就明确强调："我们的政治和经济的联系由于美国文化对全世界的吸引力而得到补充。这是一种新的我们可以利用的软力量。"这种软力量，包括"电影、流行音乐、电视、快餐、时装、主题公园——传播、确认、强化着人们共同的规范、价值观、信仰和生活方式。硬实力发挥威慑功能，软实力起诱惑作用；硬实力发挥劝诫功能，软实力起说服作用。"② 美国大众文化在全球产生了巨大的威力和影响，它携带着美国的文化观念，满足人们的物质需求和精神享受，这一切通常隐藏在消费领域且一并发生完成，大众文化因而成为传播美国观念和生活方式的绝佳途径，美国正是凭借其大众文化商业模式运作的优势在全球范围内推行其文化霸权。电影凭借自身的生活性、娱乐性、艺术张力和强体验感，成为传递美国意识形态的重要媒介。赫伯特·席勒就曾在《大众传播与美利坚帝国》中这样分析道："美国的军事工业联合体促进了好莱坞电影工业在全球的传播及

---

① 吴泽义等：《文艺复兴时代的巨人》，人民出版社1987年版，第193页。

② ［加］马修·弗雷泽：《软实力：美国电影、流行乐、电视和快餐的全球统治》序言，刘满贵等译，新华出版社2006年版。

发展，而作为视听内容典范的好莱坞电影在对外传播美国文化和制度的工程中起到重要作用……深刻影响到现代人的自我认同、社会认同和政治认同"。① 好莱坞作为"美国霸权主义政策"的传声筒，将美国式的制度环境和价值，隐藏在具有强烈观影快感和情感冲击力量的架构之下，以虚构推行美国作为"救世主"的身份想象，在电影领域推销"美国精神"，并试图通过这种渠道达到其文化征服和文化霸权。以好莱坞电影"漫威系列"为代表，《超人》《蜘蛛侠》等英雄电影以及《哥斯拉》等系列灾难电影渲染自然浩劫、末日逃生、恐怖袭击、外敌入侵等威胁，凸显美国式英雄对"危险世界"的拯救；《阿甘正传》《当幸福来敲门》这样讲述个人奋斗的励志故事更是"美国梦"的典范。"尽管在叙事层面，好莱坞电影也对特定的人物、制度和社会问题展开批评；但在意识形态层面，几乎所有电影都在不遗余力地赞美美式生活。"② 美国政府重金投资进行基础文化设施建设，出台一系列扶持措施支持文化产业，美国各地有着各种各样的博物馆、图书馆、纪念馆、历史遗迹、名人故居，是美国向其国民进行思想政治教育的重要场地和生动教材。如首都华盛顿的林肯纪念塔、华盛顿纪念碑、罗斯福纪念馆、国会图书馆、独立纪念碑、航天航空博物馆等全部免费开放。美国大屠杀纪念博物馆于1993年开馆时，该馆项目主管就强调："我们用大屠杀的故事来传达美国的根本价值观。我们的根本价值观是什么？举例来说，就是多元主义、民主、有限政府、个人的自然权利、宗教自由等。"美国联邦政府将博物馆设置在毗邻华盛顿特区的国家广场，旨在以大屠杀事件对建构国家、国民身份，通过图片图像、大量数据、历史事实、个人叙事生动展现美国本土的极端种族歧视和种族冲突，从而宣扬美国多元文化意识形态。

美国的网络游戏产业十分发达，作为一种大众型的流行娱乐文化，网络游戏在为制作者赚取巨额经济效益的同时，强力地迎合了西方国家的软实力发展战略，已经成为实施软力量的最有影响力的方式。美国学

---

① Herbert Schiller, *Mass Communica-tion and America Empire*, New York: A. M. Kelly, 1969.

② R. de Zoysa and O. Newman, Globalization, "Soft Power and the Chal-lenge of Hollywood", *Contemporary Politics*, Vol. 3, August 2002, pp. 185 – 202.

者福山在《文化的优越》中写道:"在后意识形态时期,文化已经成为全球竞争的最后高地。在美国人看来,美国是山顶的一座灯塔,美国要用自己的文化战胜让其恐惧的异类。网络游戏文化就是美国战胜异类的暗器。"美国不遗余力地利用网络游戏这种软力量输出其价值观,诋毁、削弱社会主义意识形态。网络游戏看起来似乎是以消遣娱乐为目的,追求感官享受和休闲快乐,但事实上,网络游戏中所呈现、包蕴和渗透的背景国的历史、人文和符号,携带着一定的思想观念和价值取向,成为强大国家强势渗透国家意识形态的利器。就网络游戏的内容而言,游戏画面、音乐作为显性内容直接作用于青少年玩家的感官,调动玩家全身心参与其中,当玩家主动参与、接纳游戏内容时,游戏中隐蔽的内在文化要素就会以"润物无声"的方式影响着玩家的心理和道德,引导玩家认同有利于游戏背景国的国家利益的认识或"偏好"。网络游戏文化"往往包含个人主义、消费者选择和其他具有重要政治效应的价值的潜意识形象和信息"①。网络游戏比起其他传媒,体现更加明显的二元对立和价值倾向,如它常常把复杂的形式简单二分为"好"和"坏"、"善"与"恶",而受众参与游戏的前提是,必须遵守游戏规则而绝不能修改游戏规则,因此必须以一种设计者规定着的固定的模式接受设计者传递的一切信息,游戏玩家将成为背景国文化和产品的追捧者和消费者,在不知不觉中接受了游戏背景国所进行的文化渗透和消费取向渗透。美国的射击类电脑游戏往往将反派角色国籍设定为俄罗斯或中国、中东地区,潜移默化地进行反社会主义宣传。网游"红色警戒"是美国著名的游戏生产制造公司 WESTWOOD 公司早期制作的一款即时战略游戏。"红色警戒"中,苏联成为假想敌,反苏气息浓厚,围绕以美国为首的蓝色联盟与红色苏联之间的斗争展开。在游戏中,红色作为社会主义的象征,游戏中对红色政权大肆丑化、歪曲、贬低,暗示游戏参与者社会主义国家是如何的冷酷残暴。"魔兽世界"以西方社会为模板的虚拟空间,他们推崇个人主义和英雄主义,热衷西方的民主、自由、平等价值观,虚拟形

---

① ［美］约瑟夫·奈:《力量——世界政坛成功之道》,吴晓辉、钱程译,东方出版社 2005年版,第 49 页。

象英雄玛法里奥、暗夜精灵泰兰德、在正义和邪恶间游走的伊利丹，在形象上炫酷、虚幻、夸张，以英雄玛法里奥为例，玛法里奥体格健硕、形象魔幻，他为了拯救整个国家和人民，为了民族利益反抗统治权威，为了大义舍弃亲情，展现了人类理想和操守，着实为不少英雄情结的人们所推崇，是西方英雄主义、个人主义的代表。美国动画片中的形象大多出身卑微、不尽完美，有着社会中普通人物的缺点和特质，却都能凭借自身的努力和毅力，历经磨难最终实现自己的梦想，成为"草根英雄"，不遗余力地传播着个人英雄主义的价值观。

英国有着深厚的宗教传统，其道德教育发轫于宗教教育，20 世纪 60 年代，随着工业化、现代化的迅猛发展，宗教教育的价值越来越受到诘难和质疑，风起云涌的青年运动强调"让道德教育来解决道德问题"的呼声越来越高，统治者日益感到"世俗的"道德教育的重要性，便在宗教教育中注入了更丰富的时代要素，融入世俗教育的内容。在英国，宗教课程是学校课程的重要组成部分，英国颁布的《1988 年教育改革法》，对传统的宗教教育做出大刀阔斧的改革，使得英国宗教教育日趋世俗化与开放化，宗教教育的课堂讲授不再以灌输宗教教义和抽象思辨为重心，而是着眼于实际问题的价值探讨，涉及宗教对艺术、建筑、文学、音乐、现代社会的影响，通过宗教故事、宗教仪式、宗教人物等形象的方式，探讨人生的意义与价值，向学生渗透善恶、自由、平等、利他、奉献、敬业等传统价值观，教会人们处理人与人、人与自然、人与集体的关系，帮助学生理解文明社会宗教、文化、种族的多样性，成为公民品德和良知培养的重要课程。尽管宗教思想在英国文化中的地位不复从前，宗教教育仍然是道德教育的重要组成部分，对增强道德的约束力，实现道德教育目标的作用不容小觑。

英国学校设有专门的德育课程，直接向学生讲授道德品质和行为规范，根据学生的身心发展特征来设置与之相适应的课程内容，通过形式多样，内容丰富、务实具体的德育教材，注重培育学生观察、分析道德问题以及体谅他人、服务他人的道德观念。英国中小学校德育的教材主要是《生命线》与《起始线》，将理论与游戏、生活融为一体，形象生动、亲切自然。《生命线》与《起始线》以问题的形式来进行，旨在培养学生深入讨论、判断、思考社会现象，学会面对和处理错综复杂的社会生活，比如吸烟、婚姻、家庭等，学会关心和发展成熟的生活方式，成为健康幸福、具有社会责任感的人。比如《生命线》第三部分标题提出"你会怎样做?"这一问题，包含《生日——1904 年南非》《单独的监禁——1917 年英国林肯郡》《追捕——1944 年阿姆斯特丹》《街景——1965年洛杉矶》《悲剧故事——1966 年南越》《盖尔住院——1969 年伦敦》六个小册子。"你会怎么做"把生活中的事件加以挑选、整理、组合，从全球文化的背景下向学生提供不同社会的政治、经济、文化状况，以生动的故事、情境、事件引导学生思考道德命题，生动形象，细致入微。

《起始线》为小学德育教材，内含对于道德准则和行为规范的解释，真实再现社会生活各个领域的活动情境，依据儿童个体经验描述来编写，通过师生探索的方式，鼓励培养学生道德思维能力发展。如"选择"丛书中描述了这样的场景："去年初夏的一天，我和几位女同学放学后在房后草地上玩耍，几位男同学来后我们就一起踢足球，捉迷藏，刚刚坐下来休息，一个同学看到有个东西在草地上移动，一只小鸟飞跑了。我们跑上前去发现了一只鸟巢，里面还有四枚鸟蛋。正当我们很有兴趣地看这只鸟巢时，外面来了个年龄大些的男孩，奇怪地问我们看什么? 我们如实告诉他后就都走开了。谁知道他突然举起脚踏在鸟巢上，我们气得没办法，只有愤怒地骂他的名字。"[①] 这个场景故事来自学生的亲身经历，生动形象，十分有趣，很容易调动学生的主动性和积极性，产生思想和情感上的共鸣。

《品德教育卡》是小学使用的教材，总共有六套卡片，每套卡片反映一个故事主题，也可以灵活组成多个故事。老师将卡片发给学生，学生必须按照卡片上的指令扮演规定的角色，而每个故事都涉及不同的道德两难问题和情境，如朋友犯了罪应该保护还是举报等，学生要陈述故事、讨论、思考道德两难问题，并将讨论推演至社会生活，发展学生的道德推理能力。《民主中的价值》是提供给中学生的有声幻灯片，主要讨论民主中可能会出现的价值冲突场景和问题，让学生在欣赏后思考并讨论，

---

① 戚万学、杜时忠：《现代德育论》，山东教育出版社 1997 年版，第 140 页。

目的在于帮助学生深刻理解民主的内涵和意义，引导学生认可、奉行作为好公民应追求的价值观。

英国学校既注重通过开设与德育内容直接相关的宗教教育课、道德教育课，以寓教于乐的方式，有针对性地，由表及里、循序渐进地进行有关道德行为准则和社会价值观的教育，又强调将德育内容有机渗透到文学、历史、传媒、地理、艺术等课程，从不同的领域对学生进行价值传递和国家意志的渗透。以历史课为例，主要讲授英国的政治、文化和传统，学生通过接触大量的原始史料、参观历史遗迹、扮演历史人物等方式，从历史的视角分析、衡量、把握现实，认识和了解英国的历史、国情和文化，提升民族意识、国家认同和道德认知。英国重视学生道德实践、道德体验，在实际生活中发展道德认知能力。英国青少年理事会经常组织会员做义工参与文化活动、慈善活动、公益环保和志愿活动，鼓励青少年参与社会服务，理解公民的基本权利和义务，养成对自我、他人和社会的责任。英国学校通过博物馆、纪念馆、历史遗迹、公园等营造环境，对学生进行爱国主义、集体主义、素质教育，使青少年从日常、游戏和生活中去领悟、熏陶和提高。英国的海德公园，它的东北角拱门边辟出一块"讲演者之角"，人们可在这里表达政见、宣传教义、发表演讲，成为人文气息浓郁、象征英国言论自由的标志物。

日本素有"动漫王国"之称，动漫在日本被作为战略支撑产业，政府在政策、资金等方面加以扶持和发展，日本的动漫具有鲜明的民族特色和价值观，"漫画是日本人生存状态、思想观念的真实反映，漫画的内容、立场也直接影响了日本人对历史和世界的认知程度"。[①] 第二次世界大战后的日本，面对历史事实，转而通过一种潜在的、柔性的方式来传播价值观，原本作为边缘文化的动漫产品就逐渐成为利器。1985 年，日本政府明确提出要将日本从经济大国转为文化大国，动漫便成为日本人历史观、价值观和审美观的符号，帮助日本树立第二次世界大战后的新形象。2002 年，时任日本首相小泉发表《知识产权立国宣言》（以下简称《宣言》），《宣言》指出，要"进一步振兴以电影、动漫、游戏为主

---

① 马骅等：《丑陋的日本人》，山东画报出版社 2006 年版，第 52 页。

的内容产业，建设具有丰富文化和艺术的国家"。随后，一系列支持动漫知识产业发展的政策密集出台。"2000 年，日本文部省将漫画称为继茶道、歌舞伎、相扑之后的第四个日本'国宝'。"① 2006 年 4 月 28 日，日本外相麻生太郎在《文化外交的新构想》演讲中大力倡导"动漫外交"，麻生太郎丝毫不掩饰他利用动漫的政治抱负。"日本以拥有具有高度吸引力的最新形式的文化而自豪，这就是日本的大众文化，包括动漫、音乐及时尚等，外交部将全力以赴推广它。"他还说："打造一个国家的声誉，就像企业打造名牌一样，而打造国家的名牌，不能仅靠外交官，必须借助日本文化的力量，利用流行文化对其他国家的国民发生影响。"② "如果让人听到'日本'一词，马上冒出的印象是明快、温暖、漂亮、酷等漫画形象，长远来看，日本的意见容易行得通，日本外交能够顺利展开，并一步步接近目标。"③ 日本政府从制度上保证、引导和规范动漫产业，为了打造所谓的民族品牌和扩大声誉，日本政府甚至不惜"出让"部分经济利益，日本动漫通过喜闻乐见的方式将民族文化解构成寿司、和服、樱花、武士等生动的文化标识，不着痕迹地完成了民族文化的传播。日本动漫反映着日本的民族历史、民族精神和道德秩序，动漫成为日本人生活不可缺少的部分。日本政府利用动漫来形塑青少年价值观，对人们产生潜移默化的影响。"就连消防局大门上的防火海报，也是一幅卡通画，甚至连大量的教学材料、某个新法令的阐释，也常常用易于理解的动漫来完成。"④ 日本人有尚武传统，武士道精神包含的勇敢、正义、忠诚等价值观，熔铸在日本人的血液中，成为他们思想和行为的一部分，武士道精神在日本动漫中也被反复提及。《七龙珠》《奥特曼》《火影忍者》《灌篮高手》《海贼王》等，塑造了一系列英勇善战、奋力拼搏、永不言败的英雄形象，正是武士道精神的具体表现。在日本，对天皇的效忠，是一种调节个体和天皇之间的特殊的人伦规范，其目的就是维系天

---

① 姜滨：《日本动漫文化的流变与发展》，《当代传播》2011 年第 4 期。

② 刘明：《当代中国国家形象定位与传播》，外文出版社 2007 年版，第 8—9 页。

③ 刘明：《当代中国国家形象定位与传播》，外文出版社 2007 年版，第 9 页。

④ 左左、孟孟：《留学日记本 记录左左、孟孟眼中的日本》，西安交通大学出版社 2010 年版，第 141 页。

皇制度和等级秩序。日本动漫鼓励人们效忠君王，《圣斗士星矢》讲述了圣斗士们为了保护圣域女神雅典娜，先后参加圣战，以血肉之躯与邪恶神明展开殊死搏斗，最终使得圣域重新归属雅典娜的故事，将誓死效忠的天皇崇拜表现得淋漓尽致。日本被称为动漫的国度，与商业化的迪士尼动漫形象相比，日本动画深谙此道，通过动漫形象实现价值传递。

三　中国共产党形象德育的有益探索

中国共产党成立以后，在传播马克思主义过程中，注重推动马克思主义的生活化、形象化、大众化，以提高广大人民群众的思想觉悟和理论水准。为了向工农群众普及和传播马克思主义，启发阶级觉悟，中国共产党建党初期就出版了大批的通俗刊物。陈独秀在 1920 年创刊的《劳动界》是中国共产党在上海发起创办的第一份通俗工人刊物。"劳动是什么？就是做工。劳动者是什么？就是做工的人。劳动力是什么？就是人工。我们吃的粮食，住的房屋，穿的衣裳，全都是人工做出来的。所以说'劳工神圣'。"《劳动界》深入浅出，通俗易懂，关心的都是工人的事，讲的都是群众的心声，重视与工人的互动，反映工人的诉求，很受工人欢迎。《劳动界》的创刊人悉心学习工人的语言和思想，甚至在发表这些文章前读给工人听，工人都听得懂了才会发表，确保无论在内容还是形式上，都符合工人群众的实际状况和理解水平，充满说服力和感召力，因此被称为"工人的喉舌""工人的明星"，是形象化的思想动员的典范。这种贴近实际、贴近生活、贴近群众的传播理念和方式对后期的党报产生了非常大的影响。

大革命时期，为了向农民群众宣传马克思主义，鼓动农民参与革命，共产党人积极投身农民运动，深入农村，深入农民，创办农民夜校、农民运动讲习所等进行理论宣讲。在北伐战争期间，中国共产党更是领导全国各地农村成立了大批的农民协会，集中向农民宣传革命理论、国内形势，在农民协会的组织下出版了集知识性和趣味性于一体的农民读物，很大地启发了农民觉悟。当时，我党在农村实际工作中要求，"一切鼓动和宣传，当以农民实际生活痛苦为出发点，切忌广泛的宣传及机械式讲义式的训话"。① 共产党人到农村宣传马克思主义时，会结合农民的实际生活，把革命道理编成话剧、歌曲、电影等多种形式吸引群众，许多共产党人到乡村中去，"挽着农民的手，问他们痛苦些什么，问他们要些什么。从他们的痛苦与需要中，引导他们组织起来，引导他们向土豪劣绅争斗，引导他们与城市的工人、学生、中小商人合作建立起联合战线，引导他们参与反帝国主义反军阀的国民革命运动"②。共产党人以实际行动和生动活泼的教育形式，对穷乡僻壤的农民兄弟们进行宣传教育工作，为农民革命积蓄了战略力量。

长征时期，在物质匮乏、环境恶劣的情况下，中国共产党利用一切可以利用的资源动员、组织、团结红军士兵，他们通过标语、歌曲、演讲、布告等形式宣传革命思想，扩大影响力。《红星报》是红军总政治部的机关报，它把宣传党的政策主张、传播战争实况、宣扬红军将士战斗精神作为首要任务，对长征胜利发挥了重要作用，被誉为长征途中的"红色号角"。《红星报》实时进行了长征路上的突破乌江天险、抢渡大渡河、主力军会师、军民关系等主题的报道，宣传先进典型，极大地提振了红军的斗志和士气。《红星报》开设有文艺副刊《俱乐部》，有"客家山歌""红军歌曲""猜谜语"等栏目，配以插图和漫画，以贴近生活的形式、生动活泼的风格，使得红军的思想观念得到了有效的教育和改造。长征途中的标语，既是红军传播革命真理的重要渠道，传达红军主张的重要载体，鼓舞军心、激励斗志的革命号角，又是瓦解敌军、战胜敌军的重要武器。标语简洁明快、言简意赅、冲击力强，群众从标语中认识了中国共产党、熟悉了红军，红军走到哪里，标语就写到哪里，革命的火种撒遍了整个长征路。长征途中广大红军战士都参与了写标语的活动，陈云曾指出，红军战士"有时还请木工刨平一些小木板，在上面写上红军的主张、捷报等。或砍些竹子划成竹片，在上面写上标语口号，然后把这些木板、竹片一背一背地运到河边，倒在河里，让水把它冲到国民党

① 中共中央党校党史教研室选编：《中共党史参考资料》（二），人民出版社 1979 年版，第 319—326 页。

② 《毛泽东文集》第 1 卷，人民出版社 1993 年版，第 39 页。

辖区去，被人拾得，看了就会一传十、十传百，很快起到宣传作用。群众称它叫'水电报'"①。红军宣传队还创作和表演了大量的歌曲、歌剧、戏剧、传单、演讲和布告，以多种形式进行革命宣传。贵州遵义流行红军写的歌谣，在对比中深刻鲜明地突出了工农与地主豪绅之间的矛盾，以生动的方式向群众传达了革命的宗旨和意义，"绅粮堆满仓，干人无米煮汤；地主豪绅住洋房子，工人农民住烂茅棚；还有种种苛捐杂税，把工农血汗吸得精光；只有拥护红军打胜仗，工农才能得解放！"② 总之，红军在长征中，一方面通过报纸、喊话、电台、标语、歌谣、演讲、布告等形式进行宣传；另一方面，红军表现出的模范作用和极其严明的纪律，以生动的事实、以实际的行动树立了红军的良好形象。戴镜元在《长征回忆》中指出："我们部队许多同志都直接受过国民党军阀地主豪绅的残酷剥削，都能够用自己亲身的经历来向群众讲明我们闹革命的道理。特别是在贵州只要我们提到'干人'要翻身；打倒贵州军阀，群众就热烈拥护，积极参军，在短短的几天里，在遵义地区，就有五千多人参加红军。"③

"善于抓典型，让典型引路和发挥示范作用，历来是我们党重要的工作方法。"④ 抗日战争时期，在国家兴亡的历史关头，在抵抗外敌的民族战争中，涌现出大批抗日英雄，广泛开展典型教育，对根据地和广大群众进行思想教育，为巩固革命根据地建设、树立良好社会风尚、动员群众参加抗日民族战争起到了积极作用。1944 年 9 月 2 日，《解放日报》刊登毛泽东撰文追悼张思德的讲演《为人民服务》，毛泽东对张思德的革命精神给予了充分肯定和高度评价，将其精神概括为"全心全意为人民服务"，而这一精神后来被确立为我党的根本宗旨。我党通过树立三五九旅在南泥湾开荒种田的典型，鼓励八路军和新四军战士自己动手，丰衣足食，解决生活困难。通过召开劳动英雄表彰大会，鼓励人们向典型学习，

————————

① 中共雅安地委党史工作委员会办公室：《从大渡河到夹金山——红军长征的一段艰苦历程》，四川省社会科学院出版社 1986 年版，第 170 页。

② 贵州省博物馆：《红军长征在贵州史料选辑》，贵州人民出版社 1983 年版，第 73 页。

③ 贵州省博物馆：《红军长征在贵州史料选辑》，贵州人民出版社 1983 年版，第 175 页。

④ 习近平：《之江新语》，浙江人民出版社 2007 年版，第 212 页。

通过开展典型之间的相互学习、竞赛、比较，形成一种热火朝天、生机勃勃的状态，推动生产劳动的纵深发展。各宣传部门把涌现出来的先进典型通过歌曲、话剧、印刷品、秧歌剧、信天游、连环画、漫画等多种形式加以传播，一度掀起学先进、学模范的风潮。"秧歌剧《模范村郝家桥》在义和演出时，一个老百姓高喊，咱们要向郝家桥看齐，得到了全村响应。"①党在抗战时期的典型教育，不仅树立了大量先进典型，而且充分利用反面典型如张国焘、黄克功和刘立功等对党员进行纪律教育，发挥了重要的警示作用。抗战爆发后，大批文艺工作者来到延安和解放区，先后创办文艺刊物、成立文艺组织，推动了抗战文艺运动的蓬勃发展。《黄河大合唱》就是抗战的烽火催生的雄浑壮歌，彰显了中华民族团结一致的民族精神和不可战胜的昂扬斗志，吹起爱国救亡的号角，在延安一经演出便反响巨大，迅速传遍包括国统区在内的各个战区，起到了极大的鼓舞作用。解放战争时期，我党部队生活条件极其艰苦，伴随新成分的大批增加，部队中出现了一股悲观、消极、厌战的情绪，产生了大量离队、逃跑的现象，为了鼓舞士气、凝聚人心，我党在军队中开展诉苦教育。所谓诉苦，是依据人民的亲身利益和切身经验，通过忆苦、引苦、访苦、比苦等方式，树立诉苦典型，举办诉苦会，启发战士自觉主动地当众倾诉旧社会和反动派给予自己和亲人的苦，把积郁心中的苦难尽情倾诉出来，以各种具体受苦事实使广大人民群众领悟受剥削、受压迫的牛马生活的阶级根源，使战士从单个人的苦意识到整个阶级的苦，从单个地主的罪恶归溯到整个阶级的罪恶，实现认识上的飞跃，激发了大家对阶级敌人的仇恨，对同志深深的爱，经过诉苦运动，战士普遍热情高涨、斗志昂扬。

　　进入新时期，我党更加注重通过政论片、电影、电视、漫画、主题公园、爱国教育基地等多种手段开展德育活动，积累了一些形象德育的经验。政论片是纪录片的一种，是我党进行思想道德教育的重要样式。政论片具有很强的意识形态性，主题先行，思想鲜明，有启迪教化人心的作用。优秀政论片在文学解说与视觉画面、音乐的串联、切换和补充

---

① 梁星亮等：《中国共产党延安时期局部执政史》，陕西人民出版社 2005 年版，第 368 页。

中，通过对历史事件、重大时事、重大理论的深刻剖析和解读，去展现、开拓、建构一种磅礴气势和厚重氛围，以生动的事实说服人、以鲜活的语言感染人、以严谨的逻辑征服人，兼具抽象与形象相统一、主观和客观相融合、理智和与情感相渗透，说理透辟，思想深邃，具有浓厚的思辨性、评述性、形象性等特征。20世纪80年代中后期，为了给改革的进军呐喊助威，主流媒体先后在重大时段推出大型政论片，产生了广泛而强烈的影响，涌现出一大批反映时代特征，顺应时代趋势的作品，如《让历史告诉未来》《望长城》等，引发了强烈的社会反响和思想争鸣。"仅《望长城》一片就通过日本东京TBS台播出后，使世界上至少6亿—7亿电视观众目睹了中国万里长城的雄姿，使'长城文化'在世界上深入人心，这种巨大的影响力恐怕不是某一部电影、某一部电视剧可以替代的。"

国产动漫形象主要取材于中国古代神话故事、寓言故事、名人逸事及民间传说。"中国动画的艺术特征来自于中国的传统艺术，而中国的传统艺术深受中国哲学、美学思想所影响。"[1] 从1926年中国第一部动画片《大闹画室》诞生，中国动画已经有了近百年的历史，诞生了很多生动活泼、深入人心、影响广泛的动画形象。现代的动漫有了更强的技术支持、平台支持。然而，中国自主创作的虚拟形象，往往借其直陈道理，热衷将儒家经典、四大名著等作品及其中的人物改编成动漫、网络形象，生硬地传经布道，或是一味追求炫酷吸睛的技术，却在思想内核上"虚空"，缺乏民族大义、高尚格调、现实关照和人性追问。有的存在恶搞经典、轻言英雄而受到法律的严惩；有的颠覆主流、丑化先贤，为了娱乐而娱乐，沦为市场的可悲奴隶；有的抛弃历史、歪曲事实，热衷于"去思想化""去价值化""去历史化""去中国化""去主流化"，陷入历史虚无主义的怪圈；有的唯洋是瞻、消解传统，娱乐化严重，刻意迎合西方文化，缺乏本土文化辨识度和认同度，"以洋为尊""以洋为美""唯洋是从"。甚至部分电影存在暴力失度、语言不文明等对社会产生不良影响的问题。"外国人也跑到我们这里寻找素材、寻找灵感，好莱坞拍摄的

---

① 冯文、孙立军：《动画艺术概论》，海洋出版社2007年版，第62页。

《功夫熊猫》、《花木兰》等影片不就是取材于我们的文化资源吗?"① 当前,我们国家也越来越重视动画形象的德育功能,国家出台了一系列政策大力扶持与推动动漫产业发展,这有利于打造形成具有民族特色、反映民族文化的虚拟品牌形象。《大圣归来》代表了中国动漫电影的崛起,这部电影运用传统文化元素,颇具创新地塑造了一个有血有肉、有情有义的大圣形象,讲述了孙悟空回归初心、完成自我救赎、寻找侠义情怀的故事,成为动漫电影的典范之作。

网络游戏形象以其虚拟现实性,超强娱乐性、视听体验、情境代入等特点,博得了广大青少年的喜爱。网络游戏形象的德育作用,在人们对网络游戏的非议和诘难中一直被忽视。过分夸大网络游戏的负面影响,无视网络游戏形象的德育价值。网络游戏也是一把双刃剑,其效用性质及大小,主要取决于主体本身。改变对网络游戏的传统偏见,借助网络游戏这一平台,实现娱乐休闲与道德养成的有机结合,掌握和利用好网络游戏资源,开发积极健康的网络游戏,挖掘网络游戏形象的德育价值,在当前尤为重要。用麦克卢汉的话说就是:"游戏是一架机器。参加游戏的人要一致同意,愿意当一阵子傀儡时,这架机器才能运转。"② 玩家参与游戏必须认识、面对游戏规则,在游戏中同意并遵守,相对于游戏情境游戏规则对于参与者更具渗透性。网络游戏形象德育,主要是在建立规则意识、培养竞合意识、传播相关知识、增加道德体验、生成价值观念等方面产生的积极作用。《三国群英传》引入了《三国演义》中的历史人物,又为每个虚拟形象添加了一个身份、个性和相应技能,玩家在游戏中可以选择扮演关羽、诸葛亮等历史人物,经历诸葛亮七擒孟获、赵子龙单骑救主、桃园三结义等三国历史典故,渗透着友情、家庭、正邪、善恶等方面的价值观,增强了游戏玩家对传统文化的了解和应用。我国最早的德育网络游戏《学雷锋》是一款角色扮演类网络游戏,这款网络游戏体验者扮演的形象是少先队员,以雷锋"助人为乐"的故事为游戏

---

① 中共中央文献研究室编:《十八大以来重要文献选编》中卷,中央文献出版社 2016 年版,第 136 页。

② [加]马歇尔·麦克卢汉:《理解媒介:论人的延伸》,何道宽译,商务印书馆 2000 年版,第 29 页。

情景，游戏玩家可在游戏规定的时间内纠正"说脏话者""踩草坪者""随地吐痰者"等反面人物的行为，或帮助"老爷爷""老大娘""小朋友"等需要帮助的人物，从而获得积分，但如果没有及时阻止身边的不文明行为、没有对其进行帮助教育、没有及时给需要帮助的人以帮助，就会被扣除一定量的生命值，直至游戏结束。这款游戏尝试将游戏和日常行为规范教育简单结合，通过学雷锋做好事得到教育，虽然就游戏设计而言略显粗糙、生硬、简单，但并不妨碍它成为以德育为目的的教育游戏的初步探索。

党的十八大以来，国家在文化产品推广和宣传工作中如何将互联网视听技术用于国家形象的建构路径展开了积极有益的探索。中国的外宣文化产品在叙事上实现了"转型"，如 2014 年的《中国共产党和你一起在路上》宣传片，2018 年平昌冬奥会闭幕式上的"北京八分钟"，文化产品传播外宣更趋平民化、微观化。而《领导人是怎样炼成的》视频更是网络舆论引导的一种新尝试与突破，视频采用小规模制作，以平易近人的口吻介绍领导人晋升制度，摆脱了传统说教灌输，产生了较好的效果。2013 年 10 月 14 日，《领导人是怎样炼成的》视频中首次出现了中国领导人的卡通形象，用幽默平实的语言，以公务员形象的卡通人物沿着不同的职位层级跳跃的过程介绍了中共中央政治局 7 个常委的晋升之路，这种以轻松语调讲述政治的方式，让不少中国网民耳目一新。视频中称，中国共产党十八大诞生的新一届领导团队，个个都是这样"一步一个台阶迈上来的，7 个中央政治局常委曾任职的地方占到了中国版图的大半"，"通过这样的选拔过程，一个党员成为领导人之前，已经自下而上地全方位了解了中国的国情和民情"。视频播放："条条大路通总统，各国各有奇妙招。全民总动员，一战定乾坤的票决也好，'中国功夫'式的长期锻炼，选贤任能也好，只要民众满意，国家发展，社会进步，这条路就算走对了。"这个时长 5 分多钟的短片有中文和英文两个版本，一经上传，就受到网友广泛好评，两天内播放 100 多万次，被新华网、央视网等各大权威媒体转载，网友认为视频生动有趣，是"跟得上时代的宣传片"。在过去几年间，中国曾以 You Tube 为平台成功推出过《十三五之歌》等卡通短片，并尝试利用最新技术提高传播效能。在 2018 年的两会报道中，新华社和阿里巴巴共同研发的 MGC 智能化平台—— 媒体大脑正式启用，该平台通过无人机上携带摄像头、传感器抓取视频信息后进行数据分析，依托大数据关联信息，从而自动生成视频内容精准化。新华社客户端发布的"AR 看两会"产品成功实现了将预设的虚拟影像和现实影像有机融合为完整视频，语态生动、代入感强，通过 AR 技术令观众实现体验和情感的深度沉浸，这种尝试将碎片化的短视频"缝合"为线上新闻栏目，同样也产生了很好的育人效用。

第 三 章

形象德育的解析

形象德育的概念虽然人们比较陌生，但实际上，在形象德育的概念产生之前，人们很早就在自觉或不自觉中开展形象德育的活动了。就像人们在掌握辩证法的概念之前，早就实际上运用辩证法思考和实践一样。形象德育研究的一个重要任务，就是要在总结大量形象德育的现象和活动的基础上，弄清什么是形象德育，概括和凝练出形象德育的科学内涵，揭示形象德育的本质，掌握形象德育的特点，为正确开展形象德育提供前提。

第一节　形象德育的内涵

形象德育是德育活动的一种新形态，"形象德育"则是这种新形态德育的核心概念。要深化形象德育的理论研究和实践探索，就必须深入研究形象德育概念，在形象与形象德育、理论德育与形象德育的比较和区辨中，科学界定和准确把握形象德育的内涵。

一　形象与形象德育

形象德育与形象有着密切的关系。要弄清形象德育，需要先对形象做一番了解。

形象包括呈现于人们眼前的物象，也包括呈现于大脑中的意象，它们是人类文化的形象之网的纵横线，共同复制着、陈述着、传播着人类经验。形象构成了人类生活的重要内容，构建了我们经验、思想、交流的基本载体。广袤宇宙，大千世界，人们生活在千姿百态、生动鲜活的形象当中。可以说，形象与人，始终处在一种亲密的互动之中，形象，是不同主体间互动的媒介。从日常生活到社会活动，形象的触角蔓延到每一个角落。人无时无刻不在感知着各种具体形象，形象通过人的感官作用于人脑，形成人的"主观印象"，经过加工、整理、综合，成为人的思想认识的一部分。没有形象，人的思想就会枯萎；没有形象，人的情感就要枯竭；没有形象，人的生活会变得苍白。人们欣赏大自然中的山川河流、花鸟鱼虫，常赋予其以主体情感和审美意蕴，融会成天人合一、情理交融的和谐感和愉悦感；文艺作品塑造的艺术形象，生动而深刻地再现着社会生活的本质，一遍又一遍地升华人的情感；流变不居、气象万千的社会生活，蕴育出大批的先进人物和典型形象，一次又一次感动启迪着人们；网络世界中充满艺术想象力的虚拟形象，彰显着信仰和人性的力量，牵动着人们的喜怒哀乐。无论是在日常生活中，还是在艺术生活、虚拟生活中，我们都在使用形象，都离不开形象。

那么，什么是形象呢？"最深刻的抽象只能产生于最丰富的具体之中"，我们说，对于形象科学内涵的揭示，必然要回到最丰富的社会生活中，回到最生动的社会实践中，回到形象发生发展的历史进程中才能实现。

形象，首先应包括自然形象。自然形象并不是自然而然就存在的，它的产生本来就是人的创造力发挥的结果。人们面对客观物时，会以自身的体验和认知赋予它形象的品格，说白了，形象蕴藏于客观物中，但不等同于客观物，它是人的创造、人的目的、人的意志在客观物的投射。就像一块自然中存在的粗糙的原石，只有经过人的打磨、雕琢，渗入了人的意志和精神，灌注了一定的文化内涵，才赋予了石头生命和光华，成为一种意趣的存在，成为能够熏染、陶冶人的形象。通常，这一过程是动态实现的，当人不断赋予客观物以形象的品格，用真、善、美的尺度去衡量客观事物，这时，客观物就在人的作用下实现新的"活化"，成为形象。自然形象的产生有着两个方面的原因：一是自然界对人类的支配。"首先应当确定一切人类生存的第一个前提，也就是一切历史的第一个前提，这个前提是：人们为了能够'创造历史'，必须能够生活。"①
自然形象之所以对人来说有意义，首先是由人对自然的依存性而实现的，
人依赖于自然获得生存所需要的物质生活资料。在人类诞生之初，自然
作为一种支配人的力量而存在，人对自然界是无能为力、绝对服从的。
二是人对自然界的反支配。自然界既是人类生存的场域背景，又是人认
识、改造的对象，人们为了抵御自然带来的灾难、伤害，适应和改造自
然，从而最大限度满足自身生存需要，就要发挥自身的主观能动性，在
认识自然规律的基础上成为自然的主人。"同自然灾害抗争是人类生存发
展的永恒课题。"② 人们正是在这种支配和反支配的力量中，捕获对于自
然界中的事物的具体属性，更可贵的是，开始认识到自然中的崇高、对
称、平衡和秩序，有了高级的审美感受，这时，自然界中的事物被赋予
了形象的品格，释放出文明的光芒。高尔基指出："在环绕着我们并且仇
视着我们的自然界中是没有美的。"③

当人类在漫长的社会实践中，逐渐挣脱自然的枷锁和束缚，褪去了
最初如影随形的无知感、陌生感和恐惧感，开始以自然的主人的姿态去
注视和打量自然界，按照自己的审美、理想、愿望占有、创造对象，渐
渐地由一种与人无关、对立、疏远的事物，进而为人所用、亲近，进入
人们的精神世界，成为人们精神生活的对象，自然形象才真正出现。人
们一步步接触、接近、感知、认识和了解自然，形成了对自然以及人和
自然关系的规律性认识，并以这种规律性认识做指导，提高人与自然共
处的能力，这种能力一度成为稳固、持久和广泛的能力。

人类告别了茹毛饮血、披麻束草、蛮荒的原始社会，迈入文明社会，
自然直接地满足人生存需要的程度就变得很有限了，对人的日常生活有
着更直接、广泛影响的，则是大量的从自然界中产生的，体现人的愿望、
意志和理想的社会的创造物。人类有意识、有目的、有计划地改造自然、
支配自然的过程，也是人类认识、发现自我的过程，在这个过程中，人

---

① 《马克思恩格斯选集》第 1 卷，人民出版社 1995 年版，第 78—79 页。

② 《习近平在河北唐山市考察时强调：落实责任完善体系整合资源统筹力量 全面提高国家综合防灾减灾救灾能力》，《共产党员（河北）》2016 年第 22 期。

③ ［苏联］高尔基：《苏联的文学》，曹葆华译，上海文艺出版社 1959 年版，第 100 页。

类历史地结成了社会关系。随着人们的实践越深化，对自然规律的认识越深刻，对自我的认识和发现就越全面、自觉、深入。"一切生产都是个人在一定的社会形式中并借这种社会形式而进行的对自然的占有。"[①] 人的自觉性、能动性在改造自然和人类社会，在发现、利用自然界的规律和人类社会的规律的过程中不断强化，与之相应的，反映各种社会关系及其变化的生活形象便出现了。《周易·系辞》有载："神农氏作，斫木为耜，揉木为耒，耒耨之利，以教天下。"[②] 燧人氏、神农氏、伏羲氏等为了维持生存，传授取火、渔猎、耕种经验，以其行为、智慧和经验教化育人，成为最原始的生活形象。由于社会生活是多方面的，伴随人类社会生活实践主题的变化，作为社会主体的人，在生产劳动、阶级斗争、日常生活和科学实验等实践活动中，也就结成了更为复杂的、多层次的社会关系，相应的，反映社会关系及其本质变化的生活形象也会发生新的变迁。在漫长的历史长河中，人民群众为了反对剥削、反对压迫，推翻奴役统治，进行了艰苦卓绝的伟大革命和战争，从斯巴达克农民起义到巴黎公社起义，到开辟人类新纪元的十月革命，再到中国共产党带领全国各族人民进行伟大革命，催生出一批又一批英勇奉献、伟大光辉的生活形象。生活形象本质上反映了人们对自然的态度的变化，是人们从消极被动的适应到积极主动的改造的标志，反映了人民群众的首创精神和劳动智慧，是在社会生活领域对人的本质力量的再度肯定确认。

自然界和社会生活中的形象，萌发于人们认识改造自然和社会的实践，艺术形象则更直接地与人的精神追求相勾连，自然界和现实生活中的形象固然无比广阔、动人和丰富，但时间、空间的局限使其并不能较普遍地被人们欣赏、保存、传播。自然中的形象（非人工自然）由于本身携带粗糙的"自然"的基因，意味着其不具有时间上的确定性和空间上的稳定性，容易受到偶然因素的影响、干扰甚至破坏。西晋陆机说，"宣物莫大于言，存形莫善于画"，社会生活中的形象在展示社会生活的本质方面，显得过于零散、粗糙和原始，又受传播技术手段的制约，在

[①] 《马克思恩格斯文集》第8卷，人民出版社2009年版，第11页。

[②] 冯国超译注：《周易》，华夏出版社2017年版，第390页。

这种情况下，艺术形象就应运而生了。从肖维岩洞中的史前壁画，到故宫里陈列的国宝、非洲的黑人雕刻，从贝多芬的《命运交响曲》、米开朗琪罗的《大卫》到冼星海的《黄河大合唱》，从"荷马史诗"到《红楼梦》，从李白、杜甫的诗词到王羲之的《兰亭序》……人们徜徉在艺术的海洋里，如痴如醉如狂，以至于"子在齐闻《韶》，三月不知肉味"①，得到精神上极大的宽慰和满足。艺术源于生活又高于生活，艺术形象是这种客观存在形象的主观反映的产物，其本质是对客观世界的反映，比现实生活中的形象更高、更强烈、更有集中性、更典型，也就更理想，带有普遍性意义。艺术形象摆脱了时空限制，使人们获得了精神上思想上的自由，深化了人们对现实中的形象的感悟思考，丰富着人们的思想、情感和经验，为进一步推动现实的发展凝聚着精神动力。

虚拟形象是戏剧、音乐、舞蹈、美术、建筑、电影等艺术手段综合、延伸之后与数字化革命相遇的结果，是技术性、艺术性和价值性的统一体。构成虚拟形象的要素因子早已存在，数字化革命将技术的神圣性提到了空前高度，使得人类的生存空间发生历史性转换，人类从物理性的经验世界的互动模式走向建立在媒体界面上的自身与虚拟世界的交流与互动，虚拟形象得以兴盛。追寻虚拟化，以模拟、虚拟的方式将世界图景抽象化、象征化、理想化的欲望伴随着人类文明进程，岩画、文学、艺术、电影、摄影等，都是为了创造出更加符合理想的幻想世界，使人们通过感官的途径感受、体验这个虚拟的幻想世界。区别在于，在数字化、信息化、电子化潮流的裹挟下，人类文明虚拟化的深度、广度不断提升，趋势不可逆转，尤其是绘图技术、3D 打印技术、VR 技术、3D 立体电影技术促使"文本叙事"转向"技术景观"，营造出新的视觉奇观与体验。虚拟形象，主要包括动漫形象、网游形象、VR 形象等，通过夸张、变形、蒙太奇以及具象化或符号化的方式来呈现，具有浓厚的文化属性。"无论漫画、社论卡通或幽默卡通，带有情感力量的形象连同对社会或政治行为进行批判性审视的内容，创造出值得记忆的卡通，准确地

---

① （春秋）孔子著，杨伯峻、杨逢彬注译，杨柳岸导读：《论语》，岳麓书社 2018 年版，第 89 页。

映射出产生它们的文化。"① 由于虚拟空间提供了新的教育场域和空间，数字技术使虚拟形象不再严格对应着客观现实和真实，拓展了艺术呈现方式的疆域，催化"想象和联想的最大自由"，更加自如地表现来自现实或是取自幻想的对象，使得形象创作的主动性和创造性获得了极大的感召。

由以上考察，可以发现，形象就是生动直观地呈现在人们面前并能为人的感官所感知的具体对象。形象，一定是生动具体的，而不是枯燥抽象的；是直观地呈现在我们面前，而不是间接地存在我们面前；是能够为人的感官所感知的，而不能脱离人的感官由大脑来抽象认识和反映。因此，形象具有生动性、具体性、直观性、可感性。

既然形象通常能被人们用感官感知，那么，为什么现实生活中不同的人对于同一形象可能存在不同的印象，甚至同一人在不同的时间对同一形象的认知也有可能不同呢？这是因为形象与理论不同。法国思想家和社会学家罗兰·巴尔特认为，"语言之语基本上是一个集体契约，人们如想进行交流就必须完全遵守它"。② 理论本质上是抽象的、逻辑的、理性的，理论表达要使用语言，而语言讲究语法、讲究精准，也就是必须严格按照既定的规则来遣词造句、抒情叙事，条分缕析、剥茧抽丝、层层推进，运用人的抽象思维，符合严谨的逻辑思维。形象则不然，形象或共存、或重叠、或交叉、或衍生，组成形象的诸元素间的关系是混沌的、模糊的、跳跃的，甚至有的看上去是漫无联系的，总之是不确定的。形象的不确定性，往往表现为一种含蓄性。不论是生活形象、艺术形象还是别的，都要诉诸人的直觉和情感，形象的丰富含义都是蕴含在形象的细节和具体特征之中。当感官捕捉到一个完整形象时，我们直接能感知到的只有形象的外形，而对蕴含在形象之中的这种深层的、逻辑的、确定的信息，不仅需要反复琢磨、分离细节和具体特征后再度组织起来，赋予其普遍的、确定的意蕴，而且会在感知和反映客观存在的形象过程

① ［美］保罗·M. 莱斯特：《视觉传播：形象载动信息》，霍文利等译，北京广播学院出版社 2003 年版，第239 页。

② ［法］罗兰·巴尔特：《符号学原理》，王东亮等译，生活·读书·新知三联书店 1999年版，第2 页。

中，投射和渗透人的主观情感。一般而言，也就不可能像理论传达那样，在瞬间获得对于形象全部意义的理解。对于形象意义的获取也不是一次就能完成的。斯图尔特·霍尔这样写道："意义是一种对话，永远只能部分地被理解，永远是不平等的交换。"① 受众对于形象的意义把握必然伴随着对形象具体特征和细节的理解而不断深化。形象的目的不是一开始就直接显现的，而是隐蔽的，它把自己的目的隐藏在个性化、差异化的事物的细节和个性特征之中，受众在感受细节和个性特征的过程中，以自身的认知方式、知识经验、感情情绪去感知、互动、对话、领悟，确认形象内含的本质意蕴，这时候形象的目的、意义、价值才逐渐显明。

形象的形式和内容之间靠什么联结呢？概念暴露了思想和实物之间的距离感，形象则营造了一种逼真感，建构起思想和实物之间的联结，使得思想处于澄明状态，变得具象化、物化，容易被感知、被理解。就形象而言，内容和思想是合一的、没有距离的。形象的力量是一种情感的力量，形象发生作用的方式总是千方百计唤醒人们大脑中各种各样不同的表象，而受众将形象蕴藏的全部特征、细节获得的感性材料综合起来，不断分析、思考，展开联想和想象，唤起的关于表象的信息总会伴随大量的情感活动，使之产生或激动、或愤怒、或悲伤、或兴奋的情感体验。而受众在感受一种信息、一种意义、一种情境之时，按图索骥、顺藤摸瓜，逐渐捕捉、接近、获得和掌握形象的本质特征，使得各种表象在不断变化、分解、综合中，让形象携带的全部含义在欣赏和解读中自然而然地涓涓流出，最终达成一种潜在的对话和交流，形成具有"概括"性质的全面、立体、典型的形象。

当然，形象的不确定性不等同于形象的任意性，不能意识到这一点，就否认了形象德育发生的可能。的确，形象受着确定性和不确定性的挟持。形象是主体认知的具体对象，其外在的状态是客观确定的，形象的状态虽然会有历时的变化，花开花落，云卷云舒，但总体而言是相对固定的。形象的意义有赖于不同主体的共同认知，对于形象的共同特征和

---

① ［英］斯图尔特·霍尔：《表征：文化表象与意指实践》，徐亮、陆兴华译，商务印书馆2003 年版，第 4 页。

意义的共同认知，是使用形象的双方互动沟通的前提。使用形象双方对某种形象的共享性越高，其互动理解程度就越高，反之，如果不被认可，整个形象的意义就会被否定。而形象的不确定性，主要指受众解读形象对形象信息把握的局部性。形象总是暗藏着一连串"浮动"的意义。分析形象，必须把构成形象的要素中获得的思想感悟与构成形象的物质基础分开，按照罗兰·巴尔特的说法，把形象的"能指"和"所指"，即形式与内容进行区分，从形象的心理层面和实体层面加以分析。承载形象的实体，是由不同物质材料构成的，当我们感知材料时，首先接触、获得关于形象的实体信息，借此通向形象非物质性的思想内涵。受众的形象信息分析能力存在个体差异性，影响了人们对形象的感知和看法。一般来说，同一形象呈现在受众面前，受众总是携带着原先储备的知识和经验，选择其中一些而忽略另一些形象或形象的意义。与理论德育相比，形象德育，有一种不确定性，这种不确定性就在于，形象德育中的形象，只是一种未经受众"消化"的具有潜在教育意义的事物，是一种"原料""素材"，只有经过受众思想和情感的加工、"消化"，德育潜能才成为现实，才具有现实的教育意义。在欣赏形象的过程中，参与主体调动出储藏着的与形象有关的信息，把已有的信息和获得的新形象的信息，进行大量的联想和想象活动，分解和整合，自由驰骋于想象的广阔空间，发挥积极性、主动性和创造性，去捕捉、获得、吸收更为丰富的信息，把它们彼此比较，用自己的经验、思想、情感去体会和理解，就能够在自我和形象之间构建通途，产生深刻的形象认知。受众对形象的解读，不仅依靠形象诉诸的感官生理机制，而且要依靠受众自身产生的联想、想象等复杂的心理过程，受众通过对形象表现的情境、状态、情感进行再加工，选择与自己原有生命经验相契合的形象信息，形成自觉的内化和价值的认同。因此，教育者在选择和传播形象时，绝不能偏离一定的文化传统和价值引导，而要对受众的社会文化背景、信息接受习惯、情绪态度等进行全面的考察，进而对形象的复杂意义进行科学凝练，与社会主导思想意识形态相对照，尽量选用受众熟悉并易于接受的形象进行传播，慎重选择、认真推敲、仔细斟酌，通过暗示、隐喻、强化等手段，唤起受众的联想和想象，尽可能地扩大与受众的文化共识，从而达到传递话语、导入思想、领悟意义的目的。

不能认为形象的不确定性是形象的劣势，相反的，可以看到，正是因为形象的不确定性，给受众参与形象内含意义的解码、发现留下了空间和余地，给人无限的想象和遐想。古人所谓"《诗》无达诂"①，西方人也讲"一千个读者就有一千个哈姆雷特"，说的正是此意。用语言直接谈论主题思想还不及人物的一个小动作折服人。一次革命教育基地的考察参观会，要比单一的课堂灌输来得更真切实在。形象的意义不是早已经存在的，而是产生于感性实践过程和不同主体的互动过程。形象德育是获得形象意义的过程，也是意义交换的过程。形象德育靠的是教育者与受众的珠联璧合、资源共享，更像是一门"主体间性"的艺术。这种"主体间性"隐含着一个"共享世界"，围绕形象实现思想的共通和意义的共享，实现不同主体思想和心灵的互动、对话过程。为了获得对形象的理解，观众就必须进入一种状态，产生交流沟通的意向和愿望，以开放和积极的态度体验乃至接纳形象及其意义，这时"再度创作"的欲望与冲动就产生了。比如，为了参与感知形象，受众就必然要充分诉诸各种感官，调动自己头脑中所储存的形象，产生联想和想象，依据已有的知识经验和知识结构，更大程度上参与到对形象的编码、翻译、解释之中，而大众开始对所看到的形象信息进行加工的过程，即是巴尔扎克所说的"拿到自己心中去发展"，② 就是大众携带着丰富的情感进入意会、感受、体验的过程，于是，形象的意义在对形象的解读中延伸了、丰满了、发展了、完成了。由于形象的内涵很难穷尽，这就为他们开启了驰骋想象的广阔天地和自由之境。清代叶燮在《原诗》中说的精妙："诗之至处，妙在含蓄无垠，思致微妙，其寄托在可言不可言之间，其指归在可解不可解之会。言在此而意在彼，泯端倪而离形象，绝议论而穷思维，引人于冥漠恍惚之境，所以为至也。"③ 形象德育，从形象到抽象，从现象到本质，从有限到无限，以精练含蓄展现广阔深远，既免去了直接理

---

① （西汉）董仲舒著，周琼编：《春秋繁露》，远方出版社 2005 年版，第18 页。

② ［法］巴尔扎克：《幻灭》，人民文学出版社1978 年版，第 78 页。

③ 郭绍虞主编，叶燮、薛雷、沈德潜著，霍松林、杜维沫校注：《原诗——瓢诗话　说诗晬语》，人民文学出版社 1979 年版。

论表达的突兀感、强迫感、压力感，又能使得受众在发挥想象的基础上，获得更为丰富的信息，耐人咀嚼而余味无穷。如同中国传统书法、国画讲究留白，齐白石的名画《虾》，画中未见水，唯有寥寥几只虾，画幅上留白，观者心中自生出意境，不见水却如见虾在水中自由游弋之趣，将有限的虾的形象与观众无限的想象完美融合，一稀一疏，一盈一缺，虚实之间，意境幽幽，气韵悠长。不禁让人感叹"高明""妙哉"！受众与形象密切互动，直接把握形象的意蕴，更符合受众的思维方式。由于受众获得的理解和结论是自己从以往的感知经验中推论而出，经过自己思维加工、整理和建构的，使得形象传达的内涵更容易在情感上产生共鸣，更容易为人接受，这绝非教育者外在强加的某一个结论所能比的。

形象以暗示、对比、比喻、夸张、映衬等多种方式加以表现，展现的内容和意义一般很难用思想、概念、理论去穷尽，往往超出创作者的主观认识。形象不可能完全对等地"直译"成语言，任何语言到了具体的形象面前都变得苍白无力，缺乏生动情趣，失了韵味。即使生硬的用逻辑的、理性的、概念化的语言来描述形象，也只能是趋近形象所蕴含的意义，却永远无法穷尽它，抽出了形象中的"神"无异于榨干了形象，失去了形韵之美，失去了审美情趣。相反，用生动的各类形象和具体故事情节所表现的人生况味以及道德品性，远比抽象说教丰富深刻得多。形象大于思想，它依赖于受众的联想、想象，幻想靠的是受众的形象思维。正如恩格斯所指出的："事实上，世界体系的每一个思想映象，总是在客观上受到历史状况的限制，在主观上受到得出该思想映象的人的肉体状况和精神状况的限制。"① 因此，文学艺术作品塑造的形象就远比抽象概括和说理生动感人。形象大于思想，对于新时期德育工作的开展，无疑具有重要的借鉴和启迪作用，既是对传统德育方法的赓续，又是继承基础上的推新。

形象德育过程可以看作是形象德育信息的传播过程。传播学学者詹姆斯·凯瑞说："从根本和实质上讲，所谓传播就是通过信息传递达到说

---

① 《马克思恩格斯选集》第3卷，人民出版社2012年版，第412页。

服、改变态度、规范行为和实现社会化的目的。"① 沃尔特·李普曼在
《公众舆论》一书中强调，形象可以有效地塑造和改变一个人的态度。他
这样写道："图画一直是最有保证的传递思想方式。其次是唤起记忆画面
的文字。"② 如果受众能够主动思考形象所表达的深刻思想，并与自己过
去的经验联系起来，那么形象传达的信息将很容易成为持久的记忆，这
种记忆很容易改变受众对事物的态度和看法，影响人们的思想和行为。
诉诸形象的视觉说服被广泛地用于广告设计、竞选演讲、家庭教育、政
党宣传等活动。美国广告大师托尼·施瓦茨指出："最好的政治广告对观
众什么都没有说。它们仅仅触动了观众的情感，并且提供了一个让他们
宣泄这种情感的语境。相对于触动了观众心弦的广告，那些试图向观众
传递信息的广告怎么都要逊色一些。"③ 广告中人们往往会营造良好的消
费氛围，利用大量公众人物、明星、模特来吸引、说服、感染、暗示受
众，创造明显的感官刺激，使受众在各种感官的综合刺激影响下，产生
或兴奋、或陶醉、或欣喜、或紧张、或冲动的情绪，对形象产生正面积
极的情感反应和态度倾向，冲破心理理性防线，产生消费愿望，进而完
成消费过程。形象往往可以唤起人们的兴趣，在悄无声息中诉说着、表
述着、彰显着某种观点，在潜移默化中不知不觉地影响人。

　　形象之所以能够说服人，就在于它促进了人在解读形象中的创造性
的发挥。形象解读过程给受众提供了广阔的选择空间，本身就是一种思
维创造过程，有情感、有理性、有对细节的把握、有对本质的思考，尊
重受众的个性需求，受众在主动获取形象信息的过程中，如果感到自己
的创造性被激活，就会产生愉悦的感觉，使得信息传播过程变成异常愉
快的解构和建构过程，而信息本身具有的目的和倾向性特征就会被很好
地"保护"起来，受众会在一种愉快轻松的氛围中逐步朝着传播者的意

---

① 参见［美］保罗·M. 莱斯特《视觉传播：形象载动信息》，霍文利等译，北京广播学
院出版社 2003 年版，第 82 页。

② ［美］沃尔特·李普曼：《公众舆论》，阎克文、江红译，上海人民出版社 2002 年版，
第 45 页。

③ ［美］布莱恩·麦克奈尔：《政治传播学引论》第 2 版，殷祺译，新华出版社 2005 年
版，第106 页。

图靠拢，乃至形成思想上的共鸣。形象德育的情感因素和说服力量不容忽视，基于此点，形象德育要以追求受众的理解、认同，谋求形象与受众的情感共鸣为最终目标。形象好与不好，关键在于能否打动人心，这就需要在塑造和传播形象时，充分考虑受众的情感经验和审美习惯，以诱导的方式来激发受众，以便与受众产生情感共鸣。

形象表现为生动具体直观可感的现实生活，艺术作品，网络世界中的人物、事物、景象等。这种形象，常被用于立德树人，为形象德育提供了依托。形象，渗透在我们生活的方方面面，为人类提供了多种形态的人生图景，吸引和召唤着人们将自身经验世界与之互动，体悟出新的意义和生存方式，获得价值建构、心灵滋养、精神成长。形象，在人的成长和发展过程中，有着不可替代的作用。人，无时无刻不受形象的影响，人的社会化过程，是人们不断调整自身行为，集中、认同、效仿、内化一定的形象的过程。人在幼年时期，主要依靠形象思维，通过亲身经历的各种直接的形象，如父母形象、他人形象，通过模仿来认识和把握世界，逐步发展起概念性的抽象思维。各类形象，作为人的认识和反映对象，是教育人们的重要资源。德育是育德的活动，其目的在于转变人的思想和行为，德育工作必然要分析和研究形象，关注形象形成、发展、变化、作用的客观规律，运用不同的形象来加强和改进德育工作。日常生活中，以用事实来说话，以形象的力量启发、影响、感染教育人，是最经常、最基本、最广泛的德育形式。德育要注重创设、利用不同类型、不同性质、不同层次的形象教育人、启迪人、警戒人，提高工作的有效性。

所谓形象德育，是有目的、有计划地依托和运用生动具体的形象开展思想道德教育，培育、塑造和提高人的思想道德素质，促进人的全面发展和健康成长的一种社会实践活动。形象德育以各种生动、鲜明、典型的形象为内容和载体，把一定的思想认识、政治主张和情感体验融于具体形象之中，借助一定的自然的、生活的、艺术的、虚拟的形象让它们显现出来，使受教育者在感知形象的同时，理解形象蕴含的精神实质，在思想上得以启发、精神上得以鼓舞、情感上得以升华、行为上得以引导。

深入理解和分析形象德育的丰富内涵，需要把握以下几点。

第一，形象德育是依托和运用形象育德的活动。没有生动、具体、可感的形象，就没有形象德育。生动具体的形象是形象德育得以开展的前提和基础，离开了各种生动具体的形象，形象德育就难以有效展开，也难以真正存在。形象德育既不是赤裸裸图解政治、图解道德、图解概念，也不是像理论教育那般直接端出原理、概念，忽视细节的真实描述，用理论分析代替人物内心情感的剖析。形象德育的过程，一刻也离不开对于形象的把握和运用，始终要求人们调动视觉、听觉、嗅觉等感官来参与，感官参与又充分地调动了人的情感经验，产生了大量的丰富的情感联想，这些联想来源于受众以前的生命经验，受众会在情感反应模式中找到与该形象对应的感情类型，也就是会引起受众产生大量的"预设"的情感反应，这种反应可能是朴素而强烈的，比如，对于汶川地震灾区人民的同情，2008 年奥运会时期对抢夺火炬者的愤怒和对火炬保护人金晶的敬佩和喜爱，等等。

然而，生动具体的形象，并非自然而然地都能成为思想道德教育的内容和载体，产生思想道德教育的价值。形象有两种，一种是各种各样直观存在的形象，它虽然能够为人们所感知，但并非都能自然而然地启迪人、教育人。一种是典型化的生动具体的形象，指经过高度集中概括和凝练，能够反映和承载一定的思想意蕴、价值观念、情感体验的生动具体的典型形象。这种形象，不仅是生动具体的，而且是概括凝练的，并与人的主观感受和情绪体验发生关联、产生契合，只有这种形象，才能唤醒人的审美意识、提升人的道德境界、激发人的情感共鸣，产生育人价值。形象德育的形象，主要指后一种形象。这是因为，典型化形象一方面与自在物具有同构化特征，在感性特征上有一定的相似性，但它决然不等同于自在物，只有当人们以自在物为中介，对自在物的特征进行处理、加工、虚化，集中力量反映和表现人类的社会生活，体现一种人的创造性和超越性时，才被赋予了精神的品格，具有了育人之效。自在物是作为育人的形象的背景和母体，形象携带着自在物的基因，其精神气质是包蕴于自在物之中的，需要人们去发现、挖掘进而显现。而人们在捕捉形象的感性特征时，也并不是一股脑地照单全收，而是会凭借自己的经验，或忽略或强化一些东西，获得对于形象的个性化的感受，受到启发和教育的程度和效果因人而异。如，水作为一种客观存在的具体事物，人们经常见到，并可用感官感知它的存在，是一种原始的、素朴的作为自在物而存在的形象，而"大水"这种典型化的水形象，集中展现了水的禀性、底蕴、形态与气势，更能吸引和感染人，引发人的深思。《说苑·杂言》里记录了子贡和孔子对君子为何见大水必观的交流。君子观水，实乃一场精神之旅，君子是水的观察者、体验者和感悟者，置身大气磅礴之水，体会天地衍变，摄取大水魂魄，于自然之气中感受生命之气，其所思所想，所感所叹，充满了智慧哲思，给人无尽的遐思与启迪。

第二，形象德育是教育者和受教育者基于形象的双向互动过程。形象德育，说到底，是教育者和受教育者以形象为纽带和桥梁，相互作用、相互影响的双向互动过程。形象德育的过程，是教育者发现形象、塑造形象、传播形象的过程，也是受教育者感知形象、认同形象、效仿形象的过程。教育者和受教育者的互动关系影响着形象能否或多大程度上发挥作用，是在教育实践活动和人的认识活动的交互作用中实现的。教育者和受教育者的互动关系会阻碍或推动形象的发展，双方对这种联系的态度肯定与否，决定着形象的效能和生命力。一定的形象成为教育者和受教育者双向互动的桥梁和纽带，离开了一定的形象作为中介，双方就无法相互作用和影响。不过，虽然都是以形象为桥梁和纽带，但教育者和受教育者在形象德育双向互动中的地位和作用是不一样的，教育者起着主导的作用，受教育者起着主体的作用。教育者通过发现、塑造、传播一定的形象，对受教育者的认识、价值和情感发挥着积极的教育、引导作用，教育者在发现、塑造、传播形象以及如何运用这些形象来影响受教育者的认识、价值和情感方面，发挥着主导作用，并主导着整个形象德育的进程。受教育者通过感知、认同、效仿一定的形象，对自身认识、价值和情感的建构发挥着主体的作用，并对教育者的发现、塑造、传播形象的活动起着重要的参与、评价、调适和激励作用。受教育者对教育者发现、塑造、传播的形象关不关注、认不认同、效不效仿，评价和反响如何，直接关系到形象德育活动的进程和效果。形象德育活动，从根本上说，是教育者和受教育者基于形象、源于形象、诉诸形象的一种认知、情感、价值的交流、对话、沟通与理解，正是这种对一定形象的交流、对话、沟通与理解，促进了教育者和受教育者的认知、情感、价值的生成、建构和发展。

形象德育要从现实出发，从生活出发，从感性出发，寓理性于感性之中，寓道理于形象之中。形象德育的过程，不能舍去生活中有意义的、丰富的、有生活气息的情节、形象、场面等，从发现形象到塑造形象，从形象的选择到形象的传播，无时无刻能脱离感性材料，无时无刻不伴随着主体丰富的情感活动。形象德育，需要生动具体的实践和人物，充满有情有义的生活场景、鲜活多彩的生活画面，使形象思维顺畅地发生作用并和抽象思维发生联结，而不是充斥着概念、理论和说教。20 世纪 90 年代，希望工程选取"大眼睛"这一典型形象，将公益慈善理念具体化，以一幅《我要读书》的照片，通过一个孩子充满期盼的大眼睛，无声却有力地表现了无数孩子内心强烈的对知识的渴望和诉求，深深地触动了受众的内心，引起人们在情感上的共鸣，人们纷纷播撒爱心、慷慨解囊，捐建希望小学，社会各界资助的希望小学很快在全国如雨后春笋般发展起来。从此，明亮坚韧、乌黑透澈、充满渴望的"大眼睛"便成为希望工程的标志，流传甚广，效果极好。这种巨大的冲击力、感染力、影响力是抽象的理论绝不可能产生也绝不可能比拟的。

形象德育要从现实生活中活生生的人出发，把生活中的形象尤其是典型人物形象，作为形象德育的重要依托。人是历史和现实的主体，也是道德的重要载体，人的一举一动、一言一行，都有着道德的影响。人的一生，要有所成长、有所发展、有所成就，就要善于在历史中，在所处的社会环境和社会关系中加强与他人的相互比较、鉴别、判断，然后认同、选择、内化成功人士的形象，作为自己人生的楷模，不断加以学习和模仿，努力向认同和选择的人生楷模看齐，从中产生巨大的精神动力，不断推动自身的成长和事业的发展。正如梁启超所说的："人生百年，立于幼学。"① 习近平总书记曾经多次谈到母亲买的小人书上介绍的岳飞的故事："她就给我讲精忠报国、岳母刺字的故事。我说，把字刺上去，多疼啊！我母亲说，是疼，但心里铭记住了。'精忠报国'四个字，我从那个时候一直记到现在，它也是我一生追求的目标。"② 幼年时期受到岳飞"精忠报国"故事的影响，习近平总书记种下了立志报效祖国的远大理想的种子，并把它当做一生的追求。③ 各类典型形象往往能满足人们学习和模仿人生楷模、实现人生发展和事业成功的需要，产生巨大的感召力、影响力和原动力。就像人们要从小接触、学习、效仿他人一样，人的成长过程也始终伴随着同他人特别是成功人士在比较、鉴别、判断、选择上的效仿活动。这种效仿，说到底，是人的社会化进程中的一种效仿。

第三，形象德育是内容和方法的统一。形象德育是人类社会存在的一种客观现象，是人改造主观世界的一种具体实践活动。形象德育中的形象，既涵盖文学艺术作品中的形象，又有现实生活中的模范典型，还包括各种各样的自然景观、新鲜活泼的生活景象、网络世界的虚拟形象等，这些形象，无论是人们发现、聚焦和选择的自然景观，还是人们创作、塑造、传播的艺术形象，典型人物和虚拟形象，都融入了人们的认知、体验和情感，体现了丰富的思想内涵。因此，这些具有丰富思想内涵的形象无疑是形象德育的重要内容。运用这些形象进行教育，让人们自觉感知、领悟和效仿这些形象，是形象德育的重要任务。

同时，形象德育中的形象，也是一种生动而重要的德育方法，即德育工作中运用的生动直观的、形象化的方式和方法，如文学艺术、环境熏陶、现场直播、典型教育、愿景教育等。尤其是基于移动互联网的网络视觉文化、多媒体技术、微博、微信、微电影、微视频、App、弹幕、慕课、直播、VR 和 AR 人工智能技术和大数据平台的发展，需要与时俱进地运用多媒体技术、视觉文化特别是视觉形象、虚拟形象的教育方法

① 梁启超：《变法通议·论幼学》，转引自陈学恂《中国近代教育文选》，人民教育出版社 2001 年版，第 148 页。

② 《习近平总书记的文学情缘》，《共产党员》（河北）2016 年第 32 期。

③ 参见《习近平总书记的文学情缘》，《共产党员》（河北）2016 年第 32 期。

来做好形象德育工作。这些大量生动的、直观的、形象的方式方法，对于实现深度互动，提升德育的时代性、吸引力和说服力至关重要。形象德育，是运用形象内容和方法育人的统一。形象德育，既要运用大众传媒、文学艺术、网络视频等传播现实生活和艺术作品中的典型人物，还要把大众传媒、文学艺术、网络视频本身作为形象德育的生动直观的教育载体，从而不断提高德育的实效。

第四，形象包蕴着真善美，形象德育功能的发挥就是其包蕴的真善美的内化和外化过程。形象包蕴的真，是指形象蕴含着的历史的真实，反映出形象对于历史规律的揭示。欧洲大革命后，马克思、恩格斯一针见血地指出，"如果用伦勃朗的强烈色彩把革命派的领导人——无论是革命前的秘密组织里的或是报刊上的，或是革命时期中的正式领导人——终于栩栩如生地描绘出来，那就太理想了。在现有的一切绘画中，始终没有把这些人物真实地描绘出来，而只是把他们画成一种官场人物，脚穿厚底靴，头上绕着灵光圈。在这些形象被夸张了的拉斐尔式的画像中，一切绘画的真实性都消失了"。是否符合历史的真实、符合历史的必然性，昭示历史规律是形象的真的依据。而不同的形象包蕴的真的程度不同，导致不同的形象的魅力就差别甚大。形象包蕴的善是指形象的效用对人的发展所起到的满足作用，形象通过其内蕴的价值对人的发展起到不同的作用，改造人的主观世界；形象的美是指形象在姿态、形态等方面的感性形式对人的情感方面的积极作用，引起人在情感方面愉悦和快乐的感受。形象德育要研究形象蕴藏的真善美法则如何生成并且规范人的行为，把蕴藏在形象中的真善美的价值挖掘和传扬开来，从而使之发挥实际的育人力量。

二 形象德育与理论德育

形象德育，是运用形象的直观的方式来育德的一种德育活动，形象德育，源于、基于和诉诸人的形象思维活动和能力。理论德育或理论教育，是运用理论的逻辑方式来育德的一种德育活动，理论德育，源于、基于和诉诸人的抽象思维活动和能力。

形象德育较之于理论德育，有其独特的优势。这是因为，形象包括人化的形象或物化的形象，绝不是神秘直觉的产物，也不会是创作者盲目自发创作的产物。它与创作者的思想密切相关，是创作者长期丰富的生活实践和思考感悟的产物。"曹雪芹如果没对当时的社会生活做过全景式的观察和显微镜式的剖析，就不可能完成《红楼梦》这种百科全书式巨著的写作。鲁迅如果不熟悉辛亥革命前后底层民众的处境和心情，就不可能塑造出祥林嫂、闰土、阿Q、孔乙己等那些栩栩如生的人物。"①凝结着丰富的社会生活内容和创作激情，通过对生命对象的关照及其具体呈现，能展现出比凝练的思想更丰富广阔的内容。形象德育，感染力、吸引力和说服力更强、更有效。例如，谈到社会存在的阶级和人的"阶级性"，理论教育和形象德育的论证与表达方式截然不同。理论的、逻辑的方式是，论证社会存在不同的阶级或集团，社会的经济结构决定不同阶级的存在，决定不同人的阶级属性，人的阶级地位不同，人的立场、观点、情感也不同。而表述同样的思想，形象德育采用的则是一种生动形象的方式。鲁迅就是采用了如下生动、形象的表达："自然，'喜怒哀乐，人之情也'，然而穷人决无开交易所折本的懊恼，煤油大王那会知道北京捡煤渣老婆子身受的酸辛，饥区的灾民，大约总不去种兰花，象阔人的老太爷一样，贾府上的焦大，也不爱林妹妹的。"②鲁迅通过形象的描绘和对比，深刻揭示了社会中阶级立场和情感的对立，给人们留下了清晰而难忘的印象，更能打动人、教育人、说服人。

形象德育，就是用文学、艺术、典型等形象化的内容和方式开展的社会实践活动。科学理论主要是运用逻辑思维和知识体系进行抽象教育，虽然能够揭示事物的本质规律和思想的深刻内涵，但重在说理，往往深刻却不生动，理性却不感人。习近平总书记指出，要让国际社会了解中国，知道中国人的世界观、人生观、价值观，"这些光靠正规的新闻发布、官方介绍是远远不够的，靠外国民众来中国亲自了解、亲身感受是很有限的。而文艺是最好的交流方式，在这方面可以发挥不可替代的作用，

---

① 中共中央宣传部编：《习近平总书记在文艺工作座谈会上的重要讲话学习读本》，学习出版社 2015 年版，第 78 页。

② 鲁迅：《二心集》，人民文学出版社 1973 年版，第 15 页。

一部小说，一篇散文，一首诗，一幅画，一张照片，一部电影，一部电视剧，一曲音乐，都能给外国人了解中国提供一个独特的视角，都能以各自的魅力去吸引人、感染人、打动人"①。各种运用典型化的方法创作出来的具有代表性的典型形象，无论是社会形象、艺术形象、自然形象，还是虚拟形象，既要概括和反映社会生活的普遍本质规律，具有思想性，又要用生动的方式来表现思想，具有生动性；各种形象都是客观现实的主观反映，具有客观性，又融入了人的感受、情感、倾向，具有主观性。德育的对象是人，人是思想的载体，也是情感的载体，是活生生的万物之灵长。形象教育通过各种典型形象，或者形象的方法来育人，依靠充分的事实，靠真话、真情，靠真理的艺术性和创造性的转化而产生的形象来感化、渲染，通过典型的形象、情境、情节营造一种氛围，寓德育于生动的形式和形象之中，使受众产生比较、联想、想象，调动受众情绪和心理的反应，在情境交融中陶冶性情，使之受到感染、鼓舞、激励、振奋，促进人们见贤思齐、反求诸己。由于创作者在塑造建构各类形象的过程中总是自觉不自觉地根据其道德标准和道德理想，赋予形象以道德品行，反映时代的道德状况和道德现实，体现创作者的道德倾向和道德情感，因此，受众感知、欣赏、了解形象的过程，也是创作者的道德观和受众道德观的相互关照、作用的过程。受众一旦感受到了作品的典型形象、审美价值和道德意蕴，就有了道德情感的体悟，而作品引起的道德情感的波澜，很大程度上会提升受众的道德水平，也就是说，形象德育往往可以使人们在不知不觉、潜移默化中受到教育，增强德育的艺术性、渗透性和有效性，收到直接说理的理论教育收不到的教育效果。在当今信息社会和多媒体的时代背景下，要把理论育德和形象育德有机结合起来，特别要突出形象德育在德育活动中的重要地位。

马克思主义认识论认为，人们的认识活动，往往是"从生动的直观到抽象的思维，并从抽象的思维到实践，这就是认识真理、认识客观实

---

① 中共中央文献研究室编：《十八大以来重要文献选编》中卷，中央文献出版社 2016 年版，第 128 页。

在的辩证途径"①。形象德育符合人们从感性到理性、从具体到抽象的认识发展规律。它采用文学艺术、思想启发、情景教育和直观教育等形式，将枯燥的理论知识通过实物、图像、语言、多媒体等直观形象的方式表现出来，增强了内容的吸引力，从而让受教育者在直观、形象、轻松的教学环境下，感知了事物、触发了情感、得到了启发、受到了教育。在德育过程中，以形象的教育形式，变文字为画面，从文字进入情景，将抽象的"真理"化为具体可感的形象，使受教育者在一种生动活泼的思想政治教育氛围中获得启发和教育，往往具有更好的效果。因此，形象德育主要是通过形象化的语言、联想、环境等手段，让受教育者通过生动的直观、形象的感知、感性的升华，逐步从感性步入理性，由现象深入本质，从而使教育者的教育目的有效转化为受教育者的思想道德素质的一种德育活动。

第二节　形象德育的本质

想要弄清形象德育是什么，不仅要了解形象德育的科学内涵，还要把握形象德育的本质，这是形象德育的重要理论基础。形象德育的本质，是要解决形象德育"是什么"的问题。只有正确理解和掌握形象德育的本质，弄清形象德育是什么的问题，才能解决形象德育"如何做"的问题，更好地开展形象德育。

一　形象德育的本质规定

科学研究的任务就在于透过现象看本质。形象德育的研究任务也是这样，就是透过丰富多彩的形象德育的现象，发现和揭示形象德育的本质。

形象德育的现象和本质之间有着内在的联系。任何事物都包括现象和本质两个方面，形象德育也不例外。形象德育的现象，就是生动活泼、丰富多彩的各种形象德育活动，如榜样、景观、图画、诗歌、小说、戏

---

① 《列宁专题文集：论辩证唯物主义和历史唯物主义》，人民出版社 2009 年版，第 135 页。

剧、电影、电视、动漫等各种形式呈现的生动形象给人们的思想启发活动。这些现象，千姿百态、千差万别、千变万化，从不同的方面展现和体现了形象德育的本质。列宁指出："本质在显现；现象是本质的。"① 他进一步解释道："非本质的东西，外观的东西，表面的东西常常消失，不象'本质'那样'扎实'，那样'稳固'。比如：河水的流动就是泡沫在上面，深流在下面。然而就连泡沫也是本质的表现！"② 外观与本质的内在关系就在于，"外观的东西是本质的一个规定，本质的一个方面，本质的一个环节。本质具有某种外观。外观是本质自身在自身中的表现"③。现象反映了本质，但现象不等于本质。形象德育的本质隐藏在各种纷繁芜杂的形象德育的现象背后，是一切形象德育现象内在的、共同的、稳定的根本属性。但形象德育的本质，总是会通过形象德育的现象表现出来。我们要从各种各样的形象德育的现象当中，找出内在的、共同的、稳定的属性，发现和揭示形象德育的本质。

形象德育的本质属性和一般属性之间有着密切的联系。形象德育的本质是形象德育中最根本的属性，它决定着形象德育的性质和方向。形象德育除了本质属性外，还有表现为反映形象德育本质特征的一般属性。形象德育的本质只有一个，它规定和制约着形象德育的其他属性。形象德育的一般属性则有很多，它从不同的方面，反映和体现着形象德育的本质。形象德育的一般属性表现为形象德育的本质特征。如果说，形象德育的现象大量地、广泛地存在的话，那么形象德育的本质特征就是这些现象中最真实、最集中、最典型的现象，它更能深刻地反映和体现形象德育的本质。形象德育的现象中，有表象，有真相，还有假象。假象是对形象德育本质的歪曲反映，表象是对形象德育本质的浅层反映，真相是对形象德育本质的真实反映。只有最真实、最集中、最典型的现象，才能体现形象德育的本质特征，引导我们认识和把握形象德育的本质。形象德育作为依托和运用生动的形象进行的德育活动，它具有生动性、

---

① 《列宁全集》第 55 卷，人民出版社 1990 年版，第 213 页。
② 《列宁全集》第 55 卷，人民出版社 1990 年版，第 107 页。
③ 《列宁全集》第 55 卷，人民出版社 1990 年版，第 110 页。

直观性、感染性、导向性、示范性、体验性等本质特征，这些本质特征也是形象德育的现象，但却是形象德育现象中最真实、最集中、最典型的现象，它也最接近、最深刻地反映了形象德育的本质。然而，就像现象是本质的反映，但不等同于本质一样，本质特征虽是本质的深刻反映，但也并不等同于本质，它只是更接近本质而已。形象德育的本质特征有多个，但本质却只有一个。因此，我们不仅要把握形象德育的现象与本质的联系，更要把握形象德育的本质特征与本质的联系，经由形象德育的种种现象，把握形象德育的本质特征，进而深刻揭示形象德育的本质。

形象德育的特殊本质和德育的共同本质有着密切的联系。德育的共同本质，是一切德育活动共同具有的根本属性。形象德育的特殊本质，是形象德育所具有，而其他德育活动所不具有的特有的根本属性。这种特殊的本质属性，决定了形象德育的根本性质和本质特征，决定了形象德育的存在和发展，并使形象德育与其他德育活动从本质上区别开来。任何德育活动都是按照一定阶级的要求，进行思想道德教育、培养人的思想道德素质、造就一定社会所需要的人的活动。形象德育也是这样。不同的是，形象德育是以生动的形象来育德，把德育寓于形象之中，是诉诸人的形象思维能力而开展的思想道德教育活动。世界上的形象德育现象尽管千差万别，但本质上都是基于人的形象思维能力按照一定阶级或集团的意识形态开展的影响和改变人的思想和行为的思想道德教育实践活动。这正是形象德育与其他德育活动的本质区别。其他的德育活动，一般不是基于人的形象思维或者主要不是基于人的形象思维开展的德育活动。因此，认识和把握形象德育的本质，既要看到形象德育与其他德育活动同属于德育的共同本质，更要看到形象德育不同于其他德育活动的特殊本质。只有这样，才能真正认识和掌握形象德育的本质。根据以上分析，可以看到，形象德育的本质，不同于形象德育的现象，不同于形象德育的本质特征，也不同于一切德育活动的共同本质，而是隐藏在形象德育现象之后，体现为一定的形象德育的本质特征，并同其他一切德育活动从本质上区别开来的形象德育的特有的根本属性，达到和符合以上规定，才能称之为形象德育的本质。因此，可以用一句话来概括和揭示形象德育的本质，那就是，形象德育的本质在于形象启迪思想。

二 形象德育本质的理解

任何形象德育活动，说到底，都是运用一定的形象培养人的思想道德素质的活动。形象德育的本质，是形象启迪思想。这是贯穿一切形象德育活动、贯穿形象德育活动始终的形象德育的本质。正确理解形象德育的本质，是深入探索形象德育一系列问题，不断提高形象德育实践科学化水平的需要。

"形象启迪思想"，就是说，"形象"是形象德育的基础和依托，离开了形象，形象德育就无法进行，甚至不复存在；"思想"是形象德育所要揭示的形象背后隐藏的深刻的意蕴、观念和价值，也是形象德育的归宿和目的；"启迪"，是运用形象的内容和方法来启发、影响、教育人的德育活动过程。没有启迪，形象就无法转化为思想。形象启迪思想，不仅概括凝练了形象德育的精髓，而且深刻反映了形象德育的本质。如何理解"形象启迪思想"是形象德育的本质呢？可从以下几个方面来深入认识、理解和把握。

形象启迪思想，体现了形象德育中形象与思想的统一。在形象德育中，形象是德育的出发点，思想是德育的落脚点。多种多样的形象，总是蕴含一定思想意蕴的形象，一定的思想总要通过形象表现出来，形象与思想统一于形象德育的过程之中，缺一不可。没有形象，形象德育就缺乏生动性、直观性、感染性；没有思想，形象德育就缺乏价值性、导向性、教育性。形象是思想的外壳，形象决定着思想的形态、形式、方式；思想是形象的核心，思想决定着形象的高度、深度和力度。思想深藏于内，含而不露，各种生动具体的形象，经过人们的联想和想象、凝练与创造，形成富有意境的生动图景，特别是文艺形象，是经过人们对社会生活的观察与思考，通过典型化的艺术创作方式，把典型的人物、性格、情节、矛盾、场景集中起来，塑造出栩栩如生的形象。这种形象本身，就体现了创作者对生活本质的理解，饱含着作者的价值倾向和情感态度，具有深刻的思想意蕴和教育价值。习近平总书记指出："文艺深深融入人民生活，事业和生活、顺境和逆境、梦想和期望、爱和恨、存在和死亡，人类生活的一切方面，都可以在文艺作品中找到启迪。"① 文载道，诗言志，凡作传世之文者，必先有可以传世之心。习近平总书记对此作出过深刻的分析："苏东坡称赞韩愈'文起八代之衰，而道济天下之溺'，讲的是从司马迁之后到韩愈，算起来文章衰弱了八代。韩愈的文章起来了，凭什么呢？就是'道'，就是文以载道。"② 自古以来的经典形象之所以名垂青史，感召后人、熠熠生辉，就在于其价值厚重，思想深邃。《诗经·周南·关雎》表达着人类对于美好爱情和理想生活的向往和追求；贝多芬的《命运交响曲》，胜利的高昂旋律表现了人们战胜命运的喜悦与自豪；再看郑板桥的《竹石》诗："咬定青山不放松，立根原在破岩中。千磨万击还坚劲，任尔东西南北风。"在这里，郑板桥把他的思想情感灌注在竹石这一形象之中，借赞美竹子咬定青山、扎根岩石、历经磨难、坚韧不拔的品质，来表达做人的气节和风骨，以竹喻人，咏竹言志，很好地把思想和形象融合到了一起。这种艺术形象，不仅表达和寄托了自己的思想情感，而且当这种艺术形象被自觉地运用于形象德育实践，成为审美活动和艺术欣赏的对象时，就能进一步发掘这种艺术形象的思想内涵，充分实现艺术形象启迪教育人的德育价值。因此，形象启迪思想，体现了形象性和思想性、生动性和深刻性、多样性和主导性、情感性和认知性的统一，充分体现了形象德育的实质。

形象启迪思想，体现了形象德育中内容与形式的统一。一月普现一切水，一切水月一月摄。月印万川，终是一水。形象千差万殊，却归同一本源。如同天上一月，映出江海湖泊之水中万月，形象德育的内容是那"天上月"，形象德育的载体方法便是那"水中月"。形象德育的内容，要贯穿到形象的塑造、传播、认同的全过程。形象德育中内容和形式的统一，一方面体现为形象德育中的形象，本身就是内容和形式的统一。作为形式的形象，主要是指各种生动形象的表现形式，如摄影、图画、戏剧、音乐、电影、视频、动漫等；作为内容的形象，主要是指各种现实

---

① 中共中央文献研究室编：《十八大以来重要文献选编》中卷，中央文献出版社 2016 年版，第 123 页。

② 中共中央宣传部编：《习近平总书记在文艺工作座谈会上的重要讲话学习读本》，学习出版社 2015 年版，第 106 页。

人物、艺术典型、生活景象和自然景观等。另一方面，形象德育中的典型形象，本身也是形式和内容的统一。各种典型形象，既可以成为各种形象表现方式的内容，又可成为承载传递一定思想信息和价值观念的形式。现实生活中的先进典型教育，就是通过学习先进典型的感人事迹，来弘扬和践行先进典型承载和传递的高尚精神。一定的先进典型就是一定社会先进思想和高尚精神的体现。我们学习焦裕禄，实质就是学习焦裕禄的高尚精神，焦裕禄既是时代的楷模，又是先进思想的代表。焦裕禄作为时代的先进典型，代表、承载和传递着伟大的焦裕禄精神。焦裕禄虽已离开我们，但焦裕禄精神却永存，并将随着时代发展而发扬光大。文艺作品中的艺术形象更是如此。这些艺术形象都是通过典型化的艺术创作方式，把散落在社会中不同的人身上的个性、情感、特征、风格加以高度概括和凝练，创作出典型化的艺术形象，这种艺术形象，集中体现了作者的思想情感和价值追求，有着鲜明的个性特征和强烈的艺术感染作用，它们本身是作者肯定或否定、赞美或贬损的某种精神的载体和象征。戏剧《白毛女》中的黄世仁和杨白劳，分别是地主阶级和劳苦农民的典型代表，在这两个艺术典型的身上，展现了地主阶级的残酷剥削和劳苦人民的悲惨生活，体现了两大阶级的根本对立和尖锐矛盾，凡是看过这部戏剧的人，无不留下刻骨铭心的印象，无不受到反抗阶级压迫和剥削的深刻教育。因此，艺术典型是和其承载传递的精神相互依存的。形象启迪思想，作为形象德育中形式和内容的统一，再现了形象德育的深刻本质。

形象启迪思想，体现了形象德育中主观与客观的统一。任何生动具体的形象，无论是社会生活中的典型人物，文艺作品中的艺术形象，还是客观存在的自然景观，网络世界中的虚拟形象，作为我们感知、观察、认识、审美的对象，能够产生启迪人的思想的形象德育价值，关键的一点在于，它是主客观交互作用的产物，体现了一种主观与客观的统一。在形象德育中，各种形象作为一种外在于人的直观的存在，是我们认识、观察的客体与对象。人们在认识各种形象时，往往会融入自己的经历、体验、情感、态度，使形象成为深深打上人们主观烙印的形象。不仅这些形象是主客观交互作用的产物，就是这些形象能够启迪我们的思想，也离不开主客观的交互作用，离不开人的主观意识。同样生动具体的形象，对不同的人可能产生不同的影响和作用，差别就在于，人的主观因素及其影响不同。鲁迅关于《红楼梦》有一段著名的话："单是命意，就因读者的眼光而有种种：经学家看见《易》，道学家看见淫，才子看见缠绵，革命家看见排满，流言家看见宫闱秘事……"① 同一部《红楼梦》，不同的人得出了不同的结论，因为立场不同、情感不同、观点不同。这一点在自然事物的审美中体现得尤为充分。黑格尔说："自然美只是为其它对象而美，这就是说，为我们，为审美的意识而美。"② 人，是审美的主体，也是审美的唯一尺度，人用自己的尺度来审视自然，赋予自然以美感。这种美感是人的审美尺度的对象化。中国古代常将自然物赋予人格化色彩，在自然景色的欣赏中关照个人境遇与社会伦理，所谓"仁者乐山，智者乐水"，正是此意。黑格尔也认为高山之所以伟大，在于能增进人们的"崇高感"。这种感受，一方面，在于自然形象体现着一种自然选择的必然性，彰显人们追求的和谐之境。另一方面，在于融入了人们对自然景观的主观情感。陶渊明采菊东篱下的恬静悠然，孔子登泰山而小天下的恢宏大气，实际上呈现出自然景观中人反观自身而开启的澄明之境，完美体现了主体与客体、主观与客观在思想情感上的关联、契合乃至共振。

形象启迪思想，体现了形象德育中共性与个性的统一，形象德育过程中运用的形象，是共性与个性的统一，即恩格斯所说的"每个人都是典型，而又有明确的个性"。③ 形象总是属于一定的形象体系，具备符合这个体系的其他所有事物共同具备的普遍属性，反映了形象的类本质。文艺作品中塑造形象时通常就要写出人性中最普遍的东西，写出人的共同性和阶级性，写出同一类型的事物或人物依照的规律。"诗倾向于表现带普遍性的事……所谓'带普遍性的事'，指——诗要表现的就是这种普遍性。"④ 所谓个性是指形象德育中的形象，要具备鲜明的个性、特点，

---

① 《鲁迅全集》第 8 卷，人民文学出版社 2005 年版，第 179 页。

② ［德］黑格尔：《美学》第一卷，朱光潜译，商务印书馆 1979 年版，第 160 页。

③ 《马克思恩格斯选集》第 4 卷，人民出版社 1995 年版，第 453 页。

④ ［古希腊］亚里士多德：《诗学》，陈中梅译，商务印书馆 1996 年版，第 81 页。

有更为突出的细节，现象和表征，是独一无二的，"人有其性情，人有其气质，人有其形状，人有其声口"①。人，各不相同。"每个人都是典型，但同时又是一定的单个人，正如老黑格尔所说的，是'这一个'，而且应当是如此。"② 个性特征、具体细节、具体现象，对于形象德育来说，不是可有可无的，反而是非常重要的。在形象德育中，普遍存在于特殊之中，共性存在于个性之中，本质就内在于个别的、具体的、生动的形象里面。个性生动表现了共同的本质的内容。鲁迅塑造的阿Q形象，是具体的、个别的人物，每个人看阿Q，总会对阿Q某方面的特质留下印象，但阿Q的形象，它蕴藏的深刻的思想意义，已经不是个别的了，而是经过集中化、概括化、典型化的艺术创作，反映了一般而普遍的精神麻木现象，它集中表现为一种"精神胜利法"这种"精神胜利法"是从千千万万个"阿Q"身上抽象出来的，反映了辛亥革命时期中国农民的典型性格、普遍心态和历史命运。为了准确描绘国人的国民性，鲁迅先生对阿Q说什么话、做什么事，甚至连戴什么帽子，都是仔细推敲、反复揣摩，可谓是精雕细琢、入木三分。鲁迅先生曾说道："只要在头上戴上一顶瓜皮小帽，就失去了阿Q，我记得我给他戴的是毡帽。"③ 阿Q戴什么帽子是细节，但是这个细节却反映了阿Q的地位、境遇、性格，恰当巧妙地反映和表现出阿Q"有农民式的质朴，愚蠢，但也很沾了些游手之徒的狡猾"④ 的形象。形象的共性，存在于个性之中，形象不能千人一面、千篇一律。个性、细节的描绘是为了突出共性和典型性，使得事物的本质和概念从事物的无数个细节、特征中凸显、浮现出来。达·芬奇绘制的人体解剖图就"有意略去了某些特征，以期达到概念性清晰"⑤。形象启迪思想，体现了形象德育中共性与个性的统一，把握形象的共性，就把握了形象的共同本质，把握形象的个性，就揭示了形象的特殊本质。把形象的共性和个性结合起来启迪教育人，就能使人既深刻理解形象蕴

---

① 林乾主编：《金圣叹评点才子全集》第3卷，光明日报出版社1997年版，第11页。

② 《马克思恩格斯选集》第4卷，人民出版社2012年版，第578页。

③ 鲁迅：《且介亭杂文》，人民文学出版社1973年版，第121页。

④ 鲁迅：《且介亭杂文》，人民文学出版社1973年版，第121页。

⑤ ［英］E. H. 贡布里希：《图像与眼睛》序言，范景中等译，浙江摄影出版社1988年版。

含的普遍的思想意义，又深刻理解形象鲜明的个性特征，把认识事物的普遍本质和特殊本质有机统一起来。

　　形象启迪思想，体现了形象德育中感性与理性的统一。关于人的思维规律，毛泽东做过深刻扼要的说明。他说："人对事物的认识，总要经过多少次反复，要有一个积累的过程。要积累大量的感性材料，才会引起感性认识到理性认识的飞跃。"① 这是我们认识客观世界的必由之路。形象德育，主要是诉诸人的形象思维，也要遵守思维的普遍规律，从感性到理性，从现象到本质，最后从形象获得思想。法国哲学家杜夫海纳说："美的对象比其他任何对象都更直接地把握我们，感动我们，因为它既是感性的，又是有意味的。在这一无与伦比的经验中，感性不仅不掩饰什么，反而是启迪我们。"② 形象德育活动，始终伴随着高雅的审美、丰富的联想、深刻的哲理和强烈的情感，是有感性、有理性、感性与理性统一的德育过程。形象德育，首先要从感性的、生动的直观出发，占有现象、细节、人物、事物等感性材料，获得关于形象的感觉、表象、印象。这是形象德育中的第一个阶段，即感性认识阶段。在形象德育的第一阶段，并不需要像科学研究那样大量、全面地占有感性材料，而是要选择富有鲜明个性特征的、最有代表性的感性直观的形象，悉心观察、深入思考、注入情感，将形象与自己的思想情感、生命体验和生活经验紧紧联系在一起。设想一下，一个形象创作出来，如果不能打动创作者自身、不能打动教育者自己，就很难产生激动人心的力量，影响和教育受众。《黄河大合唱》是抗战时期的作品，至今魅力依旧，具有超时空的艺术感染力，现在我们听了仍然会心潮澎湃、热血沸腾。这是因为《黄河大合唱》是作者通过艺术的凝练和概括，将自己的生活体验和爱国情感灌注在音乐作品之中，塑造了咆哮奔腾、飞越激荡的黄河这一震撼人心的音乐形象，我们欣赏它，便会感受到如同黄河一泻千里、奔涌向前的中华民族不可阻挡的抗战激情和潮流，并对这一不朽的音乐作品所表

---

　　① 《毛泽东文集》第8卷，人民出版社1999年版，第389页。

　　② ［法］米盖尔·杜夫海纳：《美学与哲学》，孙非译，中国社会科学出版社1985年版，第11页。

达的浓烈的爱国主义情感和革命英雄主义精神产生强烈的情感共鸣。当然，理性在形象德育中也是必要的，形象德育不能只有纯粹的感性，没有理性。形象德育，有一定的目标指向，形象德育本身，总要做到逻辑上自洽。没有抽象、没有理性，那么，无论对形象观察多少次，我们只能获得对事物细节特征和现象的把握，却始终无法发现、揭示形象蕴藏的思想及本质。形象德育离不开理性的指导，必须要借助理性来从个别的、具体的、包含细节的事件和人物，揭示事物的本质规律。感性和理性，是形象德育的一体两面，缺一不可。对此，歌德曾说："想象超出感觉之上而又为感觉所吸引。但是想象一发觉向上还有理性，就牢牢地依贴着这个最高领导者……透入一切的、装饰一切的想象不断地愈吸收感觉里的养料，就愈有吸引力；它愈和理性结合，就愈高贵。到了极境，就出现了真正的诗，也就是真正的哲学。"[1] 感性多了，没有理性，就不能获得对于事物本质意义的理解；理性多了，压抑了感性，就会破坏形象的感染力、说服力。需要强调的是，在形象德育中，由感性上升到理性，虽然也要借助于理性思维，但其感性上升到理性的方式和结果是不一样的。形象德育，当其从感性出发时，是从最有个性特征的形象出发，经过典型化的创作方式，概括这些形象的共同本质和特征，创造出一个集中体现了这些个性特征的新的典型化的形象。也就是说，它由直观的、感性的具体形象出发，经过典型化的集中和概括，创造一个典型的新的形象。这种新的形象，比作为出发点的第一个形象，更集中、更典型、更深刻，因而也更能吸引、打动和教育人。

第三节　形象德育的特点

形象德育跟其他德育活动不同，具有自身的鲜明特点。把握这些特点，有助于我们更好地理解和开展形象德育。形象德育主要有以下几个特点。

---

[1] 古典文艺理论译丛编辑委员会：《古典文艺理论译丛》第 11 册，人民文学出版社 1966 年版，第 33 页。

一　直观性

形象德育中的形象，既有生动感人的人物形象，又有大自然的风花雪月、电闪雷鸣、日月星辰等，还有热腾腾活泼的生活场景。这些形象，都是外在于人的、可见可闻可感可知的，可诉诸人们的眼、耳、口、鼻等感官而被直接感受、感知和把握的。凡能为人的眼睛直接感知的形象是视觉形象，凡能为人的耳朵直接感知的形象是听觉形象，等等。就算是文学艺术和虚拟世界的形象不是真实、客观的，但同样是现实世界客观存在的艺术的和虚拟的反映，人们同样可以调动感官获得它们的生动的表象，从而获得对直观形象的感知、理解和掌握。形象德育，即物会心，即人会意，具有直观性的特点，这也是形象德育最基本的特点。

形象德育的直观性，体现在起于娱目悦耳，止于赏心励志。形象德育以具体形象为内容或手段，将抽象的思想观念、价值理念、道德规范具体化、直观化、形象化，通过直观的数据、事实、比较，运用图片、文学、戏剧、电影、电视、幻灯、音乐、绘画来反映抽象的内容，让德育看得见，摸得着。人们对概念、观念、思想、事物的认识和接受，往往建立在感官对形象的观察、捕捉、感受的基础上。教育者或运用直观的事物或通过现象的逼真描绘，给人以具体画面，让受众观察现象、感受实物、发挥想象，身临其境；或运用栩栩如生的文学艺术形象激发人的情感，丰富受众清晰而生动的表象，推动受众认识的发展；或挖掘生活中的案例、故事，创设一定的教学情境，通过生动的游戏、模拟实验、情境设定，使受众代入角色，设身处地感受体验，启迪人的思想；或者是用 VR、大数据、弹幕等人工智能和互动技术创造一种直观体验，通过虚拟呈现社会历史背景，再现社会重大历史事件，进行虚拟的自然交互。总之，通过多种技术手段和方法，在直观、形象、生动的情境中获得对思想观念全面、深刻的理解。人们一旦看到亲切的、真实的、有现场感的画面和直观形象，在亲眼所见、亲耳所闻、亲身体验中产生真实感、代入感和信任感，形象蕴含的德育思想更容易进入人的经验世界，更容易被人理解、认同和接受。"在直观中获得的感性材料，只有借助于理性的形式，通过加工整理、改造制作，才能到达于理论的认识。"① 形象德育从直观的、感性的具体形象出发，在持续感官叠合作用中形成的对理论的"本质"的直观，在确定"理论"的边界基础上，获得对思想和概念的形象化理解。"单纯感官娱乐不等于精神快乐"②，教育者要把握形象德育的直观性，要特别注意通过形象直观，引导受众透过不同形象的表征认识隐藏在其背后的实质含义，完成从感性认识上升到理性认识、从观察现象深入到内在本质的升华，否则就会囫囵吞枣、流于肤浅。

二　生动性

形象德育具有生动性。形象德育的生动性主要是针对理论德育而言的，这也是形象德育与理论德育的最大区别。形象德育的生动性，首先在于作为形象德育内容的形象是生动的。形象德育中运用的形象，无论是图像、人物、场面、事件，抑或景象，都不是抽象的、隐晦的，都是源于社会生活的具体的、生动的形象。形象贯穿于形象德育的整个过程，无论是形象材料的摄取、加工还是形象的创造，都离不开生动具体的形象，形象具有直观可感、具体生动的特点。形象德育的生动性，还在于形象德育的载体丰富多彩。形象德育的载体，包括电影、电视、网络多媒体、图片、插图、音乐、视频、历史名胜、景观、故事、革命纪念馆、动漫、主题公园等生动形象的综合资源体系。形象德育的过程，就是德育工作者在充分借鉴具体的形象，以生动丰富的形式，把抽象的德育理论和观点转换成真实可感的形象，使受教育者通过直观、生动的感受来了解教育者的德育意图、内容和观点，从而产生兴趣，接受既定的思想道德内涵、规范和原则。

在形象德育的实践中，把深刻的道理用生动形象的案例、故事和语言等讲清楚，做到生动形象、深入浅出、通俗易懂，更能为人们所理解、接受和认同。马克思在撰写《资本论》一书时，就决心要"尽可能地做

---

① 《毛泽东选集》第 1 卷，人民出版社 1991 年版，第 263 页。

② 中共中央宣传部文艺局编：《学习习近平总书记文艺工作座谈会重要讲话作家艺术家体会文章摘编》，学习出版社 2015 年版，第 45 页。

到通俗易懂"①。马克思甚至不无欣慰地指出："《资本论》在德国工人阶级广大范围内迅速得到理解，是对我的劳动的最好的报酬。"② 20 世纪三四十年代艾思奇的《大众哲学》一书，是运用形象化的事例和语言传播马克思主义的典范。艾思奇在谈到创作初衷时说："我只希望这本书在都市街头，在店铺内，在乡村里，给那失学者们解一解智识的饥荒。……它不是装潢美丽的西点，只是一块干烧的大饼。"③《大众哲学》抛开了以往哲学读物常用的玄妙、抽象、枯燥的术语，从小处着手，从实际出发，用生动活泼的语言，生动贴切的比喻阐释，来讲述萦绕在普通民众心中的"小"而"普遍"的哲学原理，引发人们深入思考种种社会问题背后的深层原因和根本原因。《大众哲学》问世后，深得广大知识青年的喜爱，为广大知识青年和进步读者解决了"思想上的饥荒"，甚至被称为"救命之书""启蒙之书""终身受益之书"。《大众哲学》很好地促进了马克思主义的普及，指引人们尤其是青年人走上革命之路，信仰马克思主义。在科学的抽象思维过程中，也离不开生动的形象思维。综合了抽象思维和形象思维的那些作品，就具有一种巨大的感染力。例如，马克思的《资本论》把资本的本质和整个资本主义的结构活生生地揭示出来，其中包含了许多充满极深刻的科学内容的形象表达。马克思曾以形象、逼真的拟人化手法，揭示了资本的贪婪本质。在《资本论》第二十四章，他引用了英国经济评论家托·约·登宁《工会与罢工》中的句子："一旦有适当的利润，资本就胆大起来。如果有百分之十的利润，它就保证被到处使用；有百分之二十的利润，它就活跃起来；有百分之五十的利润，它就铤而走险；为了百分之一百的利润，它就敢践踏一切人间法律；有百分之三百的利润它就敢犯任何罪行，甚至冒着绞首的危险。"④ 马克思接着精辟地总结道："资本来到世间，从头到脚，每个毛孔都滴着血和肮脏的东西。"⑤ 这里，与其说是对资本贪婪本质的揭示，不如说是对资本

---

① 《马克思恩格斯文集》第 5 卷，人民出版社 2009 年版，第 7 页。

② 《马克思恩格斯文集》第 5 卷，人民出版社 2009 年版，第 41 页。

③ 艾思奇：《大众哲学》（修订本），人民出版社 2009 年版，第 5 页。

④ 马克思：《资本论》第 1 卷，人民出版社 2004 年版，第 871 页。

⑤ 马克思：《资本论》第 1 卷，人民出版社 2004 年版，第 871 页。

人格化的资本家的贪婪本质的揭示，描绘得活灵活现、入木三分，有助于人们深刻认识资本家残酷压榨剥削工人剩余价值的丑恶嘴脸。

三 渗透性

形象德育不靠理论灌输，而是在各种环境、情境、氛围中，借助生动形象的内容和形式，靠形象的感染力和渗透力，不露痕迹，因势利导，达到耳濡目染，潜移默化，润物无声，实现对人的渗透与熏陶。不论采用的是文学艺术形式、榜样教育形式、情景教育形式还是直观教育形式，形象德育所运用的都是具体形象，通过形象含蓄、间接、巧妙、隐蔽地影响受教育者的想象、联想、情感，使其自主发现、探索、体验、感悟集中而典型的各类形象，包括场景、人物、景象等，从而在不知不觉中受到熏陶和浸染，接受真善美，摒弃假恶丑，达到"随风潜入夜，润物细无声"的德育效果。这种渗透式的教育，不带有直接性、强制性、公式化特征，避免了滔滔不绝的直陈观点，通过喜闻乐见的方式，使青少年受到心灵的感染、思想的启迪、人格的示范、行为的引导，显然比单纯灌输式的教育所获得的效果更加突出和牢固。

形象德育过程是对受教育者有计划地、系统地施加教育影响的思想政治教育过程，同时也是对受教育者精神世界的建构过程，人格的影响和陶冶的过程。形象德育的渗透性体现在，通过一定的活动和形式，营造一种环境、情景和氛围，把思想意识、政治观念、培养目标、道德准则等抽象的理论隐藏，寓德育于形象之中，精心科学地选择、运用、呈现、分析形象等，让人们直接接触、观察、感悟形象，从中受到启发和教育。"草不谢荣于春风，木不怨落于秋天。谁挥鞭策驱四运？万物兴歇皆自然。"李白将自然山水看成知音，人格在自然山水之中达到了一种认同与共振。至于山水之间，自然山水兴起了诗人的情感，人获得的滋养，是在天人合一的氛围中达成的。"蓬生麻中，不扶而直；白沙在涅，与之俱黑。"① 这里就是强调环境、情境对人的道德、情感与心灵起到的渗透教育作用。《宋史·程颐传》则明确记载："今夫人民善教其子者，亦必

---

① （战国）荀子著，孙安邦、马银华译注：《荀子·劝学》，山西古籍出版社2003年版，第3页。

延名德之士，使与之处，以熏陶成性。"常言道，孩子是父母的一面镜子，孩子的行为是父母行为的反射，父母的一言一行，发挥着无声的渗透力量，会潜移默化地影响孩子的言行，说的也是这个意思。形象德育必须基于一定的环境、情境，形象所表达出来的深刻感情和情中之理，来打动人、感染人，通过内外因交互作用，影响人的知、情、意、信、行，使人的内心情感得到升华，在活动中得以体验，在形象中得以感悟，在示范中得以感化。形象德育要通过有目的、有计划、有组织的社会实践，让受众接触、了解、体验生动活泼、丰富多彩的社会生活的现象和形象，训练、养成受众的优良品德和行为习惯，在艺术欣赏、社会调研、体育竞赛、学术报告、文艺演出等活动中，使受众在耳濡目染、潜移默化中不知不觉地接受形象的熏陶感染，内化一定形象传载的社会所要求的思想观点和道德规范，形成良好的思想道德品质，并付诸实际行动，养成行为习惯。形象德育不直接言明教育内容和目的，而是运用各种现代传播媒介手段，将教育内容和目的隐藏于各种载体之中，渗入人们的日常生活和社会活动，在途径和策略、方式上更加隐蔽、巧妙、艺术，寓德于形，寓理于情，以情感人，以形塑美，以美引善，发挥典型形象的感召示范作用，使教育对象从形象中有所感悟、有所自省、有所启迪，思想、情感和行为受到潜移默化的影响，实现一种柔化的、隐性的教育。

四　感染性

形象德育，将自然、生活和艺术等领域中集中化、典型化、概括化的形象，运用于德育活动，引发人的既有经验和情绪，并和当前形象进行对比、碰撞、融合，激发人的内在情感，引起其思想情感的共鸣，产生心灵震撼的辐射效果，发人深省，给人力量，具有巨大的感染力。习近平总书记指出："追求真善美是文艺的永恒价值。"[①]"艺术的最高境界就是让人动心，让人们的灵魂经受洗礼，让人们发现自然的美、生活

---

① 中共中央宣传部编：《习近平总书记在文艺工作座谈会上的重要讲话学习读本》，学习出版社 2015 年版，第 101 页。

的美、心灵的美。"① 形象德育的感染性，主要是指形象能够引发教育者产生情感共振、共鸣的力量。形象是人们互相传达感情的手段，每一个精心选择、组合、创造的形象，都投射、折射和浸润着人的情感。把这种投射、折射和浸润着人的情感的形象，纳入形象德育过程，用以教育、影响他人时，就会产生一种人与人之间情感的相互影响、感染与共鸣，形成强烈的感染力。渗透着个人情感的形象化作品，一旦成为欣赏和教育的载体，就会成为情感传递、感染和共振的载体，情感影响情感，情绪感染情绪，自己的情感会影响他人的情感，个人的情感会蔓延成群体的情感，并且会相互影响，从而产生强烈的感染力。"艺术活动就是建立在人们能够受别人感情的感染这一基础上的。"② 欣赏一部文艺作品，就是走进另一种生活，感受他人命运，体验他人悲喜；流连自然风光，步入诗情画意的境界，总能陶冶情操、颐养性情；瞻仰英模人物的事迹，了解伟人的经历和故事，往往产生情绪上的激动和震撼。"感人心者，莫先乎情"，形象育德，往往是解决受教育者的思想问题、提高人的思想觉悟。而提高人的思想觉悟的起点，是激发人的情感。事实上，推动受教育者思想向行为转化的关键就是情感。没有人的热情和激情，就没有人对真理的追求和践行。动之以情，方能晓之以理，情理交融，才能感动人、震撼人、说服人。

形象德育具有感染性，能够跨越民族、跨越边界，成为不同民族之间交流交往的有效方式。列宁曾盛赞欧仁·鲍狄埃创作的《国际歌》在团结和鼓舞工人阶级投身反抗资产阶级统治的伟大斗争中的巨大作用。"一个有觉悟的工人，不管他来到哪个国家，不管命运把他抛到哪里，不管他怎样感到自己是异邦人，言语不通，举目无亲，远离祖国，——他都可以凭《国际歌》的熟悉的曲调，给自己找到同志和朋友。"③ 习近平总书记把文艺称为世界语言，认为"文艺也是不同国家和民族相互了解

---

① 中共中央宣传部编：《习近平总书记在文艺工作座谈会上的重要讲话学习读本》，学习出版社 2015 年版，第 104 页。

② ［俄］列夫·托尔斯泰：《艺术论》，丰陈宝译，人民文学出版社 1958 年版，第 45—46 页。

③ 《列宁选集》第 2 卷，人民出版社 2012 年版，第 302 页。

和沟通的最好方式。"① "谈文艺,其实就是谈社会、谈人生,最容易相互理解、沟通心灵。"② 现实的、具体的、特定历史中的个人有着自己的情感、经历、故事、倾向。形象德育中运用契合思想政治教育内容与目标需要的形象,从一定程度上体现着一定社会生活的本质,反映着一定的客观真理,蕴含着丰富的思想情感,更能激发受教育者主动探索的欲望与兴趣。当我们感知一种形象,欣赏完一件艺术品,听了一场音乐会,看完一部电影,便会不自觉地产生相应的积极或消极、快乐或忧伤的情绪,这些情绪反应是个体情绪体验作用的结果,是个体调动主观能动性的体现。这种情绪、感觉并不是理性思考的产物和结果。例如你听了一首歌曲或戏剧,产生了愉快的情绪,这种反应不是你经过仔细思考之后产生的,而是当下的直觉产生的,是歌曲或戏剧符不符合你的审美的自然情绪反应,这种愉快感和满足感并不是动物的本能,是人所独有的社会性的情感,是一种精神享受,是人作为更高级的社会动物的内在追求。总能让人们感受时代的脉搏,体验社会的冷暖,感悟人生的处境,体会人物的情感,产生共鸣,获得愉快满足或悲伤失落。

汶川地震期间,与以往的传媒对灾难信息的披露方式不同,这是步入信息化时代以后特别是互联网出现后,大众传媒进入了新媒体、多媒体、全媒体、自媒体时代,不仅是大众传媒的从业者直接参与报道,社会大众也运用网络多媒体手段,广泛参与报道地震灾害和救灾实况。这次传媒报道采用易于激发人的内心情感的生动形式,综合运用文字、图片、音乐、视频、博客等方式,全方位、多视角、立体化、实时性地发布、报道地震灾情信息。灾难现场的断壁残垣、呻吟痛哭、流离失所的悲惨景象,灾难面前人们强烈的求生欲望,勇敢坚强的救灾人员,人性的光辉和伟大,第一次如此真实、如此迅疾、如此直观地展露于公众面前,直击人的心灵,震撼人的情感,这在中国新闻传播史上,是史无前例、闻所未闻的。通过这种方式使公众更加直观地感受、体会灾区同胞

---

① 中共中央文献研究室编:《十八大以来重要文献选编》中,中央文献出版社 2016 年版,第 123 页。

② 中共中央宣传部编:《习近平总书记在文艺工作座谈会上的重要讲话学习读本》,学习出版社 2015 年版,第 27 页。

的痛苦，诱发人的积极的情感体验，在宣传报道中体现和渗透社会主义价值观念，唤起人的生命价值意识和革命的人道主义精神，颂扬高尚的思想和行为，激发人的社会责任感，团结、凝聚和弘扬民族精神，进而使公众在情感体验中产生思想共振与情感共鸣，实现了感化、教育人，凝聚人力、人心的目标，形成了万众一心、众志成城、一方有难、八方支援的抗灾精神，保障了抗震救灾的胜利。这种现场的、全景的、直观的报道，对人们产生的视觉冲击力，心灵震撼力、情绪感染力和社会动员力是前所未有的，比起长篇大论对人的教育，启迪效果不知要好多少倍。

五　体验性

形象德育主张个体主动参与、亲身体验，以形象召唤人们的主动参与，诱发人们相应的情绪体验，具有体验性。理论学习重视间接经验的学习，而形象德育强调受教育者从实践中亲自感受和体会，丰富了受教育者的人生感悟和人生体验，强调知、情、意、行的综合发展。形象德育，需要如马克思所说的"心交换心，真诚换真诚"，教育者首先"在自己心里唤起曾经一度体验过的感情，在唤起这种感情之后，用动作、线条、色彩某种外在标志有意识地把自己体验过的感情传达给别人，而别人为这些感情所感染，也体验到这种感情。"① 习近平总书记高度重视学习典型，在较大程度上正是基于他个人的亲身体验和亲身感受。习近平总书记十分敬重焦裕禄同志，"无论是上山下乡、上大学、参军入伍，还是做领导工作，焦裕禄同志的形象一直在我心中……"② 1990 年 7 月 15日，习近平同志读了《人民呼唤焦裕禄》一文，深夜撰写《念奴娇·追思焦裕禄》："中夜读《人民呼唤焦裕禄》一文，是时霁月如银，文思萦系……"表达对焦裕禄绵绵不绝的追思，也抒发自己敢于担当、勇于奉献的情怀。

---

① ［俄］列夫·托尔斯泰：《艺术论》，丰陈宝译，人民文学出版社 1958 年版，第 47—48 页。

② 李斌：《大力学习弘扬焦裕禄精神——习近平总书记在河南兰考调研指导党的群众路线教育实践活动纪实》，《人民日报》2014 年 3 月 19 日。

形象德育，首先是教育者作为主体接触、感知和体验形象的过程。教育者只有对自己选择、接触、感知的形象进行体验，把生动具体的形象放在一定的情境、环境之中，理解情境、环境中特定形象的特定含义，理解境中之意和意中之境，把自身的感受和情感投射在特定的形象上，才能加深对形象蕴含的思想意义的理解，才能带着深厚的感情把形象承载的深刻思想意蕴传递给受教育者。无论是自然、社会、文学艺术或网络世界中的形象，教育者只有身临其境，感同身受，才能把这种特殊的体验、认知和情感传达给受教育者，使受教育者产生思想和情感的共鸣。

在形象德育中，受教育者既是教育的对象，又是参与和体验的主体，而绝不仅仅是被动地参与、被动地接受他人的情绪体验。通过游戏活动、实践活动、人际交往、公共服务、调查考察、实验活动、科研活动、社会服务等多种途径，通过听故事、学英模、唱红歌、读名著、重走长征路等多种形式，引导人们进入情境体验，走向真善美的价值追求，达成人们意义的建构、认知的深化、价值的生成。近年来，不断涌现的城市景观文化主题公园、党建主题公园、社会主义核心价值观主题公园、民主法制主题公园，成为党和国家向市民宣传国家发展理念的重要阵地。在这方面，广东的"不忘初心"主题公园就做了很好的尝试，该主题公园的"红军长征体验路"沿途采用多种方式再现了红军长征史上具有重大意义的会议遗址和战斗遗址，建设了从"瑞金"到"延安"、从血战湘江到激战腊子口等一系列体验区，集党性培育、陶冶情操、休闲健身于一体，具有深度体验性和互动性。

没有受众的亲身参与和感受，缺乏形象的感知和丰富的想象，不能体验作品中别人的经历、感受和情绪，从而产生真善美和假丑恶的辨别能力，就不可能真正认识事物、评价事物，在思想情感上产生触动和变化。受教育者在教育者的引导下，自主接触、感知和体验特定的形象，把教师的启发与自身的经历结合起来，把思想的认知和情绪的体验结合起来，把形象的观察和想象的驰骋结合起来，把外在的直观和内在的省思结合起来，才能开启形象在思想上的力量，把生动的形象、深刻的思想铭记在心，产生长久的育人效果。教育者的感知、体验和启发很重要，但毕竟是外因，受教育者的自主感知、体验和省思，才能形成更加真实的情绪体验，强烈的情感和深刻的思想感悟。而这种感知、体验和省思所形成的思想情感，则是内因，更能对受教育者的思想进步和成长发展长期发挥作用。而一旦受教育者在接触、感知和体验的过程中，与教育者的体验产生契合，实际就产生了思想和情感上的认同与契合，产生了形象育德的合力，提升了形象德育的效果。

六　示范性

形象德育具有明显的示范性特点。形象德育的示范性，主要体现在用于德育的典型形象，对人们具有重要的示范作用。这种典型形象，是一定思想和价值的形象化体现，具有价值传递、引领和示范效应。

形象德育中形象示范效应，首先体现为社会生活中典型人物的示范效应。习近平总书记指出："要大力弘扬和宣传先进典型，充分发挥其示范引导作用。"① 现实生活中孕育出许许多多的先进模范和典型人物。"其身正，不令而行；其身不正，虽令不从。"② 一个人自身行为正，为人做出了表率，不发出号令，他的想法、主张和意志也会得到执行；自身行为不正，就难以正人。即使发出号令，他的想法、主张和意志也不会有人信服和执行。模范人物是在社会成员中产生的，又是社会成员中的优秀分子和佼佼者，体现了一定社会统治阶级的要求，代表了社会发展的方向，对其他社会成员具有示范作用。这种示范作用主要体现为人格示范、行为示范和价值示范三个层面。价值示范是最深层次的示范作用，体现在模范人物的先进事迹和高尚精神之中。他们的先进事迹和精神产生于社会实践之中，产生于社会生活之中，产生于社会成员之中，具有亲切性、可比性、示范性。模范人物和先进典型一经产生，与其生活在一起的社会成员，就有可能把他们的事迹和精神与自己的言行加以比

---

① 习近平：《干在实处　走在前列——推进浙江新发展的思考与实践》，中共中央党校出版社 2013 年版，第 396 页。

② （春秋）孔子著，李择非整理：《论语》，万卷出版公司 2009 年版，第 165—166 页。

较，找出自身和先进模范人物的差距，自觉向先进模范人物看齐，效仿先进模范人物，使先进模范人物的示范效应在实践中充分显现。

社会生活中除模范人物和先进典型之外，也存在反面典型和反面教员。各种逆历史潮流而动、阻碍社会发展、损害群众利益、败坏社会风气者，都是社会生活中的反面典型和反面教员。反面典型和反面教员有其特殊的教育示范作用。这种示范作用实质上是警醒警示作用。毛泽东指出："坏事也算一种经验，也有很大的作用……在国内来说，最好的教员是蒋介石。我们说不服的人，蒋介石一教，就说得服了。蒋介石用什么办法来教呢？他是用机关枪、大炮、飞机来教。还有帝国主义这个教员，它教育了我们六亿人民。一百多年来，几个帝国主义强国压迫我们，教育了我们。所以，坏事有个教育作用，有个借鉴作用。"[①] 帝国主义和蒋介石用他们反对革命、阻碍进步的种种行为，深刻地教育、警示、警醒了我们。要革命、要进步，就丝毫不能屈服于帝国主义和蒋介石的压力。相反，要以革命势力战胜反动势力，以进步力量战胜落后力量，不断推动革命事业的发展和社会的进步。贪污腐化分子，也给我们进行反腐倡廉教育提供了生动的反面教材，发挥了对广大党员领导干部的警示作用。党的十八大以来，习近平总书记坚持从严治党，"老虎""苍蝇"一起打，2016 年，由中纪委和央视合作推出的党风廉政专题片《永远在路上》一经播出，迅速掀起收视热潮。摄制组先后赴 22 个省区，拍摄了 40 多个典型案例，采访了 70 余位国内外专家学者、纪检干部，苏荣、周本顺、李春城等因严重违纪违法而落马的省部级以上官员悉数露面，痛陈贪腐心迹，对现在的领导干部起到了一种警示作用。

文艺作品中的艺术典型也具有很重要的示范教育作用。这些艺术典型，都源于生活又高于生活，是社会生活中同类人物性格特征的高度集中、概括和表现。它既反映了社会生活的普遍本质，又具有鲜明的个性特征，因而具有重要的示范教育作用。电影《红岩》中的叛徒蒲志高贪生怕死，背叛革命、出卖同志的卑劣行径，激起了人们的极大愤慨。艺

---

① 《毛泽东文集》第 7 卷，人民出版社 1999 年版，第 91 页。

术作品中的典型人物，无论是正面典型还是反面典型，都是思想性和艺术性的统一，产生示范或警戒教育作用。现实社会生活中的典型事例和场景也具有示范教育作用。如生态文明教育，良好的生态环境，对人们保护爱护环境有正面的示范教育作用，而生态恶化甚至生态灾难的典型案例、事例，又会对人们产生振聋发聩的警醒警示作用。

第 四 章

形象德育的结构

形象德育的结构决定着形象德育的功能，决定着形象德育整体效应的形成和发挥。研究形象德育，不仅要研究形象德育的各个要素构成，尤其要分析形象德育要素之间的相互关系及其结合方式，优化形象德育的系统结构，以便从整体上认识、加强和改进形象德育。

第一节　形象德育的构成要素

形象德育系统的构成要素，根据形象德育赖以存在的形象的属性划分，包括艺术形象德育、生活形象德育、自然形象德育和虚拟形象德育。以下对形象德育系统的这四个要素分别加以分析。

一　艺术形象德育

所谓艺术形象德育，是指运用各种典型的艺术形象来进行的思想道德教育活动。艺术形象内容丰富，依据审美方式，艺术形象可分为文学形象、视觉形象（绘画形象、摄影形象、雕塑形象、书法形象等）、听觉形象（音乐形象）和视听形象（电影形象、电视形象、戏曲形象、戏剧形象等）。与之对应，艺术形象德育就包括文学形象德育、视觉形象德育、听觉形象德育和视听形象德育等。

开展艺术形象德育，运用艺术形象打动人、感染人、教育人，要做到在文艺创作和文艺鉴赏中，体现思想性和艺术性的统一、教育性和娱乐性的统一、价值性和审美性的统一，寓思想性于艺术性之中，寓教育性于娱乐性之中，寓价值性于审美性之中，充分发挥艺术形象的德育功能和文艺暖心、感人、化人的独特作用。

文艺创作和文艺鉴赏要体现思想性和艺术性的统一。"必须把创作生产优秀作品作为文艺工作的中心环节，努力创作生产更多传播当代中国价值观念、体现中华文化精神、反映中国人审美追求，思想性、艺术性、观赏性有机统一的优秀作品。"① 文艺创作的思想性，是指艺术创作要再现社会生活的本质，反映特定时代的特征，体现先进阶级的要求，实现文艺的社会价值。"诗有六义"，故可以"经夫妇，成孝敬，厚人伦，美教化，移风俗"②。恩格斯把倾向性看成是文艺作品创作的首要任务和使命，他说："如果一部具有社会主义倾向的小说，通过对现实关系的真实描写，来打破关于这些关系的流行的传统幻想，动摇资产阶级世界的乐观主义，不可避免地引起对于现存事物的永恒性的怀疑……我认为这部小说也完全完成了自己的使命。"③

艺术源于现实生活，再现社会生活本质，这不仅是艺术创作，也是艺术鉴赏要遵循的基本原则。"荷马史诗"因展现古希腊恢宏壮阔的社会变迁而成为经典之作；列夫·托尔斯泰的鸿篇巨制《战争与和平》是其行吟泽畔对俄国人民苦难生活的真实反映；《红楼梦》作为封建社会的生动浮世绘而流传千古；漫画家丁聪绘尽社会万象、政治风雨，针砭时弊，讥弹世态，体现出道德的力量和强烈的社会责任感。艺术家对生活中的感性材料和原型进行选择、提炼、加工、概括，融入了他们的生命经验、世界观，及其对于生活的认识、体验、评价，思想、理想、情感和期待。艺术源于生活又高于生活，因此，我们在进行艺术鉴赏时，要着力引导人们深刻认识艺术作品再现的社会生活本质，把握艺术作品的社会价值。"审声以知音，审音以知乐，审乐以知政。"④ 好的文艺作品，可谓是思想的圭臬、道德的摹本、社会的显微镜，将人情冷暖、世间况味审视放大、

---

① 习近平：《在文艺工作座谈会上的讲话》，《人民日报》2015年10月15日第2版。
② （汉）毛氏传，（汉）郑氏笺等：《毛诗》，山东友谊出版社1990年版，第20页。
③ 《马克思恩格斯选集》第4卷，人民出版社2012年版，第579页。
④ 张宪军、赵毅：《简明中外文论辞典》，巴蜀书社2015年版，第41页。

表露无遗。好的文艺作品，总能见证时代、反映社会、折射政治，尤其是通过对社会生活和人性的深度挖掘与全面审思，塑造了栩栩如生的艺术形象，给人们提供了形象德育的绝佳教材。因此，在实施艺术形象育德的过程中，应该聚焦于艺术作品塑造的艺术形象，深刻品味和把握艺术性中的思想性、娱乐性中的教育性、审美性中的价值性，使人们在艺术的熏陶中、在情感的抒发中、在诗意的表达中，激浊扬清，明辨是非，提升道德境界。

艺术创作和艺术欣赏要避免只讲思想性，不讲艺术性。艺术形象的内容或许可以通过一两句话来凝练概括，总结出一个中心思想、主旨要义，但假使把组成形象的大量丰富感性内容，如人物、个性、情节、细节描写统统抽掉，仅以抽象思维来分析社会生活，就不仅忽略掉了现象，也忽略掉了主观情感，文学艺术作品的审美价值和艺术价值也就消解了，这样的以纯粹反映社会本质为内容的抽象思维的文艺作品及其塑造的文艺形象，就容易陷入概念化、形式化、符号化的窠臼，很难唤起读者内心的感受和丰富的情感，其吸引力、感染力、穿透力、说服力也会大大削弱。马克思在《致斐·拉萨尔》的信中，对文艺作品的艺术性和生活性的辩证关系，做出过深刻而扼要的说明，他认为，拉萨尔"最大缺点就是席勒式地把个人变成时代精神的单纯的传声筒"[1]。恩格斯也曾指出："我认为，我们不应该为了观念的东西而忘掉现实主义的东西，为了席勒而忘掉莎士比亚。"[2] 所谓"席勒式"主要是指在作品中缺少现实生活的真实性，缺少细节和情节，只追求抽象的时代精神，以致人物变成了这种精神的单纯的传声筒和观念图解。例如，封建制度对美好事物的戕害摧残，这句话的确可以概括《红楼梦》的要义，揭示封建社会的本质，但舍弃了字字珠玑的生动语言、鲜明活泼的人物形象、引人入胜的故事情节，又如何能给人们带来史诗般波澜壮阔的社会的全部内容呢？艺术不能舍弃个性，个性化艺术形象要有突出的个性特征。比如《红楼梦》中的宝钗和凤姐，都是封建社会中的大小姐，具有普遍性，但却不能抹

---

① 《马克思恩格斯选集》第 4 卷，人民出版社 2012 年版，第 437 页。
② 《马克思恩格斯选集》第 4 卷，人民出版社 2012 年版，第 442 页。

杀两人的差别，她们有着不同的个性特征。王朝闻在《论凤姐》一书中，曾对两人的性格命运做出了精彩的分析：宝钗和凤姐，"面对已经不稳的地主阶级统治，一个偏重于'树倒猢狲散'的未来留一地步；一个偏重于改良那进的少出的多的现状。对待个人的社会地位，一个是力图避免跌落下来；一个是力图爬了上去。论作风，一个近似'人来疯'，处处争风头；一个避免到处引人注目，让人家摸不透自己的底儿"。① 艺术形象是经过高度概括形成的，艺术作品反映现实，不是对生活的直接描摹，而是能动地、艺术地、创造地描述现实。现实形象转化为艺术形象时，要经过创作者的提炼、加工、概括、集中，"从知识和影响的库场中间凑足最明显和最有特征的事实、景象、细节"②，因而具有更典型、更普遍的特征。大文豪雨果对莎士比亚创作的人物形象哈姆雷特赞不绝口，指出"哈姆雷特，他像我们每个人一样真实又要比我们伟大。他是一个巨人，却又是一个真实的人。作为哈姆雷特，不是你，也不是我，而是我们大家"。③ 艺术创作是伟大的艺术家总能从丰富的社会生活中发现、凝练、塑造出最典型的人物形象，引起人们的思想情感共鸣。

既然艺术创作是通过生动形象的艺术典型和生动感人的情景细节再现社会生活本质的，那么，艺术欣赏作为艺术形象德育的基本活动和方式，就要注重结合艺术家创作的艺术手法，包括再现艺术形象和矛盾冲突的事实、场景和细节，开展艺术形象德育活动，才能更深刻地理解艺术作品的真谛，把握艺术形象的精神内涵和思想价值。巴金的作品《家》中塑造的"觉新"这一经典人物形象，反映了特定时代青年的苦闷、矛盾、冲突和欲望，引起了人们尤其是青年人狂热的喜爱，产生了巨大的精神动力，激励和鼓舞了一批又一批的青年人摆脱封建礼教的重重束缚，投身伟大的革命事业并为之奋斗终身。巴金融入自己的思想和情感，用自己的想象和联想，把五四运动中和与觉新具有相似性格的无数青年的个性抽象出来，反映和表现出最本质、最强烈、最有代表性的东西，用

---

① 王朝闻：《论凤姐》，百花文艺出版社 1980 年版，第 95—96 页。
② 参见周扬《马克思主义与文艺》，解放社 1950 年版，第 284 页。
③ 古典文艺理论译丛编辑委员会：《古典文艺理论译丛》第 2 册，人民文学出版社 1961 年版，第 135—136 页。

真实的笔触反映和再现了风云际会的时代一个个觉新的思想和命运，因此，这个"觉新"，比生活中的无数个觉新更典型，更具生命力、感染力、影响力。巴金坦言："我写《家》的时候，我仿佛在跟一些人一同受苦，一同在魔爪下面挣扎。我陪着那些可爱的年轻生命欢笑，也陪着他们哀哭。我一个字一个字地写下去，我好像在挖开我的记忆的坟墓……"① 用心灵和情感创作出来的艺术作品，才能感人，才能育人。巴金的创作正是基于现实主义的表现规律，他走进觉新的世界，以觉新的视角打探、注视、思考这个世界，因而觉新的情感、倾向、行为、矛盾就显得合情合理，觉新的人物形象便呼之欲出、格外丰满，而觉新在失去青春、失去幸福、失去前程，从自己的人生遭遇和惨痛的教训中，得出的封建专制礼教具有迫害性的结论，就自然而然、水到渠成了。倘若巴金循图解化的老路，脱离觉新生活的具体时代，脱离觉新生活的典型环境，那么作品的影响力和感染力就会大打折扣。因此，在对《家》这部作品进行艺术鉴赏时，就要结合觉新生活的历史时代、遭遇的矛盾冲突和悲惨生活的经历，进行分析、阐述和启发。觉新的内心思想冲突和矛盾，内在的理想信念，与新文化革命运动前后青年人的精神心理状态和信仰追求相契合，对青年具有很大的道德教育作用。正因为如此，觉新这个形象才具有活生生的感染力、辐射力、震撼力，只有结合觉新所生活的时代环境、成长经历和内心冲突，并同欣赏者的生存境遇和生活体验结合起来，才能引发欣赏者的思想和情感共鸣，产生有效的教育启迪作用。如同李健吾先生所说：巴金先生的人物属于一群真实的青年。"他的心燃起他们的心。他的感受正是他们悒郁不宣的感受……你可以想象那样一群青年男女，怎样抱住他的小说，例如《雨》，和《雨》里的人物一起哭笑。"②

艺术创作和艺术欣赏也要避免只讲艺术性，不讲思想性。高尔基也说过："艺术的本质是赞成或反对的斗争，漠不关心的艺术是没有而且不

① 参见刘勇、李春雨《拿出自己的心来高高地举在头上——纪念文学大师巴金先生》，《中国教育报》2005 年 10 月 20 日。

② 张颐武：《巴金——让真理与青春同行》，新华网，http://news.xinhuanet.com/book/2003-09/22/content_1132992.htm，2003 年 9 月 22 日。

可能有的，因为人不是照相机，他不是给现实拍照，他或是肯定现实，或是改变现实，毁坏现实。"① 艺术家通过创作材料的运用，把人内心的思想、观念、感情等精神性的存在对象化、具体化，"使情成体"，使之成为可直接供人的感官感知、认识和欣赏的对象，这种对象化、具体化不是对现实的简单描摹，如古希腊人讲的模仿，而是融入了艺术家复杂的思维、创造过程，体现了创造者的价值取向、情感倾向和个人风格。黑格尔对此曾做了一个绝妙的比喻："艺术把它的每一个形象都化成千眼的阿顾斯，通过这千眼，内在的灵魂和心灵性在形象的每一个点上都可以看得出。"② 就黑格尔论及的精神性的事物而言，这句话无疑是正确的、深邃的。艺术家所创作出的形象之所以有价值，正是因为它处处都表现了某种精神性的东西，表现出了某种思想、观念、感情，如果没有精神性的东西存在，那它就是空洞的、没有生命力的，毫无价值可言。艺术形象的思想内容，是艺术形象的生命力和魅力的核心，艺术形象的最终价值就在于它通过一定形象集中反映和表现某种精神性的本质。意大利作家但丁的《神曲》见证了特殊历史时期新旧势力的矛盾与对抗，新旧思想的激烈斗争，展现了个体的理想、命运与选择；19世纪初期，英国菲利普·卢泰尔堡的名画《阿尔卑斯山的雪崩》，再现了人类与自然灾难抗争时的恢宏悲怆的场景，书写和记录了社会进程中人类的伟大实践和精神境界；欣赏张大千、齐白石的国画经典，看到艺术家们创作的中国山水、花鸟鱼虫，不禁让人感叹中华儿女的才华和创造力，产生强烈的自豪感；听《黄河大合唱》，在激情澎湃的节奏中可以感受到创作者深切热烈的爱国情怀，体会战火纷飞的年代国家、民族和人民的命运，如同经历一场精神上的洗礼；看电视纪录片《舌尖上的中国》，感受跳跃在味蕾之间、蕴藏于东方美食之中的博大精深的优秀传统文化，也是对于民族精神最"美味"的解读。

艺术家在进行艺术创作时，总带着一定的价值观和情感态度，带着

---

① ［苏联］高尔基：《论文学》，孟昌、曹葆华、戈宝权译，人民文学出版社1978年版，第141页。

② ［德］黑格尔：《美学》第1卷，朱光潜译，商务印书馆1979年版，第198页。

对社会本质、人性本质的理解和把握赋予人物形象以特定的道德意义，寄托着自己的道德理想，表现出或歌颂或谴责的道德倾向。艺术作品的内容，必然地包含对于典型形象的塑造，以及典型形象生活的时代人们的道德关系及其状况的生动描绘，就揭示社会生活本质方面，艺术形象一点不比理论逊色。马克思在论英国的狄更斯等创作的批判现实主义小说时说："他们用逼真而动人的文笔，揭露出政治和社会上的真相；一切政治家、政论家、道德家所揭露的加在一起，还不如他们揭露的多。"①恩格斯也曾盛赞巴尔扎克："在《人间喜剧》里给我们提供了一部法国'社会'，特别是巴黎上流社会的无比精彩的现实主义历史……我从这里，甚至在经济细节方面（诸如革命以后动产和不动产的重新分配）所学到的东西，也要比从当时所有职业的史学家、经济学家和统计学家那里学到的全部东西还要多。"②而"莎士比亚化"正是在典型环境中塑造典型人物，实现了深刻的思想深度、丰富的历史内容和高超艺术造诣的统一。每一个艺术形象，都是由一定物质材料所构成的具体形象，雕刻运用石头、青铜、泥土，绘画要运用笔、墨、颜料、布，建筑用多种石灰、沙土、木材，文学用语言材料，同时这个形象又处处表现了现实生活中各种思想、理想、情绪，黑格尔称之为"意蕴"，黑格尔说："遇到一件艺术作品，我们首先见到的是它直接呈现给我们的东西，然后再追究它的意蕴或内容。前一个因素——即外在的因素——对于我们之所以有价值，并非由于它所直接呈现的；我们假定它里面还有一种内在的东西，即一种意蕴，一种生气于外在形状的意蕴。那外在形状的用处就在指引到这意蕴。"③

因此，开展艺术欣赏时要特别注意艺术性中的思想性，把握艺术作品、艺术形象蕴含的深刻的思想价值。一切艺术形象，都是一定的社会生活在艺术家大脑中的反映，是艺术家按照一定的理想，把思想、感情、理想熔铸到艺术形象中，依照对社会生活的认识、体验而凝练创造出来

---

①　杨柄：《马克思恩格斯论文艺和美学》，文化艺术出版社1982年版，第1页。
②　《马克思恩格斯文集》第10卷，人民出版社2009年版，第570页。
③　朱光潜：《西方美学史》下，中华书局2013年版，第735页。

的具体可感又带有强烈主体意识的生动图画。当我们去欣赏和感受艺术家们创作的艺术形象时，我们可以从不同的人物形象中，从鲜活的场景中，从复杂的矛盾冲突中，从对艺术形象的欣赏、评价中了解社会风貌，获得生活真理、人生真谛，获得真、善、美。艺术形象德育，不是对真理的简单形象化图解，艺术家将道德的朴素真理真实、直观地展示给人们，使艺术形象体现出的道德、思想更为突出和集中，使人们在欣赏艺术作品时，对艺术形象的行为和思想，进行思考，关照自身观念和行为，进行诸如真实或虚伪、美好或丑恶、崇高或卑微的比较、甄别和选择，从而在心灵上得到洗礼、精神上得到陶冶，增强对生活中是非美丑善恶的道德判断力，树立正确的价值观。

二 生活形象德育

生活形象德育是指运用现实生活中的形象尤其是先进典型开展的德育活动。人民群众的现实生活，无论是慷慨悲歌的战斗画面、诗情画意的日常生活，还是热火朝天的劳动场景，都勾勒出一幅幅现实生活中生动丰富的画面，是形象德育的重要源泉。生活德育形象主要生活在现实社会生活中，集中表现为代表一定时代、一定社会的典型人物及其思想和行为。生活形象是生动的教科书，是价值观的鲜活载体。而先进典型，则是一定时代的社会生活领域中代表前进方向的先进人物，是所在时代社会核心价值观的践履者，是社会道德规范的维护者，是社会公认的道德理想人格的代表者。不同年代的先进典型形象如同标杆和旗帜，引领和激励着一代又一代青年在精神上向上提升，在品行上向善靠拢。生活形象德育，要注重发现英雄人物，培育先进典型，梳理先进事迹，凝练高尚精神。在对先进人物的精神提炼、事迹总结、宣传教育中，用社会生活中涌现的各种先进典型的感人事迹和高尚精神教育和激励社会大众尤其是青少年，令大众认同、敬仰、学习和效仿，学先进，找差距，增动力，使人们学有对象，赶有目标，形成"比学赶帮超"的学习竞赛氛围，让好作风蔚为风尚。

生活形象德育，要注意把正面典型教育和反面典型教育结合起来。一方面，要发挥正面典型的示范、表率、引领作用。一个榜样胜过书上二十条教诲。正面典型是一面镜子，是最好的样本，是最好的向导，是最好的说服，比起凌空蹈虚的泛泛而谈要有用得多。自古以来，无数英雄豪杰、仁人志士，以其爱国情怀、英雄壮举、感人事迹彰显着不同历史时代杰出人物的独立品格，展示了中华民族的优良传统和道德风貌。如"三过家门而不入"的大禹，"路漫漫其修远兮"的诗人屈原；"先天下之忧而忧，后天下之乐而乐"的以天下为己任的范仲淹，"国家兴亡，匹夫有责"的顾炎武；勇于探险、悉心考察的徐霞客，"悬壶济世佑苍生"的李时珍；"就极刑而无愠色"的历史学家司马迁，"我自横刀向天笑"的谭嗣同等，这些历史上的杰出人物的优良品质和高尚情操，铸写着慷慨悲歌的恢宏史诗，构筑了中华民族的时代精神和民族脊梁，成为炎黄子孙不断奋进的巨大精神动力。运用生活形象、各类典型人物教育引导人是中国共产党宣传思想工作长期以来的优良传统。"早在上个世纪30年代的中央苏区就出现了比较成型的典型人物报道。当时的《红色中华》《青年实话》《红星》等报刊所刊登的诸如：《识字运动中的模范》《扩大红军的先锋》《脱险归来的谢永生同志》等文章，都体现出了典型人物宣传报道的基本特征。抗战时期的延安，典型宣传得到发扬光大。新中国成立以后，典型人物宣传报道更是蔚然成风。"① 正面典型示范作用是一种可再生的精神力量，一经化为社会大众普遍效仿的自觉行动，便会转化为巨大的物质力量，汇聚成推动社会发展的合力，其改造社会、改造实践的力量是无穷的。

　　另一方面，反面典型的警示作用不可或缺。"见贤思齐"固然重要，"见不贤而内自省"也同样重要。反面典型也是一面镜子。反面典型是一定时代中的落后分子和反面人物，制约和阻碍了社会生产力的进步和发展。注意从社会生活中及时发现、找出反面典型，号召和引导社会大众慎独、自省，受到警醒教育。一味树立正面典型，忽略或不敢把社会生活中客观存在的反面典型作为警示教育的生动形象，不利于生活形象德育的深入开展和典型教育效应的整体发挥。树立反面典型，要以事实说

① 陈信凌、李志：《论典型人物的宣传报道——学习习近平同志关于典型宣传的论述》，《新闻战线》2015 年第 5 期。

话，触及思想和灵魂。在运用反面典型进行警示教育时，切忌反面典型教育的脸谱化、公式化、格式化，切忌教育思路、教育方法的简单化和绝对化。对反面典型人物要作具体的、历史的分析，不能认为反面典型什么都是反面的，不能将反面典型说成一开始就是反面的，反面典型的形成发展也有一个具体的历史过程。很多反面典型人物，并不是一开始就以负面的形象出现，而是出身贫寒、拼搏奋斗，做过不少有益的事，有的甚至做出过重要贡献，他们从正面走向反面，走到人民的对立面，有一个发展变化的过程和轨迹。有的反面典型人物，恰恰是因为做过不少有益的事，居功自傲，自我懈怠，放松学习，放松要求，疏于自律，以致走上脱离群众、背离人民、违法犯罪的道路。只有结合这些反面典型人物的个人的经历、典型事例和心理变化轨迹进行教育，才能使反面典型给人们产生的警示教育作用更有震撼性、深刻性和警醒性，才能产生更好的发人深省、引以为戒的效果。党的十八大以来，习近平总书记坚持从严治党，"老虎""苍蝇"一起打，在生活形象德育中，将正面典型与负面典型教育结合起来，还要注重始终坚持以正面典型教育为主，以负面典型教育和警示为辅，负面典型太多，渲染过分会消解正面典型的示范作用和负面典型的警示作用，甚至导致人们观察社会现象的偏差和社会生活价值判断的扭曲。

生活形象德育，要注意典型教育的历史性和发展性。典型总是产生于一定的时代，典型又影响时代的发展。每个时代的形势不同、任务不同、主题不同，造就的典型人物也不同。每个典型是生活于某个历史时期中的现实的个人，其思想、观念、行为无不受当时社会政治、经济、文化的影响，反映不同时代的时代特征和时代精神，尤其是代表一定阶级对于时代经济的理解和要求，任何典型都不能脱离或超越社会发展阶段而单独存在。不同时代的典型人物的感人事迹和崇高精神又成了推动时代发展的重要精神动力。一方面，历史中的正面典型是历史的推动者和社会的进步力量，运用历史的正面典型来育人，找寻历史正面典型的普遍性特征，有助于把脉波澜壮阔的历史实践、揭示历史发展的社会大势，传承中华民族优秀道德观念，构筑当代社会道德生态环境，鉴古知今，面向未来。我国革命、建设、改革的不同历史时期，历史环境不同，时代任务不同，产生的典型形象也不同。中国共产党在历史上不同时期树立了一批批的先进典型，特别善于运用先进典型的英雄事迹和崇高精神鼓舞和激励人民群众，有力推动了革命和建设事业的发展。今天，运用这些历史上的先进典型来教育人，能生动再现这些典型置身其中的革命、建设和改革伟大事业和波澜壮阔的历史图景，彰显这些先进人物的感人事迹、崇高理想、高尚品德和价值追求，引领、团结和激励人们自觉投身火热的社会主义现代化建设事业。另一方面，历史的车轮总是向前的，当代社会实践是由当代人民来推动的，在当前的社会实践中又产生了一批具有当前时代特征的新典型，他们是当代先进社会生产力和先进文化的代表。时势造英雄。我们在典型教育中，不能忘记在历史上为了人民的自由、解放和幸福而英勇奋斗的先进典型，不能忘记他们的历史贡献和崇高精神，不能忘记运用他们的感人事迹、历史贡献和崇高精神来不断教育激励人们。忘记历史上的先进典型就意味着对优良历史传统和崇高价值观念的背叛。同时，我们更要注重对当代先进典型的发现、发掘、树立、学习和效仿，使当代先进典型成为生活形象德育的重点和典型教育的焦点。因为，当代先进典型，生活在与同时代人相同的时代环境之中，他们与同时代人发展的环境相同，面临的挑战相同，利益的诉求相同，思考的问题相同，内心的困惑相同，担当的任务相同，但他们在相同之中体现出与同时代人不同的追求、选择、韧性和成效，走在同时代人的前列。加强当代先进典型的发现、发掘、树立、学习和效仿，把他们与同时代人加以比较，可以让同时代人在相同的社会环境中对比、关照、反省、对话，更有可比性、亲和力和感召力，其参照意义和示范价值更直接、更明显、更深刻。因此，我们更要注重从人民群众共同参与的中国特色社会主义建设事业的伟大实践和火热生活中，发现、培育、塑造、树立反映时代特征、彰显时代精神、展现时代趋势的各种先进典型，广泛开展向先进典型学习效仿的活动，把先进典型的感人事迹、崇高精神和价值追求，化为激励人们积极向上、崇德向善、奋发进取的巨大精神力量，凝心聚力、推动发展，为实现中华民族伟大振兴的中国梦提供不绝的力量源泉。

生活形象德育，要注意把学习典型与效仿典型结合起来。先进典型是一定社会先进生产力和先进文化发展要求的承载者和代表者，学习先进典型的过程，就是了解一定社会的发展要求和先进典型的价值追求，并将这种要求转化为自己的认知、情感、意志、信念等内在意识的过程。在这一过程中，教育者需要把具有教育意义的先进模范人物的具体行为进行抽象，提炼先进人物的事迹内含的精神品质，向受教育者进行传导，使受教育者深刻认识、理解、把握、认同和内化先进典型的崇高精神。这一过程，是从具体到抽象的过程，体现为先进人物精神的内化、主体化过程。在学习典型的过程中，最重要的就是唤起受众的情感。"没有情感，道德就会变成枯燥无味的空话，只能培养出伪君子。"① 与先进人物越接近，越了解先进人物的处境和选择，体会先进人物的思想和情感，发现的心灵共鸣点越多，就越容易唤起真切情感。先进人物是平凡的、更是伟大的，是平凡中的伟大、伟大中的平凡。学习典型，就要注重拉近与先进典型的距离，还原先进典型特定的生活环境，把先进榜样当作现实的个人来理解，而不是当做抽象的人来理解，引导受众设身处地、换位思考，体验先进典型面临的道德冲突，在切身体验中有所思、有所感、有所悟，对比自己和先进典型在道德冲突中的实际表现，总结先进典型在道德冲突中体现出来的品格风尚，引发受众产生情感体验，增强对先进典型的心理认同，提高学习典型的自觉化水平。因此，多体验，多思考，才有共鸣；有差距，有鞭策，才有动力。

学习先进典型，最重要的就是在行动中效仿先进典型。效仿先进典型的过程，是将已经内化的先进典型人物的精神品质、思想观念、价值追求不断外化为自己的行为，并将其内化为自己的行为习惯的过程。这一过程，是从抽象到具体的过程。受教育者将在充分理解和把握先进典型精神实质的基础上，将先进典型的内在精神再度具体化，转化为自己的亲身行动。有触动、有感动，才能心动，真认同、真信服，才能行动。学习先进典型，不能停留在口头上，而要见诸行动中。行动中效仿是最好的学习。效仿先进典型不等于模仿先进典型。模仿先进典型只能得其

---

① ［苏联］B. A. 苏霍姆林斯基：《帕夫雷什中学》，赵玮等译，教育科学出版社 1983 年版，第200 页。

"形"，效仿先进典型才能得其"神"。在生活形象德育中，学习先进典型，是为了效仿先进典型；而效仿先进典型，又能巩固和深化对先进典型的认知和认同，强化学习先进典型的效果。学习先进典型是基础和手段，只有经过对先进典型的学习，认识和了解先进典型人物感人事迹蕴藏的精神实质，才能在此基础上进一步效仿行为，缺乏对先进典型的学习和对典型人物精神实质的理解，其效仿行为就是外在的、形式的效仿，实际上是无效的效仿，难以产生长效机制；效仿典型是归宿和目的，学习是为了效仿，心动的目的是行动。运用先进典型开展形象德育活动，最重要的是将先进的思想行为转化为人们自觉的行动，这是生活形象德育的最终目的。生活形象德育的过程，要把学习典型与效仿典型相结合，实现具体—抽象—新的具体的过程，前一个具体，是先进典型的具体，为的是提炼先进典型的精神品质，后一个具体，是效仿典型的具体，为的是把学习内化的先进典型人物的崇高精神外化为自身的行为和行为习惯，在弘扬和践行先进典型精神的过程中推动实践的发展和社会的进步。只有将学习与效仿结合起来，将内化与外化统一起来，才能完成完整的生活形象德育过程，达到先进典型育德的最佳德育效果。

生活形象德育，要注意典型的可信度和感染力。先进典型总是历史的、具体的、现实的。然而，很长一段时间，我们无视或忽视先进典型的历史性、社会性和现实性，撇开历史和社会进程，把先进典型从具体的历史和生活中抽离出来，成为抽象的、孤立的、概念化的存在，赋予典型以"神性"，忽略其"人性"。于是，大街小巷宣传的、报媒纸端报道的，皆是不食人间烟火、没有七情六欲、至高至强、尽善尽美的"高大上"的"圣人"形象。有人曾形象化地把过去的榜样归纳为"有病不看型、过家不回型、不顾家人型、发扬风格型、死后出名型"等类型。这种形象，在高扬"神性"的那一刻起，便抛弃了先进典型人物作为普通人存在的东西，在描绘的幻象中有形无形消解了先进典型人物的真实、魅力和权威，成为高尚却不丰满、伟大却不感人的僵化的符号，给人距离感、陌生感、疏远感、虚幻感。与之相应的，典型教育的示范作用也弱化了。以理性、客观的态度重新审视先进典型，可以看到：先进典型同样也是人，是生活在一定社会关系和人群之中的现实的人，是有血有肉有情感的活生生的人，同样受社会具体的各种条件的影响和制约。而先进典型之所以值得人们学习，不在于其是完美的，而恰恰在于他们能在丰富变幻的社会生活和复杂多样的道德情境中，在情与理、情与义、义与利的冲突和斗争中彰显其先进性。先进典型人物在面对家庭与事业、集体利益与个人利益、个人利益与他人利益不能兼顾的情况下，他们总是把对亲人的爱埋在心底，把个人利益暂时放在一边，把他人的利益放在第一位，正是在选择中他们心系他人、舍利取义、舍小家为大家，彰显着大爱、大美、大善。先进典型的伟大，正是在平凡中蕴育的伟大。因此，发掘、树立和运用先进典型教育人时，不能模式化、套路化、公式化，避免将典型的事迹过度文饰和拔高，而要注意客观真实地还原典型，以小见大地宣传典型，既要宣传先进人物的伟大事迹，又要挖掘人性的真实之美，用伟大事迹震撼人、用人性人情感动人，呈现给受教育者真实鲜活、有血有肉、有情有义的立体化典型，增强先进典型人物的代表性、亲和力、感染力、说服力，成为受教育者可比、可亲、可学的典型。

三 自然形象德育

自然形象德育，简单而言是指通过自然形象与人的主观意识的交互影响作用提升个体道德境界的德育活动。自然形象何以育德，源于自然形象具有二重性，自然形象向我们展示的不仅是一种纯粹的外观形式，更重要的是蕴藏其中深刻的道德意蕴。自然形象一方面具有审美价值，体现在对自然的直接感受的基础上，基于自然物以和谐、匀称、平衡的形式所产生愉快与崇高的情感。自然形象蕴藏着无限的美，观察自然形象，在美的形象中熏陶、观照涵养自身，能提升个人的趣味和情操。自然形象的审美价值体现在两个方面。一方面，纯粹的自然形象，是世界客观运动自发形成的结果，具有鲜明的自然属性，如形态、崇高、质地、对称、平衡、整齐等，正是这种自然属性彰显了它的美的本质。纯粹的自然形象的美，就在于它蕴藏着自然界和宇宙的规则，是必然性、丰富性和规律性的体现。泰山之雄，华山之险，嵩山之峻，恒山之幽，衡山之秀，这些分别是五岳名山具有的自然属性，体现了它们各自的特点，共同反映了一种自然的本质必然性。另一方面，自然形象具有道德价值。人们感受和观照自然和谐、匀称、平衡的形式时，受到其蕴含的道德内容的感化熏陶，从而对和谐的自然形象的形式产生情感共鸣，物我相契，使精神上升到一种自由的境界，实现内在道德品性的完善。因而，自然形象、自然审美价值和道德价值的互渗统一，使得美与善在形象层面得以贯通。古人认为自然有利于陶冶人性、养成志趣、生成德性，常借山水遣兴、乐志、静心、养神。孔子登泰山发出"仁者乐山，智者乐水"的慨叹，"仁""智"实乃立世之道，仁者厚重如山，智者宛转似水，故一个乐山，一个乐水。将山水之习性与仁智之德性相结合，区区数言，蕴涵养于山水之间、喻德性于自然之中，体悟深刻，韵意悠远。

　　自然形象有助于陶冶性情、涵养美感。有人曾形象地把感受大自然的过程比作开启心灵之门、思想之光。大自然中蕴藏着丰富的哲理，是启迪思想的生动教材。滴水穿石，教人持之以恒；海纳百川，喻人胸襟开阔；江河奔腾，劝谓珍惜时光；乌鸦反哺，劝诫恪守孝道。前人常从大自然中汲取人生经验，参透人生哲理，吸收智慧思想。老子由水之习性联想大善之形，指出"上善若水"，获得的是博大厚道、润泽万物的精神启迪；苏轼观庐山之貌借景说理，"不识庐山真面目，只缘身在此山中"，参悟出人之易被假象迷惑，是因为缺乏客观的立场，不能正确观察事物和认识事物；朱熹在"半亩方塘"中得到启发，"问渠那得清如许，为有源头活水来"；龚自珍看到"落红不是无情物，化作春泥更护花"，实则是对"牺牲小我，成就大我"的情操的赞誉；毛泽东一生更是爱梅惜梅，一句"待到山花烂漫时，她在丛中笑"，是从梅花斗雪傲霜观照自身的革命乐观主义气派。黄河作为中华民族的摇篮，其九曲连环、波涛海浪的感性形象所灌注的精神，无数次激励人们奋发图强，成为中华民族英雄儿女的重要精神标识。自然形象启迪人的思想，是人与自然"亲密互动"的过程，是一场心灵"洗礼"的过程，受众亲近自然，细心观察、自我反思，参悟价值，获得启发升华。"情以物兴""物以情观"，当人们接触自然形象时，便会自觉不自觉地运用各种感官，调动以往生活经历和知识经验，这时，自然形象便成了纽带、中介和联结，使人们产生联想和想象，把过去和当下，此岸与彼岸的经历、情感与记忆叠加、整合、放大，最后形成认识及情感，这种建立在认知基础上产生的情感往往会更清晰、更强烈、更持久。自然形象，虽然具有重要的德育功能，但自然形象的德育功能并不能自然而然地得以发挥，只有有目的、有意识、有组织地开展自然形象德育活动，才能使丰富多样的自然形象充分有效地发挥德育功能。开展自然形象德育，一定要创造各种条件、环境和机会，让人们多接触了解、融入自然。没有亲凌绝顶，很难体会"一览众山小"的气魄；没有见过百川汇流，很难产生"海纳百川、有容乃大"的情怀。泰山奇石，巍峨雄伟，其拔地通天之势升腾出崇高之美，只有登临泰山，才能悦目悦心，愉情乐志；九曲黄河，蜿蜒奔腾，其东流入海的脚步从不曾停息，磅礴之气，奔涌向前，只有驻足河畔，才能感奋人心，提振精神。在开展自然形象教育时，把客观自然的形象、人工自然的形象和艺术作品中的自然形象有机结合起来，由现象到本质，逐步深入地对人们开展自然形象德育活动。

自然形象德育，有助于启迪思想、陶冶性情、涵养美感。自然形象启迪人的思想认识。人是主体性的存在，在与自然的关系上，人把自然作为感知、体验、审美的对象，主动地认识自然、体验自然、评价自然，建构自我意识和自我认知，从中开启心智，获得启迪。是人与自然"亲密互动"的过程，是一场心灵的"洗礼"过程，受众亲近、经历、欣赏、体会自然形象，细心观察、自我反思，参悟价值，获得启发和升华。自然形象激发人的道德情感。刘勰说的"情以物兴""物以情观"①，实质就是自然景观对情感的激发作用，所谓触景生情，睹物思人，也是如此。这是因为，当人们接触一种自然形象时，便会自觉不自觉地运用各种感官，调动以往生活经历和知识经验，去回忆或建立新的记忆，这一认知过程必然伴随包括大量的情感活动。这时，自然形象便成了纽带、中介和联结，使人们产生联想和想象，把过去和当下，此岸与彼岸的经历、情感与记忆叠加、整合、放大，最后形成对于当下自然形象的认识以及情感。这种建立在认知基础上产生的情感往往会更清晰、更强烈、更持

---

① 杜占明：《中国古训辞典》，北京燕山出版社 1992 年版，第 404 页。

久。请看李白的小诗《静夜思》①：

> 床前明月光，疑是地上霜。
> 举头望明月，低头思故乡。

月明之夜，月色如霜，诗人举头望月，触景生情，由"望明月"到"思故乡"，怀乡之情蔓延开来，不能自已，极富感染力，至今仍能强烈地打动我们。

对于独处异乡的人来说，对于故乡的情感不只化在那是一轮月、一阕曲、一座山、一弯水之中，甚至连某一道食材、某一种味道，都积郁着浓浓的思乡情、爱国心，让人恋恋不舍、心生感喟。

《舌尖上的中国2》中有这么一段解说词：

> 千百年来，食物就这样随着人们的脚步，不停迁徙，不停流变。无论脚步走多远，在人的脑海中，只有故乡的味道，熟悉而顽固，它就像一个味觉定位系统，一头锁定了千里之外的异地，另一头则永远牵绊着记忆深处的故乡。

民以食为天。食物，是由自然中的特殊材料加工而成，它与朴素而浓烈的乡土情感勾连起来，可以穿越万水千山，穿过历史流年，跨越重重屏障，直抵人的内心深处，唤回绵延千年的一个民族的温暖而厚重的情感与记忆。

自然形象德育具有多种方式，除了前面提到的人们面对自然观察、感受和体悟时，产生的自然形象育德的自我教育活动，还要有计划有组织开展自然形象德育活动。最主要的，是组织人们特别是青少年在社会实践中进行社会考察、参观访问、实地观摩，并组织一些有教育作用的生活采风和文化旅游活动，把历史地理、文化教育同自然形象德育活动结合起来。通过参观祖国的大好河山，欣赏祖国的如画风景，了解祖国

---

① 刘小莹、王玉璋：《李白诗选讲》，辽宁人民出版社1985年版。

各地的风土人情，感受祖国各族人民的生活变化，特别是社会主义现代化建设的伟大实践中创造出的巨大物质成就的生动载体，如三峡大坝工程、南水北调工程、两弹一星工程、航空航天工程、沙漠绿化工程、城市建设工程等，让人们特别是青少年通过各种生动客观的自然形象，包括人工自然形象，加深对祖国的了解和情感，了解祖国的历史和现状，加强历史文化教育、中国国情教育、爱国主义教育、艰苦奋斗教育、创新精神教育、发展愿景教育、社会责任教育，使人们特别是青少年通过这些自然形象开展的各种德育活动，展开丰富的想象和联想，从中受到深刻的启迪和教育，不断弘扬爱国主义精神、艰苦奋斗精神、开拓创新精神，持续增强历史使命感和社会责任感，关心祖国、热爱祖国、建设祖国，在社会主义现代化建设的伟大实践中建功立业。

四　虚拟形象德育

虚拟形象德育是运用现代虚拟技术创作的动漫形象、网游形象、情景模拟形象等开展的德育活动。虚拟形象具有重要的政治文化功能，包含着特定的种群记忆、民族精神和审美趣味。虚拟形象是虚拟世界的灵魂和主宰，虚拟形象的塑造，是经过艺术构思、创作的结果，是多媒体技术和大众艺术的结合，是对现实虚拟化、理想化、艺术化地再现和创造，反映了现实生活中人类的生命境遇和理想状态。

虚拟形象之所以能够打动人、教育人，主要在于其虚拟性、艺术性和价值性的统一。虚拟形象观赏性强，不仅带给受众视觉感官上的享受，更重要的是能给人们带来对自我、社会和人生的深思。日本动画大师宫崎骏坦言自己创造虚拟动画形象时总"禁不住会去思考动画片所担负着的文化重任"[①]。虚拟形象往往会表达文化、情感和社会意义，启迪人生，赋予智慧、引人思考，甚至可以成为一个国家文化的符号和象征。"卡通是任何国家的文化中必不可少的部分，一个社会中所见的卡通主题的类

---

① ［日］宫崎骏、支菲娜：《宫崎骏：思索与回归——日本的动画片和我的出发点》，《北京电影学院学报》2004 年第 3 期。

型反映了这一文化当时的共同价值与信念。"① 提到米老鼠，我们就会想起美国迪士尼。米老鼠是 20 世纪迪士尼最负盛名的动画形象。这只穿靴戴帽的圆耳朵小老鼠，是美国经济大萧条时期诞生的超级明星，这只小老鼠可爱、有趣，传递着开朗豁达、幽默诙谐的人生态度，以及勤劳上进、自立自强、乐于助人的美好品质，一经出现便深入人心，发挥了重要的抚慰人心、提振精神的作用，甚至被称为是仅次于罗斯福的"显要人物"。

虚拟作品，"使用的符号是一种暗喻，一种包含着公开的或隐藏的真实意义的形象；而艺术符号却是一种终极的意象——一种非理性的和不可用言语表达的意象，一种诉诸于直接的知觉的意象，一种充满了情感、生命和富有个性的意象，一种诉诸于感受的活的东西"②。虚拟形象通过外形塑造和情节叙事等形成一种明确的表象，在声音、动作、造型等诸多方面借由视觉传达审美价值；另外，虚拟形象又含蓄而隐秘地传达着一种深层次的文化内涵，是一定文化和价值观的符号和载体。因此，虚拟形象德育，最重要的是通过根植于文化之上的虚拟视觉符号，深入挖掘虚拟形象的思想文化内涵，分析探查虚拟形象深层的思想文化讯息，使受众欣赏并接受虚拟形象所传达的文化特质。

在虚拟形象德育中，对虚拟性和现实性关系的把握尤为关键。"虚拟性凌驾于现实性之上，并轻而易举地转变了关于真实的观念。"③ 虚拟形象德育说到底，依赖的是符号化或数字化中介的支持，受众面对的不是现实，而是关于现实的虚拟形象。受众处于生活世界、虚拟世界两个世界。如何把握形象与关系，面对虚拟世界和现实世界的冲突与对立，处理好虚拟形象与现实世界的间距性，是虚拟形象德育关注的焦点问题。虚拟形象德育需要引导受众进入虚拟世界，在虚拟世界中，间接经验成

---

① ［美］保罗·M. 莱斯特：《视觉传播：形象载动信息》，霍文利等译，北京广播学院出版社 2003 年版，第263 页。

② ［美］苏珊·朗格：《艺术问题》，滕守尧、朱疆源译，中国社会科学出版社 1983 年版，第 134 页。

③ ［美］尼古拉斯·米尔佐夫：《视觉文化导论》，倪伟译，江苏人民出版社 2006 年版，第 9 页。

为直接经验，感官观察成为亲身体验，虚拟形象如同"幕布"遮蔽了"真实"和"虚拟"之间的区别，让人真假难分、虚实难辨，进入一种"超现实""超真实"的情境。虚拟形象德育需要引导受众从虚拟体验和虚拟场景中跳出，明晰虚拟和现实的边界，主动将虚拟世界同现实世界对比，在对比、转换、审思中形成自主的创造性思维，在分析和思考中作出价值判断和价值解读，获得心灵的滋养和境界的提升。

开展虚拟形象德育，重点是要把现实生活中健康有益的因素通过现代虚拟技术融合一定的艺术手法，创作生动、积极、向上的虚拟形象，以寓教于乐，启迪人们的思想。同时，还要通过各种方式，对西方输入我国的网络游戏、动漫等虚拟作品及塑造的虚拟形象开展鉴赏、评析和交流活动，肯定和汲取其中的有益成分，批判和抵御其中的有害成分，并有针对性地创作一些网络游戏、动漫等虚拟作品，塑造健康向上的虚拟形象，使人们特别是青少年在欣赏动漫作品、参与网络游戏的过程中受到潜移默化的影响和教育。目前，在网络游戏和动漫创作领域，呈现出外强中弱、西强我弱的局面，西方包括日本的网络游戏和动漫作品，充斥着西方的价值观念、生活方式和行为方式，也充斥着对我国社会制度、国家政权、人民军队及核心价值的丑化、歪曲和贬低。因此，开展虚拟形象德育，不能不对西方的网络游戏和动漫作品的价值误导进行揭露、批判和抵制。

第二节　形象德育的结构分析

运用系统论的系统与结构分析方法，分析形象德育，可以看到，形象德育是一个系统，包含艺术形象德育、生活形象德育、自然形象德育、虚拟形象德育四大子系统或基本要素，子系统或要素之间具有一定的相互联系、相互作用，并按照一定的方式相互结合、组合起来，形成一定的系统结构。形象的类型、性质、结合方式不同，产生的德育效果也不同。形象德育的结构决定着形象德育的功能，决定着形象德育整体效应的形成和发挥。

分析形象德育结构，不仅要了解构成形象德育系统的基本要素或子系统，包括具体类型、性质、特点等，而且要研究形象德育的基本要素或子系统之间存在的相互关系，把握各子系统在系统整体中的地位和作用，以便从整体上认识、把握、实施和改进形象德育，增强形象德育的可行性和操作性，体现、发挥形象德育的整体优势。

一　内在结构

形象德育的内部结构，是指艺术形象德育、生活形象德育、自然形象德育、虚拟形象德育等形象德育系统的内在构成要素之间相互联系、相互作用和相互结合的方式。

（一）相互关系

形象德育是由艺术形象德育、生活形象德育、自然形象德育、虚拟形象德育四个子系统或要素构成的具有稳定性的形象德育系统整体。

在形象德育的子系统或要素的相互关系中，生活形象德育处于最主要、最关键的位置，"大多数人类行为是通过对榜样的观察而获得的"[①]。生活形象德育是基础、根本，是整个形象德育系统的核心组成部分，对形象德育起着主导作用。艺术形象德育、自然形象德育、虚拟形象德育从属于生活形象德育。生活形象德育主导和统领艺术形象德育、自然形象德育、虚拟形象德育，生活形象德育和艺术形象德育、自然形象德育、虚拟形象德育之间的联结、组合方式，是一种主从结构。生活形象德育最能体现形象德育的本质，决定着整个形象德育的性质、功能、价值、效果。

生活形象德育在整个形象德育系统中的主导性作用，是由它的内容决定的。生活形象德育的内容，即生活形象具有基础性地位，它统领、主导其他德育形象。生活形象是在实践中涌现出来的经实践证明了的现实的、真实的形象，它对其他德育形象起着决定性的作用，而其他德育形象都是生活形象的反映和补充。从生活形象与艺术形象的关系来看，生活形象是艺术形象的源泉，所有的艺术创作的原型都来源于生活形象，

---

① ［美］阿尔伯特·班杜拉：《思想和行动的社会基础：社会认知论》上册，胡谊译，华东师范大学出版社 2001 年版，第 63 页。

艺术形象是生活形象的再现，艺术创作的典型人物是现实生活中典型人物的反映，艺术作品的情节冲突是现实生活中的矛盾冲突的折射，不能脱离现实生活来创作艺术作品、塑造艺术形象、描写艺术情节。艺术作品和艺术形象不是艺术家凭空想象和创作的，而是取自现实生活的素材和灵感。鲁迅写道："描神画鬼，毫无对证，本可以专靠了神思，所谓'天马行空'似的挥写了，然而他们写出来的，也不过是三只眼，长颈子，就是在常见的人体上，增加了眼睛一只，增长了颈子二三尺而已。"①艺术形象以艺术的方式来反映生活形象，是现实形象的艺术再现。任何艺术形象的创作都是对生活中涌现出来的各种形象选择、加工、创新的结果，贝多芬的《第五交响曲》开头雷鸣般的音乐，便是对现实中的雷鸣的艺术化的创作、处理，以引起人们警醒、振奋的情绪。

生活形象德育决定自然形象德育，社会存在不是凭空产生的，而是在自然界的漫长演化进程中发生的，包含着人的目的与意义。马克思曾指出，只有在社会中，"自然界对人说来才是人与人联系的纽带""才是人自己的人的存在的基础"②。高尔基在谈到自然形象的审美价值时说过："打动我的并非山野风景中所形成的一堆堆的东西，而是人类想象力赋予它们的壮观。令我赞赏的是人如何轻易地与如何伟大地改变了自然。"③生活形象尤其是现实的人，总是以自然作为生活的场域和环境，是生活形象特别人的形象赋予了自然形象以现实的价值，这种价值是属人的价值，是人的求真、悟德、审美的价值。这一切只有现实生活、现实实践、现实的人才能做到。莲花是常见的一种自然生物，莲生蓬中，不与泥染是莲花的自然属性，周敦颐以莲花比附于人，在《爱莲说》中，他说："吾独爱莲之出淤泥而不染，濯清涟而不妖，中通外直，不蔓不枝，香远益清，亭亭净植，可远观而不可亵玩焉。"由莲花的自然属性联想、类比人的道德属性，赋予莲花以道德意蕴，道是爱莲，实则寄托了诗人的理想人格和道德要求，而当莲花被赋予了现实中的人的品格和理想，用这

---

① 鲁迅：《且介亭杂文》第 2 集，人民文学出版社 1973 年版，第 3 页。
② 《马克思恩格斯全集》第 3 卷，人民出版社 2002 年版，第 335 页。
③ ［苏联］高尔基：《苏联的文学》，曹葆华译，上海文艺出版社 1959 年版，第 100—101 页。

种自然形象育人时，才有了一份人文内涵和生动意蕴。自然形象德育是生活形象德育的重要补充。自然形象德育中，无论是教育者还是受教育者，都是现实生活的一分子，他们的理想、愿望和倾向，受到现实形象这样或那样的影响，其社会化的过程依靠社会文明教化，在人与人的互动中，靠在社会生活中生成。可见，生活形象德育决定自然形象德育的存在，决定自然形象德育的成效，决定自然形象德育的价值；而自然形象德育辅助、配合、支持生活德育形象。

虚拟形象德育所运用的虚拟形象，依托生活形象为现实原型。虚拟形象，包括动漫作品、网络游戏等中的人物、动物、植物乃至精灵鬼怪，为了突出和表现人物的个性和造型，或相似、或变异、或虚幻、或重构，但都是现实形象的模仿、创造或重组，是作者对现实形象的提炼和概括，总归都能在现实形象中找到原型。即使是怪诞荒唐的精灵鬼怪这类形象，在现实生活中根本没有任何对应物，是创作者的主观臆想，但创作者所幻想虚构的材料来自现实世界。虚拟形象是生活形象的虚拟化、数字化、技术化，是在对现实的生活形象本质及其规律认识的基础上，用科技、技术的手段，以数字化形式在虚拟空间模拟出的形象。动画形象就是伴随着"科技"的发展而不断发展的。最初的动画形象，以绘画、泥塑、木偶等美术方式来实现，动画形象从传统美术方式制作到二维动画，再到现在的三维动画，是随着信息科学技术的出现和发展而发展的。现代动画形象往往是采用图形与图像的处理技术构建三维物体，借助计算机编程生成一系列画面。虚拟形象是科技和生活的统一，反映了技术改造生活的特点。

总之，生活形象德育决定、统领艺术形象德育、自然形象德育及虚拟形象德育，而艺术形象德育、虚拟形象德育以艺术化、虚拟化的方式再现生活形象，以此对受众进行教育，并辅助生活形象德育，自然形象德育作为生活形象德育的有益补充，配合和支持生活形象德育。没有艺术形象德育、自然形象德育和虚拟形象德育的辅助、配合和支持，生活形象德育的决定作用就无从显现和发挥。因此，要始终把生活形象德育同艺术形象德育、自然形象德育和虚拟形象德育有机结合，使其相互联系、相互作用、相互促进，更好地发挥形象德育的育人功能。

（二）结构状态

在形象德育实施的实际过程中，由于教育对象的需求不同、教育主题和内容不同、教育者教育风格不同等诸多因素的影响，形象德育系统诸要素相互联系、相互作用、相互结合的方式不同，占主导地位的形象德育要素不同，形象德育系统的结构状态也不尽相同。主要有以下几种结构类型。

第一种：艺术形象德育主导型。在形象德育系统诸要素相互关系中，重点突出艺术形象德育，其他形象德育作为辅助和补充。当教育对象特别需要和适合艺术形象德育，且具备艺术形象德育的条件时，就可建构艺术形象德育主导型的形象德育结构，根据艺术形象德育的实施需要来对其他形象德育要素进行组合、配置，使其他形象德育要素参与到艺术形象德育主导的系统结构中，从属和服从于艺术形象德育活动，这种艺术形象主导型的形象德育，体现出强烈的艺术性、吸引力和感染力。

第二种：生活形象德育主导型。在形象德育系统诸要素相互关系中，重点突出生活形象德育，通过生活形象德育来支配、带动和影响其他形象德育，其他形象德育作为辅助和补充，形成了生活形象德育占主导地位的形象德育系统结构。由于生活形象德育是以现实生活和社会实践中的典型人物尤其是先进模范人物作为典型进行示范教育的，这种示范性的形象德育活动，不仅真实生动，而且亲切感人，是发生在现实生活中甚至是我们身边的人和事，具有强烈的现实性、针对性和说服性。榜样产生的示范效应和激励作用，是任何其他形象德育不可替代的，以生活形象为主导的德育活动，就是生活形象德育主导型结构。

第三种：自然形象德育主导型。在形象德育系统诸要素相互关系中，重点突出自然形象德育，用自然形象德育来支配、带动和影响其他形象德育，其他形象德育作为辅助和补充，配合自然形象德育，形成了自然形象德育占主导地位的形象德育系统结构。这种自然形象为主的形象德育系统结构，体现了突出的直观性、审美性，在形象德育活动中，往往能够触景生情，给人以丰富的想象和联想。这就是自然形象德育主导型结构。

第四种：虚拟形象德育主导型。在形象德育系统诸要素相互关系中，重点突出虚拟形象德育，用虚拟形象德育来支配、带动和影响其他形象德育，其他形象德育作为辅助和补充，配合虚拟形象德育，形成了虚拟形象德育占主导地位的形象德育系统结构。这种虚拟形象为主的形象德育系统结构，特别重视用动漫形象、网络游戏形象等来教育人、启迪人，形成了虚拟形象德育占主导地位的形象德育系统结构，体现了突出的虚拟性和技术性，具有形象德育的灵活性、多样性。这就是虚拟形象德育主导型结构。

二　结构缺陷

稳定合理的形象德育系统结构是确保形象德育实践有效推进、不断提高形象德育整体效应的重要条件。形象德育系统的功能不仅取决于要素的数量和性质，还取决于系统中各要素间的组合方式，要素间达到良性互动与和谐，才能确保形象德育功能的优化和作用的发挥，实现"整体大于各部分之和"，获得整体最优的德育效果。

在形象德育实践中，由于不注重各个要素之间的有效组合、系统整合、有序拓展、协同推进，造成了形象德育系统整体的结构性缺陷，影响和制约了形象德育的实际效果。形象德育系统的结构性缺陷，主要表现为以下几点。

（一）要素不全

在形象德育的过程中，对形象德育系统的各个要素的作用和功能深度挖掘不够，或只片面重视某一种形象德育要素的作用和功能，忽视、无视其他教育要素的作用和功能，要素不全，最终导致形象德育的结构性缺陷。

形象德育系统本身包括艺术形象德育、生活形象德育、自然形象德育、虚拟形象德育四个子系统或要素，只有综合考虑和统筹运用这四大子系统或要素，共同推进形象德育活动，才能发挥形象德育的应有功能，取得形象德育的应有成效。然而，在形象德育实践中，由于个人的经验、经历、知识、特长、喜好不同，有的人偏好艺术形象德育活动，喜欢用精湛优美的艺术作品和生动感人的艺术形象来影响、陶冶和启迪人，但却容易忽视生活形象德育。反过来，由于对先进模范人物特别熟悉、了解和钦佩，在开展形象德育活动中，有的人特别擅长运用现实生活和社会实践中的先进模范人物进行榜样示范教育，这种教育固然有一定的成效，但却因个人文学艺术修养不够和审美旨趣不同，忽视了用艺术作品和艺术形象来教育、感染人，特别忽视了用艺术手法把现实生活和社会实践中的先进模范人物用典型化的方法进行艺术创作，把现实社会生活中的典型塑造为文学艺术作品中的典型，用典型化的艺术方法和生动感人的艺术形象再现现实社会生活中的典型人物，使现实生活中典型人物的事迹和精神更集中、更典型、更生动、更感人，影响和制约了现实社会生活中典型人物示范教育作用的发挥。

开展形象德育活动时，有的人还因知识结构、技术因素和个人兴趣不同，对传统的形象德育活动，如榜样教育活动、艺术育德活动、参观考察活动等比较关注，而对网络游戏、动漫作品等较为忽视甚至无视，对虚拟形象德育在现代形象德育中的重要价值知之甚少、用之甚少，因而影响和制约了形象德育对网民特别是青少年网民的教育作用的发挥。当前实践中对网络形象德育的重视和运用不够。一方面由于经典形象多数是国外的虚拟形象，本土虚拟形象竞争力不够，已有的本土形象的教育功能体现要么过于直白、肤浅化，要么完全抛开教化，缺乏真正寓教于乐的、行之有效的作品。另一方面，德育教师由于受自身知识背景和科技水平的影响，部分教师对虚拟形象育人不敏感、不了解，对网络形象德育没兴趣、不擅长，从主观、客观两方面影响和制约了网络形象德育的发展。虚拟形象德育的忽视和缺乏，也是形象德育系统结构性缺陷的重要体现。

形象德育系统的结构性缺陷，不仅体现在形象德育的四大子系统或要素之间的相互关系上，还体现在四大子系统内部的构成要素的相互关系上。如果把形象德育看作一个系统，其子系统就是艺术形象德育、生活形象德育、自然形象德育、虚拟形象德育，而如果把每一个子系统分别来看，它们本身又构成一个系统，具有自身的构成要素。每一个子系统的构成要素也有要素全不全的结构性问题。如果子系统的构成要素不全，则会影响子系统结构的合理性和功能的有效性，进而影响整个形象德育系统的功能发挥。如艺术形象德育中，其构成要素既包括艺术形象

的创作者、艺术形象的展现者、艺术形象的教育者，还包括艺术形象的
欣赏者，每一方面都不可缺少。有了好的创作者及其创作的优秀作品，
有了表演者塑造的丰满的艺术形象，还要有具有深厚艺术修养的教育者
运用艺术形象来教育启迪人，特别是受教育者不是被动地接受艺术形象
德育，而是要共同参与艺术形象德育，加强人们的艺术修养和审美教育，
提高人们的审美意识和审美能力，引导欣赏者参与艺术欣赏活动，这是
增强艺术形象德育效果的一个重要条件。如果忽视了艺术欣赏者的参与
体验，忽视了其审美意识和审美能力的培养提升，艺术形象德育就会出
现致命的缺陷，目的效果根本无法达成。

　　因此，无论从形象德育系统的构成要素及其结构来看，还是从形象
德育亚系统的构成要素及其结构来看，都要分析和诊断是否存在要素不
全的结构性问题，以便为优化形象德育系统的结构创造条件。

　　（二）关系不顺

　　形象德育结构缺陷还体现为关系不顺，包括内部关系不顺和外部关
系不顺。形象德育的内部关系，是指形象德育系统内部要素间的关系，
当形象德育系统内部组成一个统一、协调的结构，各个内部要素间就能
优势互补、增强合力，最大限度地发挥这个系统的整体功能。反之，当
形象德育内部不能协调一致，各个要素之间无序、摩擦、冲突，相互阻
碍、降低效率、增加内耗，就会导致形象德育系统内部关系不顺，弱化
形象德育的整体效应。具体体现为各内部要素在形象德育过程中的过剩
或稀缺导致的不平衡及牵制关系。有的形象德育主体过分追求方法的新
奇、花样，追求外表的"酷炫"，过多过滥用形象，而不顾与形象德育内
容、目标、场合的匹配协调程度，这无疑也会影响和制约形象德育的效
果。有的形象德育主体在选择组合运用形象时，缺乏统筹协调和整体意
识，缺少同一关联和目标的一致性，导致目标偏离、叠加效应缺失，形
象选择和运用的组合效率不高，内耗严重。

　　形象德育外部关系，是指形象德育作为一个整体系统与周围环境相
互联系、相互作用的关系。形象德育是一个开放的系统，其依托和运用
的形象的内涵也会随着时代的变化和历史的变迁而发生更迭变化。形象
德育尤其需要回应社会关切和时代变化，关注信息技术的发展、媒介平

台的创新，关注社会生活中不断涌现的鲜活典型，关注文学、艺术、影视、传媒等领域的重大变化，不断吸收各个领域、各个行业、各个层面的有利于形象德育开展的成果，探索创新形象德育的内容模式，实现更新发展。当外部环境变化时，形象德育系统也应顺势而为，适时调整，源源不断地注入新鲜活力和持久动力，优化形象德育结构，使形象德育更好地适应与促进环境的变化。比如开展生活形象德育，就不能一直沿用旧的方法，而应当立足当下，运用大数据时代"互联网＋"、媒体融合、微文化的知识和平台，实现典型人物的选取科学化、典型推送的智能化，通过全媒体进行全方位教育，通过微信、微博等实现投放订制，嵌入人们的日常生活。反之，当外界环境变化时，形象德育系统仍然一成不变，不能适应环境新的变化和需要，就会造成形象德育系统与环境的脱节、错位甚至冲突，造成形象德育系统的外部关系不顺，导致形象德育系统与外部环境的关系紧张，影响形象德育系统整体效应的发挥。

（三）层次不清

形象德育除了要理顺关系，始终保持方向上的一致、目标上的统一之外，还要有清晰的层次，突出重点，主次分明。由于形象德育各要素或子系统都包括运用不同形象的内容、载体、方法开展德育活动，要素多样，种类繁多，在具体的德育过程中，涉及不同要素的选择运用、组合运用、创新运用，就更须了解各要素性质、作用、利弊，条分缕析，厘清层次。

形象德育系统的结构性缺陷之一，是层次不清。主要是在形象德育的过程中，各要素关系重点不明、主次不分、喧宾夺主甚至本末倒置。形象德育在教育内容和方式上往往是"一刀切""一锅煮"，虽然我们也开展过榜样教育活动，如集中宣传各种先进典型，进行"全国道德模范""时代楷模""感动中国人物"等典型的遴选和宣传，以他们感人至深的事迹传递出巨大的正能量，取得了不错的效果。但是从大量的德育实践来看，仍然不能自觉地凸显生活形象德育在整个形象德育系统中的主导地位。把生活形象德育看作艺术形象德育、自然形象德育和虚拟形象德育的决定性因素，把艺术形象德育、自然形象德育和虚拟形象德育看作生活形象德育的重要辅助，注意持之以恒地发现、塑造、传播和学习、效仿各种现实典型和榜样，并运用艺术的、体验的、虚拟的方式来宣传现实生活的典型，有意无意地削弱了生活形象德育的主导地位，淡化了生活形象德育的主导作用，也影响了艺术形象德育、自然形象德育和虚拟形象德育重要作用的发挥，这些都不利于良好德育效果的实现，需要切实加以改进。

三　结构优化

形象德育的结构不是一成不变的，总是处于不断优化的过程中，形象德育的结构优化，是构成形象德育内容诸要素重新排列、组合、协调的一种动态过程。形象德育要适应社会和时代发展的客观需要，发挥整体作用，体现优势，就必须实现结构优化。形象德育的结构优化，实质就是通过形象德育的要素优化、关系优化和层次优化，使形象德育系统要素最佳化、结构合理化、功能最大化，不断增强形象德育的整体效应。

形象德育的结构优化，要实现继承性与时代性的统一。形象德育本身具有历史性和当代性双重特征。形象德育，根植于中国传统道德教育土壤，以马克思主义理论为指导，又充分吸收和借鉴世界各国形象德育的有益做法，并伴随着社会的大发展、大变革、大调整而不断丰富和发展，既有浓郁的继承性又有鲜明的时代性。一方面，要准确把握、深入挖掘中国以往形象德育的有益做法，总结好经验、开发好点子、倡导好做法，一以贯之，加以继承。另一方面，要跟上时代步伐，吸收最新成果，拓宽形象德育的视域，深化形象德育的内涵，使形象德育持续焕发新的生机和活力。

形象德育的结构优化，要实现现实性与超越性的统一。形象德育的优化，应坚持既反映现实，又面向未来；既依据实然，寓于人类社会的实然状态，又指导应然，指向人类世界的应然追求，实现现实性与超越性的统一。形象德育，一方面要从德育的现实性出发，适应现实、尊重现实，以现实为起点，充分发挥形象德育的社会功能，促进人和社会思想的进步。另一方面，形象德育要从德育的超越性出发，面向未来、追求理想、锐意创新。形象德育的服务对象是人，人总是通过现实的对象化活动不断发挥与确证自身生命本质力量，体现出一种主体性、能动性、创造性、精神性，形象德育之所以具有超越性，正是因为现实生活中的人有着超越自我的需要。形象德育要关注现实，但又不能停留在现实，而应在现实的基础上进行超越。

形象德育的结构优化，要实现有机性和开放性的统一。形象德育的结构优化，是结构内和结构外的共同优化，要实现有机性和开放性的统一。形象德育的优化，要按照社会发展和人的发展的要求，遵从形象德育的内在基本规律：一方面，在结构内，集聚要素、组合要素、整合要素、融合要素，使结构内的要素间充分发生各种形式、各种搭配、各种程度的相互作用和影响，用马克思的话说，就是"造就新的力量"①，实现结构内的优势互补、相互协同，为实现共同德育目标服务；另一方面，在结构外，顺应社会发展和人的发展，实现形象德育系统同外部环境之间的适应、协调及相互作用，实现形象德育的调整、创新和发展，催生和建构反映时代特征、体现人文关怀、关注社会热点的形象德育内容，对形象德育的不同要素重新进行有效整合，实现形象德育的内容更新、结构优化，提高形象德育的实效。

（一）突出生活形象德育

形象德育的教育内容固然很丰富，包括艺术形象德育、生活形象德育、自然形象德育、虚拟形象德育。但诸多内容的地位和作用并不是一样的。在形象德育的系统结构中，生活形象德育占有最重要的地位，起着主导作用，它决定、支配和统领其他形象德育，决定着整个形象德育的性质和方向，其他形象德育从属于生活形象德育，补充、辅助和支持生活形象德育的发展。这是因为，生活形象德育是其他形象德育活动的基础和前提，其他形象德育都离不开生活形象德育的主导，都从某个角度、以某种方式表现和再现生活形象并以此推进各自的形象德育活动。因此，在实施形象德育时，必须坚持生活形象德育的主导地位、突出生活形象德育在形象德育中的决定作用，通过开展生活形象德育，引领、带动和推进整个形象德育活动的展开。

---

① 《马克思恩格斯全集》第 46 卷（上册），人民出版社 1979 年版，第 494 页。

突出生活形象德育，就必须突出榜样教育的核心内容。榜样人物是先进生产力和先进文化的代表者，是社会理想人格的现实呈现，集中反映一定社会先进阶级、阶层的根本利益和价值取向。以榜样教育为核心，最根本的就是以榜样人物的高尚精神塑造人、人格魅力感染人、行为方式示范人。当前，尤其要加强社会主义现代化建设实践中的榜样人物的事迹发掘、精神凝练，在实施榜样教育的过程中，运用反映时代特征、顺应社会发展、符合受教育者生活经历和心理特征的，贴近生活、贴近群众、贴近实践，充满吸引力和感召力的榜样来团结人、教育人、鼓舞人。生活形象德育，也要注意运用现实社会当中具有典型代表意义的落后分子或反面典型进行教育，找出落后分子不良行为的主要表现、思想动因，分析各种不良行为的因果关联，总结落后分子之所以落后的教训，并把正面典型和反面典型结合起来，进行对照、比较和分析，使人们从中受到正面典型的引导教育和反面典型的警示教育，从而选择和确立正确的人生方向和价值取向，为提升社会整体思想道德水平、促进社会全面进步作出努力。

在形象德育过程中，要凸显生活形象德育的地位和价值，不能淡化、削弱生活形象德育的影响力。否则，会造成整个形象德育系统的失衡、混乱甚至劣化。要始终坚持以生活形象德育为核心和主导，引领艺术形象德育、自然形象德育和虚拟形象德育的开展，只有这样，才能使形象德育系统重点突出、层次清晰、主次分明、运行有序、结构合理，从而提高形象德育的整体效果。

（二）整体提升形象德育

优化形象德育，不仅要突出核心重点内容，体现形象德育的根本性质和发展方向，也要完善形象德育体系，整体提升形象德育，体现育人合力优势，降低形象德育过程的内耗与干扰，避免重复和浪费，提高形象德育整体效能。形象德育是一个涵盖艺术形象德育、生活形象德育、自然形象德育、虚拟形象德育的有机系统。作为一个整体性的、联系性的系统，必须拓宽形象德育的内容领域，完善形象德育的内容结构，形成形象德育和谐统一，整体协调的合理结构。

从形象德育的结构来说，诸教育内容在结构体系中主次不分、本末倒置，属于内耗式、冲突型结构，可以视为结构不合理。而在实施形象德育的过程中，我们常常发现，形象德育中也存在重视生活形象德育的同时，却忽视其他一些形象德育，导致某些形象德育失语和低效，造成形象德育活动的不完整和片面化，产生"木桶效应"的现象，影响了整个形象德育的效果。这样的形象德育结构，属于偏颇型、缺位型结构，同样也是不合理的。以往的形象德育往往诉诸经验上的总结，以静态审视形象德育的基本要素、割裂形象德育诸要素之间的关系，缺乏意识、整体思维。譬如虽然很注意维护生活形象德育的主导地位，但不太注重其他方面的教育，如文学艺术学科的德育渗透；走入自然，激发爱国主义情感；创设情景模拟实验，增加道德体验，等等，使形象德育的内容显得过于单薄而重复，限制了形象德育的作用和功效。如恩格斯所说："把各种自然物和自然过程孤立起来，撇开宏大的总的联系去进行考察，因此，就不是从运动的状态，而是从静止的状态去考察；不是把它们看做本质上变化的东西，而是看做固定不变的东西；不是从活的状态，而是从死的状态去考察。"① 整体是部分的整体，部分是整体的部分，没有各自孤立、没有核心的散乱的部分。只有以整体观去考量局部、部分，以及各部分技术和策略的关系，系统协调，优化布局，构建形象德育的整体图景，才能有效避免部分间的摩擦和重复，实现形象德育的高效化。

完善形象德育的内容结构，要素一要丰富、二要和谐。因此，要丰富和拓宽形象德育的领域，把艺术形象德育、生活形象德育、自然形象德育、虚拟形象德育纳入形象德育的整体范畴之中，涵盖形象德育的整个范围，在形象德育的过程中，要注意完善形象德育内容每一个子系统的体系，拓展形象德育每一个子系统的领域。同时，要充分利用和调动每一个子系统中的各种因素、各种力量、各种方法，使其充分配合、发生作用、互相促进，使得处于不同时空、不同层次，不同领域的各种因素、各种力量、各种手段得到充分互动、整合、相济，让德育从封闭走向开放、从单一走向丰富，使得形象德育的各个要素在保持相对独立性、

---

① 《马克思恩格斯选集》第3卷，人民出版社2012年版，第396页。

大放异彩的同时，又异曲同工，服务于整个形象德育的目标，得到最佳发挥。比如，在实施形象德育的具体过程中，以学雷锋为例，可利用每年的雷锋日在报纸、网络、校园等渠道，利用微信、微博等开展主题讨论，使人们认清雷锋精神的内在实质，引导社会形成推崇英雄、学习模范的良好氛围，通过电影、微视频，通过技术手段再现雷锋事迹，通过网游形象体验雷锋的生活，在生活实践中学习雷锋、学做雷锋，找出生活中的"活雷锋"加以表扬传播，把与雷锋有关的教育手段综合运用，汇聚合力。

（三）注重更新形象德育

优化形象德育的结构，还有一个重要方面，就是注重更新形象德育，实现形象德育内容的调整、发展和创新。

形象德育的服务对象，是现实生活中具体的、现实的、变化着的个体。社会在进步、时代在发展、人的思想在更新，形象德育不能孤芳自赏、闭门造车，而应该紧扣时代最强音、把握社会热点问题、树立现代性思维方式，不断适应社会发展的新要求，呼应时代面临的新情况，解决人们思想上的新课题，以新的实践丰富形象德育的理论，为形象德育引入活水、注入动力。

当前，社会生活千变万化、社会思潮风起云涌，人们的观念日新月异，尤其是大数据、"互联网＋"时代、微文化空间的到来，更加剧了一元与多元、建构与解构、整体化与碎片化的对立，受教育者亲近"日常生活""微观世界""生活世界"，抵触、反对灌输式、压服式、嵌入式的道德教育内容和模式，甚至有人开始以戏谑、质疑、反叛的口吻嘲弄着权威话语下的我们的英雄……当程序化、公式化、概念化的厚重的理性已经统摄、遮蔽了人的情感，当宏大叙事成为无人聆听的个人独白，这对德育提出了新的课题，也为形象德育提供了新的发展机遇。形象德育必须在秉承传统的抽象的、普遍的德育要义的同时，继往开来、革故鼎新，勇于探索，在理论继承和现实关怀之间寻找张力，求异、求新、求变，立足于新的实践、凝聚时代精髓，把握时代主题，反映时代要求，强调形象德育的"当代性"，融入当代风格，推动形象德育实践、更新形象德育理念，形成具有时代气息、风格与气质的形象德育。故宫在让传统文化活起来的探索上，走了一条契合时代、与时俱进的创新之路，把几种形象德育组合拳打得极有章法。从 2013 年开始，故宫开始探索创新之路。故宫陆续开通了微博和微信公众号，发布"每日故宫"App，通过用户的点击、分享、转发，实现沟通和互动。在"每日故宫"里，用户每天都会收到一个图文藏品信息，日积月累收藏下来，就能得到一个非常丰富的"掌上故宫博物院"，以此增加用户黏合度，提高用户对故宫文化的认可度。故宫还切入游戏市场，推出了《胤禛美人图》《皇帝的一天》等游戏类 App 应用，以游戏的形式增加用户体验。2014 年，故宫博物院在网络上发表了一组《雍正：感觉自己萌萌哒》的动态图片，以《雍正行乐图》为基础，加以技术改造，制作成动态图片，让雍正"活"了起来。2015 年，故宫淘宝官方微博发布《够了！朕想静静》的文章，以极具幽默的口吻、清新时尚的语言、调皮的文风搭配各种表情包推广文创产品。随后，除了爆款"软文"和数字科技，在淘宝、微信、微博、App 等产品上发力外，故宫更是用上了影视资源、纪录片、综艺节目。纪录片《我在故宫修文物》一改往常的宏大叙事，以平等视角来展现文物修复师的普通生活，在这种日常的语境和生活化视角中，文物被赋予了情感和温度，成为与修复师有血有肉的关联。综艺节目《国家宝藏》、漫画《故宫回声》以及文创产品《上新了·故宫》等脱颖而出。2019 年，"紫禁城里过大年"，这是 1994 年以来首次举办"灯会"，紫禁城古建筑群首次在晚间被较大规模点亮，首次在晚间免费对预约公众开放。灯会上，人们"既可看灯也可看殿"，《千里江山图卷》等绘画作品，通过艺术灯光投影于故宫建筑屋顶上，年近 600 岁的故宫打破了庄严肃穆的刻板形象，呈现出开放、轻盈、时尚、年轻的形象特征。故宫通过打造文艺作品、虚拟形象和文创产品，以动态图片、微信、微博、手机 App、影视媒介、漫画、网游等形象化的方式增强了人们的互动体验和黏合度，用生动活泼接地气的叙事风格拉近了与人们的距离，唤起了人们千丝万缕的情感连接，真正做到了"让收藏在禁宫里的文物、陈列在广阔大地上的遗产、书写在古籍里的文字都活起来"，让人们感受到了优秀传统文化的滋养。

"明者因时而变，知者随事而制。"形象德育指引着人类社会，只有坚持从实际出发，顺势而为、乘势而上，不断充实和更新形象德育的内容，使形象德育的内容实现更新升级，才能进一步优化形象德育的内容结构，提高形象德育的针对性和实效性，真正发挥形象德育的优势和功用。

第 五 章

形象德育的规律

任何科学研究的根本任务，就是揭示特定研究领域的实践活动的客观规律。形象德育也是这样。形象德育作为客观存在的实践活动，有其产生、存在、发展的客观过程及其内在固有的必然规律。德育科学只有深入分析形象德育过程，揭示形象德育的客观规律，才能形成规律性认识，用以指导形象德育实践，不断提高形象德育的科学化水平。

第一节　形象德育的过程

形象德育活动总是表现为一定的动态的过程。正确认识形象德育的动态过程，认识形象德育从开始、展开到结束的主要阶段和环节，既看到形象德育在时间上前后相继的持续性，又看到形象德育在空间上连续不断的延展性，有助于我们发现、认识和把握形象德育规律。事物发展的过程受内在的一般规律支配，形象德育的过程也体现着形象德育的客观规律。研究分析形象德育的过程，目的在于探索和揭示形象德育的客观规律，提高形象德育的科学化水平。

一　过程的透析

过程是唯物辩证法最重要的范畴之一。从唯物辩证法来看，"过程"通常是指"物质运动在时间上的持续性和空间上的广延性，矛盾存在和发展的形式"①。

任何事物都是过程，是作为过程而存在、发展、变化的。"世界不是既成事物的集合体，而是过程的集合体。"② 从宏观到微观、从自然界到人类社会，过程无处不在、无时不有，是事物的最基本、最普遍状态，没有脱离过程的事物，事物总会在一定的时间、一定的空间处于不断运动、发展、变化的过程之中；也没有脱离事物的过程，过程总是一定事物的过程，是事物的动态转化的属性。世界"除了生成和灭亡的不断过程、无止境地由低级上升到高级的不断过程，什么都不存在"③。过程反映的是形象德育的动态性，形象德育总是按照一定的时空关系依次展开，体现出发展的顺序性；总是呈现出一定的发展趋势，体现出发展的规律性；总是从简单向复杂、从低级向高级的螺旋式上升、波浪式前进的矛盾运动变化过程，体现着发展变化的上升性和方向性。

任何事物作为过程发展、变化，其根源和动力在于矛盾。列宁说："要认识在'自己运动'中、自身发展中和蓬勃生活中的世界的一切过程，就要把这些过程当作对立面的统一来认识。"④ 事物的过程中存在着两种矛盾，一种是事物内部的矛盾，是事物发展的内因和根本动力，决定着事物的本质、方向和趋势。事物内部的矛盾一旦解决，也就到了过程完结之时，事物便由一种发展过程转变为另一种新的发展过程。新的过程又包含着新的矛盾以及解决矛盾的新的因子。"这是旧的统一和组成此统一的对立成分让位于新的统一和组成此统一的对立成分，于是新过程就代替旧过程而发生。旧过程完结了，新过程发生了。新过程又包含着新矛盾，开始它自己的矛盾发展史。"⑤ 另一种是事物之间的矛盾。事物之间的矛盾是事物发展的外因和外在影响力，对事物的发展过程起着推动或制约的作用。事物的发展，是内外因相互作用条件下，矛盾双方力量此消彼长的结果。

---

① 金炳华：《马克思主义哲学大辞典》，上海辞书出版社 2003 年版，第 242—243 页。

② 《马克思恩格斯选集》第 4 卷，人民出版社 2012 年版，第 250 页。

③ 《马克思恩格斯选集》第 4 卷，人民出版社 2012 年版，第 223 页。

④ 《列宁选集》第 2 卷，人民出版社 1995 年版，第 557 页。

⑤ 《毛泽东选集》第 1 卷，人民出版社 1991 年版，第 307 页。

以过程论的观点考察形象德育，可以发现形象德育的过程，是形象德育运动、变化、发展的主要脉络、阶段和流程，是形象德育活动前后相继的连续性和持续性。

形象德育的过程，体现为形象德育不断运动、变化、发展的动态过程。研究形象德育过程，就是研究其启动、运行、变化的阶段、动力等。在形象德育的过程中，教育者运用具体形象把一定社会所需要的思想观念、价值观念、道德规范转化为受教育者个体思想道德素质，它包括了教育者与受教育者的全部运动变化过程以及在每一个阶段的发展、变化过程。在形象德育的过程中，教育者是形象德育的主体，以提高受教育者的思想道德水平为直接的、主要的目的，以形象为内容和方法，是主导者、施教者、塑造者；受众是形象德育的客体，是接受者、受教者、可塑者。教育者和受众共同参与、相互作用，教育者将来自外部的各种形象转化为可供教育的形象；受众在接触形象的过程中将形象蕴藏的思想和情感转化为自身的思想和行动，二者在以形象为纽带形成的交流、沟通、互动、共享中，不断解决旧矛盾，形成新过程，促进了整个形象德育的螺旋式上升。因此，形象德育的过程是施教与受教双向互动转化的过程，是内化与外化交错递进运动的过程。

形象德育的过程是形象德育目标实现的主要阶段、具体程序与工作流程。形象德育过程是为了实现一定的预期目的，本质上是通过形象对受众发挥定向影响的过程。形象德育若失去特有的方向性，也就丧失了形象德育的实际意义。形象德育目标的实现不是一蹴而就的，而是需要经过一定的阶段和程序，按照一定的流程，有步骤、有顺序，才能达成的。形象德育目标实现的主要阶段、具体程序和工作流程，是由教育者的知识经验、思维结构，受教育者的接受水平和思维结构等诸多因素决定的。同一个目标的实现，往往要根据受教育者的不同实际状况，采取不同的具体程序和工作流程。形象德育的具体程序和工作流程也非常重要，形象德育的具体程序是否合理、流程是否通畅，直接影响着形象德育目标的达成，决定着形象德育是否有效。

形象德育的过程是形象德育活动得以在时间和空间上的持续和广延。任何一项形象德育活动，都是在一定的时空境遇中展开的，没有超时空的、抽象的形象德育。形象德育在时空的展开就是形象德育的过程。形象德育的时间是形象德育过程展开的过去、现在、未来的持续性。形象德育在何种场合展开、在何时展开，取决于德育的内容、受教育者的接受水平等诸多因素的影响。形象德育的空间是形象德育过程展开的场所、场合、场域。在形象德育过程中，形象是形象德育的重点和中心，也是形象德育的载体、方法。总体来看，形象德育的过程是一种动态的、开放的活动过程，它涵盖了时间的持续性和空间的延展性，相互联系、前后相随，基本上是一个形象的发现、塑造、宣传、认同、效仿所构成的过程。

综上所述，形象德育的过程，是教育者依据一定的社会要求和受教育者思想道德素质形成发展规律，运用形象的内容、载体、方法对受教育者施加有目的、有计划、有组织的教育影响，促使受教育者产生内在的思想矛盾运动，以形成一定社会所期望的思想道德素质的过程。

二　形象德育的具体过程

形象德育的过程，始终不能离开生动、活泼、具体的形象。形象是形象德育的中心线索和重要内容。形象德育的具体过程，包括发现形象、塑造形象、传播形象、认同形象、效仿形象五个阶段，每个阶段各不相同，又彼此相连，环环相扣，层层递进，推动着形象德育的动态展开和逐步深入。

（一）发现形象

发现形象是形象德育的起点。能否发现、发掘具有思想意蕴，为受教育者所理解、认可的形象，直接关乎形象德育能否开展和推进，直接关乎形象德育的效果。发现形象，或是教育者对社会生活和自然界中具有价值意蕴的具体事物和特定人物的觉察和领悟，或是在艺术采风，艺术体验中积累创作素材、尽力寻找最典型的事实和原型，激发创作灵感，为塑造典型艺术形象打下基础。究其根本，发现形象是主体对形象或形象原型的精神本质和个性特征的发掘和把握。形象乃至其以一定感性形式蕴藏着的崇高意义，不是直接、立刻就显现出来的。只有进入人的感官，赋予人的思想、情感，由感性上升到理性，由现象深入本质，发掘和呈现形象的精神本质和个性特征，彰显形象的意义，才算是有了德育价值。如何深入实践、深入生活、深入群众，从生生不息，变化无穷的各种形象中，发现、挖掘出典型形象，是形象德育的首要任务和起始阶段。

发现形象，必须深入生活。瑰丽、壮美和丰富的社会生活，蕴藏、孕生着不同形态的形象。斑斓的历史、多彩的社会、火热的生活，是形象发现的重要源泉。马克思指出："从前的一切唯物主义——包括费尔巴哈的唯物主义——的主要缺点是：对对象、现实、感性，只是从客体的或者直观的形式去理解，而不是把它们当做人的感性活动，当做实践去理解，不是从主体方面去理解。因此，结果竟是这样，和唯物主义相反，唯心主义却把能动的方面发展了，但只是抽象地发展了，因为唯心主义当然是不知道现实的、感性的活动本身的。"① 以马克思主义认识论来理解形象，可以看到，形象源于生活，脱离所处的现实的物质生活条件和现实社会，形象既难以存在，也无从发现。发现形象，必须具体地、历史地、深入地考察生活，观察、把握一定社会的物质、文化、精神、交往生活，透过生活的现象和表象，掌握形象的本质。自然形象的发现离不开对生活的观察。人类最初在关于世界的本源性的哲学迷思中拨开云雾，探测到朴素形态的唯物主义之光，便是对生活自发的、感性的、直观的观察、思考的结果。泰勒斯认为万物生于水，又返归于水，是对水及其运动、变化现象的悉心观察。中国五行学说则认为金、木、水、火、土生成万物，亦是对五种元素及其属性观察、了解得出的结论。典型人物的发现，同样离不开生活。典型人物，是看得见的"哲理"，会说话的"铜镜"，毛泽东之所以是世纪伟人，正是因为在风云际会、历史交替的大时代，顺历史潮流之势，带领人民改造社会、发展生产，走出一条自主自强的革命和建设的发展之路。他的历史功绩和开山伟业，是经实践检验和证明了的，是可以在实际生活中观察、感受、体会到的。而艺术形象和虚拟形象的发现，主要是发现具有艺术创作价值的艺术形象原型，当然也必须立足现实。艺术是对生活的另一种生动形象的表达。贝多芬

---

① 《马克思恩格斯选集》第1卷，人民出版社2012年版，第137页。

的《命运交响曲》一开始便以类似雷鸣闪电的节奏进行，使人联想到疾风骤雨式的紧张搏斗，人们之所以听后能明晰地感受到音乐作品传达的饱满的情绪，说到底，正是因为在现实生活中，不同的节奏往往有着不同的特征，引起不同的思想和情绪。轻快的节奏令人感到热烈、欢愉，嘈杂的声音令人不安、冲突，雷鸣声则能引起人的紧张、恐惧等，贝多芬是在对生活观察的基础上，以音乐的节奏来表现思想情绪，使人们产生联想和感情上的共鸣。

深入生活，是否就一定能发现形象，发挥形象的德育作用呢？绝非如此！行万里路，读万卷书，见识天下人，固然是有好处的，但单单观察生活是不够的，还要体验。如果说观察是一种静态的旁观的话，那么体验则是一种双向的交流。只有观察、只有静态的旁观，而不以自身的经验、情感去感受和把握形象，结果发现的形象自然是外在于人、外在于生活，如风干的标本，无法动弹鲜活起来，更不要说警戒世人了。对生活的认识越深刻，见解越通达，思路越清晰，情感越强烈，就越能从变化的社会生活中发现有深度、有价值的形象，这样的形象才立得起、站得久、走得远。"世界上发生的一切：政治、文学、人类都使我感动；对于这一切我都按照我的方式进行思考，然后一切都通过音乐来发泄，去寻找一条出路……时代的一切大事打动了我，然后我就不得不在音乐上把它表达出来。"[1] 优秀的德育工作者和艺术工作者，要勇于实践，投身生活，熟悉一切，熟悉生活、怀抱热诚，真切体验，扎根社会倾听不同的声音，潜沉生活，触摸社会的冷暖，积极发掘社会生活中人的思想和情感的力量，把生活中人们的思想状态、利益纠葛、情理冲突，转变成人们所关心的、感动的、兴奋的典型形象所呈现的内容。发现形象，必须深入实践。实践是精神与物质、主观与客观联结的桥梁和纽带。实践是一切社会生活的基础，形象是人的社会实践的产物。形象的风格、特性、细节，更不用说性质了，统统绕不开人的实践，离不开人们在实践中形成的世界观、价值观、人生观的驾驭、指导、支配。"操千曲而后

---

[1]　何乾三选编：《西方哲学家、文学家、音乐家论音乐（从古希腊罗马时期至十九世纪）》，人民音乐出版社 1983 年版，第 131 页。

晓声，观千剑而后识器"①，发现形象的过程，是认识和实践来回穿梭、交替转换、循环往复的过程。发现形象，遵循从实践到认识再到实践的顺序，人们在实践中首先获得形象的感性认识，然后上升到形象的理性认识，继而将凝结人的理性认识的形象运用于实践，经过实践检验、丰富、补充、修正和发展这种凝结理性认识的形象，指导下一步的形象德育实践。高尔基曾说："人的天赋就象火花，它既可以熄灭，也可以燃烧起来。逼使它燃烧成熊熊大火的方法只有一个，就是劳动，再劳动。"②这里，高尔基就是以形象化的比喻阐述劳动实践在艺术创作中的基础性地位和导源性作用。托尔斯泰把他儿时在莫斯科的农村生活实践看做是艺术创作灵感的源泉："从儿童时代的深刻回忆里所得到的那种味觉的、视觉的感染性，那些难以口述的、细腻的、不易捉摸的东西——给了我所描写的东西——一种实质的东西。"③ 形象的真理性、典型性、现实性的力量只有在实践中才能被证明和把握。自然界和社会生活中存在着各种各样的形象，一朵花、一池水，足以令人驻足遐想，和谐的音乐旋律往往令人愉悦，意蕴悠长的诗歌常常启迪人心，现实人物以事迹和精神感动人、教育人，共同之处就在于，它们是经过实践证明了的真善美合一的形象，因此能使人产生审美愉悦和精神启迪。

当前，建设实践生机勃勃，社会景象绚丽多姿，价值取向芜杂多样，充满矛盾冲突的故事俯拾即是，为人们发现典型、树立形象、描摹现实提供了广博而精深的主题、细节和素材。深入实践发现形象，教育者需要具备敏锐的政治嗅觉、坚定的立场态度、正确的价值取向，善于在人类各种社会实践，包括生产实践、生活实践、科学实践、社会变革中，深入寻常人家、田间地头、工厂车间、战争一线，发现不同阶层、不同特点、不同领域具有符合社会价值期待的典型形象，结合受教育者自身的处境、能力、需求，使不同阶层、不同特点、不同领域的受众都能观

① （梁）刘勰著，韩家欣校注：《文心雕龙》，浙江古籍出版社2001年版，第270—271页。

② 上海音乐学院马列主义教研室：《艺术中的哲学（例选）》，福建人民出版社1983年版，第248页。

③ ［苏联］高尔基等：《苏联作家谈创作经验》，曹静华等译，中国青年出版社1956年版，第17页。

察、了解、效仿和学习。发现形象，必须深入人民。"人民既是历史的创造者、也是历史的见证者，既是历史的"剧中人"、也是历史的"剧作者。"① 先进典型就生活成长在人民群众之中，对于社会大众有一种天然的亲近性，他们的先进事迹接地气，可亲可敬可学，要依靠群众发现形象并滋养群众。无论是自然形象、社会形象、艺术形象还是虚拟形象的发现，都离不开人民群众的火热实践，离不开人民群众的广阔生活，离不开人民群众这个生命源泉。深入群众，走进群众中间，参与群众实践，在与人民群众的共同劳动和实践中发现典型。不仅如此，要善于深入群众发现典型，还要善于倾听群众的声音，依靠群众发现典型。模范人物本来就生活在群众之中，与群众一起劳动、一起实践、一起创造，群众对这些模范人物最了解、最熟悉，因而对他们的感人事迹和可贵精神也最有发言权。只有在深入群众的同时，充分发动和依靠群众，关注群众中获得大家的公认和推崇、感人故事和生动事迹被人们口耳相传的榜样，建立健全群众民主推选机制，积极发掘和发现先进模范人物的原型和素材，共同总结、凝练模范人物的事迹和精神，才能使更多的模范人物从群众中涌现出来，成为推动社会发展的正能量。发现生活中的典型形象，以及发现艺术形象、自然形象和虚拟形象，离不开人民群众的生活、实践和创造，离不开人民群众提供的大量素材、线索和生动事实。发现形象，需要敞开心扉、胸怀热忱、用心交流，运用清新鲜活的群众语言、雅俗共赏的方式，"把自己的思想感情来一个变化，来一番改造""和群众打成一片"②，群众才会和你掏心掏肺的交流，这样才能听到肺腑之言，接触原汁原味的思想，发现真实感人的形象。

（二）塑造形象

塑造形象，是形象德育的基本环节。发现的形象尚为原始的、素朴的，其事迹往往过于零散、粗糙、烦琐，特点往往不够突出、鲜明，其思想内涵往往不够清晰、深刻，这时教育者如果急于把未经整理、塑造

---

① 中共中央宣传部编：《习近平总书记在文艺工作座谈会上的重要讲话学习读本》，学习出版社 2015 年版。

② 《毛泽东选集》第 3 卷，人民出版社 1991 年版，第 851—852 页。

的形象传播给受众，受众很容易觉得云里雾里、一知半解，形象育人的效果自然不好。塑造形象，是传播形象的必经阶段。塑造形象，简单来说，就是通过一定的方式创造典型形象的过程。只有充分占有和掌握与形象有关的大量事件、细节、特征，从中选择、萃取、分析最具有代表性的部分，探寻所发现的形象的历史嬗变、生长经历和发展趋势，提炼形象的内在精神力量，赋予形象以时代特征，才算是完成了塑造形象的过程。

塑造形象，无论生活形象、艺术形象、虚拟形象，还是自然形象，都要运用典型化的方式来进行。所谓典型化，是忽略、抛弃、割舍偶然性的，未能代表人物性格的，未能反映社会本质意义的，未能紧扣思想主题的事件、细节、特征，把典型特征和本质内涵概括化、集中化，把深邃的思想挖掘出来，把最鲜明的个性集中起来，凸显其精神实质和个性特点。形象德育，本质在于以鲜明的形象反映社会生活的本质方面，启迪人的思想，因此，这里的每一个形象都应是经过加工、整理、塑造的典型化的形象，力争入木三分、刻骨铭心，产生警醒大众、感奋人心的效果。

典型化，是形象塑造的基本方法。社会生活中的典型形象，都是通过典型化的方法塑造出来的。中华人民共和国成立以来树立了许多先进人物形象，其中影响最广泛、最深入人心的，莫过于雷锋。雷锋的名字，镌刻人心，成为响亮的精神符号；雷锋的事迹，超越时空，发挥持续的影响力。直到今天，对雷锋的呼唤和怀念从未停止；时至今日，雷锋精神的火炬仍在持续传递。一个又一个"新雷锋"赓续着雷锋的精神生命，每年的 3 月 5 日是"学雷锋纪念日"，是我们对雷锋的集体致敬与共同追忆；2010 年，雷锋高票当选"新中国 100 位感动中国人物"；他也走进影院银屏，在光影变幻中展现其音容笑貌、感人事迹；网络游戏《中华英雄谱》里有了解放军战士雷锋，引发热议……为什么雷锋形象如此深入人心，乃至经久不衰？雷锋形象塑造上有什么可资借鉴的经验？这是十分值得深思和总结的。

雷锋精神是雷锋形象的内在灵魂，雷锋形象是雷锋精神的生动表现。时势造英雄。雷锋是在人民军队的火热熔炉里锻炼出来的，是在党的温暖阳光下成长起来的，雷锋形象是在特定的社会时代塑造出来的。雷锋成长的时代，正值社会主义建设时期，当时三年自然灾害，中苏论战，内忧外患不断，农业生产遭受困难，粮食大幅减产，百姓吃不饱饭，部队供不上粮……尤需众志成城、共克时艰的信心，大公无私、奉献集体的精神，投身事业、艰苦奋斗的作风。出于革命建设事业的需要，承载着这种信念和精神的人物雷锋，因时而起，在全中国迅速刮起一阵"雷锋热"，激起了最广泛的思想共鸣，最强烈的情感认同，为年轻的新中国的发展提供了不竭的精神动力。

雷锋形象，是在他一点一滴的平凡小事上塑造起来的，是在他积极乐观的工作、学习态度上塑造起来的，是在他朴实无华、谈吐亲切的生动言语中体现出来的，是在他的彰显人性之美的感人行为上塑造起来的，是在他无私奉献、服务人民的高尚精神上塑造起来的。入伍不到 10 个月的新战士雷锋，生活中捡牙膏皮、修补袜子，十分艰苦朴素，却将自己入伍前辛苦工作、省吃俭用留下的一笔"巨款"，全部奉献给了部队和公社，雷锋所在的团政委领导得知此事，从"捐款"这件事情中看到了雷锋艰苦奋斗、助人为乐的精神，认为这与当时的社会主义建设时代主题十分契合，经过考察、交流，发现雷锋出身贫寒、立场坚定，信仰忠诚、注重学习、善于思考、积极乐观，助人为乐，便决定开始培养、宣传、推广雷锋这个典型。雷锋没有扛过枪，不曾打过仗，没有什么叱咤风云的伟业，没有什么力挽狂澜的功勋，没有什么震古烁今的壮举，他是一个普普通通，寻寻常常的无产阶级的年轻战士，在平凡的岗位上，做着平凡的事情，他是热爱学习、勇攀高峰的好学生，他是帮战友洗衣服、去医院探望伤员的好伙伴，他是大雨中给老大娘送温暖的好青年，他是爱岗敬业、精心擦洗"解放"卡车的好同志，他是低头捡粪、身躬力行支援建设的好战士，他从一滴水看到集体的力量；他怀抱着甘当革命"螺丝钉"的崇高理想，对工人、农民、战友充满着朴素、自发的阶级情感，他时时做好事，做了一辈子好事，他所做的好事不断被发现、挖掘、整理、报道，雷锋的精神也随之提炼、丰富，雷锋的形象也逐渐清晰、饱满起来。

雷锋精神是在典型化的生活事件、生活细节中体现出来的，正是这些看似平凡的无数件小事集中在一起，他说的话、做的事，他的语录、他的样子、他的日记、他的照片，一言一行、一举一动，汇聚在一起，反映了他的为人处世、工作态度、个性特征、价值观念、道德准则，铸就了他踏实、无私、善良、亲近、有情有义，有爱有恨的丰满形象，折射了他乐于助人、乐于奉献的高尚人生观。生活形象的塑造，是将抽象的精神品质和道德要求具体化、个别化，据此对生活形象的性格、言行、已有的事迹，加工、整理、归纳，撇开次要的、无关的东西，将体现先进典型精神实质的主要的、鲜明的特征加以概括化、集中化、典型化，形成新的反映抽象的具体、反映共性的个别的过程。这个具体、这个个别，比抽象的、共性的东西，要生动得多、活泼得多、丰富得多。

典型化，是生活形象塑造的重要方式，更是艺术形象塑造的根本方式。艺术形象的塑造方法，是用典型化的艺术创作手法，通过艺术联想和想象，创作出个别的、具体的典型形象，生动表现一定群体、一定阶级的共同特征，深刻反映和揭示社会生活的本质方面。一切艺术形象，包括文学形象、建筑形象、绘画形象、摄影形象、电影形象、音乐形象等，都要遵循文艺创作的典型化规律。建筑师的理念、态度体现在建筑的构造、造型、功能设计上；画家的思想、情感融会在画作的色彩、虚实、线条上；摄影师的倾向、情怀显现在光影、基调、画面上，电影中往往通过人物的性格、语言、行为、细节来反映价值倾向、思想观点。这些艺术形象的塑造，实际上都是将散落在现实生活中的形形色色的单个人物、事物具备的特点、细节、个性等，选择、蒸馏、提纯、加工、改造，集中起来反映和揭示社会生活的本质方面，形成更典型、更理想、更集中的艺术形象。

虚拟形象塑造的方法，与艺术形象塑造类似。动画工作者、网游设计者要塑造形象，首先要在现实生活中通过大量占有存在着的事物、人物、景物，在观察、认识、理解等活动中获得审美感受和审美体验，随后根据自己对现实生活、对于人性的理解，确定要表达的思想和主题，主要人物的性格特征，从而产生强烈的创作欲望，这是第一步。接着，动画工作者、网游设计者要把在现实生活中积累、搜集的关于人物性格、思想主题的线索、材料加以提炼、强化，通过工艺制作方法和电脑技术工具，营造戏剧冲突，塑造典型环境，设计多重选择，引发价值碰撞，把反映人物最典型、最鲜明、最富有表现力的特征，集中起来，或写实、或改编、或虚构，或具象化、或抽象化、或拟人化，创造出从外部造型到心理活动、从语言到动作、从人物关系到人物性格，别具一格、个性突出的新形象。需要注意的是，虚拟形象塑造，与其他形象相比，想象、幻想、夸张、变形、象征、隐喻等更加普遍，想象和虚构的成分更大，给人带来的感官上的冲击力和震撼力更强。虚拟形象塑造，始终要把现实性与虚拟性、技术性与艺术性、娱乐性和教育性结合起来。

　　自然形象的塑造，是在自我观景、直观感悟、自我建构中，获得对自然形象的理解，赋予自然形象以价值意蕴，将人的主观感受对象化，使得物我合一、相得益彰，从中受到教育和启迪。自然形象的塑造，是在观察、塑造和建构中，实现情与景的统一、主与客的统一、意与境的统一。朱熹在《诗集传》中说："兴者，先言他物以引起所言之辞。"[①]"比者，以彼物比此物也。"[②]"比""兴"都是常见的自然形象塑造的具体方法，"比"是以物喻人，由物及人，咏物抒情，比事论理；"兴"是外物唤起，铺垫烘托，主客互见，心物同一。自然形象塑造的过程，就需要发现美的眼睛和智慧，从日月星辰、山水花鸟、小桥流水、阡陌交通等事物本身的属性出发，体验、参悟、审思，自觉不自觉地唤起内在情志，"触物起兴"，把合乎美的、合乎规律的、最有典型性的自然形象的鲜明特点挖掘出来。

　　塑造典型化的形象，要处理好偶然性和必然性的关系。形象要反映社会生活的本质，是必然性的东西。那么，是不是我们在形象塑造时，只描写必然性就好，可以把偶然性撇在一边呢？这种说法，其实是不符合马克思主义认识论的，是形而上学的。偶然性和必然性是对立统一、相互依存的一对范畴。马克思在《致路·库格曼》中深刻地分析道："这些偶然性本身自然纳入总的发展过程中，并且为其他偶然性所补偿。但

---

①　（宋）朱熹、（东汉）王逸：《诗集传　楚辞章句》，岳麓书社1989年版，第2页。
②　（宋）朱熹、（东汉）王逸：《诗集传　楚辞章句》，岳麓书社1989年版，第5页。

是，发展的加速和延缓在很大程度上是取决于这些'偶然性'的。"① 偶然性反映事物发展的多样性，必然性反映事物发展的规律性。偶然性包含着必然性，多样性蕴藏着规律性。必然性体现了事物发展的内在动因，在事物的发展中起着决定性的作用；偶然性体现了事物发展的外部因素，在事物的发展中起着加速或延缓的作用。失去了偶然性，必然性就成为某种神秘的存在；失去了必然性，偶然性也不复存在。恩格斯讲的透彻，"被断定为必然的东西，是由纯粹的偶然性构成的，而所谓偶然的东西，是一种有必然性隐藏在里面的形式"②。生活蕴藏着无限的偶然性，人们从社会生活中发现、塑造出个别的、具体的典型形象，反映出社会生活的本质方面和规律性，就离不开偶然性。只有占有大量偶然性的东西，才能从中归纳、整理、凝练出内在的必然性、规律性。但是，偶然性并不是主导、支配性的力量，塑造形象，总归是有目的、有方向、有理想的，要受必然性的支配、引导，假若奉行拿来主义，囫囵吞枣、饥不择食，眉毛胡子一把抓，胡乱堆砌大量毫无联系、偶然性的东西，没有轻重、不分主次，不但不会增加形象的厚重感和深刻性，反而会模糊人物性格、掩盖思想主题，遮蔽社会生活的本质方面。唐代画家张彦远说："夫画物特忌形貌彩章，历历具足，甚谨甚细，而外露巧密。"③ 杂草横生、喧宾夺主，实乃一大忌。承认必然性的统领、驾驭作用，就要对占有的大量的偶然性的东西挑选、剪裁、加工，用"显微镜"和"透视镜"，分析脉络、构造、肌理，从中搜寻出能够反映必然性、规律性的东西，能够合乎自己目的、方向、理想的东西，加以保留、加工、提炼。只有这样，塑造出来的典型化形象，才既有创造性、个别性、多样性，又有本质性、共同性、统一性，既有生动活泼的形式，又有深刻的思想内容。

　　塑造典型化的形象，要处理好真实和虚构的关系。塑造形象要从真实的生活出发，但又不能拘泥于真实生活的框框，要适时运用想象、虚

---

① 《马克思恩格斯文集》第10卷，人民出版社2009年版，第354页。
② 《马克思恩格斯选集》第4卷，人民出版社2012年版，第251页。
③ （唐）张彦远：《历代名画记》，人民美术出版社1963年版，第37页。

构甚至幻想。塑造形象，要将真实性与虚构性统一起来，以虚导实，以实扬虚，虚实相济，实现一种虚构的"真实"。形象要体现个性，不是抽取出最常见的、最普通的内容，而往往是把最突出、最鲜明的东西集中起来，通过想象和虚构建立起来的。即使人们一心想把在生活中观察到的事件、内容、人物，尽量客观地、全面地、整体地摹写出来，或许也可能发现人物的事迹、性格、精神、命运这些方向性的东西，但真实的生活不可能直接的、现成的呈现出来。正如高尔基所说，"想象和推测可以补充事实的链条中不足的和还没有发现的环节"①。细节、情节、对话，尤其是人物的心理活动，在现实生活中很难直接找到原型和影子，必须反复揣摩、想象甚至虚构。塑造形象，总是在真实和想象之间来回穿梭，以合乎生活和情理的逻辑，展现生活的形态、面貌、本质，实现真实性和虚构性的统一。鲁迅《祝福》中的祥林嫂，是"杂取种种人，合成一个"②的产物，其形象、事迹、某些情节，在现实生活中是没有的，但鲁迅摒弃意义不大的特点、细节和内容，而把其中鲜明的个性、突出的细节保留下来，再通过想象、虚构，塑造出旧中国农村劳动妇女的典型形象。经过改造、创作，原先的作为原型的形象的真实性已经无关紧要了，重要的是，塑造出来的祥林嫂的形象，合乎生活的逻辑，营造了一种真实的感觉，甚至比真实的人物还要真实，人们已经忘了她是一个"拼凑起来的"虚构角色，觉得她就生活在身边。浪漫主义塑造的形象，往往天马行空，汪洋恣肆，通过变形、夸张、幻想、对比等手法，似乎没有逻辑、没有章法、不合常规，但却具有艺术的真实。比如，"白发三千丈，缘愁似个长"是李白对心结愁绪奇瑰、夸张的表达，这里用一种幻想的、夸张的逻辑，升华了生活的逻辑，把生活本来的面貌、形状进行改造、放大、变形，构建一个超凡的、幻化的主观世界。但这个形象，这个幻想的逻辑、想象的逻辑、虚构的逻辑，依然不能背离生活的逻辑，违反基本生活常识、脱离现实生活。

---

① ［苏联］高尔基：《我怎样学习和写作》，戈宝权译，生活·读书·新知三联书店 1984 年版，第 42 页。

② 肖荣、陈坚：《鲁迅文艺思想散论》，浙江人民出版社 1979 年版，第 17 页。

塑造典型化的艺术形象，要处理好分散化与集中化的关系。概括化和分散化相互独立、互不相干，是对立关系。分散化是各立山头、各表一枝。一旦人们基于生活的暗示、灵感的火花获得某种思想启示，便会有目的、有意识地进入形象塑造的阶段。这时，人们会按照自己的思想、目的、愿望，通过想象和联想，整理、加工粗糙的原始素材，加以集中，塑造出新形象。这一过程，高尔基有着精辟的论述，"假如作家能够从二十个，五十个，或几百个小商人、官吏、劳动者等类的各种人中，各抽象出最具性格的阶层的特征、习惯、趣味、身姿、信仰、动作、言语等等，能够将他们再现及综合于一个小商人、官吏、劳动者中的话，则作家可算由此创作了一个'典型'"[①]。艺术家深入生活，就是为了把分散化的特征集中起来，加以概括化。艺术家创造出的形象就是集中化的结果，体现着具体和抽象、共性与个性、现象与本质的统一。鲁迅说："我没有专用过一个人，往往嘴在浙江，脸在北京，衣服在山西，是一个拼凑起来的角色。"[②] 艺术工作者往往在广阔的生活空间和宏大的社会背景中，从许许多多"单个人"身上观察、搜集分散的特征，纵横比较、对照分析，去伪存真，去粗取精，扬弃偶然的、次要的、非本质的特征，选择"单个人"身上醒目的、主要的、典型的特点，集中起来、聚拢起来，将分散在许多人物身上的能表现同类人本质的特征或反映人物鲜明性格的特征，揉拌、绞碎、玩味、咀嚼，发生充分的交互联系和作用，为概括化提供前期的资料储备和"量的准备"。在此基础上，把前期准备的素材中千丝万缕的联系条理化，抽取代表性的具体现象、情节、细节，实现集中化和概括化，使艺术形象能更真实、更集中、更强烈地反映现实生活。

文艺创作和科学研究不同。科学研究中，往往要撇开细节、个别化的东西，细节不是本质的、主要的。但在文艺创作中，细节实则反映着本质，是十分重要的，无论如何也不能忽略。艺术细节是思想主题这一

---

① ［苏联］高尔基等：《给青年作家》，靖华、绮雨译，文学出版社1944年版，第5—6页。

② 鲁迅：《南腔北调集》，人民文学出版社1980年版，第102页。

"主干"的藤蔓和枝叶，必须要服务于中心事件和主题思想，表现、折射本质、思想和主题。细节决定成败，细节、情节处理不当，往往会黯然失色，甚至失去可信度，细节、情节处理巧妙，人物就会跃然纸上，收到"窥一斑而知全豹"的效果。优秀严谨的艺术工作者，往往会在细节上精雕细琢，反复揣摩、润笔加工、下足功夫。鲁迅是善用细节的大师，他的小说中构思了许多经典的艺术细节，例如《阿Q正传》中阿Q所戴帽子的这个细节，鲁迅就精心设计、仔细推敲。先生曾说："只要在头上戴上一顶瓜皮小帽，就失去了阿Q，我记得我给他戴的是毡帽。"[①] 阿Q是江南农村的农民，有着农民式的质朴，但也沾了些游手好闲之徒的狡猾。这一性格特征，是通过戴毡帽这一艺术细节来表现的。这个细节真实反映了阿Q的地位、境遇、性格，对理解阿Q及其代表的国人的国民性有着重要的意义。

（三）传播形象

传播形象，是形象德育的重要环节和内容，是塑造形象的目的和归宿。形象一旦被塑造起来，以何种机制传播以发挥最大效应，为更多的受众所感知，在此基础上更广泛、更深远地影响、感染受众，这就涉及形象的传播问题。传播形象，是在一定的氛围和环境中通过对话、传媒、艺术等途径实现形象信息的传递、扩散、交流、理解和分享的过程。传播形象，本质上是形象信息的传递沟通过程，它通过形象这一载体对人的心理和行为模式产生作用和影响。形象信息的传播是否顺畅、成功，直接影响着形象德育的效果。从传播学的视角分析形象德育，充分借鉴和利用传播学的理论和方法来研究形象德育过程中所涉及的形象传播问题，对提高形象德育活动的传播效果不无裨益。

从传播学来看，任何一次完整的信息传播活动，都包括"谁→说了什么→对谁→通过什么渠道→取得什么效果"这五个因素，即拉斯韦尔所说的五个W。传播形象，也是一次完整的形象信息传播活动，内在地包含着形象的传播者、受众、信息、传播媒介和反馈效果这五个要素，它们相互依存、相互作用、相互制约、不断变化，共同构成形象传播的

---

① 鲁迅：《且介亭杂文》，人民文学出版社1973年版，第121页。

活动过程。

传播形象至少包含以下三层含义。

其一，从传播形象活动的基本构成要素来看，传播形象这一活动中的传播者或传播主体，包括个体传播者、组织传播者。个体传播者，是传播形象的单个个人，包括德育工作者、社会工作者、艺术工作者、传媒工作者、网络工作者等一切有意识传播形象信息的个人；组织传播者是指有计划、有目的的传播形象的政府、组织、团体、机构、企业，如学校、宣传机构、社会团体、慈善机构等；受教育者是这一活动中的受众；教育者要向受教育者传播的各类形象就是主要的传播信息；传播形象必须要采取一定的方式、依托一定的载体，即涉及传播活动中的媒介，主要包括语言、文字、报刊、广播、电视、网络、手机等；传播的形象是否为受教育者所认知、理解，并在情感、思想、态度、行为等方面发生影响，是这一传播活动的效果，包括正向效果、负向效果、无效效果。考察传播形象效果，要注重效果的反馈。可从心理层面和行为层面两个方面剖析和判断，如果受众在接收到形象信息之后，不仅表示乐于接受、深度认同，在行为上也表现出与心理一致的倾向，自愿改变自身的行为，这就表明，形象的传播已经在心理和行为上对受众产生了积极的作用，可以认定形象传播属于有效传播；如果受众没有接收到形象信息，或者由于种种原因，对所传播的形象不理解、不认同、不接受，传播形象的活动毫无作用，无果而终，这样的传播就是无效的。如果受众接收到形象信息后，产生逆反、排斥心理，甚至起到了误导作用，受众在形象的影响下，在行为中故意反其道而行之，那么，这样的传播，就是负向效果。后两种传播效果，对于形象传播都是有害的。

其二，从行为过程来看，传播形象过程是传播者有组织、有目的、有计划、系统性地对受众传递、传输、宣传形象信息，使其认知、理解、认同、效仿形象的过程。具体来说，教育者（传播者）将蕴含着丰富德育内容的生动具体的形象（信息）通过一定的方式、方法、载体、媒介（传播媒介），向受教育者（受众）展示、宣传、讲授、说明，而受教育者在感知到形象后，对教育者传递的形象做出思想、情感、行为上的回应和反馈，教育者根据受众对信息的反馈调整内容和方式。传播形象是为了实现一定的传播效果的，使形象效应最大化，社会大众认知、理解、接受形象，实现正面传播效果，形成一定社会所认可的价值观念和思想倾向。

其三，传播形象的实质是形象信息的传递、交换和交流。传播形象，是作为形象德育信息在形象系统中交流与互动的过程，是教育者与受众在社会形象系统中的交流与互动，目的是扩大形象的覆盖面和影响力，促使受教育者观察、了解、学习、分析、领会形象蕴含的思想和精神，达到对形象的感知、理解、认同和接受。传播者以形象为载体传递一定的信息，是在一定的情境和氛围中，将一定思想转化成形象，并将一定形象传递给受众，以期受众获得正面积极的反馈的过程。形象信息的整个传播过程，总是伴随着形象信息的流动，由传播者流向受众，再由受众反馈给传播者。传播的形象信息能否到达受众并被其理解和接受，就要精心选择能代表教育者意图的形象，结合受众心理和条件，注意传播技巧和传播环境，使形象传播者的意图、受众理解到的意义、传播环境产生的意义相一致，这样才能使整个形象传播过程更加有效。

传播形象，要注意把握好以下几点。

第一，塑造传播者形象。传播形象，传播者自身的素质、形象至关重要。传播者是形象信息传播链上的初始来源，是实现有效传播的首要和前提条件。传播者的声誉权威、优良品格、个人魅力、专业度、熟悉度、态度，在传播形象中往往会影响受众的心理和判断。为了使受众对传播主体形成公正、权威、亲切的印象，增强传播者的可信度、吸引力和权威性，传播者本身就需要通过传播的行为、活动和信息等塑造自身形象。传播者一方面可以有意识地利用各种资源，通过各种符号信息，如通过广播、电视、电影、图书、文字等进行双向互动交流，为自己"加码""添彩"；另一方面，要通过各种实际活动、行为、策划、事件来塑造品牌、推广形象。传播者需要提高业务能力和水平，把言教与身教结合起来，把自己塑造成符合公众预期、值得信赖的形象传播主体。

第二，形成传播合力。形象的传播是一项复杂的系统工程，必须通过各方联手，共同努力，增强合力，形成共振。1968年，美国传播学者麦克姆斯、唐纳德·肖最早提出传播学上著名的"议题设置理论"，认为通过传播媒介大量的、大面积的、集中的报道某个问题或事件，受众也就会关注、谈论、传播这些问题或事件。其实，不光是在大众传媒领域内通过联手、集中式的报道可以增强传播合力，影响到公众对某个事件的关注，形成放大、集中效应，各级组织、机构、团体、个人，也可通过传统媒体、人际媒体、现代传媒的整合，建立共识，齐心协力，聚焦传播核心，放大传播效应、拓展议题的影响力，增强传播合力，提高传播实效。2008 年汶川地震期间，传播者进行了一次成功的议题设置。5 月 18 日，国务院宣布，5 月 19 日为全国哀悼日。5 月 19 日 14 时 28 分起，全国人民默哀 3 分钟，汽车、火车、舰船鸣笛，防空警报鸣响。5 月 19 日到 21 日，互联网各大门户网站运用灰白版面，在网站首页醒目位置写着"深切哀悼""汶川挺住"等字样，互联网上各种图片、文字、视频整合在一起，人们通过 QQ、聊天室、网络论坛、BBS、Hotmail 等聊天工具热议地震事件，发动捐款救助、祈福灾区人民、祭奠遇难者，广播电视减少广告时长甚至取消广告，直播救灾场面，游戏运营商关闭服务器、网站，举国人民停止一切公共娱乐活动。在这场灾难发生之后，报纸、网络、广播、手机等传统媒体与数字媒体优势互补、高度共享、聚焦热点、追踪救灾，全景发布、传播、整合信息，构建了上下、纵横结合、报网联合的联动机制，确保及时、持续、集中地关注和报道灾情和救灾安置状况，全程还原和再现了惊心动魄的救援、抢险、救治场面，深度报道和宣传抗震救灾涌现出来的先进集体和模范人物，吸引民众注意，把人性中的美好、公平和正义传播到社会成员的心中，这次议题设置获得了国际舆论的一致好评。媒介融合时代，形象的传播，必须改变各占山头、各自为政的运作模式，改变条块分割、恶性竞争的传播局面，避免形象传播的突击性、临时性、分散性。形象的传播，必须要多方联手、强强合作，通过及时、集中、多次的传播设置议题，建立健全政府、学校、家庭、社区、社会五位一体的联动传播机制，通过云计算、大数据和人工智能等技术，实现精准传播推送，扩大形象传播的广度、深度和力度，增强传播合力，提升传播魅力。

第三，以受众为中心。形象的传播，以受众为中心，服务于受众，把受众作为形象传播的出发点和落脚点，往往更亲切、可信，传播效果会更好。有效的形象传播活动，核心要素是"传播者、形象、受众"，只有以受众为核心，三者协同、良性互动，共同发挥作用，形象才能有效传播，传播者的预期目标也才能实现，传播行为才有价值。传播形象过程中，传播者和受众在了解形象信息方面具有不对称性。形象传播，需要减少、克服这种不对称性，降低和消除无效传播。无效传播则是不能以受众为中心，重点不明、目的不清、信息不全、关系不当，导致效果不佳甚至失效。传播形象的链条，遵从传播者→形象→受众的轨迹，如何传播、传播什么、要达到什么目的，都要始终以受众为中心。以受众为中心，就是要准确把握受众的群体类别、群体特征、群体心理，关注受教育者的差异性、层次性和群体性，抓住受众的偏好、口味、兴趣，把握受众的关注点、兴奋点、需求点，始终以满足受众对形象信息的需求为转移，有的放矢，并注意选择受众喜闻乐见的传播策略、传播方式和传播载体，这样，形象传播才能引起受众共鸣，达到最佳效果。

第四，注重双向传播。形象信息的传播过程不是单向传播，而是双向传播。任何形象的传播，只有被受众理解、接受、产生社会影响，传播才算有效、完整。如果形象塑造出来，不能被人们所理解，或者不能产生一定的社会影响，其影响力就一定会受到制约。形象信息一经传递到达受众，就进入了传播的另一阶段，即意义理解阶段。如果说，形象选择阶段对于受众的偏好还是处于一种主观想象、经验把握的话，那么，意义理解阶段，就是检验传播者的想象和分析的真理性的时刻了。传播者通过形象来传达他要表达的意义，首先要解决的就是双方要有共通的共识机制，使得选择的形象能够被受众感知和理解，否则就会"鸡同鸭讲"，无法顺利开展传播活动。意义理解阶段，受众捕捉、识别、记忆形象的外形，在此基础上理解、整合意义，从感性认识上升到理性认识，获得对事物本质的把握。这一阶段的关键是，受众所领悟的形象要和传播者想要传播的形象一致，即完成形象信息的第二次传递，才算有效、积极的传播。形象信息的错位、误读、滞后，都会影响有效的意义理解。在传播形象中，受众作为有个性的、活生生的个体，有着自己的需要、欲求、思想、特征，存在着各种各样的矛盾、冲突，并不是简单地、被动地接受信息，而会主动地、积极地补充和建构形象。每个受众都会根据自己的知识经验、生活经历、切身利益，来理解和解释形象的意义。在意义理解阶段，传播者要和受众积极沟通、不断对话，受众要积极地理解形象意义、建构形象，二者力争取得共识，产生共鸣。此外，传播者还要根据受众反馈更新、补充、修正形象信息，并及时调整和修正传播内容和传播方法，在内容上取舍和整合、在方法上革新和改进。

第五，善用传播技巧。形象能否打动人心、深入大众，不仅取决于形象本身的吸引力，而且也取决于形象如何被传播，取决于形象的传播技巧。所谓传播技巧，是指在形象传播过程中，传播者为了达到预期目的采用具体策略、方法和技能的统称。运用传播技巧，传播者可以轻松、灵活、巧妙地将形象信息传递给受众。传播学的相关理论对形象传播有着可资借鉴的参考价值和意义。在形象传播中，主要技巧有以下几点。

一是增强互动，寻找最大公约数。传播形象，不是传播者的孤芳自赏，而是主客体的亲密对话。优秀的传播者，善于找准共通之处，寻找和受众之间的最大公约数，活泼气氛，拉近距离，建立共识，引发共鸣。以大家熟悉的《战国策》名篇《触龙说赵太后》为例，赵国新旧交替之际，为避免被秦国吞并，赵太后不得不请求齐国增援，齐王答应出兵，但提出赵国必须派太后幼子长安君到齐国去作人质。太后溺爱少子，宁可置国家安危于不顾，也不愿长安君做人质，如何劝说赵太后送子去齐国做人质，在诸位大臣劝说赵太后未果陷入僵局后，名士触龙避其锋芒、欲擒故纵，另辟蹊径，最终成功说服赵太后。

　　左师触龙言：愿见太后。太后盛气而揖之。入而徐趋，至而自谢，曰："老臣病足，曾不能疾走，不得见久矣。窃自恕，而恐太后玉体之有所郄也，故愿望见太后。"太后曰："老妇恃辇而行。"曰："日食饮得无衰乎?"曰："恃粥耳。"曰："老臣今者殊不欲食，乃自强步，日三四里，少益耆食，和于身。"太后曰："老妇不能。"太后之色少解。①

---

① （西汉）刘向编著：《战国策》，哈尔滨出版社 2011 年版，第 221—222 页。

触龙一开始并未直奔主题，而是从闲聊开始，谈论自己的身体情况、说明自己腿脚不便，饭也吃不下去，询问太后的饮食起居，交流养生之道，表明自己与太后一样，都是年老体衰之人，寻找共鸣点、找到最大公约数、缓和气氛、步步渗透，果然，听到此，"太后之色少解"，为劝谏奠定了良好的心理基础、情境氛围。

现实生活中，人们通过各种服饰、语言、动作等，拉近和受众的距离，增强受众的认同度比比皆是。如国家领导人参加国事访问，往往会穿上到访国当地人的服饰，参与当地特色民俗活动，尽显亲和；广告商推销产品之前，往往会称赞受众，赢得对方的好感；名人明星各地表演节目，常常会学说几句当地语言，活跃现场气氛，这些都很好地拉近了距离，提高了传播效率。

二是寻找意见领袖，争取群体支持。意见领袖，是由传播学者拉扎斯菲尔德在 20 世纪 40 年代提出的概念，即意见的生产者、舆论的推动者、群体中的活跃分子。拉扎斯菲尔德认为，大众传媒和受众之间有一个"意见领袖"层，认为大众传播只有通过"意见领袖"的中介作用才能发挥影响。意见领袖，在群众团体中往往触觉最发达、思想最活跃，受关注度高，具有一定的人格权威和个人魅力，追随者众多，可以说他们是掌控着群众思想和舆论的"核心按钮"。由于他们较早接触信息，能加工、解释、传递、扩散形象信息给受众，加快形象信息的流动与传播。意见领袖善于"走在自发运动的前面，为它指出道路，善于比其他人更早地解决运动的物质因素，自发地遇到的一切理论的、政治的、策略的和组织的问题"。[1] 由于受众都隶属于一定的社会圈子，社会圈子又影响着受众的意见、态度和行为规范。传播形象，就必须重视群体意见、争取群体支持，尤其是互联网时代，更要加强与意见领袖的接触和沟通，积极培育认同和传播代表主流形象的意见领袖，充分发挥"意见领袖"的正面作用。形象传播，要善于找出、争取和利用意见领袖，发挥名人明星、权威人士、媒体人士和网络大 V 等意见领袖的影响力，加强意见领袖的自律和他律，传播和扩散先进形象，以一带多、以点带面，引导

---

[1] 《列宁全集》第 5 卷，人民出版社 1986 年版，第 326 页。

群众了解、支持和传播先进形象。

三是形成合力，持而固之。现代社会，注重多媒体的优势互补，运用多媒体大面积、集中报道事件，积极引导舆论，影响社会大众的思想走向，已成为新媒体时代舆论引导和形象传播的重要方式。恩格斯说过，"许多人协作，许多力量融合为一个总的力量"①。所谓"总的力量"，就是单个力量组合在一起形成的合力。传播形象，很难"毕其功于一役"，也要巩固阵地、壮大舆论，反复宣传，持而固之。生活经验告诉我们，同等情况下，面对一种新的形象，受众对新形象既不排斥、也不肯定，只要受众在生活中的人际和组织关系中如同事、朋友、亲人不明确表示出排斥的态度，只要大众媒体反复传播，就会在受众心中留下深刻的印象，逐渐接受传播者的思想。这一点，在广告活动、政治宣传、群众动员、产品推广中表现得很明显。当下，随着信息技术的发展，媒体环境也发生着变化，主流声音、噪声、杂音鱼龙混杂。传播形象只有树立整体发展、和谐发展、共同发展的思维，降低、去除噪声、杂音，放大主流声音，积蓄力量、共建共享、统筹协调，促进人际传播、组织传播、媒体传播的全面整合，构建全方位、多层次、集中式、反复地动员、宣传的联动机制，实现多种媒体的优势互补，将意见、态度集合、整合、聚合起来，融入形象信息中传递给受众，增强形象传播的合力。当前，在人人都有麦克风、一部手机就是一个信息生产和发布传播平台的自媒体时代，要注意鼓励人们订制、加入热点主流平台，充分利用微信圈、微博圈、QQ群的"高信任度"进行舆论引导和思想引导，传播主流舆论，发挥吸附功能，利用微友间的强社交、黏合性实现精准送达，表达主流声音，发挥辐射效应，提高传播效率和育人效果，通过点赞、评论、对话表达意见、情感，通过微友转发、评论、分享，实现二次传播，实现多次深度交流。

（四）认同形象

认同形象是效仿形象的基础，有了认同才能自觉践行。认同形象，体认的是"自我"和"他者"的关系，这种关系不是静态的，而是一种

① 《马克思恩格斯选集》第3卷，人民出版社2012年版，第505页。

动态的选择和建构，体现出对于自身的价值感和意义感的不断追思和诘问，寻求的是"自我"与"他者"的一致性或同一性。正是认同，使得人张扬理想性和超越性，并借助这种超越性，朝着未来的、可能性的生活迈进。认同形象，是个体将形象的思想意义内化为自己的意识、观念的认知过程，体现为对形象的感受、感知、赞赏、敬佩、学习、模仿过程。认同形象，是个体对形象的思想意义、行为价值和精神内涵的承认、认可、赞同、相信、接纳、吸收和建构。认同形象是形象德育的重要环节，整个认同形象的过程就是一种认识、情感、态度以及价值观的植入、重建的过程。只有经过这一过程，只有受教育者认同形象，在情感上赞赏、人格上信赖、态度上肯定、价值观上认可，才有可能内化为一种精神动力，对自身的行为产生指导和激励作用，为效仿形象打下基础，在效仿中外化为其主动的、自觉的、自愿的行为。

　　形象德育成功与否，说到底，要看受众与形象之间动态的交互过程是否有效，受众是否认同教育者传递的形象所承载的价值观。孟子讲过："以力服人者，非心服也，力不赡也；以德服人者，中心悦而诚服也。"①在形象德育中，只有受教育者认同形象，对其承载的价值标准和社会规范赞同，才有可能主动地、自觉地接受形象所承载的价值标准和社会规范。如果受教育者是迫于外界压力被动接受形象，接受形象所承载的价值观，但内心深处不认同，口服心不服，认同不接受，这样受教育者便很难把形象所承载的价值观转化为自身的价值标准，更不可能改变自身已有的价值体系和标准，最终结果往往沦为阳奉阴违、心口不一、表里不一、言行不一。形象德育要想达到预期的效果，除关注形象本身外，还应深入研究受教育者的认同心理发生的基础、内在作用机理、影响制约因素等，这是开展形象德育必不可少的环节。

　　认同形象，是在人的交往活动中确认"自我"和形象之间一种趋同的关系。认同主体从"自我"出发到达"形象"，而又从"形象"反观自身，作用于自身。通过调整、整合，使"形象"成为"自我"的一部分，使"自我"成为"形象"的再现，不断建构自己的意义世界和生活

---

① 赵清文译注：《孟子》，华夏出版社 2017 年版，第 70 页。

世界。认同形象，最终是为了服务认同者自身。"凡是有某种关系存在的地方，这种关系都是为我而存在的。"① 换句话说，认同者依据自己的主观经验和知识结构，与形象的交往活动及其关系中体验、折射、反思、确认自己，在对形象的解读、追求中寻找与确认自我身份、愿望、诉求。这种寻找、辨识和确认，使得个体认同形象的过程与人的社会化过程紧密联系。从个体社会化的角度来看，所谓认同形象，无非是在特定场域中对认同者进行的引导、教育。认同形象，不是一劳永逸、凝固不变的，而是历史的、运动的、发展的、流变的。吉登斯认为："认同是由人类自己创造的一个动态的、没有终点的过程。"② 在认同形象的实践活动中，对于形象情感的培养、获得和维持是如此困难，而失去它确是很容易的事情。德育工作者要注意培育和珍惜、保护受众对形象的情感。个人成为他自己存在物的同时，又使他自己成为社会的存在物，人通过认同活动来完善自身、自我定位，确认人的内在本质性力量，社会通过认同活动来凝聚人心、协调关系，规定着人的本质力量及其社会历史性，这一切都是在持续的、动态的认同中达成和实现的。

认同形象，是认同者彰显、高扬主体性的过程。只有认同主体将"自我"与"形象"区别开来，有一定的能力、责任、权利、诉求，有着对于理想身份和意义的价值期待和追求，才能谈到形象认同的问题。认同形象，是在"自我"和"形象"的不断接近、对比、交互作用中实现的，只有价值主体具有清晰的、理性的价值判断、鉴别、选择能力，才算具备认同形象的条件，自觉意识到自己的不足、缺陷和盲点，不断摆脱自身的局限性，有意识地、主动地、积极地完善自己的价值观念，深化和巩固自身的价值认同，对形象的认同才能真正实现。

认同形象发生的心理基础，就在于认同主体的为我性。认同者的利益考量是认同形象的根本动因。"人，一般地说来，每个有理性的东西，都自在地作为目的而实存着，他不单纯是这个或那个意志所随意使用的

①《马克思恩格斯选集》第 1 卷，人民出版社 2012 年版，第 161 页。

② Chris Barker, *Culture Studies: Theory and Practice*, London: Sage, 2000, p. 166. 转引自柴宝勇《政党认同问题研究》，天津人民出版社 2010 年版，第 22 页。

工具。在他的一切行动中，不论对于自己还是对于其他有理性的东西，在任何时候都必须被当作目的的。"① 只有契合人的利益需求，把握情感诉求、满足心理渴求，才算找到了认同形象最深厚的土壤，提高认同的效率、效果。相反，无视人的需要、欲求、利益，会挫伤、削弱、钝化个体认同的积极性，受众一旦对形象认同度不高，形象就会形同虚设。

认同形象发生的价值基础，在于认同形象是差异与认同的对立统一。整个认同形象的过程，可以看作是差异→冲突→认同→新的差异的动态平衡过程。差异是"自我"和"形象"之间存在着的不一致乃至对立性的关系。人的利益、境遇、愿望不同，价值观也呈现出层次性和多样化表征，和形象所蕴藏着的社会主流的价值观之间就存在着差异。威廉·康纳利指出："差异需要认同，认同需要差异，……解决对自我认同怀疑的办法，在于通过构建与自我对立的他者，由此来建构自我认同。"② 认同形象强调不同主体之间求"同"，不是否认、消解、抵制差异，而是在承认、容忍、尊重差异的基础上认同形象。

形象认同是由形象、教育者、受众、教育工具和教育方式等基本要素有机构成、相互联结、相互作用形成的动态过程。认同形象的内化机制是受众通过学习、体验、省思、选择、接受等活动，将形象的思想精髓逐渐体认、吸收、整合、融入自身价值观并不断固化的整个运作过程。其中，形象是一定思想的具体化、物象化，是认同形象的基础和前提。德育工作者和其他一切以形象方式教育、提高人的思想道德素质的人员是教育主体。受众是教育者施行教育的对象。认同工具是受众认同形象的场域、情境、载体和方式。可以发现，一切形象认同的活动作为认同主体的内在主观体验都是由认知、情感、意志等多种心理因素综合作用形成的整体性观念结构，是认知和认同的统一，是形象认知、情感认同、价值认同的高度统一，形象认同的基本向度，就包括形象认知、情感认同、价值认同三个环节。形象认知是前提和着眼点，情感认同是中介和

① ［德］康德：《道德形而上学原理》，苗力田译，上海人民出版社1986年版，第80页。

② ［英］马克·B.索尔特：《国际关系中的野蛮与文明》，肖欢容等译，新华出版社2004年版，第12页。

枢纽，价值认同是关键和落脚点。认同形象，不仅在于完成表层的对形象的认知或是情感上的喜好，最关键、最重要的是形象的思想和行为背后寄托的某种道德规范或社会期待。形象的认同绝不是形象简单的传递和认知，而是一个由认知认同、情感认同和价值认同等构成的复杂的过程。认同形象，最终目的就在于获得价值观念的重新审视和建构，增强认同主体对社会主导价值规范的自觉认同、践行和坚守。在中国，就是要不断增强人们对社会主义核心价值观的自觉认同、践行和坚守。

形象认知是认同形象的起点。形象认知，主要是解决"知不知"的问题。形象认知是受众全面、系统、科学地了解和把握形象基本特征，包括在形象的质、形、色、材等的基础上，把握形象的精神实质的过程，是形象认同的基础环节。在形象认知基础上产生的思想、观念、意识是支配和制约主体情感、意志、信念乃至随后的行为的主导力量和必要条件。形象认知必然要依托认知主体原有的认知结构。我们已有的价值观念同人的思想认识、知识经验交织在一起，根深蒂固地铭刻于脑海中，形成"价值图式"，为我们评判形象提供了参照坐标。个体认知结构的形成，是以往思想观念、道德经验、教育理念综合作用的结果，这种认知结构一旦形成，便会对个体评判和认定行为的价值提供观照模式。皮亚杰认为："内化是通过两种形式实现的。一种是同化，即把环境因素纳入机体已有的图式或结构之中，这只能引起图式的量的变化，不能引起图式的改变和创新；另一种是顺应，即改变主体原有图式的结构，形成新的图式，顺应是质量上的变化，能促进创立新图式或调整原有图式。"[1]当一个新形象进入我们的认知视野时，我们便会自动地调动脑海中的价值坐标，立刻对新形象进行审视、判断、评价、选择，当形象的行为、精神或事迹符合我们的认知结构和价值标准时，也就是说，当形象"合意"时，我们便认定他的行为的合理性、价值性，反之亦然。可以说，形象认知的过程，是主体在原有生活体验和知识经验的基础上，将主体自身体验、经验与客体形象相比较，在主客体相互作用和构建中接纳、内化形象蕴含的价值意义及其合理性的过程。形象认知以各种形象为认

---

[1]　袁文斌：《当代中国榜样教育研究》，博士学位论文，河北师范大学，2010 年。

知对象，与其他认知过程相类似，都先要采取感性的方式，如感觉、知觉、表象等，才能进入判断、推理的认知阶段，没有主体个人自我意识，没有主体认知结构的存在，没有任何经验观照，根本谈不上认同。

　　情感认同是认同形象的关键，情感深化认同。情感认同是形象认知在情感上的升华，是在个体经验、体验中基于其认可的形象精神对自身意义的积极、肯定的正向情绪。休谟认为，情感是"欲望和意欲的第一源泉和动力"。[①] 形象的认同乃至行为固化，形成人格，自然要以认知形象为前提，但如果停留、驻足在这个阶段，而无情感上的牵连、驱动，没有情感上的变化、发展、生长，那么，他与外界建立的道德上的联系，注定只是一种生硬的、冷冰冰的反映，毫无生气，毫无激情。认同者必须要以自身尺度和情感去衡量、把握、体察、规定形象的道德价值，才能赋予形象以价值和意义。列宁指出："没有'人的感情'，就从来没有也不可能有人对于真理的追求。"[②] 只有受众对形象感到亲近亲切，才能在内心深处产生对形象的赞赏、敬仰、信赖等积极的心理体验，从而对形象蕴含的精神产生向往和追求。反之，没有情感认同，人们就会排斥、误解形象，对形象表现出无兴趣、无反应、无共鸣，纵使表面上接受了形象，也只是暂时的、不稳定的、不牢靠的。那么，情感认同又是如何发生的呢？主体在原有知识经验的基础上，通过将形象与自身经验进行比较、判断，深刻理解、认同、接纳形象存在的意义及其必要性，当原先的认知结构与接受的新信息相一致时，主体会产生积极的情感反应，如亲近感、钦佩感、信任感等；反之，则会产生消极的情感反应，如怀疑感、隔阂感、厌恶感等。生活中我们会见到这种现象，在课堂上缺乏激情和感染力的老师，很难让学生将情感融入其中。一堂照本宣科的爱国主义德育课，自然是台上老师口若悬河，台下学生昏昏欲睡。究其原因，就在于人们情感认同的不同。照本宣科的内容和方式，难以与受众的实际生活产生生动、细致、深入的联系，难以产生情感上的投射、体

---

　　① 赵永刚、崔家友：《休谟论美德的价值》，《价值论与伦理学研究》2017 年第 2 期，第 78—79 页。

　　② 《列宁全集》第 25 卷，人民出版社 1988 年版，第 117 页。

验和共鸣，因而才会毫无反应。而《红海行动》《湄公河行动》《战狼》《智取威虎山》等电影则通过艺术性的手法创设直观、具体、真切的情境，让人感觉激动不已，感觉很"燃"，甚至热泪盈眶，这种"燃"和炽热，就是人们在情感上强烈认同的表现。

价值认同是形象认同的目的和归宿。价值认同是主体在交往活动中对形象包含的价值属性的认知、理解、评价、认可、选择和共享的过程，也是主体通过对话、实践、交往等活动对自身价值结构的定位、定向和调整的过程，常表现为价值主体、价值观念的整合形成过程，反映了主体追求一定的理想、信念，并内化为自己的价值取向和价值追求的过程。价值认同的形成更复杂，一旦达成则很难改变，拥有更加稳定的特性。形象的影响力根源于形象的思想价值。形象的变化、更迭，根本上是价值观的改变、拓新。任何形象都是形象性和价值性的高度统一。形象性是指形象是生动客观的存在形式，总表现为一定的具体形式，内含着价值性。形象的价值性通过形象性表现出来，形象性是价值性的存在基础和表现形式，没有脱离物质形式的单纯的价值，形象的价值一刻也不能脱离形象的本体而单独存在；形象的价值性体现为一定的思想观念、价值倾向。价值性决定形象的性质和方向。教育者通过具体、生动、直观的形象吸引、感染和激励认同者进行观照、学习和效仿，引导受教育者思考、领悟形象包含的深刻的、内在的价值，最终实现形象蕴含的价值的内化。一句话，形象性是形象德育价值的外表特征，体现了形象所具有的工具性价值，没有形象性，价值就失去了载体和依托；价值性是形象的灵魂和方向，代表了形象的终极性价值，没有价值性，形象就失去了意义和归宿。形象德育寓价值性于形象性，通过形象这一具体的价值载体来展现抽象的价值观念，是形象德育不同于其他德育形式最重要的表征之一。认同形象，最终就是认同形象所体现的精神境界、道德风尚、价值观念。

（五）效仿形象

效仿形象是形象德育的落脚点。亚里士多德说："人是最富于模仿性的生物，人是借助模仿来学习他最早的功课的。"① 人生而懵懂，却无往不胜。人的本质规定着人必须要走的社会化道路。人的社会化道路是从效仿形象开始的。婴儿从呱呱坠地到长大成人，从茫然无知到融入社会，常常是在观察、学习、模仿中学会辨明善恶，分清黑白，体味高贵和卑劣，认识真理和谬误，践履社会责任，养成行为习惯，从而实现人的社会化。效仿形象，是主体以形象内蕴的精神为指导践履行为过程，从本质上是一种道德学习和践行活动。

效仿形象首先是效仿者经由一种情境、一种情感，产生的一种主动、自觉、自愿的非强制的行为。效仿形象，不是来自机构、组织、团体、社会的强制命令，往往是效仿者单向的行为，作为被效仿的形象，生活形象可能无法意识到效仿者的行为，自然形象、艺术形象、虚拟形象作为事物，更不可能做出任何反映，也就是说在整个效仿形象的过程中，基本上是由效仿者自己一方单独完成的。效仿行为说到底，是主体价值自觉的产物。形象对主体内部各因素的影响越频繁、越深入、越广泛，其效仿的主动性、积极性就越高。效仿形象往往也不是基于对某种价值标准和行为规范的理性认识才产生的。在现实生活中，孩子效仿父母的行为，人们走上街头帮扶助人，不见得是预先认识和了解社会行为相关的价值标准，而是在具体的价值实践中，受到父母和他人具体的行为、动作、表情等感性具体的形象耳濡目染，逐渐形成的一种行为习惯和价值自觉。这种行为习惯和价值自觉，往往是直接的、感性的、顿悟式的，甚至是在某种情境下由一种情感推动不由自主产生的，效仿者也始料未及。

效仿形象，与认同形象活动交织在一起，密不可分。认同形象是效仿形象的基础和前提。认同形象，涉及对形象的理解、认知以及评价。只有当这种形象同效仿者的价值观念一致、符合效仿者心理倾向、遵照效仿者发展预期时，经感知、认可、赞赏、内化，才会真正成为效仿者效仿的形象。效仿只有建立在认同的基础上，才可能达成知行合一、内外转化。否则，即使面对丰富的形象的世界，效仿者也会视而不见。形

---

① 王贵林、陈洵：《心理学教程》，广东高等教育出版社 2005 年版，第 166 页。

象德育中，教育者用一定的事物或人物，引导受教育者效仿，依靠的是效仿者建立在认同基础上深刻的价值自觉，表现为一种自主的价值判断和行为选择。对于如何向先进典型效仿学习，习近平总书记有着十分深刻的认识，在《要善于抓典型》一文中，他阐述道："现在有些人认为，向先进典型学习，往往学不到高深的知识学问，学不到赚钱的本事，学不到工作的能力，总之没什么好学的。这些话似乎有道理，却实在是没道理。向先进典型学习，可学者多矣！最关键的是要学精神、学品质、学方法。比如，学习焦裕禄，就是要学习他的勤政爱民、艰苦奋斗的创业精神；学习牛玉儒，就是要学习他廉洁奉公、清正无私的革命本色；学习郑九万，就要学习他'心里装着群众，凡事想着群众，工作依靠群众，一切为了群众'的为民情怀。"① 效仿形象，体现为两种形态，一种是"泥其迹"，是对形象外在行为特征，包括形态、姿态、语言等外在形式的效仿；另一种是"师其意"，在对形象行为内在思想精髓理解的基础上，在精神的指引下去实行行动的效仿。学习先进典型的精神，领会到每一个典型的精髓与实质，而不是只关注其表面上的一言一行，并且还可以使每一个典型的意义超越具体的行业、工作、领域，在更深的层面和更广泛的范围内发挥示范与引领的功效。形象一般可以说是直观的、外显的，能被感官直接把握的。对于形象内在精神的理解和掌握，是一个从具体到抽象再到具体的过程，要经过两次转化。这里的第一个具体是指形象具体的特征，包括本质的和非本质的特征，抽象则是从形象身上抽出的具有本质特征的精神实质的东西，第二个具体是创造性的具体，是将抽象的思想运用到一定的情境之中，外化为自己的行动。在这个过程中，单单细心观察行为是不够的，还需要主体调动理性思维，思考、分析、总结、凝练形象的精神实质。前一种效仿是一种原生性的效仿，后一种效仿是一种创造性的效仿；前一种效仿追求的是"形似"，后一种效仿追求的是"神似"；前一种效仿是低层次的效仿，后一种效仿是高层次的效仿，是效仿形象要达到的最终目的。

效仿形象本身就是辩证发展、螺旋上升的过程。某个动作、表情随

---

① 习近平：《之江新语》，浙江人民出版社 2013 年版，第 218 页。

着时间可能会被遗忘，但精神的感召力却从不会因为时间而被磨灭。作家路遥的小说《平凡的世界》作为中国人最爱读的小说之一，如今距离这本书最初出版已经过去三十多年了，这部小说全景式地展现了中国当时的城乡社会生活，塑造了生动感人的经典形象，多年来，《平凡的世界》激励着青年们的人生奋进和拼搏，带给无数青年深深的感动和心灵的触动。陈毅咏怀青松："大雪压青松，青松挺且直，要知松高洁，待到雪化时。"①暴寒中的"松"，愈挫弥坚、宁折不弯的姿态和形象场景触动了作者，暴寒中的"松"是一种典型化的形象，大雪、青松、挺拔，组合构成一种整体的意象，象征着共产党人和中国人民不怕困难、敢于斗争、夺取胜利的革命英雄主义精神。松树虽然并不是时时都有这样的形态，但雪中松的场景却久久地留在作者的脑海中，成为一种高洁的意象，激励人们学习效仿这种革命乐观主义和英雄主义精神。如今读来，仍然让人充满一种精神动力和正能量。黑格尔深刻指出："一个人做了这样或那一样一件合乎伦理的事，还不能说他是有德的；只有当这种行为方式成为他性格中的固定要素时，才可以说他是有德的。"②从黑格尔的这段名言我们可以归纳出效仿行为遵从的发展方向和趋势，效仿者从再现人的行为特点和范式等行为外部特征到效仿行为的内在品质，从效仿形象的姿态、特征、动作到形成相同的价值观念和行为方式，从效仿一个形象到对多个形象的模仿，从单纯的再现行为到实现创新性的行为，从一次效仿到固化行为、养成行为习惯，是一个逐渐深化的过程。同时，效仿者通过对形象的效仿，使以更细致、更深入的方式理解、感受、体验形象的处境、状态，感悟、认识形象的思想、经验、教训、意志、品行，这反过来会影响效仿者的认知和情感，加深对形象的认同。

效仿形象的过程，是效仿者的主导机制和教育者的引导机制共同作用的结果。效仿者的主导机制是效仿者依靠自身的愿望、兴趣、偏好、需要等主体因素驱动、实施、展开效仿行为，是效仿形象的内在动因和决定性力量，动力因素的强弱、大小直接关涉主体效仿形象活动的效果。

---

① 转引自胡兴武编著《陈毅诗词鉴赏》，武汉大学出版社 2016 年版，第 173—174 页。
② ［德］黑格尔：《法哲学原理》，范扬、张企泰译，商务印书馆 1979 年版，第 170 页。

一般来说，主体之所以效仿形象，主要受追求自我发展的愿望、融入团体获得尊重的愿望、获得公平和正义的愿望等影响。主体的效仿行为就是在一种或几种因素作用下推动的。当主体的一种或几种愿望得到实现和满足后，又会产生新的愿望和要求，这种新的愿望和要求又推动主体实施其他效仿行为，推动主体的不断发展和完善。教育者在效仿形象活动中的作用在于提供一种引导和保证机制，预测、督促、辅助效仿者使其更有效、准确地展开效仿行为。需要注意的是，教育者要把效仿者当作发展的、自主的人来理解，相信效仿者能主动获取，主动建构、创造，要充分考虑和观照人们已有的价值观念和认知结构，启发主体选择和效仿行为的高度自觉。教育者在效仿行为中起着引导作用，具体来说，教育者在效仿行为中的引导作用表现为：营造、优化、提供有利于效仿形象的环境、氛围和条件；精心选择符合受教育者认知图式和心理特征的形象供其效仿；引导效仿者总结凝练形象的内在精神品质；激发效仿者对形象积极的情绪、情感；效仿行为结束后，作出反馈，给予正强化，固化行为。效仿形象时，教育者既要做到引导，又不能削弱效仿者的自主性。

效仿形象，包含行为效仿和总结反馈阶段。效仿者的行为是衡量效果的最终标杆。行为效仿阶段，效仿者在认同形象的基础上，做出与形象的行为模式及特征类似或相似的行为。在这一阶段，必须顺利实现知行转化。"知"是前提，是效仿者对于形象的真伪、特性、内涵、本质的认识、判断和评价。一般来说，人们的认识越深刻、系统、明确，对形象的判断越科学，对形象的评价就越客观，对形象的印象就越深刻，产生合理行为的可能性也就越大。可以说，主体行为的自觉性、连续性、恒久性取决于形象认知的自觉化和科学化水平。总结反馈阶段，效仿者产生正确的行为后，总结并培养其形成良好的行为习惯，具有至关重要的意义。在这个阶段，要注意模仿行为出现以后给予一定的正强化，通过自我强化、外部强化鼓励、支持效仿者重复实践合理的行为，抑制、减少不合理行为，扬长避短、固化行为、形成习惯，促进效仿者的不断发展和完善。

第二节　形象德育的内在规律

形象德育，是一种重要的德育活动。它不仅有其产生发展的过程，而且有其内在的客观规律。列宁认为，"规律就是关系。……本质的关系或本质之间的关系"。① 形象德育的规律是形象德育固有的、本质的、必然的联系。只有深入分析形象德育固有的、本质的关系或本质之间的关系，正确认识、把握和运用形象德育的规律，才能更好地开展形象德育，不断提高形象德育的实效。形象德育规律包括形神统一规律、情景交融规律、主客感应规律、言行一致规律，而形神统一规律是形象德育最基本的规律。

一　形神统一规律

形与神的关系是形象德育固有的、本质的关系，"形与神俱"，形神统一，是形象德育的重要规律。任何形象德育都离不开形与神的关系，离开了形与神的关系，就不存在形象德育。任何形象德育都离不开形与神的统一，离开了形与神的统一，任何形象德育活动都无法开展。

形与神的关系贯穿于形象德育的全过程。形象德育，无论是发现形象、塑造形象、传播形象还是认同形象、效仿形象，都离不开形与神的关系。发现形象、塑造形象，是形象德育过程的准备阶段。发现和塑造形象，既要注意发现和塑造各种形象具有的鲜明个性特征，这种鲜明的个性特征正是各种形象的"形"，更要注意发现和塑造各种形象具有的深刻思想内涵，这种深刻的思想内涵正是各种形象的"神"。发现、塑造形象，既要"塑形"，更要"铸魂"，这种魂，是形中之神，是形象所具有的思想、精神和灵魂。传播形象、认同形象和效仿形象也是这样。传播形象，是形象德育实施的重要阶段，是教育者和受教育者通过典型形象联结与互动的重要环节。在通过文艺演出、新闻报道、艺术欣赏、社会实践、网络互动等各种方式传播各种典型形象时，同样离不开形与神的

---

① 《列宁全集》第55卷，人民出版社1990年版，第128页。

统一。既要宣传各种典型形象极具个性化的鲜明特征，更要深入宣传典型形象具有的精神实质。认同形象和效仿形象，是形象德育的价值认同和践行阶段，即把受教育者由形象德育的客体转变为形象德育的主体，主动认同和践行形象德育价值的阶段。这一阶段，不仅要引导受教育者了解、掌握、认同和效仿典型形象的外部特征，更要引导他们深刻了解、掌握、认同和效仿典型形象的精神特质和价值追求。如对艺术典型和先进人物的认同与效仿，就不能拘泥于对细节、情节、音容笑貌、行为举止的认同和效仿，而是要着重认同、效仿、弘扬艺术典型和先进人物的崇高精神和价值追求，这才是形象德育运用形象进行思想道德教育的根本落脚点。

形与神的关系是形象与精神的关系。在形象德育过程中，形与神的关系是有形和无形的关系，形是有形的，神是无形的，精神虽然看不见，但它却对形象德育作用的发挥起着决定性作用；是外在和内在的关系，形是外在的，神是内在的，内在的精神总是要通过一定外在的可感形象显现出来；是形式和内容的关系，形是形式，神是内容，形象德育的形式展现形象德育的内容，形象德育的内容决定形象德育的形式。古今中外，人们对形与神的关系，尤其是艺术作品的形与神的关系做了不少探索，有助于人们深入认识、掌握和运用形象德育形神统一的规律。《乐记·乐象》曰：“德者，性之端也；乐者，德之华也；金、石、丝、竹，乐之器也。诗，言其志也；歌，咏其声也；舞，动其容也。三者本于心，然后乐气从之。是故情深而文明，气盛而化神，和顺积中，而英华发外。唯乐不可以为伪。”[①] 德是人性的根本，乐是德性的花朵。诗，抒发志向；歌，咏唱心声；舞，表达情感。诗、歌、舞都源于内心，然后乐器相随。所以，情感深厚就会文采鲜明，气度宏大就会变化神奇，和顺的情感聚积在心中，就会通过美好的音乐和神采表现出来。唯有乐才不可能伪装出来。这就告诉我们，艺术的真谛是思想和情感的抒发。没有思想和情感，就没有艺术。正如著名音乐家李斯特所说：“诗歌和艺术天才的使命

① （西汉）戴圣编纂，《青少年成长必读经典书系》编委会主编：《礼记》，河南科学技术出版社 2013 年版。

在于以美的光芒笼罩着真理，诱导思想高扬，用美激发被感动的心灵向善，使它上升到道德生活的高峰，在那里自我牺牲变成了享受，英雄行为成为需要，……自己什么也不要求，却在自身中找到能给予别人的东西。"① 在精神与形象的关系上，黑格尔做了深入探索，"艺术的内容就是理念，艺术的形式就是诉诸感官的形象。艺术要把这两方面调和成为一种自由的统一的整体"②。形与神的关系，表现在艺术作品上，就是艺术的内容和形式的关系，就是思想性和艺术性的关系。艺术的内容决定艺术的形式，艺术的形式表现艺术的内容。思想是艺术的灵魂，艺术是思想的外显。在形象德育中，必须始终注重用生动感人的艺术形象来传递、表达深刻的思想内容，使人们在欣赏艺术作品的过程中不知不觉地受思想的熏陶。

形神统一规律揭示了形象德育固有的形与神之间的本质的、必然的联系。这种本质的、必然的联系表现在以下两方面。

一方面，神决定形。神是形的决定因素，精神是形象的主导因素。黑格尔指出："本质上是心灵性的内容所借以表现的那种具体的感性事物，在本质上就是诉诸内省生活的，使这种内容可为观照知觉对象的那种外在形状就只是为着情感和思想而存在的。"在形象德育中，一定的形象能否立得住、叫得响、传得开，都是由一定的精神所决定的。一定的形象要立得住，关键在于承载、表达、体现一定的精神。文学艺术形象，在这方面表现得尤为突出。艺术作品应致力于满足"心灵的旨趣"，提升人的精神境界。"艺术作品尽管有感性的存在，却没有感性的具体存在，没有自然生命；他也不应该停留在这种水平上，因为他应满足心灵的旨趣，必然要排除一切欲望。"③ 鲁迅谈到美术创作时，强调指出绘画或雕像要表现一定的思想、精神和人格："美术家固然须有精熟的技工，但尤须有进步的思想与高尚的人格。他的制作，表面上是一张画或一个雕像，其实是他的思想与人格的表现。令我们看了，不但喜欢赏玩，尤能发生

---

① ［匈］李斯特：《李斯特论肖邦》，张泽民等译，人民音乐出版社1965年版，第108页。
② ［德］黑格尔：《美学》第1卷，朱光潜译，商务印书馆1979年版，第87页。
③ ［德］黑格尔：《美学》第1卷，朱光潜译，商务印书馆1979年版，第46页。

感动，造成精神上的影响。"① 在形神关系上，中国古代文人更重气、重神、重风骨，强调"精、气、神"，把形神统一、形神兼备看作是艺术创作和欣赏的最高境界，认为要以形似而立象，以骨气显精神。李贽《诗画》云："画不徒写形，正要形神在；诗不在画外，正写画中态。"提倡形神兼备，强调形神画态、写形传神。刘勰在《文心雕龙》中谈到文学创作时，深刻指出："文之思也，其神远矣。故寂然凝虑，思接千载，悄焉动容，视听万里，吟咏之间，吐纳珠玉之声；眉睫之前，卷舒风云之色，其思理之致乎。故思理为妙，神与物游，神居胸臆，而志气统其关键，物沿耳目，而辞令管其枢机。枢机方通，则物无隐貌，关键将塞，则神有遁心。是以陶钧文思，贵在虚静，疏瀹五藏，澡雪精神。积学以储宝，酌理以富才；研阅以穷照，驯致以怿辞。然后使元解之宰，寻声律而定墨；独照之匠，意象而运斤；此盖驭文之首术；谋篇之大端。夫神思方远，万途竞萌，规矩虚位，刻镂无形，登山则情满于山，观海则意溢于海，我才之多少，将与风云并驱矣。"② 强调文学创作要"陶钧文思""澡雪精神"，在凝练文章的思想和精神上下足功夫，这是文学创作的首要任务，也是创作出优秀文学作品的关键。实际上，任何文艺作品能否成为优秀作品，关键在于塑造典型的艺术形象。而塑造典型的艺术形象，关键在于从社会生活中凝练典型艺术形象固有的特性和内在的精神本质，再以一定的艺术手法表现出来。徐悲鸿的《骏马图》，可谓是淋漓潇洒、刚劲有力，逼真传神，堪称一绝，令人印象深刻、精神振奋。之所以如此，就在于他没有一般地去描摹马的外形，单单追求一种"形似"，而是凝练骏马最能使人感发体悟的独特的内在精神特质，在"神似"上下足功夫，抓住最能揭示骏马特征的地方来表现骏马的本质，突出画马的肌肉和骨骼，凸显骏马的风骨和精神，最终形神毕肖，产生了极大的艺术感染力。艺术形象能否立得住，关键在思想。一定的艺术形象反映社会生活的本质越透彻、反映时代的特征越鲜明，体现的思想越深刻，就越能立得起来，产生重要德育价值。其实，不仅艺术形象，其

---

① 王观泉：《鲁迅与美术》，上海人民美术出版社 1979 年版，第 28—29 页。
② （梁）刘勰著；韩家欣校注：《文心雕龙》，浙江古籍出版社 2001 年版，第 151—152 页。

他形象要立得住，也要具有深刻的思想内涵。一定的形象要叫得响，也是由一定的精神所决定的。所谓叫得响，就是一定的形象确立起来之后，经得起考验，令人信服，成为具有重要影响的形象品牌，产生重大的德育价值。拿社会生活中的先进人物来说，时势造英雄，每一时代都会产生不同的典型人物，每一个典型都是时代发展的产物。这些典型人物之所以能产生巨大反响，就在于他们是反映时代本质特征、体现社会本质要求、顺应社会发展趋势的典型人物，是体现时代精神的典型人物。20世纪60年代，我国处在经济发展面临重重困难和西方实施封锁制裁的时期，石油成为制约我国经济发展的瓶颈，在一穷二白的情况下，我们需要发扬艰苦创业的精神，自主开发石油资源，发展我国石油工业。这个时代，涌现出了"宁可少活二十年，拼命也要拿下大油田"的先进模范铁人王进喜。铁人王进喜之所以令人感动、影响巨大，不仅在于这位新中国工人阶级代表的事迹感人，关键在于王进喜身上体现出的一种当家做主、无私奉献、艰苦奋斗、顽强拼搏、催人奋进的精神。一定的形象要传得开，更是由形象内在的精神所决定的。一些文学经典之所以经久不衰，成为传世之作，就在于其塑造的艺术形象表达的一种精神具有跨越时空的价值和魅力。一些历史上的典型人物尽管离我们几十年、几百年甚至上千年，但他们仍然活在我们心中，就是因为他们的精神感动了一代又一代人。岳飞精忠报国的爱国情怀，范仲淹心忧天下的社会责任感，焦裕禄心系群众的高尚精神，是不同时代的典型人物留给我们的宝贵精神财富。因此，在形象德育的过程中，不仅要注重对典型形象的形加以描述、表达和传播，注重"述形"，更要注重对典型形象的神加以发掘、凝练和阐发，注重"传神"，使典型形象中的精神得到广泛的传播、深度的认同和自觉的践行。

另一方面，形彰显神。形是神的表现形式，形要服从、服务于神。在形象德育中，神离不开形，缺少了形，神就丧失了载体和依托，成为一种不可捉摸、无影无踪、难以感知的抽象存在物。形是显于外，看得见、摸得着、感知得到的，神是潜于内，看不见、摸不着、不能直接感知的。只有借助有形的形象，才能把无形的思想生动具体地表现出来。

《荀子·天论》曰："形具而神生。"① 只有具备一定的形象，精神才能生动地表现出来。范缜认为，"形存则神存，形谢则神灭"②。离开了一定的具体形象，这种形象所体现的精神也就无所依存了。普列汉诺夫指出："艺术既表现人们的感情，也表现人们的思想，但是并非抽象地表现，而是用生动的形象来表现。这就是艺术的主要特征。"③ 别林斯基也认为："诗也在判断和思考，因为诗的内容和思维的内容同样是真理；但是诗以形象和图画、而不是以三段论法和双关论法来判断和思考的。任何情感、任何思想必须形象地表现出来，然后才是诗的情感或思想。……诗的本质就在于给不具形的思想以生动的、感性的、美丽的形象。这样看来，思想只是海的泡沫，而诗的形象则是从海的泡沫诞生出来的爱与美底女神。谁要是生而没有创造的幻想，不能把思想化为形象，不能以形象思考、判断和感觉的话，那末，无论他有怎样的智慧、情感和信仰的力量，无论他所生活于其中的历史和时代的心智内容怎样丰富，这一点都帮助不了他成为诗人。"④ 形象德育，只有依托生动具体的形象，才能有效进行思想道德教育。在形象德育中，形象是一定的形式，精神是一定的内容，形象始终是为传播、弘扬一定的精神服务的。黑格尔深刻指出：一则，"要经过艺术表现的内容必须在本质上适宜于这种表现"⑤；二则，"艺术的内容本身不应该是抽象的"⑥；再则，"一种真实的也就是具体的内容既然应该有符合它的一种感性形式和形象，这种感性形式就必须同时是个别的，本身完全具体的，单一完整的"⑦。黑格尔这里论及了艺术领域形表现神、形式表现和服务内容的具体要求。这种要求，对于我们理解形象德育过程中形彰显神、服务神，形象表现、彰显和弘扬一定的精神，具有重要的启示作用。

----

① （战国）荀子，孙安邦、马银华译注：《荀子》，山西古籍出版社 2003 年版，第190 页。

② （唐）姚思廉：《梁书》，武英殿，清乾隆 4，第 218 页。

③ ［俄］普列汉诺夫：《没有地址的信》，曹葆华译，人民文学出版社 1962 年版，第 4 页。

④ ［俄］别列金娜选辑：《别林斯基论文学》，梁真译，新文艺出版社 1958 年版，第 10—11 页。

⑤ 马奇：《西方美学史资料选编》下卷，上海人民出版社 1987 年版，第 315 页。

⑥ 马奇：《西方美学史资料选编》下卷，上海人民出版社 1987 年版，第 316 页。

⑦ 马奇：《西方美学史资料选编》下卷，上海人民出版社 1987 年版，第 316 页。

　　在形象德育中，形彰显神，主要体现在以下几个方面。一是一定的形式服务一定的内容。要根据所要表达的思想内容来选择一定的表现形式，塑造具有典型性和代表性的形象。这种典型形象，深刻反映了一定社会生活本质和时代发展的要求。只有经过典型化的方法深刻总结和反映一定社会和时代的精神，这种典型形象才能成为形象德育的有效载体。无论艺术形象德育、生活形象德育还是其他形象德育都是这样。在艺术形象德育中，如果创作的艺术作品不能成功塑造典型形象，反映时代精神，这种艺术作品就是没有思想，没有灵魂的作品，而没有思想和灵魂的艺术作品就是一堆文化垃圾，不仅没有德育价值，甚至可能污染人们的心灵。而生活形象德育中，我们树立宣传的先进典型，如果只是一味专注于描写外表细节和毫无意义的逸闻趣事，而不着力发掘、凝练和传播其精神，这样的典型宣传同样是没有价值的。二是一定的思想内容要通过一定的具体形象表现出来。无形的、抽象的思想只有通过有形的、生动的、具体的形象表现出来，才能更好地被人们感知、认识、理解和掌握。真实、具体、生动的形象产生的思想启迪有时比起抽象的理论不知要高出多少倍！追求真善美，摒弃假恶丑，是人类永恒的价值追求。如何甄别真善美和假恶丑，如何追求真善美，摒弃假恶丑，无论讲多少大道理，都很难使人们留下深刻的印象。而《巴黎圣母院》塑造的神父和丑陋的敲钟人扎西摩多两个典型形象，前者道貌岸然却内心邪恶，后者外貌丑陋却内心善良，关键时刻，扎西摩多通过对吉卜赛少女的营救和对曾经收养自己的神父的伪善行径的反抗和揭露，撕下了罩在神父身上的虚伪的道德面纱，展现了扎西摩多丑陋面孔下的美好心灵，美与丑，善与恶，真与假，顿时发生了逆转，使人们通过神父和扎西摩多两个典型形象及其尖锐的矛盾冲突，受到巨大的心灵震撼和深刻的思想启迪。三是一定的具体形象要有鲜明的个性特征。形彰显神，要求形象必须具有个别性，具有鲜明的个性特征。鲜明的个性特征，恰好是表现典型形象深刻思想内涵的外在表现形式。它是典型的，又是个别的，典型性中具有个别性，个别性体现了典型性，最能代表典型形象的特征，也最能给人留下深刻的印象。因此，在形象德育中，要善于发现、发掘和描述最能代表形象个性特征的细节、情节、动作、行为、语言等。《谁是最可爱的人》这篇报告文学，在描写抗美援朝战争中志愿军战士英勇奋战、保家卫国的爱国主义精神和革命英雄主义时，选取了几场最典型的战斗场面和震撼人心的细节，不仅描写了战士如何浴血奋战，而且描述了他们战斗中的思想与情感，反映了他们淳朴善良的品质、坚硬刚强的意志和保家卫国的情怀，一群具有爱国主义和革命英雄主义精神的志愿军战士的形象跃然纸上，生动形象地回答了"谁是最可爱的人"这个问题，给人们留下了深深的震撼、感动和沉思。因此，形只有以恰当的表现形式来彰显神，才能更好地服务神，使形象承载的精神得到更好的践行和弘扬。

二 情理交融规律

形象德育的过程，是情理交融的过程。情与理，也是形象德育固有的、本质的关系。情理交融，是形象德育的又一重要规律。形象德育的情景交融规律，主要涉及形象德育中情融于理和理融于情、以情感人和以理服人、由情入理和以理驭情之间的本质的、必然的联系。

形象德育的情理交融，是情融于理和理融于情的统一。形象德育中的形象，无论是艺术形象、生活形象、虚拟形象还是自然形象，每一种形象都包含着形象塑造者对形象的情感态度和独特见解，既倾注了塑造者醇厚的情感，也反映了塑造者对社会生活本质的深刻理解。这种形象，本身就是情与理的统一，也就是情感和思想的统一。在中国古代，思想，不仅称为"理"，也称为"志""义""意"。汉代郑玄说："诗者，志之所之也，在心为志，发言为诗。情动于中，而形于言。言之不足，故嗟叹之；嗟叹之不足，故永歌之；永歌之不足，不知手之舞之，足之蹈之也。情发于声，声成文，谓之音。治世之音安以乐，其政和；乱世之音怨以怒，其政乖；亡国之音哀以思，其民困。"① 诗歌作为文艺作品，是言志抒情、修身立行的手段。志向和情感在人们心中荡漾着、奔涌着，令人深深沉醉、如痴如狂，为了表达心中的志向和情感，人们发言为诗，赋诗言志，吟咏情性，志向和情感层层递进，一层比一层更强烈，而当

---

① （汉）毛氏传，（汉）郑氏笺：《毛诗》，山东友谊出版社1990年版，第18—19页。

诗歌还不足以抒发志向和情感时，不惜伴之以歌咏和舞蹈。可以说，一切文艺作品、文艺形象，都是作者情感、心志的抒发，是情与理的高度统一。这种理，是情中之理，这种情，是理中之情。先秦时期，人们普遍重视艺术"感人""化人"的作用，情理交融，不光是融情于理，也要融理于情。刘熙载说道："余谓诗或寓义于情而义愈至，或寓情于景而情愈深，此亦三百五篇之遗意也。"诗歌创作必须以抒情为主，理寓情中，才能动人，寓情于景，情深意切。曹植的《七步诗》中情与理浑融无间，如今读来仍让人慨叹万千。"煮豆燃豆萁，豆在釜中泣。本是同根生，相煎何太急！"①曹植的哥哥曹丕继承皇位，忌曹植之才，对他百般刁难，命其七步之内赋诗一首，否则将杀掉他。如何七步之内吟出妙诗，唤起手足之情，挽回一命呢？曹植情急生智，有感而发，燃其煮豆，世所常见，曹植以豆与豆萁同根相连的关系，暗喻曹家兄弟同父同脉、兄弟手足的血亲关系，寄情于物、寓情于理，泣泪动情，暗示哥哥曹丕切莫同室操戈、兄弟相迫、骨肉相残，实乃理融于情、水到渠成、情至理归。听了曹植的七步诗，曹丕面露羞愧之色，遂放了曹植。形象德育的情理交融，既是情融于理的过程，又是理融于情的过程，是情与理的高度融合与统一。同样是抗战题材的影视作品，《我的团长我的团》《亮剑》《中国远征军》《伪装者》等叫好又卖座，而有"裤裆藏雷""手撕鬼子""手榴弹炸飞机"等情节的"抗日神剧"，追求怪诞，画风奇特，一时间成为街头巷尾、微信微博的笑谈。我们说，脱离真实之风，篡改史实，粗制滥造，不尊重艺术规律，这些不合情理、常理，由雷人桥段塑造出的人物形象，无疑会消解作品本身的影响力，对社会精神生活造成损害，为人们所诟病，更不用说激起人们的情感。《觉醒年代》《长津湖》等作品从服装、语言、外景、装备等方面力求还原历史本来样貌，让我们看到了无数流血牺牲，塑造了有血有肉的真实英雄，把可歌可泣的民族大义、道义使命，融汇在感人的情节、生动的事实、精湛的技术和生动的细节中，融理于情，以情感人，情与理高度统一，用这样的作品来育人，自然能感化人心，取得好的效果。在运用生动典型的形象开展德育活动

---

① （魏）曹植著，赵幼文校注：《曹植集校注》，人民文学出版社1984年版，第278—279页。

时，既要讲清情中之理，自觉地融情于理，又要讲清理中之情，自觉地融理于情。只有这样，才能使形象德育中的形象所包含的丰富的情感性和思想性，为受教育者所感受和掌握，做到情有所动、感有所悟、思有所得，产生最佳的德育效果。

形象德育的情理交融，是以情感人和以理服人的统一。以情感人和以理服人的统一，是形象德育情理交融的实质，也是形象德育情理交融规律的集中体现。形象德育中赖以育人的各种形象，本身都是情与理的水乳交融。情与理相互渗透，感情和思想相互交织，感情是思想化的感情，思想是感情化的思想。这正是形象德育中的形象能够打动人、感染人、启迪人的关键。刘勰在《文心雕龙·体性》篇中说："情动而言形，理发而文见。"[①] 这里所讲的"情"与"理"，实际上就是指艺术创作的"感情"和"思想"。"情感因素是支配作家、艺术家把握现实、反映现实的内在力量，也是艺术想象的直接动力。只有情感的融入，才能使表象和表象发生联系、分解和组合，使整个艺术想象过程成为一个以情感为纽带的有机系统。"[②] 正是在特定的情景下作者的情绪被深深地触动、打动、感动，创作的激情被点燃，才能产生创作的欲望和灵感，并把自己对生活和事物的这种强烈的情感体验，全部倾注到艺术创作之中、展现在艺术作品之中，所以才能创作出优秀的艺术作品和艺术形象。这种艺术作品和艺术形象，既是作者强烈情感的产物，也是作者强烈情感的体现。创作者的情感越强烈，艺术作品和艺术形象的感染力就越强烈。其实，不惟艺术形象，形象德育中的任何形象，都体现了形象塑造者的生活体验和情感态度，都是强烈情感的产物和体现。例如，现实生活中，人们发现、塑造、拥立什么样的典型人物，就体现了人们对生活本质的不同理解以及鲜明的情感态度。因此，开展形象德育，首先就要做到以情感人。要把生动典型的形象所蕴含的深厚的情感发掘出来，并且通过具体的细节、情节、场面、性格和尖锐的矛盾冲突集中地展现出来。只有这样，才能真正使情感成为教育、启发、激励人的重要力量。形象德

---

① （梁）刘勰著，韩家欣校注：《文心雕龙》，浙江古籍出版社 2001 年版，第 156 页。
② 陈德礼：《中国艺术辩证法》，吉林人民出版社 1990 年版，第 71 页。

育以情感人，总是通过一定的形象来进行。不仅要把这种形象完整地展现给受教育者，而且要把这种形象的情感体验得以产生的外部环境和客观根据即"情由"展现出来，才能架起想象和情感的桥梁，使受教育者不仅感受到形象塑造者的深厚感情，感受到生动典型的形象所表达的现实社会人们的真实感情，还要使受众根据自己相关的生活体验产生想象和联想，把这种典型形象的感情及其表达的现实感情投射于自身，产生深刻的情绪体验和情感共鸣，转化为自身的感情，净化、升华自己的情感世界。因此，形象德育中的以情感人，就是要发掘典型形象中的深厚情感，就是要用这种典型形象的深厚情感自觉地感染、教育人，就是要使受教育者设身处地的产生强烈的情绪体验和情感共鸣，在接触、了解、进入和感受形象的过程中受到感动、教育和激励。

形象德育还要注重以理服人。形象德育中的理，不是抽象的大道理，而是生动具体的形象所表达出来的理。也就是说，不是抽象之理，而是形象之理；不是直接之理，而是间接之理；不是显性之理，而是隐性之理。形象德育中的理性因素，是通过情感主导的生动具体的表象的分解组合隐匿地起作用的，不仅间接参与了形象的创造，而且间接地参与了形象的育德。想象、联想和遐想，是形象德育以理服人的中介和纽带。因此，形象德育中的以理服人，是以渗透于形象之中、交织于情感之中的理来育人，而不能脱离具体生动的形象来育人。任何艺术形象都是思想性和艺术性的统一。通过典型化的方式创造出来的艺术形象，不仅有着鲜明的个性特征、丰富的情感世界，而且有着深厚的思想意蕴。有了艺术性，艺术形象才能感染人、打动人；有了思想性，艺术形象才能教育人、说服人。艺术形象的思想性寓于情感性之中，启迪性寓于生动性之中。因此，形象德育就要把这种艺中之情、情中之理，通过一定的生动形象，巧妙地加以组合和运用，使人在艺术欣赏之中受到教育和启迪。《白毛女》对地主残酷剥削农民的揭露，不是通过讲大道理揭示出来的，而是通过黄世仁对杨白劳和喜儿的残酷压榨、年关逼债、逼人遁入深山变为白毛女的典型形象和尖锐冲突表现出来的，它给人留下更大的震撼、更深的思考和更多的启发。焦裕禄鞠躬尽瘁的精神，也是通过他"小车不倒只管推"的生动感人的言行和事迹展现出来的，焦裕禄的精神是伴随着他生动感人的形象而深深铭刻在人们心中并持久产生积极影响和教育作用的。黑格尔认为："理想的艺术作品不仅要求内在心灵显现于外在形象的现实世界，而且还要求达到外在显现的是现实事物的自在自为的真实性和理性。"① 优秀的艺术作品所表达的深刻思想和哲理，不仅要通过现实世界生动具体的形象显现，而且显现的确实是蕴含在现实世界的生动形象之中的真实的思想和哲理，这样才能予人以启迪。"艺术创作中的情与理，来源于社会生活中的情与理，但又不同于生活中情与理的自然形态，它是'即物达情'、'理随物显'之情理，是审美感情与审美认识通过艺术形象达到的完美统一。"② 艺术形象本来就是审美感情与审美认识的统一，是情与理的统一，因此，只有通过生动具体的形象，才能深刻感受和体会物中之思，情中之理，才能产生抽象的理论教育所达不到的德育效果。

形象德育的情理交融，是由情入理、由理驭情的统一。形象德育中的情与理要真正达到交融，就必须由情入理、由理驭情。人们认识事物的顺序是情在理先，先有情感，后有认知，首先是个人对某个事物产生了情感，然后在情感的推动下来接触、感知、体验这个事物，进而认识事物的本质和规律，上升为思想和理论。马克思指出："激情、热情是人强烈追求自己的对象的本质力量。"③ 激情、热情是形象德育主体的本质力量不可缺少的构成因素，也是形象德育主体借以表现自己的能动作用的冲击力量。有了形象德育主体对客观对象的情感反应，有了随之产生的激情、热情，才有强烈追求对象、塑造形象并用形象来影响人的本质力量。恩格斯在分析德国作家古兹科夫创作的剧本时，充分肯定了情感和灵感的作用，"除了这种理性，还有如此强烈的激情；这种激情在他的作品中表现为灵感，并且把他的想象力引入一种几乎可说是兴奋的状态，只有在这种状态下才能从事精神创作"④。白居易曰："感人心者，莫先乎情，莫始乎言，莫切乎声，莫深乎义。诗者根情，苗言，华声，实义。

---

① ［德］黑格尔：《美学》第 1 卷，朱光潜译，商务印书馆 1979 年版，第 357—358 页。
② 陈德礼：《中国艺术辩证法》，吉林人民出版社 1990 年版，第 99 页。
③ 《马克思恩格斯全集》第 42 卷，人民出版社 1979 年版，第 169 页。
④ 《马克思恩格斯论艺术》第 4 卷，人民文学出版社 1985 年版，第 255 页。

上自圣贤，下至愚役，微及豚鱼，幽及鬼神，群分而气同，形异而情一，未有声入而不应，情交而不感者。圣人知其然，因其言，经之以六义；缘其声，纬之以五音。音有韵，义有类。韵协则言顺，言顺则声易入；类举则情见，情见则感易交。"[①] 人们感知事物，感动人心，"莫先乎情"，都是先从情感开始。有了情感，就有了表现情感的语言和声音，就有了相应的文艺作品，就有了文艺作品所塑造的典型形象及其承载和表达的深刻思想。诗歌就是这样，诗歌根源于人的情感，表现为优美的语言和动人的韵律，蕴含和表达着人的见解、思想和志向。生活在社会中的人，总要通过一定的形式来表达自己的情感，这才有了诗歌、音乐、舞蹈等艺术。形象德育，更要做到情在理先、由情入理，首先唤起人们的情感，然后再深化人们的认知。形象德育中的形象，本身就是人们运用丰富情感创造的产物，并承载、寄了人们丰富的情感。在形象德育中，人们总是先有一定的情感，才能在情感的激励下发现、接触、感知、了解、探索一定的对象，形成对一定对象的认识，并把这种认识通过一定的典型形象表现出来。没有人的情感，就没有典型形象的发现和塑造。同样，形象德育中的传播形象、认同形象、效仿形象，作为运用典型形象开展的具体的德育活动，也始终离不开人的情感。只有通过典型的情境、情节、细节和矛盾冲突，使人们身临其境，才能深深地感染、感动、打动人，使人们产生强烈的情绪体验和情感共鸣，引发人们的思考，从中受到感悟和启发。因此，在形象德育中，要始终把情作为理的入门向导，注重由情入理。

同时，形象德育要做到情理交融，还要注重以理驭情。清代叶燮说："夫情必依乎理，情得然后理真，情理交至，事尚不得耶？要之：作诗者，实写理、事、情，可以言，言可以解，解即为俗儒之作。惟不可名言之理，不可施见之事，不可径达之情，则幽渺以为理，想象以为事，惝恍以为情，方为理至、事至、情至之语。"[②] 情必依乎理，理必驾驭情。

————————

　　① （唐）白居易：《白氏长庆集卷》，第43—45页。

　　② 郭绍虞主编，叶燮、薛雷、沈德潜著，霍松林、杜维沫校注：《原诗——瓢诗话　说诗晬语》，人民文学出版社1979年版，第32页。

人的情感虽然为人认识事物、人物和社会打开了心扉，但是人的情绪体验和情感活动，往往只能形成人们认识事物的情感动力和对事物、人物和社会的粗浅的、表面的体验和感知，并且受着情绪化的影响，容易产生体验和感知的摇摆、反复，难以形成对事物本质和规律的深刻思想认识。并且人的情感体验和情感活动，如果没有反映事物本质和规律的理性认识指导、主导和驾驭，人的情感也无法积淀升华成深厚的、稳定的、持续的情感。如对祖国的情感，就应该建立在对祖国历史和现实的深刻认识之上，建立在个人与祖国相互关系和共同命运的深刻把握之上，没有这种深刻的思想认识，没有科学理性和理智的驾驭，人们的爱国主义情感就难以真正形成，也难以真正付诸实践并在实践中接受考验。坚定的爱国主义者不仅有着对祖国的深厚感情，而且具有对祖国历史、文化和前途命运的深刻认同，只有这种以爱国主义精神为核心的理智的驾驭，爱国主义的深厚情感才能真正形成并持续发挥作用，成为我们建设社会主义现代化强国的强大精神动力。在文艺作品塑造的艺术形象中，每一个生动典型的艺术形象，都有自己的生活际遇、矛盾冲突、情感世界，都有自己的喜怒哀乐。"感觉到了的东西，我们不能立刻理解他。只有理解了的东西才更深刻地感觉它。"① 欣赏艺术作品就是这样，只有深刻理解文艺作品塑造的典型艺术形象的深刻思想意蕴，才能理解这些典型的艺术形象人物丰富的情感世界，理解他们的情感变化，并作出正确的情感判断和价值选择，使自己在体验艺术形象人物的情感世界和情感变化过程中升华自己的情感和认知。

三　主客感应规律

主观与客观的关系也是形象德育固有的、本质的关系。在形象德育活动中，客观是指客观存在的对象，主观是指人对客观存在的对象的认识和反映，主观与客观的关系，是一种相互作用、相互影响、相互感应的关系。在形象德育的主客观关系中，客观存在的对象决定人的主观认识，人的主观认识又能动地作用于客观存在的对象，两者是决定作用与

---

① 《毛泽东选集》第 1 卷，人民出版社 1991 年版，第 286 页。

能动作用的关系。没有这种相互作用与相互感应，形象德育就会失效，甚至难以存在。因此，主客感应规律是形象德育的又一重要规律。

形象德育的主客感应规律，主要体现在三个方面：主体与客体的互动，认知与建构的统一，体验与熏陶的共生。

形象德育的主客感应，体现为主体与客体的互动。形象德育的主体与客体，都是以形象为中介来认识客观事物的，无论形象德育主体对典型形象的塑造，还是形象德育客体对典型形象的感知，都是通过一定的形象来认识和反映客观对象的。而这种塑造与感知形象的活动，既受着客观存在的对象的影响，又受着人的主观因素的影响，是主观与客观交互作用、相互感应的产物。在这种主客感应中，客观存在的对象对人的形象的主观认识活动起着决定性的作用。客观存在的自然界和人类社会，作为人们形象化认识的对象，并不是一成不变的，而是会随着实践的深入和时代的发展而发展的。这种客观已经不是原有的客观，而是在社会实践特别是生产实践中经过人工改变和创造的世界，深深打上了人的烙印，确认、昭示着人的本质力量，并对人们形象化地认识客观世界产生决定性的影响。恩格斯指出："我们只能在我们时代的条件下进行认识，而且这些条件达到什么程度，我们便认识到什么程度。"[1] 恩格斯还指出，人的"连续不断的感性劳动和创造，是整个现存感性世界非常深刻的基础"[2]。马克思说，"生产不仅为主体生产对象，而且也为对象生产主体"[3]。社会实践以巨大的物质力量改变着人同自然、人同社会的关系，既创造着新的审美对象，又"创造着具有人的本质的全部丰富性的人，创造着具有深刻的感受力的、全面的人"[4]，深化着人的形象化认识。列宁在分析托尔斯泰创作的作品和思想的矛盾时，明确指出托尔斯泰的文学作品和思想矛盾根源于当时俄国现实生活的"矛盾条件"，同时又是"社会影响"和"历史传统"的反映。因此，托尔斯泰的学说不是什么个

---

[1] 《马克思恩格斯选集》第3卷，人民出版社1972年版，第562页。
[2] 《马克思恩格斯选集》第1卷，人民出版社1972年版，第49页。
[3] 《马克思恩格斯选集》第2卷，人民出版社1995年版，第10页。
[4] 马克思：《1844年经济学—哲学手稿》，刘丕坤译，人民出版社1979年版，第77—80页。

人的东西，不是什么突发的独特的东西，而是千百万人在相当长的时期内实际所处的一种生活条件产生的思想体系。意识在任何情况下，都是客观存在的反映。因此，任何对客观对象的形象的认识，也始终受着一定社会历史条件下客观对象的决定性影响。

然而，人们通过形象反映和认识客观对象的活动，不仅受着客观对象的决定性影响，而且还受着人的主观因素的能动性影响。人的个性、经验、意识、情感等，对人们获得客观对象的形象化的正确认识，有着重要的能动性影响。正如马克思、恩格斯所说："任何一个对象对我的意义……都以我的感觉所及的程度为限。"① 人是以自己的尺度衡量、认识世界的。恩格斯认为："人只须要了解自己本身，使自己成为衡量一切生活关系的尺度，按照自己的本质去评价这些关系，真正依照人的方式，根据自己本性的需要，来安排世界。"② 不同的人，由于个性、经验、意识、情感不一样，认识事物的尺度也不一样，对同一个对象会获得不同的反映，解读出不同的思想内涵。

客观存在的对象是一样的，而人们通过形象反映形成的主观认识不一样，塑造与感知形象的结果不一样，恰好说明人们的形象认识渗透着认识主体强烈的情感，打上了认识主体鲜明的主观烙印。就拿观水来说，东汉刘向《说苑·杂言》中提到孔子与子贡观水的一段话：

> 子贡问曰："君子见大水必观焉，何也?"孔子曰："夫水者，启子比德焉。遍予而无私，似德；所及者生，似仁；其流卑下，句倨皆循其理，似义；浅者流行，深者不测，似智；其赴百仞之谷不疑，似勇；绵弱而微达，似察；受恶不让，似包；蒙不清以入，鲜洁以出，似善化；至量必平，似正；盈不求概，似度；其万折必东，似意。是以君子见大水必观焉尔也。"

"大水"之象，寻常不过，孔子以水比德，探微发幽，通过联想和想

---

① 《马克思恩格斯全集》第42卷，人民出版社1979年版，第126页。
② 《马克思恩格斯全集》第1卷，人民出版社1956年版，第651页。

象，剔除旁枝别叶，取大水之中最典型、最鲜明的特性，与君子之德性勾连起来，因与物契，心物合一，由物及人，启悟智慧，涵养德行。孔子此番感喟，既与大水的波澜壮阔、变化无穷的特性有关，更与孔子长期观察社会人生、思道悟法的生活积淀有关，可谓字字珠玑、寓意深刻，引人遐想、发人深省。人们以形象的方式反映客观对象时，总是会掺入个人的主观因素，往往以独特的方式观察客观对象、开掘生活底蕴、提炼新的观念，表明自己的倾向和态度，抒发自己的思想和情感。

形象德育的主客感应，体现为认知与建构的统一。形象德育主客感应的必然性，既体现为形象德育活动中主体对客观对象的认知，又体现为形象德育活动中主体运用自身的个性、经验、目的、意识、情感等对客观对象进行建构的过程，是认知与建构的统一。

马克思在美学笔记中，赞同地抄录了席勒的一句话，"美既是形式——当我们判断它的时候，又是生活——当我们感觉它的时候。它既是我们存在的状态，又是我们的创造"[1]。人们的审美认识，既是一种自然事物的美的反映，又是一种主观形态的美的建构。皮亚杰认为，"一方面，认识既不是起因于一个有自我意识的主体，也不是起因于已形成的（从主体角度来看）、会把自己烙印在主体之上的客体；认识起因于主客体之间的相互作用。这种作用发生在主体和客体之间的中途，因而同时包含着主体又包含着客体"[2]。他发现主客体的相互作用是通过中介物来实现的。"这些中介物从作为身体本身和外界事物之间的接触点开始，循着由外部和内部所给予的两个互相补充的方向发展，对主客体的任何妥当的详细说明正是依赖于中介物的这种双重的逐步建构。"[3] 在皮亚杰看来，认识起源于主客体的交互作用，而主客体的交互作用是通过中介来实现的，正是中介的作用，主客体的认识活动才得以发生，而这种认识

① 中共中央马克思恩格斯列宁斯大林著作编译局：《马克思主义与现实》第2辑，河南人民出版社1991年版，第115页。

② ［瑞士］皮亚杰：《发生认识论原理》，王宪钿等译，商务印书馆1989年版，第21—22页。

③ ［瑞士］皮亚杰：《发生认识论原理》，王宪钿等译，商务印书馆1989年版，第21—22页。

活动，也就是一种通过中介产生的建构活动。

形象德育中的认识活动，也是通过中介得以产生和进行的，这个中介就是形象。形象德育的主客感应，同时包括创造和欣赏两个方面。塑造形象的过程，是主体依据主观体验和主观需要创造或改造客观对象的过程，体现了人的自由精神的能动性创造。感知形象的过程，是主体从形象的形式感知进入其内在思想意蕴、建构自身精神世界的过程。无论是塑造形象，还是感知形象，都深深地融入了人们的个性、经验、目的、意识和情感，这种个性、经验、目的、意识和情感，促使人们对艺术作品及艺术形象加以想象性地阐释、充实，进行再创造，形成自己独特的对形象的认识，起着重要的作用。同样是咏梅，陆游写的是"驿外断桥边，寂寞开无主。已是黄昏独自愁，更著风和雨。无意苦争春，一任群芳妒。零落成泥碾作尘，只有香如故"①。这里，陆游表露的是一种寂寞潦倒、无可奈何的悲观厌世的心情。毛泽东写的是"风雨送春归，飞雪迎春到。已是悬崖百丈冰，犹有花枝俏。俏也不争春，只把春来报。待到山花烂漫时，她在丛中笑"②。毛泽东表达的是凌寒盛开、飞雪迎春的积极人生态度。因此，形象德育活动中，人们塑造和感知形象的认识活动，与其说是一种认知，不如说是融入了自己思想情感的一种建构。

形象德育主客感应中的认识与建构，不仅体现在人们形象化的认识和把握客观对象，形成反映客观对象的形象方面，即塑造形象方面，还体现在人们对塑造出来的形象进行的欣赏与感知活动方面，这种欣赏与感知，是对塑造者的认识活动及其成果——形象，进行的再认识活动，是"二度认识活动"。这种"二度认识活动"，直接的认识对象是形象，根本的认识对象是原有的客观对象。"如果说，创作是从生活到作家再到作品，欣赏则是从作品到读者再到生活。"③ 在艺术活动中，创作者在认识客观对象、创作艺术形象时，不是纯粹自然地、机械地反映客观对象，而是运用了典型化的创作方式，糅进了自己的个性、经验、目的、意识、

---

① （宋）陆游著，李森等选著注：《陆游诗选注》，吉林文史出版社 2002 年版，第 100 页。
② 《毛泽东诗词全编》，湖北教育出版社 1993 年版，第 243 页。
③ 陆贵山：《审美主客体》，中国人民大学出版社 1989 年版，第 207 页。

情感等主观意识，因而，显示出很强的能动性、创造性和建构性。创作者创造的艺术形象，不仅是认知的产物，也是建构的产物。创作者总是试图通过自己创作的艺术作品和艺术形象糅进自己的思想情感。艺术创作者创作出来的艺术形象，要起到感染人、影响人、启发人的作用，还必须通过一定的方式进行传播，创造环境、条件和机会，让更多的人接触和欣赏自己创作的艺术形象。

艺术欣赏的对象，是一定的艺术作品塑造的艺术形象。欣赏者在感知和欣赏艺术形象时，不仅通过艺术形象感知和认识了其反映的社会生活、矛盾冲突和情节意境，还通过艺术形象感知和认识了艺术创作者熔铸其中的丰富的体验、思想、情感，当欣赏者开始调动自己的能动性、想象力和感悟力，根据自己的个性、经验、目的、意识和情感，加以判断、理解、过滤、选择和吸收，便是迈入了对艺术形象进行重新建构的新境界。欣赏者对形象的把握，是内在心理状态和生命经历、人格力量的外在投射，欣赏者通过形象的认识和把握，建构起自己对自然、社会和人生的独特看法和态度。

这种通过形象进行的"再认识"或"二度认识活动"，不仅体现在艺术形象欣赏活动中，还体现在对一切形象塑造者塑造的形象进行的认识活动中。比如，先进人物，总是一定时代的产物，通过新闻报道、人物通讯、报告文学等方式塑造出来的先进人物，既是一定的塑造者对模范人物进行认识和建构的产物，表达了塑造者认同、赞赏和社会期待的理想人格，又会成为社会大众学习的典型和榜样，人们在学习先进人物的事迹和精神时，也会把自己的体验、认识、情感和态度投射到先进人物身上，形成对先进人物事迹和精神的独特见解，并用以建构自己的人生观、价值观，指导自己的人生道路。

形象德育主客感应中的建构活动，主要体现在三个方面。一是形象的多义性为人们留下了选择的空间。人的直观所摄取的形象特征毕竟是有限的，形象特征所传达的意蕴则是无限的。任何塑造的形象，都具有思想内涵的多义性和多层次性，人们往往从自己的个性、经验、目的、意识、情感出发进行选择，着重选择自己认为最有意义、最感兴趣的方面，加以理解和认同、内化，融入已有的认知结构，建立起新的形象认知。黑格尔说："艺术美是诉之于感觉、感情、知觉和想象的，……我们在艺术美里所欣赏的正是创作和形象塑造的自由性。"① 因此，选择就是一种建构。二是形象的模糊性为人们留下了想象的空间。歌德说："优秀的作品无论你怎样去探测它，都是探不到底的。"任何塑造的形象，无论典型人物还是艺术形象，都是创作者以典型化的方式创造出来的，都集中了主要的特征、情节和细节，但由于是一种形象化的概括，舍弃了一些次要的方面，并且提供给人们的是直接可接触、可感知的形象。形象的微妙之处，便在于它直接诉诸人们的感觉，需要调动人的感官去看、去听、去触摸、去体味，而形象包含的内容和信息往往潜藏着一些暗示、隐喻等不确定因素，给人相对模糊和非确定的感受，召唤和等待欣赏者动用想象力去创造、去充实、去完善形象。人们以想象的触角深入形象内部，独立地建构较完整的图景，释放形象蕴藏的意义空间并使之为自身服务，从中获得再创造的愉悦体验。欣赏者的想象和建构甚至会超出塑造者所设想的动机、意旨、情愫、目的所限定的范围。如康德所说："模糊观念要比明晰观念更富有表现力……我们并不总是能够用语言表达我们所想的东西。"② 因此，想象也是一种建构。三是形象的契合性为人们留下了重构的空间。形象所反映的社会本质和思想内涵，集中表达了人们的理想、意愿和心声，有时超出创作者的意料，与社会思潮和社会心理产生高度契合，欣赏者一旦叩开情感的大门，人们往往迸发热情、情不能已、一旦特定的历史条件和社会环境爆发某种诱因，产生先导、催化作用，就会使形象中的潜在内涵、价值和意义骤然开掘出来，赋予原有的形象以新的生命，进而建构起新的形象认知。如同海涅所说，"每一个时代，在其获得新的思想时，也获得了新的眼光，这时它就在旧的文学艺术中看到了许多新精神"。③ 因此，重构就是一种新的建构。

形象德育的主客感应，体现为体验与熏陶的共生。形象德育的主客感应，既是形象德育参与者亲身接触、参与、感受、体验形象的过程，

① ［德］黑格尔：《美学》第 1 卷，朱光潜译，商务印书馆 1979 年版，第 8 页。

② ［苏联］阿尔森·古留加：《康德传》，贾泽林等译，商务印书馆 1981 年版，第 113 页。

③ 引自［英］希·萨·柏拉威尔《马克思和世界文学》，梅绍武等译，生活·读书·新知三联书店 1980 年版，第 310 页。

这一过程伴随着情感、想象、理解等多种心理因素的交融、更迭、交替，表现出强烈的体验性特征，同时也是形象德育参与者在塑造、欣赏、感知、认同形象过程中受到熏陶的过程，由耳目愉悦向心灵内修拓进的过程，两者密切联系，相互促进，在体验中受到熏陶，在熏陶中加深体验，是体验与熏陶的共生。

形象德育的主客感应，首先体现为形象德育参与者的体验过程。体验是以身体之，以心验之，直接参与形象德育活动，直接接触、感受和体认形象的过程，这种体验更多的是一种亲身参与和感受基础上的情绪体验，创作者将自己的情感体验转化为一定的形象，体验者积极主动地缩短和体验对象之间的心理距离，建立一种情感上的连接，形成情感投射和情感共鸣的过程。黑格尔说："艺术作品不仅是作为感性对象，只诉之于感性掌握的，它一方面是感性的，另一方面却基本上是诉之于心灵的，心灵也受它感动，从它得到某种满足。"① 形象存在的目的，不只是它们诉诸感官的具体形式，而是要通过一定具体的形式去唤醒人心灵深处的精神和力量。在形象德育的过程中，参与者调动全部的心理因素，包括情感、知觉、想象等，以自己的主体情思、生命经历、人生经验、生命意义，全身心投入、沉浸在形象之中，使得形象潜在的意义在体验中得到实现，甚至达到身心俱释、浑化同一、物我两忘的共感、共鸣状态。荀子曰："不登高山，不知天之高也；不临深溪，不知地之厚也。"② 圣人俯仰天地，贯通过去、现在和未来的一切生命经验，而后回归内心，正是将自己的人格安放在山川河流的广袤空间，襟抱自由开放的世界，产生出与体验对象灵犀相通的深幽境界。

亚当·斯密深刻指出："我们只能设想他人的感觉和能为他人的感觉所动，只是为了我们在想象中能和他人易地而处。"③ "同情这事，与其说由于看见别人的感情引起的，还不如说是由于看见引起这种感情的那个情境而起的。"④ "不论激动当事人的是什么事件，又不论这事件所引起的

---

① ［德］黑格尔：《美学》第 1 卷，朱光潜译，商务印书馆 1979 年版，第 44 页。

② （战国）荀子著，孙安邦、马银华译注：《荀子》，山西古籍出版社 2003 年版，第 1 页。

③ 周辅成：《西方伦理学名著选辑》下卷，商务印书馆 1996 年版，第 178 页。

④ 周辅成：《西方伦理学名著选辑》下卷，商务印书馆 1996 年版，第 181 页。

是怎样一种感情，只要是一个注意集中的旁观者，只要他能想到当事人的情形，在这旁观者的胸中边有一种相类似的情绪涌着出现了。"① 亚当·斯密所说的"人的同情感"，实际上就是由人通过对他人的情境和情绪进行设身处地的设想而形成的一种情绪体验。因此，体验就是设身处地地想象他人的处境及情绪，把自己所想象的这种处境以及情绪投射到对方身上，产生的一种心灵的撞击和情感的共鸣。人们在反映客观对象的基础上塑造的种种形象，实际上就体现了人的情绪情感体验。人们总是摄取客观对象中最能体现自身情绪情感的特征，运用典型化的方法加以概括，创造出既生动鲜明，又饱含自身丰富情感的典型形象。"松、梅、竹"岁寒三友时常成为人们绘画创作和欣赏的对象，是因为松、梅、竹具有坚韧、挺拔、正直、高雅、节操等审美属性，恰好隐喻、象征和昭示着人们积极的人生态度和性格特点。它使人们把自身的人生感悟和情绪体验投射到岁寒三友身上，通过肯定"松、梅、竹"的审美属性，来表达自己的价值取向，肯定和坚持自己的品格操守。

形象德育的主客感应，其次体现为形象德育参与者的熏陶过程。体验是一种熏陶，熏陶是为了更好地体验。人们在体验和感知对象的过程中，不仅会产生主观认识和情感体验，还会使自己的思想、人格、心灵受到熏陶、得到升华，并在这一过程中，使自己的审美意识和能力不断得到提升。马克思指出："如果你想得到艺术的享受，那你就必须是一个有艺术修养的人。如果你想感化别人，那你就必须是一个实际上能鼓舞和推动别人前进的人。"② 人们不仅在感受对象的过程中获得情绪体验，还在体验对象、创作作品的过程中受到熏陶，陶冶自己的情操，升华自己的人格，提升自己的审美能力和人文素养。

形象德育的主客感应体验是由几个层次不同、等级不同的方面共同构成的连续不断的动态演进过程，呈现出从感性认知到理性认知、从初级体验向高级体验，从外部体验到内部体验、从浅层感知到深层体悟的层递性。庄子将之称为从"耳目"的初级体验到"心意"的中级体验，

---

① 周辅成：《西方伦理学名著选辑》下卷，商务印书馆 1996 年版，第 179 页。
② 《马克思恩格斯全集》第 3 卷，人民出版社 2002 年版，第 398 页。

最后到 聚 "气" 的高级体验。南朝宗炳用 "应目" "会心" "畅神" 三个层次来描述艺术体验的动态过程，这对我们深入理解和探讨形象德育的体验过程有着不可忽视的价值。

形象德育的体验进程涉及体验主体和体验对象两个方面，包括创作体验和欣赏体验两个环节，有着明晰的脉络，可以分为三个阶段，这三个阶段在时间上相继进行，在逻辑上因果联系。首先，"感物起兴" 阶段，即以全部感官协调配合、彼此流通，聚焦、观察、觅求对象的形式结构，与人脑中已有的经验掺和化合，融合成为比较完整的对于形象的表层体验，是形象德育体验的第一阶段，在这一阶段，人们的感觉不是孤立地存在和反映客观/事物的，而是相互打通、建立联系，实现不同感觉间的挪移、渗透、交织，作为一个整体来发生作用的。其次，"神与物游" 阶段，当体验主体 "得其精而忘其粗"，抛弃偶然的、次要的形象的枝蔓，吸收最能表现欣赏对象特征和情思的细节，找出勾连无数个的情思主线，按迹循踪，顺藤摸瓜，以心意探测和求索形象的思想内涵，使得形象反映的精神世界拓展着、生动着、活跃起来，并被这种情思感染时，不消说，体验者正处于特定情境熏陶的行程中，达到这一层，算是进入了中间层次的体验境界。再次如果再深入一层去体会，我们就将进入 "应感之会" 这一极高的体验境界，形象潜移默化地发生作用的集中表现，实现主体心灵与欣赏对象的默契相融，体验者对欣赏对象的象外之旨、弦外之音的综合把握，主客体在动态统一、融合重叠中实现双向建构，化合生成一种新的本质。体验过程是从对客观的对象的形式观照开始的，借助感官就可以直接把握，主体在欣赏对象的形式中获得愉悦感，然而要进入体验的深层阶段，往往同时要包含理性的力量，由感性认识上升到理性认识，当然，这里的理性力量不是通过逻辑分析把握事物本质的力量，而是一种强烈而丰富的直觉理解和领悟能力。在这一阶段，主体在理性经验的领驭下反复咀嚼、仔细玩味，既有理智的指导，又有情感的渗透。如果说，在第一阶段，体验者在感官自觉中，获得的是感官的愉悦享受，在第二阶段，主体获得的是心灵的陶冶感化，在第三阶段，主体获得的是灵魂的净化洗涤，按照李泽厚的观点，是从 "悦耳悦目" 到 "悦心悦意"，最后到 "悦志悦神"。可见，形象德育体验过程是由感官愉悦向内心净化的内外兼修的流动、拓展进程，主体调动全部感官，以完整、全面的方式把握客观对象，体验从认知开始，发展为经验，始终伴随着大量的想象和情感活动，既包含情感价值判断，又是一种理性认知过程，是理性与感性的统一、主客体的感应统一、最终目的是潜移默化地影响人、教育人。体验越丰富、越深沉，心灵受到的震撼和教育就越强烈、越深刻。因此，形象德育主客感应，是体验与熏陶的统一。

四　言行一致规律

言语和行动的关系，是形象德育的又一本质关系。形象德育的过程，是通过言语和行动的高度一致来塑造和运用形象立德树人的过程。形象德育只有始终坚持言行一致，才能达到塑造和运用形象立德树人的目的。因此，言行一致是形象德育的又一重要规律。

形象德育中言语和行动的关系，是言语引导行动、行动践行言语的关系，是言语喻示行动、行动决定言语的关系，是言行一致的关系。在言与行的相互关系上，言语起着能动性作用，行动起着决定性作用。任何形象的塑造、确立和传播，都离不开生动感人的语言，没有典型的语言，就没有典型的形象，典型的个性化的凝练、感人的语言，往往深刻展示着典型形象深邃的思想内涵，也成功塑造出一个个生动感人的具体形象。无论这种语言是语调、音节、色彩、表情还是文字，作为语言符号，总是表达着一定的思想、愿望和倾向，特别表达着一定的行为取向和价值取向。然而，言语是虚的，行动是实的，言语表达着主观的倾向和行动的愿望，是行动的前导，但还不是客观的行动本身，只有行动才决定着言语是否真实可信，是否具有真实的内涵、意义和价值，也决定着现实社会中生动具体的典型形象能否真正得以塑造、确立和传播。因为任何典型形象的塑造、确立和传播，无论是生动感人的文学形象还是典型的现实人物，固然离不开生动凝练的语言，但更离不开生动感人的情节，而情节本身就是由相互对立、冲突的行为引发的跌宕起伏的故事过程。典型形象的塑造、确立和传播，归根到底离不开生动感人的行为本身。因此，行动决定着言语，行动决定着典型形象塑造、确立和传播的成功与否。只有集生动感人的言行于一身，切实做到言行一致，尤其是从生动感人的事迹中发掘深邃高尚的精神，才能真正吸引人、感染人、打动人，产生形象育德的客观效果。形象德育言行一致的客观规律，主要体现在以下几点。

形象德育中的言行一致，体现为言行高度契合。言行一致，是中国自古以来安身立命的处世之道，也是形象德育立德树人的内在之规。中国历来就强调行随言至，信诺践行，言行相符，言行一致。孔子曰："言必信，行必果。"① 言语必须真实可信，行动一定要有结果，尤其要用行动兑现承诺，体现诚信。墨子讲的更明白："言必信，行必果，使言行之合，犹合符节也。"② 符节为中国古代朝廷传达命令、调兵遣将以及管理各项事务的一种凭证，用时双方各执一半，合之以验真假。意谓言行要像兵符一样，无缝对接，严格相符。孔子对言行一致的论述还有很多，如："君子欲讷于言而敏于行。"③ "君子……敏于事而慎于言。"④ "君子耻其言之过其行也。"⑤ "君子名之必可言也，言之必可行也。君子于其言，无所苟而已矣。"⑥ 强调君子要言必可行，谨言慎行，言行相符，防止言过其实，行不符言。孔子还说："始吾于人也，听其言而信其行。今吾于人也，听其言而观其行。"⑦ 认为考察一个人的为人，不仅要听其言，更要观其行为，看其是否言行相符。马克思深刻指出："我们判断一个人不能以他对自己的看法为根据。"⑧ 考察和判断一个人，关键是看其行动，

---

① （春秋）孔子著，杨伯峻、杨逢彬注译，杨柳岸导诗：《论语》，岳麓书社 2018 年版，第 166 页。

② 付海江主编，（战国）墨翟原著：《墨子》，西安交通大学出版社 2014 年版，第 86 页。

③ （春秋）孔子著，杨伯峻、杨逢彬注译，杨柳岸导读：《论语》，岳麓书社 2018 年版，第 51 页。

④ （春秋）孔子著，杨伯峻、杨逢彬注译，杨柳岸导读：《论语》，岳麓书社 2018 年版，第 11 页。

⑤ （春秋）孔子著，杨伯峻、杨逢彬注译，杨柳岸导读：《论语》，岳麓书社 2018 年版，第 184 页。

⑥ （春秋）孔子著，杨伯峻、杨逢彬注译，杨柳岸导读：《论语》，岳麓书社 2018 年版，第 160 页。

⑦ （春秋）孔子著，杨伯峻、杨逢彬注译，杨柳岸导读：《论语》，岳麓书社 2018 年版，第 59 页。

⑧ 《马克思恩格斯文集》第 2 卷，人民出版社 2009 年版，第 630 页。

看其是否言行一致。察人如此，做人更是如此。只有言行一致，才是一个值得信赖、交往与合作的人。言行一致不仅是为人处世的基本要求，更是形象德育的必然法则。

形象德育中言行一致的把握和运用，就是在形象德育中，要做到言行高度契合，言之随行，言传身教，以言语启迪人，以人格感染人，以行为示范人。庄子曰："语之所贵者意也，意有所随。意之所随者，不可以言传也。"言行一致，言传身教，最重要的是处理好言与行、"言传"和"身教"的关系。言与行、言传和身教，在形象德育中，犹如鸟之双翼，两者相辅相成，缺一不可。言与行、言传与身教要一致，做到言行相济、知行合一、表里如一。唯有深化形象德育言传的教育力量，"言传"才更能入耳入心，唯有增强形象德育身教的人格力量，"身教"才更能教育人、感染人。

形象德育中的言行一致、言传身教，是指塑造和传播的典型形象的言行一致、言传身教，也指塑造者与传播者的言行一致，言传身教。从形象德育中的形象来看，现实社会生活中的典型人物，尤其是先进模范、社会榜样等典型形象，要发挥其育德的作用，特别要注重对言行一致规律的把握和运用。先进模范人物，往往有感人的精神，而这种精神，不仅体现在其鲜活的语言上，更体现在其感人的事迹中。没有行为、事迹和精神，先进模范人物的形象既不可能树立起来，也不可能产生教育作用。因此，要注重用典型人物、先进模范和社会榜样的鲜活语言表达他们的思想追求，更要从他们的实际行动和感人事迹中发掘其崇高精神，使人们在耳濡目染、感受体验中受到教育和启发。值得注意的是，现实社会生活中的模范人物也是人，也有自己的日常生活、喜怒哀乐，发展变化，为了更好发挥其作用，就要塑造出具有真实生活和情感的人，还要关心他们的生活、成长与进步，使他们在成为先进典型前后的言传身教保持一致，不因骄傲自满而退步，影响自身的发展和形象德育的效果。现实生活中的典型形象如此，文艺创作中的艺术形象也如此。文艺创作的典型艺术形象，也要注重言传身教、言行一致。既要注重通过言论话语表达典型艺术形象的人物说了什么，更要注重通过行为事迹表现艺术形象人物做了什么，特别要注重典型艺术形象人物的言行是否一致，只有言行一致、知行统一的典型艺术形象，才能深深地打动人、感染人、教育人。《红岩》中的江姐，积极追求革命理想，投身革命事业，虽不幸身陷囹圄，受尽折磨，仍然信念坚定、坚贞不屈，践行了入党誓言，为狱友做出了榜样。她可歌可泣的行为和壮举，深深地感动、教育和激励了一代又一代追求进步的人。口是心非、言行不一的人往往为世人所诟病，甚至不齿。汉代刘向写过一则"叶公好龙"的寓言，"叶公子高好龙，钩以写龙，凿以写龙，屋室雕文以写龙。于是天龙闻而下之，窥头于牖，施尾于堂。叶公见之，弃而还走，失其魂魄，五色无主。是叶公非好龙也，好夫似龙而非龙者也。"[①] 叶公貌似好龙，实则非也，遇到真龙现身，吓得魂不附体。叶公也是一种典型的艺术形象，但却是反面的典型艺术形象。他从反面警示教育人们，言行一致何其重要，言行不一只能遭人耻笑。

不仅塑造和传播的典型形象要做到言行一致，典型形象的塑造者与传播者也要言行一致，言传身教。李斯特说："诗歌和艺术中的美的阐释者，象真和善的任何阐释者。象人的良知和良心的阐释者一样，应当在用自己的智慧、想象、灵感、幻想的创造行动的同时，以自己的行为来行动，应当使自己的歌和词、言和行谐调一致！这是他对自己、对自己的艺术、对自己的缪斯的责任，必须尽到这个责任，他的诗歌才不会被认为是空虚的幻影，他的艺术才不会被认为是儿戏。"[②] 塑造和传播正面的进步典型形象的人，自身也要像这些典型形象一样来思考、行动和追求，见贤思齐，而对负面典型，则要见不贤而内省，使塑造者和传播者自己的行动和追求和自己塑造和传播的理想人物的行动和追求保持一致，这样其塑造的典型形象才有生命力和感染力。《林海雪原》的作者曲波，描写了以杨子荣为代表的中国人民解放军剿匪英雄，而203首长就是以自己为原型的，作者在现实生活中和文学作品中塑造的形象和追求的价值是一致的，因而其文学作品和塑造的艺术形象才真实可信，感人至深，历久弥新。《谁是最可爱的人》的作者魏巍，不仅通过自己的战地采访，

---

① （汉）刘向原著，马达译注：《新序译注》，湖北人民出版社1985年版，第187页。
② ［匈］李斯特：《李斯特论肖邦》，张泽民等译，人民音乐出版社1965年版，第108页。

写出和颂扬了抗美援朝战争中志愿军英雄视死如归、前赴后继、气吞山河的英勇气概和强烈的爱国主义精神，就是在现实生活中，魏巍也是一个具有强烈爱国主义精神的人。他在作品中表达的和自己在现实生活中追求的是完全一致的，所以作者的作品及其塑造的最可爱的志愿军英雄群体才能久传于世，其所体现的强烈爱国主义精神，才能成为激励一代代人热爱祖国、建设祖国、保卫祖国的强大精神动力。相反，假使塑造和传播典型形象的人言行相悖、知行相诡、光说不做，或是说一套做一套，就会使其塑造和传播的艺术形象和模范人物的德育影响大打折扣，甚至适得其反。

形象德育中的言行一致，体现为身教重于言教。身教，就是身体力行、以身作则、率先垂范。形象德育中，无论现实的典型形象，还是艺术的典型形象，主要是通过自己身体力行的行为事迹来示范、引导、影响人的。身教比言教更重要，身教重于、优于言教。马克思在《哥达纲领批判》中写道："一步实际行动胜过一打纲领。"纲领虽然重要，但行动更重要，行动可把纲领付诸实践，变为现实，光有纲领没有行动，不会产生任何结果。孔子强调指出："先行其言而后从之。"① 要让人相信和跟随自己一起行动，必须先行实践和兑现自己的诺言。荀子讲得更加明白："不闻不若闻之，闻之不若见之，见之不若知之，知之不若行之，学至于行之而止矣。行之，明也；明之为圣人。圣人也者，本仁义，当是非，齐言行，不失毫厘，无它道焉，已乎行之矣。故闻之而不见，虽博必谬；见之而不知，虽识必妄；知之而不行，虽敦必困。"② 闻之、见之、知之的目的，就在于行之，"本仁义，当是非，齐言行"，乃圣人之道。言行一致，以行践言，是中国古代优秀的传统文化，也是中华民族的优良传统，今天必须很好地继承和弘扬。胡锦涛在 2011 年 4 月庆祝清华大学建校 100 周年的讲话中，曾把清华的校风明确概括为"行胜于言"，既充分肯定了清华大学"行胜于言"的良好校风，又有力彰显了身体力行

---

① （春秋）孔子著，杨伯峻、杨逢彬注译，杨柳岸导读：《论语》，岳麓书社 2018 年版，第 22 页。

② （战国）荀子著，王建玲译注：《荀子精华》，辽宁人民出版社 2018 年版，第 74 页。

的身教价值，对我们在形象德育中坚持做到言行一致，是一个重要的推动。

身教，是身体力行、以身作则的形象德育活动，提供了行为的直接、生动和形象的示范。没有言教，就不能使人们提高认识、明白事理；没有身教，言教就成了枯燥的说教，所讲述的道理就难以真正令人信服。身教，是无声而有形的德育，是生动活泼的活的教科书，是以典型的模范人物和艺术形象的人格魅力、进步行为和感人事迹进行的感染示范，主要靠的是以身作则、率先垂范来影响人、征服人。身教，要求以高尚的人格感化人、以积极的态度感染人、以实际的行动示范人。俗话说，喊破嗓子，不如做出样子。苏联著名教育家加里宁说过："教育者影响受教育者的不仅是他教的某些知识，而且还有他的行为、生活方式以及对日常现象的态度。"[①] 教育者的以身作则、行为示范，更容易使得双方进行比较、对照、反思、内省，反求诸己，比起单纯靠言语的说教，身教的优势更突出，德育效果要好得多。古人深谙身教之效用。司马迁说："桃李不言，下自成蹊。"[②] 像曾子杀彘示儿、商鞅"立木为信"，季布"一诺千金"，都表明了身教的重要性。形象德育中的身教，就是不仅仅通过塑造和传播的现实或艺术的典型形象人物的言论来影响人，更重要的是通过现实或艺术的典型形象人物的行动来示范人、感染人、带动人。

行为重于语言，身教重于言教。欧阳修《卖油翁》就是身教重于言传的典型案例。

> 陈康肃公尧咨善射，当世无双，公亦以此自矜。尝射于家圃，有卖油翁释担而立，睨之，久而不去。见其发矢十中八九，但微颔之。
>
> 康肃问曰："汝亦知射乎？吾射不亦精乎？"翁曰："无他，但手熟尔。"康肃忿然曰："尔安敢轻吾射！"翁曰："以我酌油知之。"

---

① ［苏联］米·依·加里宁：《论共产主义教育与教学》，陈昌浩、沈颖译，人民教育出版社1957年版，第44页。

② （西汉）司马迁著，刘兆洋译注：《史记列传精华》，辽宁人民出版社2018年版，第256页。

乃取一葫芦置于地，以钱覆其口，徐以杓酌油沥之，自钱孔入，而
钱不湿。因曰："我亦无他，惟手熟尔。"康肃笑而遣之。

面对傲慢无礼、目中无人的神箭手陈尧咨，卖油翁并没有长篇大论、
滔滔不绝，而是以娴熟精湛的业务技术以身示范，以事实来教育人，以
技术来折服人，以行为示范人，说明了人外有人、天外有天、熟能生巧、
切勿自傲的道理，陈尧咨从中有所领悟，认同所言，"笑而遣之"，达到
了教育启迪的效果。试想，如果卖油翁只是一味空谈道理，单靠言教，
这位神箭手恐怕很难听得进去，焉谈说服？

形象德育中的身教，既指塑造和传播的现实或艺术的典型人物形象
的身教，也指塑造和传播者的身教。塑造和传播生动感人的现实或艺术
典型形象的人，不仅要通过自己塑造和传播的典型形象来教育启发人，
还要通过自己的身体力行、以身作则来示范影响人。如果教育者只是凭
借经验和个人威望进行理论灌输和政治说教，自己不执行、不做表率，
"干打雷不下雨""表面一套，背地一套"，台上讲的、心里想的、实际做
的不一致，又或者是讲述的典型人物和受教育者实际看到的、了解到的、
感受到的不一致、不吻合，这会破坏形象德育所需要的氛围和环境，阻
隔教育者和受教育者之间的情感和思想交流，引发受教育者对教育者人
格的怀疑和不信任，从而对教育者所承担的思想政治工作产生怀疑、厌
倦、排斥乃至对抗，极大地削弱形象德育的效果。比如说，自己塑造和
传播的典型形象人物无私奉献，而自己在生活中却极端自私，那就不仅
会影响到别人对自己的看法，影响对自己塑造和传播的典型人物形象的
看法，乃至影响形象德育本身的教育效果。一个画家如果画了很多青山
绿水、青松翠竹，创作了美丽的风景绘画，讴歌了美好的祖国河山，体
现了很强的爱国意识和环保意识，而在现实生活中却肆意破坏青松翠竹
等生态环境，那么，他的绘画作品的教育感染力就会受到他本人的行为
影响而大打折扣。身教是最好的老师，行为是最好的德育方式。无论是
塑造和传播的典型形象本身，还是塑造和传播者本人，都要注重言传身
教、以身作则、身体力行。

形象德育中的言行一致，体现为贤者率先垂范。运用形象的方式进

行思想道德教育活动，遵循和体现形象德育的言行一致规律，很重要的一点就是社会贤达和典型模范人物要率先垂范。尤其在干群关系上，要特别重视发挥领导干部身先士卒、率先垂范的教育引导作用。"领导干部，特别是高级干部以身作则非常重要。群众对干部总是要听其言、观其行的。连长指导员不以身作则，就带不出好兵来；领导干部不做出好样子，就带不出部队的好风气，就出不了战斗力。"① 以身作则、率先垂范，既是战争年代进行思想政治工作的有效方式，也是建设时期思想政治工作的重要途径。习近平总书记强调指出："空谈误国，实干兴邦。我们共产党人最反对空谈、强调实干、注重落实。"邓小平同志突出强调："世界上的事情都是干出来的，不干，半点马克思主义都没有。"② 习近平总书记非常注重先进人物的教育作用，注重运用焦裕禄等优秀领导干部来开展思想道德教育，启发教育广大干部群众。2014 年 3 月 18 日，习近平总书记在兰考参观焦裕禄同志纪念馆时，动情地说："我们这一代人是深受焦裕禄同志事迹教育成长起来的，焦裕禄同志的形象一直在我心中。5 年前我到兰考参观了焦裕禄同志事迹展，今天来再次深受感动，引起心灵的共鸣。焦裕禄同志是县委书记的榜样，也是全党的榜样，他虽然离开我们 50 年了，但他的事迹永远为人们传颂，他的精神同井冈山精神、延安精神、雷锋精神等革命传统和伟大精神一样，过去是、现在是、将来仍然是我们党的宝贵精神财富，我们要永远向他学习。"③

伟大时代呼唤伟大精神，崇高事业需要榜样引领。只有深入学习和弘扬以焦裕禄等为代表的模范人物的寓于平凡中的伟大而崇高的精神，才能为全社会树立学习效法的榜样提供不竭的精神动力和力量源泉。伟大人物和时代先锋之所以能感动人、激励人、鼓舞人、鞭策人，就在于他们经受了常人没有经历的考验，受过常人没有受过的锻炼，克服了常

---

① 党史党建政工教研室：《马克思主义关于政治工作的论述》，国防大学出版社 1996 年版，第 194 页。

② 中共中央宣传部：《习近平总书记系列重要讲话读本》，人民出版社 2014 年版，第 33 页。

③ 《习近平总书记在河北、兰考两地调研指导党的群众路线教育实践活动报告集》，人民出版社 2014 年版，第 14 页。

人难以克服的困难，作出了常人难以作出的贡献，锤炼形成了常人往往
欠缺的坚强意志和崇高精神。法国著名作家罗曼·罗兰在为《贝多芬传》
所写的序言中说："许多伟大的人物都经历过一种长期的受难或是悲惨的
命运，把他们的灵魂在肉体与精神的苦难中磨折，在贫穷与疾病的铁砧
上锻炼；或是，目击同胞受着无名的羞辱与劫难，而生活为之戕害，内
心为之碎裂，他们永远过着磨难的日子；他们固然由于毅力而成为伟大，
可是也由于灾患而成为伟大。所以不幸的人啊！切勿过于怨叹，人类中
最优秀的和你们同在。汲取他们的勇气做我们的养料罢；倘使我们太弱，
就把我们的头枕在他们膝上休息一会罢。他们会安慰我们。在这些神圣
的心灵中，有一股清明的力和强烈的慈爱，像激流一般飞涌出来。甚至
毋须探询他们的作品或倾听他们的声音，就在他们的眼里，他们的行述
里，即可看到生命从没像处于患难时的那么伟大，那么丰满，那么幸
福。"① 社会先进人物留给世人的，不仅是可资效法的行为，更是可资励
人的精神。只有深入发掘、传承、践行、弘扬先进人物的精神，他们率
先垂范的感人行为和事迹中蕴含的高尚精神，才能成为激励人们不断前
行的源源不绝的强大精神动力。

形象德育需要在分析形象德育现状，总结经验不足，把握和遵循形
象德育的形神统一规律、情理交融规律、主客感应规律、言行一致规律，
处理好形与神、感性与理性、主观与客观、言语与行动等诸多关系的基
础上，科学预测形象德育的未来趋势。形象德育的趋势主要体现在整合
与分化相统一的趋势、虚拟性与现实性相统一的趋势、一元性与多维性
相统一的趋势、抽象与形象相统一的趋势、主导性与自主性相统一的趋
势等，预判形象德育的趋势可以为当前形象德育工作提供指导，从而更
好地把握形象德育的规律。

---

① ［法］罗曼·罗兰：《贝多芬传》，傅雷译，中国致公出版社 2005 年版，第 5—6 页。

第 六 章

形象德育的路径

探索形象德育，不仅要研究形象德育的基本理论，更要研究形象德育的实践路径。任何形象德育的开展，都离不开一定的途径和方法。只有深入研究、把握和利用形象德育的具体途径和方法，才能提高形象德育实践的科学化水平，不断增强形象德育的实效性。

第一节　形象德育的途径

形象德育是有目的、有计划、有组织地利用形象来影响人的思想和行为的活动。形象德育的途径，是为实现其目的服务的。任何形象德育途径的选择和确定，都要服从和服务于形象德育的目的。形象德育的途径是指在特定时间、空间开展形象德育活动的渠道。只有形象德育得以开展的形象化渠道才堪称形象德育的途径。形象德育的渠道和途径具有多样性，主要包括课堂、艺术、实践、传媒、网络、人格等途径。

一　形象德育的课堂途径

课堂途径是形象德育最直接、最常规、最正式的途径。形象德育的课堂途径，包括思想政治理论课和其他课程渗透等渠道。形象德育，要高度重视课堂教学，充分发挥课堂教学的德育主渠道作用，通过形象化的课堂教学，使学生获得一定社会所需要的思想观念，道德规范和行为习惯。

思想政治理论课是落实立德树人根本任务的关键课程，是思想政治教育的主渠道。开展形象德育，活化思想政治理论课，推动思想政治理论课课堂的形象化，就要做到以下几点。

一是实现抽象理论的形象化还原，做到"接地气"。"理论只要说服人，就能掌握群众；而理论只要彻底，就能说服人。"如何以理服人，除了深厚的理论、周延的逻辑、严谨的论证之外，还要注意内容的形象表达和具象化，接地气、赢人心。思想政治理论中的原理、理论和知识是从社会生活实践中，从各种现象中经过科学的总结、归纳、凝练而成的，要做到内容的形象化，关键是将理论还原到社会生活，置于现实场景之中，萃选生动和鲜活的社会热点、事件、现象来展示、传播理论精神。抽象理论的形象化还原，就要了解青年学生实际的思想困惑和心理特征，从受教育者具体生活出发，激活受众的道德认识和情绪体验，诱发受众调动自身的"形象储备库"，把抽象的理论与具体事件、情节场面、人物事物等联系起来，育之以形，晓之以理，动之以情，践之以行。

党的十八大以来，高校思想政治理论课教学受重视程度之深、建设力度之大前所未有，广大思政课教师结合大学生的思维特点，积极探索，锐意创新，在此过程中，涌现出一批杰出的思政课教师代表，他们的课堂座无虚席，深受学生喜爱。中国人民大学刘建军教授擅长"用学术话语讲政治，用生活话语讲理论，观照社会热点，贴近学生需要，实现话语转换，以此增强思政课的思想性、理论性和亲和力"①。刘教授还利用新媒体把思政课教学从课上延伸到课下。看到《流浪地球》上映后新媒体上引发的热议，刘建军随即撰文介绍恩格斯《自然辩证法》中的宇宙观，这篇题为《太阳系的未来：恩格斯与科学幻想》的文章在"00后"大学生的微信朋友圈里广泛传播。中国人民大学王向明教授主讲的《中国特色社会主义进入新时代》在人民网公开课微课中脱颖而出，获得首届"新时代网红思政课"称号，他强调在课堂上"不但要讲基本理论，也要讲历史，要有温度、有情感"。北京师范大学熊晓琳教授讲音乐、辩论赛、小品、舞蹈欣赏、服饰等话题，通过卓别林的《摩登时代》来讲

---

① 《着力提升思想政治理论课实效》，人民网，http://theory.people.com.cn/n1/2019/0401/c40531－31005539.html。

述资本主义生产，整理了一个包含500多首乐曲的音乐资料库，音乐从经典的《北方吹来十月的风》《毛委员和我们在一起》到反映长征时期的代表歌曲《冷的铁索热的血》，从十月革命到中国梦走向复兴，贯穿了历史进程中每一个重要事件节点，用歌曲传出中国史，讲述家国情怀，让高大上的理论变得接地气。广东水利电力职业技术学院思政课老师林冬妹，2016年当选全国十大教书育人楷模，是我国获此殊荣的首位高校思政课教师。她生动有趣的授课风格，深受学生喜爱，开设的公选课总是5分钟内被抢光。2017年荣获全国首届10位"最美思政课教师"称号的新疆农业职业技术学院马克思主义学院思政课教师王学利曾提到自己以学生喜欢"听故事"为切入点，创新"以案例为导引，以问题为核心"的探究式专题化教学模式，让课堂上有家常话，让基本原理变成生动道理。

近年来，一些高校积极推动思政课课程创新，思政课甚至出现了一座难求的现象。华中科技大学开设的公共选修课程《深度中国》就是一门广受欢迎的"爆款"课程，秘密就在于形式创新、内容创新和方法创新。该课程由学校党委书记、校长带头开讲，知名教授、专家联手助阵，老师边授课学生边网上发弹幕，课上师生或"铿铿三人行"，或展开激烈辩论……聚焦当代中国理论与实践中的热点问题，将抽象的理论与生动的实践相结合，将宏观的叙事命题具象可感可知的事件与场景，引导大学生深度了解中国和世界发展趋势，深刻认识历史使命和责任担当，实现了内容上的守正创新。在讲到"精准扶贫"的内容时，就邀请华中科技大学赴扶贫一线的校领导、教师、大学生授课，通过实地经验的生动事实、数据、故事丰富课堂内容，启迪大学生深刻认识中国特色的制度安排的优越性，引发大学生对个人与国家之间依存关系的深度思考，真正实现抽象内容的形象化还原，以至于一座难求，许多"蹭课族"只能席地而坐，做到了有高度、有温度，引人以道，启人以智。

二是结合受教育者实际，积极推动教学语言的形象化。语言有温度、情感、色彩，也包含着信念、意志和价值观。思想政治理论课中教学语言是表达思想、传递知识的载体，是一门艺术。思想政治理论课教学中，如果教育者自说自话、照本宣科，自然弄得"言者谆谆，听者藐藐"，更谈不上价值引导和思想启迪了。"善教者，使人继其志。其言也，约而达，微而臧，罕譬而喻，可谓继志矣。"① 思想政治理论课课堂中应善于运用创新思政课的话语方式，变"理论式""指令式"话语为时代话、流行话、网络话、家常话，变自说自话为"分享式""换位式""感性话""对话式"的话语方式，善于从青年学生鲜活的生活实际中提炼、总结、归纳他们喜闻乐见的话语，接纳和顺应年轻人在互联网时代的表达习惯，实现课堂上将教材话语转化为教学话语，做到言之有据，充满哲理，声情并茂，富有激情，唤醒蛰伏于受众内心的丰富情感，使受众获得思想的启迪和情感的熏陶。习近平总书记善于运用群众喜闻乐见的生活话语、运用生动形象的文学语言、网络语言教育引导人。党的十八大以来，习近平总书记用"鞋子合不合脚，自己穿了才知道""一个民族、一个国家，必须知道自己是谁，是从哪里来的，要到哪里去，想明白了、想对了，就要坚定不移朝着目标前进"等话语，把"理性话语""政治话语"转化为"生活话语""大众话语"，向世界传递了四个自信，增强了理论的说服力、感召力。长期以来，不少高校在如何把思政课讲"活"和锤炼语言上下足功夫。中国人民大学马克思主义学院王向明教授在对思想和理论深刻理解和把握的基础上，运用"播音腔""仓央体""甄嬛体""舌尖体"讲理论，通过唱歌、朗诵、讲故事，用鲜活的例子去演绎理论，得到了师生们的一致好评。复旦大学马克思主义学院教师陈果以其深入浅出的讲解，生动的教学语言、经典的案例故事深受学生喜爱，她的课多次被评为"最受欢迎的复旦课程"之一。针对如何提升和创新思政课教学话语，使其兼具理论力度与诗意美感，陈果结合其多年深入思考和教学实践，撰写学术专著《懂你——道德教育的语言艺术》。南航徐川老师开设的思政课一改过去单调、灌输的刻板印象，深受学生喜爱，"上党课就像给学生做美食，如果希望学生能够大快朵颐地享用，不但要用料讲究，食材上乘，最好送餐方式也别出心裁"②。江南大学思政类校

---

① （西汉）戴圣编纂，《青少年成长必读经典书系》编委会主编：《礼记》，河南科学技术出版社 2013 年版，第 158 页。

② 《让名师走下去　把质量提上来》，新华网，http://www.xinhuanet.com/mrdx/2017 - 05/30/c_136325219.htm。

园文化脱口秀《宝哥说》运用生动活泼、接地气的语言，在讲述共产党的历史与现状主题时，题目由最开始老师命名的"中国共产党的历史与现状"，最后经学生建议改为"那年那湖那船——从1921南湖画舫说起"，话语鲜活清新、青春时尚，更为吸引、感染人，拉近了和青年学生的距离，受到了学生的欢迎和喜爱。

三是思想政治理论课注意协调与其他课程教学的关系。形象德育的课堂路径，还包括通过其他课程教学渗透德育思想。这就要深度挖潜发挥各门课程自身所蕴含的育人元素，发挥专业课、哲学社会科学课程融会贯通的渗透教育作用，做好思政课与其他专业课程的融会贯通。正如列宁说的那样："要记住，工程师为了接受共产主义而经历的途径将不同于过去的地下宣传员和著作家，他们将通过自己那门科学所达到的成果来接受共产主义，农艺师将循着自己的途径来接受共产主义，林学家也将循着自己的途径来接受共产主义，如此等等。"① 专业课、哲学社会科学课程，涉及社会生活各个方面、领域、层面的知识、技能，内容涉及自然科学、社会科学大量的生动事实、数据、现象，将社会需要的思想观点和价值规范浸润、渗透于教学过程中，寓思想政治教育于专业教学、人文教育之中，以科学现象导入，从社会事实出发，用生动数据说理，有利于推动思想政治教育的隐性化、形象化、生活化。

习近平总书记强调指出："各门课都要守好一段渠，种好责任田。"②自2014年起，上海在高校推进"课程思政"改革，力求实现全课程育人，推出了《中国系列》品牌课程，如大国方略、中国道路、法治中国、创新中国、人文中国、智造中国、读懂中国、中国道路……这些课程促进了隐性思政的具体细分，结合各个领域、各个专业可能存在的道德冲突、道德问题，以生动活泼的课堂、真实典型的案例，受到大学生的欢迎，起到了合力育人的作用。"上海大学一堂'时代音画'通识课上，用音乐旋律和历史回顾，声情并茂地讲授了国歌如何一路走来。整个课堂

---

① 《列宁选集》第4卷，人民出版社2012年版，第442页。
② 《思政工作应"守好一段渠，种好责任田"》，新华网，http://www.xinhuanet.com//2018–06/18/c_ 1122998558.htm。

学生爆满，蹭课族只能席地而坐。不少学生听完课后表示，原以为沉闷闷的课堂，没想到却是热腾腾，收获满满，时间也转瞬即逝，总感觉没听够。"① 四川美院探索出一套思政教育与艺术专业教学相辅相成、互相促进的教育方法，实现艺术和思政的跨界合作，让思政课出现艺术范儿，该校尝试让艺术家们站上思政课讲台，直接承担一部分思政理论课教学任务。把戏曲融入课堂教学，形成"思政＋戏曲"的特色。思想政治理论课注意协调与其他课程教学的关系，就是将思想政治教育的目标融入各科的教学当中。历史教学可以通过生动直观形象的方式展现历史事件、人物形象、风土人情、艺术典型等，对学生进行唯物史观、爱国主义、民族精神、中华优秀文化和党的优良传统教育。自然学科融会着丰富的人类思想成果和形象教育资料，蕴藏着影响学生精神信仰、价值取向及人生理想的丰富素材。医学专业课中可以引发学生对生命意义的思考、对医学生责任意识的审视。体育课教师可以把挫折教育、团队精神、规则意识融入教学之中。物理教学中适时穿插科学家尤其是本国、本民族科学家的物理学发明和奋斗故事，有助于增强学生的民族自豪感和自信心，培养学生科学的人生态度和进取精神。

二 形象德育的艺术途径

形象德育的艺术途径，是指在创作、传播、欣赏文学、戏剧、舞蹈、音乐、绘画、建筑、雕塑等艺术作品的过程中，受到真、善、美的感染和熏陶，生发美好情感、养成道德行为、提升人格境界的各种艺术活动。

形象德育的艺术途径，主要通过生动、丰富的艺术创作、艺术传播、艺术欣赏活动，提高人们的道德水平和精神境界。艺术创作中的德育表现为创作者受到的自我教育和为开展形象德育提供了有价值意蕴的艺术作品和艺术形象。就创作者而言，艺术创作过程本身就是德育过程。艺术创作中艺术家受到的自我教育，主要表现在艺术创作对艺术家自我认知、自我表达、自我提升和自我实现的积极作用。艺术家从事艺术创作，

① 《思政课创新才能多"圈粉"》，"文明网评"，http：//www.wenming.cn/wmpl_pd/whkj/201801/t20180105_4550602.shtml。

不仅要认识现实，挖掘现实生活中鲜活的事物，而且还需要对现实生活做出评价，表达自己的人生理想、愿望和态度，这离不开对社会政治、经济、文化状况的深入考察，离不开对人类发展命运的深度体察，离不开对真善美的科学把握，离不开对人民生活疾苦的深刻洞察。艺术创作的过程，是认识活动和体验活动相结合的过程。艺术家通过艺术创作活动更加深刻地理解和把握外界与自我的关系、个人与他人的关系、艺术与生活的关系，使创作者认识自我、了解社会、抒发情感、开发潜能，有着重要的教育价值和功能。

运用文学艺术教育引导人，选取思想厚重的艺术作品很关键。创作者的价值观念、思想倾向和道德水平，决定着其艺术作品的高度、深度和厚度。唯有立足现实，认清社会发展趋势，反映进步阶级的利益和愿望，才能塑造出伟大的艺术作品，引人求真向善尚美，产生积极的教育作用和社会反响。抗战时期，郭沫若怀抱革命救国理想创作出的著名历史话剧《屈原》，真实再现了爱国诗人屈原的生活境遇和思想冲突，映射了当时的重大政治事件，反映了国统区人民的心声，因此格外打动人心，极大地激发了民众救亡图存的爱国意识，起到了很好的政治动员效果。运用文学艺术教育引导人，要注意结合社会心理，反映社会期待。电视剧《人民的名义》聚焦反腐主题，反映人民群众对公平正义的渴望，回应了人民群众对优良党风政风的政治期待，对国家未来的美好憧憬，反腐败已成社会共识。剧中，某部委处长贪污攥满一整面墙的钞票、副市长乔装潜逃国外，剧作通过对反腐败的具体工作程序和详细过程的生动表现，全景式彰显了党和政府的反腐决心，实现了收视口碑双丰收，成为"现象级"文艺作品，人们从中观照自身发展，寻求社会正义，思想受到了教育，心灵受到了震撼。"现在的问题是怎么讲好故事？故事本来都是很好的，有的变成文艺作品以后，却失去了生命力。《智取威虎山》拍得还有点意思，手法变换了，年轻人爱看，特别是把现实的青年人和当时的青年人对比，讲"我奶奶的故事"，这种联系的方法是好的。实际上，我们有很多好的故事，可以演得非常鲜活，也会有票房。像《奇袭白虎团》《红灯记》《沙家浜》等，不要用'三突出'的方法拍，而是用贴近现实的、更加戏剧性的方法拍，把元素搞得活泼一点，都能拍得很精彩。①

在艺术创作中联系现实生活渗透德育，方式方法有很多，比如组织受教育者参与文艺汇演、主题诗歌创作大赛、校园歌曲大奖赛、主题宣传画展、主题摄影展、形象片宣传创作、书法创作、国画展、电影鉴赏会、戏曲大赛、小说征文等主题比赛和活动，能让人们在艺术创作中主动了解社会、了解人民，用自己的眼睛和心灵去发现美、感受美，从而受到生动而深刻的国情、世情、校情的教育。教育部主办的"我心中的思政课"微视频、微电影大赛鼓励、引导学生以"我心中的思政课"为主题，用鲜活的微视频语言，生动诠释和传播社会主义核心价值观，展现心中理想的思政课，为实现中国梦聚集了青春正能量。

艺术欣赏活动中的德育表现为欣赏者在艺术欣赏中接受德育影响。艺术寓教于乐，人们在艺术欣赏活动中获得审美愉悦和心灵满足。由于形象德育中运用的，总是反映一定德育内容的形象，当人们进行艺术欣赏时，专注于此情此景，人的感官屏障几乎被打通，各种感觉相互切换、渗透或者交叉，以一种开放的态度充分捕捉、占有和把握并接纳这种情感，将典型的艺术形象从他物中独立出来，建构关于艺术形象的整体映像。这样，人也就从现实的、当下的、功利的世界之中解脱出来，"栖身"在艺术形象中，与之同悲同喜、共鸣共振，得到诗意的愉悦，获得美的享受和精神的自足。艺术作品的德育价值和社会效应是通过其审美娱乐功能来实现的，艺术欣赏是价值引导和审美愉悦的统一。欣赏艺术作品，是欣赏者借助艺术形象的导引，主动积极地接受、感知、想象、联想、体验、领悟、创造等综合的心理活动过程。通过统筹书法、美术、音乐和舞蹈等艺术资源，依托机构、社团、组织开展艺术欣赏活动，通过对中华民族传统的京剧、昆曲、《红楼梦》、敦煌壁画，世界著名博物馆的艺术经典的欣赏，让学生在感受、欣赏、体验的过程中，启迪心智、涵养心灵，感受艺术作品的深刻内涵和无穷魅力。人们在欣赏优秀的电影时，抽象的道理凝聚在某个场景、人物、对白、剧情之中，就记忆、保留、储存了大量有关抽象道理的丰富表象，这种表象是生动的、活跃

---

① 参见《习近平总书记的文学情缘》，《人民日报》2016 年 10 月 14 日第 24 版。

的，与现实生活紧密联系的，很容易在现实中找到对应的联想物，而这种表象一旦被唤起，就很容易调动受众关于表象的经验、看法、情感和认同，产生持久的影响和作用。在德育过程中，教育者要善于发现、甄别、选择、运用人类尤其是本民族创作的优秀艺术形象，引导受众在艺术中感知、体验、理解、想象作者的情感和思想，了解不同时代的社会生活、历史发展状况，提高认识社会、洞察人性、感悟人生的能力，涵养可贵的精神品质，滋养爱国情感和民族意识。比如组织学生、品读文学经典、欣赏爱国主义影片，举办故事会、诗歌朗诵会，鉴赏纪录片、动漫电影，举办小型音乐会、文艺汇演和美术展览会等，都是艺术欣赏活动的好形式。开展这些艺术欣赏活动时，要注意多种方式组合运用，在艺术欣赏中开展影评、剧评等多种艺术评论活动，把个人欣赏和集体欣赏结合起来，注重个体与群体的互动，分享艺术欣赏的感受，还要加强师生的互动，做到教学相长，不断提高教师和学生的艺术欣赏能力，更好地发挥艺术欣赏的德育功能。

三 形象德育的实践途径

形象德育的实践途径，是通过组织和引导受众有目的、有计划地深入社会、深入生活、深入实践、深入群众，向实践学习、向群众学习，在实践中了解社会、认清国情，服务社会、服务人民，锻炼能力、涵养品格、坚定信仰、增强社会责任感和历史使命感的重要渠道。

形象德育实践是非常有效的德育途径，这是因为：人们的思想观念、道德认识和价值目标，是在实践活动中不断丰富、发展和完善的。社会实践，是联结主体与客体、主观与客观的重要通道，是物质与精神、主观与客观相互转化的根本途径。社会生活包含着无限丰富的人生哲理、蕴藏着人民群众的生存智慧，只有组织和引导人们参与社会实践，才能在社会实践中架起主观与客观由此达彼的桥梁，接触丰富的自然景观和社会生活，获得对祖国、家乡、人民的真切体会和认知，将个体内在的精神动力激发出来，不断优化自身素质，将知识转化为行动，不断报效祖国、奉献社会。

形象德育的实践途径范围很广，包括社会考察、生产劳动、军政训

练、志愿服务、科学实验、教学实践、生存训练等，大致可分为以下
几类。

（一）参观考察类

社会考察类实践，是指人们通过社会调查、考察、观察、采风等形
式直接接触自然界和社会，认清祖国国情、接触社会生活、了解社情民
意、感受社会变化、产生思想感悟的社会实践活动。组织学生广泛地接
触现实社会，进行社会考察，最重要的是帮助学生树立正确的世界观、
人生观、价值观，使他们在实践中明白，尽管现实社会中各种思想和现
象鱼龙混杂、良莠不齐、瑕瑜互见，但真、善、美总是占主导地位，代
表着社会发展主流和方向，要自觉向真、善、美靠拢，坚决抵制假、恶、
丑。在社会考察类实践中，人们的实践目的比较灵活，实践内容相对广
泛，实践形式较为自由，如社会活动、远足参观、实地考察等，党的十
八大以来，习近平总书记先后考察了安徽金寨县革命博物馆、陕甘边革
命根据地英雄纪念碑、古田会议会址等地，用脚步丈量信仰，从革命历
史中汲取智慧和力量。习近平总书记指出："对我们来讲，每到井冈山、
延安、西柏坡等革命圣地，都是一种精神上、思想上的洗礼。每来一次，
都能受到一次党的性质和宗旨的生动教育，就更加坚定了我们的公仆意
识和为民情怀。"① 青年人深入革命老区，参观革命博物馆、革命纪念馆
等红色基地、爱国主义革命基地，观看珍贵的革命遗址和红色文化遗存，
了解革命老区人民的光荣历史、实际生活和思想状况，了解革命先烈的
英勇事迹和崇高精神，感受革命战争的艰难与壮烈，使得青少年进一步
牢记历史，缅怀先烈，继承优良传统，弘扬红色文化，领悟中国共产党
的先进性，激发奋发向上的决心和斗志，坚定跟着中国共产党走中国特
色社会主义道路的信心。"伟大的变革——庆祝改革开放 40 周年大型展
览"，用逼真的实物、文字视频、实物场景和沙盘模型、立体雕塑、图表
图片，深刻反映了党在重大时间节点的重大历史事件、重大决策部署，
体现了 40 年来中国发展的历史性成就与变革，通过改革开放建设成就的

---

① 《从哪里出发，为什么出发，跟着习近平总书记去革命老区寻根》，新浪网，http：//fi-
nance. sina. com. cn/roll/2017 - 07 - 01/doc - ifyhrttz1930223. shtml。

参观考察活动，使青少年亲身感受和体验中国社会主义现代化建设事业所取得的伟大成就，坚定中国特色社会主义的道路自信、理论自信和制度自信、文化自信。把爱国主义教育搬到开放的社会大课堂上，通过参观考察祖国的大好河山，进行生动活泼的爱国主义教育，不断加深青少年对伟大祖国的深切了解和深厚感情，有效增强青少年实现中华民族伟大复兴"中国梦"的社会责任感和历史使命感。

（二）专业实践类

专业类实践是指根据专业人才的培养要求，把所学的专业知识运用到实际的工作和生产活动中，在实践中检验理论知识、完善知识体系的活动。运用专业知识，分析解决实际问题，能够了解本专业的具体生产操作步骤，以及本专业的实际工作状况，了解自己的职责和任务，培养热爱工作、认真负责的职业美德。专业类实践主要包括专业实习、科学实验、毕业设计、调查实验、教学实践、专业竞赛等。例如，大学生专业实习是帮助学大学生更好地理论结合实践，了解不同行业所需要的职业道德的具体规范，培养他们"干一行，爱一行"的敬业精神和工匠精神，吃苦耐劳、尽职尽责的职业意识，关心他人、竞争合作的互助意识。在组织大学生进行专业实习时，可以有目的、有计划地安排岗前教育活动，把大学生安排在生产标兵或劳动模范的身边实习，表扬实习中表现突出的大学生，让大学生在潜移默化中提高职业道德修养。经过耳濡目染和观察对比，有助于形成你追我赶、不断奋进的热烈氛围，提高竞争学习的自觉性和积极性。专业竞赛类如全国大学生系列科技学术竞赛即"挑战杯"系列竞赛，被誉为中国大学生科技创新创业的"奥林匹克"盛会，是目前国内大学生最关注、最热门的全国性竞赛，有利于促进青年创新人才成长，培养协作精神。科学实验活动同样蕴藏着丰富的德育因素。比如在科学实验中，教师可以鼓励学生观察自然，自己准备实验器材，培养学生热爱生命、观察生活、环境保护的意识；在实验活动课中采取小组配合和比赛的方式，明确分工，鼓励合作，做到明晰责任、各尽其责、各尽所能；在实验结束后，告知学生及时汇报实验结果，有助于培养学生严谨治学、求真务实、勇于探索的科学精神。

（三）劳动锻炼类

劳动锻炼实践，是在参加生产劳动中感受壮观的劳动景象和火热的劳动氛围，培养人们珍惜劳动成果、热爱劳动人民、形成劳动习惯、塑造良好品格、增强适应能力、磨砺心志毅力的重要方式。劳动锻炼类实践，主要包括勤工俭学、军政训练、生存体验、暑期社会实践、养成训练等。如勤工俭学一边求学一边劳动，是组织劳动锻炼的重要形式，是我国青年学生实践锻炼的优良传统。勤工俭学实践，是凭借技艺、体力、知识，以自己的实际劳动和才能智慧换取劳动报酬，有助于人们养成自立自强、艰苦奋斗、自给自足、吃苦耐劳、尊重劳动的优良品德。再如军政训练实践是对大学生进行爱国主义教育、国防教育的具体形式，自觉接受军训、掌握军事知识，使大学生认识"安不忘危，存不忘亡""国家兴亡，匹夫有责"的深刻含义，履行建设和保卫祖国的神圣使命和伟大责任。军政训练磨炼大学生的毅力和意志，增强大学生战胜困难、艰苦奋斗的决心和勇气，更有利于激发他们为国家、为社会、为人民不断奋斗、勇敢向前的志向和决心；军政训练对学生的日常生活、队列训练、仪容礼仪、歌咏比赛、内务卫生、行为举止等都提出了明确的要求和规定，人们必须按照团结、整齐、一致、严肃的作风严格要求自己，军训使人们深刻认识到个人与集体的关系，明白个人融于集体之中，每个人都与他人紧密相关，集体的荣誉有赖于每个个体的配合，正是这样特殊的氛围，显示和强化着学生们的集体主义意识、组织纪律观念和团结互助精神。

（四）社会服务类

所谓社会服务类实践，是指基于社会良知和道德责任，利用自己的时间、技能、金钱、资源等为帮助他人、改善社会的活动。包括下乡支教、宣讲活动、志愿劳动、公益慈善、社区服务、心理咨询、义工服务等。参加社会服务类实践，可以有效拉近人与人之间的距离，增强服务意识、强化集体观念、形成健康的情感，促进和谐关系的建立，缓解社会压力和矛盾，促进社会文明进步。对参与社会服务的个体来说，通过社会服务活动，为社会进步自愿出力，扩大了他们的生活圈子和交际范围，沟通了人与人之间的情感和思想，在亲身体验社会的同时，加深对社会和他人的认识与了解，增强社会和团体的归属感，有助于人们的心理健康、心灵成长和精神发展。环境保护宣传教育活动，文艺下乡慰问活动，为社区居民提供心理辅导、就业咨询、家庭调解以及针对困难群体、边缘群体和问题群体的帮助等志愿服务活动，都是志愿服务的重要方式和实践育人的有效途径。这些志愿服务活动，不仅可以助益受援者，使他们得到宝贵的援助服务，改善他们的物质和精神生活状况，重建他们的生活信心，还能有效地培养青年学生的奉献精神、志愿精神、互助精神和人文情怀。

四　形象德育的传媒途径

传媒包括报纸杂志、广播、电视、录音、录像等，是实现形象德育的有效工具。由于传媒具有直观性、实时性、交互性、娱乐性等特征，融合语音、影像、图片等叙事媒介为一体，内容新，覆盖面广，时效性强，已渗透到人们社会生活的各个领域和方方面面，具有重要的德育功能和作用。

报纸杂志在人们的日常生活中扮演着重要的角色，主要是让受众通过阅读的方式获取信息。当前，互联网、电视等媒体的确对传统平面媒体产生了比较大的冲击，但是报纸和杂志仍没有退出公众视野，仍然在公众生活中占据一定的位置、产生一定的影响。报纸杂志比较适合传播重要讲话、思想理论、权威资料、社会倡议等信息，也可以通过读者来信、来电等方式与受众互动，受众可以根据自己的偏好、习惯、兴趣来选择、阅读、保留报纸杂志。报纸杂志通过刊发的内容对人们产生影响，主要通过发表新闻报道和理本书章等，对民众进行国家路线、方针、政策的教育，国情教育，爱国主义教育，文化传承创新教育等，如"群众路线""普法教育""核心价值观""中国梦"愿景教育。报纸杂志还可以通过开设道德话题专栏刊发道德题材的文章，对社会上普遍意义的突出问题、热点事件、公共事件、民生焦点进行讨论、对话，达到引导社会舆论、疏导社会心理的目的。然而，报纸杂志与网络及电视等媒体相比较，即时性和交互性不够，生动性和感染力较弱，对受众的知识结构和素质往往要求较高，传播面和覆盖面略窄，存在一定的局限性。

广播是通过无线电技术进行信息传播的大众媒介。广播通过电波传送，主要运用声音符号，包括语言、音乐等，诉诸人们的听觉，具有较强的亲和力和贴近度，然而广播在收听时间、收听场所、收听环境上有一定的限制，不易于信息保存和自主选择。广播的这种缺点在一定程度上被电视超越。电视媒体是指运用电子技术手段传输文字、声音、图像等信息的大众传媒，与报纸、杂志和广播相比，电视兼具视听之美，更加生动、形象、直观，内容和形式更加丰富多样，具有广泛的覆盖性、共时性、及时性，是人们接触最主要的传统媒体，具有其他传统媒介无法达到的独特效果。然而，由于电视直观、形象，而电视节目制作时往往预设受众为被动的接受者，观众往往不需要调动想象力参与和建构形象，容易流于表面化和浅层化。

电视媒体可以通过宣传社会榜样、组织社会讨论、引导公众舆论、开展心理咨询等方式引导社会大众、凝聚社会力量、塑造民众信仰、振奋民族精神。具体来说，电视媒体通过播放反映道德题材的节目，通过反映人民群众的火热生活、英雄人物的先进事迹、现实生活的情理冲突、成功人士的奋斗足迹等，对社会生活中的真与伪、善与恶、是与非进行比较和评价，有利于提高人们的道德意识和道德判断能力，营造健康向上的舆论氛围，促进社会成员内化正确的价值观念，推动社会形成良好风尚。同时，电视媒体还可以将偏离社会主流价值观念的行为"曝光"，唤起普遍的社会谴责和舆论压力，从而达到警示、告诫、劝导的目的。在《感动中国》的宣传过程中，电视媒体发挥了自身的优势，通过文字、图片、音乐、影像等生动的方式，集中展现了模范人物及其先进事迹，将一定的价值观念、思想倾向、道德观点融入一件件感人的故事、一个个生动的细节之中，诱发引爆社会舆论热点，这样的榜样教育更加生动有效。电视媒体被认为是了解世界、认识生活、体会人生的窗口。电视是一个丰富多彩、妙趣盎然的人生模拟舞台，电视上不同人物人生经历的展示实则是为欣赏者提供了一个代入他人生活场景的平台，人们仅仅在旁观、体验、交流、共享中走入电视中人物的生活，就可以吸取经验教训、领悟处事做人的道理。近年来，《中国诗词大会》《见字如面》《朗读者》《国家宝藏》等文化类综艺节目从我国的传统文化资源、物质文化遗产、非物质文化遗产中探索表意空间，打破了传统文化刻板、保守的老古董式印象，有着更为贴近的文化距离，受到了持续性热捧。理论节目《社会主义有点潮》《厉害了，我们的新时代》《改革开放关键一招》《理响新时代》《开卷有理》把高深的理论通俗化，把疑难的问题明白化，通过情景表演、旁白等方式讲述和传播理论知识，让观众听得清、看得懂，促进人们真正了解理论，关注政策，凝聚合力。此外，电视媒体是社会的警报器，它通过对热点事件、突出问题的反映和关注，如集中、全面宣传奥运会活动、国家传统节日活动、地震灾害活动等，以凝聚人心取得共识、化解悲观消极情绪，达到稳定社会的目的。

大众传媒要发挥形象育德的作用，须注意以下几个方面。

一是要全力打造传媒品牌。大众媒体发挥教育作用，要着力形成一批有思想、有深度、有特点，坚守职业伦理、体现人文关怀、传播主流价值的传媒品牌，以提高信息传播的效率，增强价值传播的效果。政府在打造传媒品牌时应当发挥积极的监管作用，如加大电视节目监管调控力度，积极扶持、鼓励有利于民众身心健康的节目制作、传播活动，支持开设专门的教育频道，尤其是青少年、幼儿教育频道。树立传媒品牌，确立和维护公信力是核心和关键。各传播媒介应当坚持正确的价值导向，在节目创作、生产和传播过程中，都要充分考虑社会需要和群众需求，及时了解群众愿望、想法，适时调整大众传播内容和形式，紧紧抓住受众兴趣点进行深度和持续报道，吸引和教育受众，提高社会公信力和美誉度。

二是要积极构建舆论环境。大众传媒正是通过媒体符号和技术手段，对现实生活进行提炼、加工、概括、升华，建构了一种不完全等同于现实生活的"拟态环境"，营造并拓展了人们的社会心理空间。构建舆论环境，需要在坚持真实性的前提下，第一时间发布权威信息，作出客观评论，用真实权威的声音防止各种谣言的传播，对迅速聚集、发酵并形成舆论进行引导，尽量消除各种杂音和噪声的干扰。大众媒体在经济效益和道德责任之间找寻平衡点，要做好"把关人"。强化道德自律和道德责任感，为民众提供真实、可靠、积极的信息资源。要努力打造精品节目，挖掘、制作和播放动画片、科教片、讲坛讲座、旅游文化片、公益广告、爱国电影、革命电视剧等具有教育意义的电视节目，家庭、各级学校和社会机构应当规范和引导青少年接触大众媒体的类型、内容，有意识地对大众媒体中的热点报道展开讨论，对不良的舆论倾向给予及时的修正和指导，积极营造健康向上的文化氛围。

三是要努力提高民众媒介素养。所谓媒介素养，就是媒介化社会公民所具备的信息获取、辨别、质疑和评价、传播能力，也就是公民的理解、批判以及享用大众传播资源的能力。当前，受众生活在大众媒介所营造的"拟态环境"之中，公众对政府、社会、国家的关切，多以媒体为平台，被各种信息和媒介包围的现代人，往往误以为大众媒体反映的世界就是真实的世界，误认为大众媒体所呈现的就是真实的现实。只有具备一定的媒介素养，受众才能在瞬息万变、良莠不齐、大量涌现的媒介信息中，发现、利用正确信息，自觉抵制庸俗信息，区辨消除错误信息，使得形象德育信息通过大众媒体实现真实、有效、可靠的传播。

五 形象德育的网络途径

形象德育的网络途径，是指利用网络媒体传递信息、影响人的一定的思想观念和价值规范的渠道。网络重构着思想道德教育的生存环境，成为人们不可或缺的个体价值确认、情感宣泄、精神成长的重要场域，以一种潜隐的方式形塑着参与者的思想、情感和人格。

利用网络开展形象德育，就要大力创建和完善主题教育网站、红色网站，以图片、动漫、故事、寓言、视频、网游等生动活泼的载体表现道德教育主题，运用慕课、微课、微博、微信等新技术手段积极宣传主流思想观点，大力弘扬民族传统文化。要吸引、鼓励网络用户在微信群、QQ群等互动交流平台积极发表言论和看法，依托博客、E-mail、BBS论坛、微信、QQ群等工具，进行即时交流互动。运用网络开展形象德育，须处理好以下几对关系。

一是教育和自我教育的关系。网络的出现剥离和改变了德育过程中各要素之间的关系，网络的虚拟性不断冲击着道德中的他律机制，网络的互动性使得传统的强制灌输失去效力，这就要求一方面要发挥网民的自主性和主体地位，网民可以通过"BBS论坛""在线咨询""即时对话"

进行一对一、一对多、多对一、多对多的交流，发表意见、传递信息、沟通思想，印证、修正、更新、完善自身的价值系统，不断进行自我修养、自我教育；另一方面发挥教育者的主体性和主导作用，鼓励网民相互学习、相互教育、相互影响，教会网民如何过滤、选择、甄别、评估网络信息，提高网民的道德自律、道德判断和道德选择能力。

二是现实人格和网络人格的关系。现实人格和网络人格，整体勾勒了现代人的立体形象，网络人格，是人们在虚拟空间作为实践主体的资格，常常表现为本真的我或理想的我。可以说，网络人格实际上本来就存在，只不过是受着现实条件的制约、压抑而未被展开和实现的潜在人格，具有潜隐性、不稳定性和条件性。在虚拟环境下，网络人格的扮演和塑造可以形成一种心理自我调节机制，产生一定的"减压阀"作用，有助于受众张扬个性，实现角色转换，获得心理补偿，然而，网络的隐匿性也很容易导致人格的异化，呈现出现实人格和网络人格的排斥、背离和冲突现象，最终导致整体人格的封闭、迷失和变异。

三是现实空间与虚拟空间的关系。虚拟空间是现实空间的一种技术化模拟和拓展。虚拟空间产生模仿、复写着现实道德规则，然则，虚拟环境在模拟、转化、形成虚拟环境的过程中，基于逃避现实压力和规则的原因，有时会生成一种独立于传统教育之外，与之截然对立的德育场域，极有可能对现实德育空间形成解构和挑战，弱化、抵消、背离传统教育。要解决这一问题，就要认清现实空间和虚拟空间的关系，以现实道德环境的优化为基础和根本，改变现实生活中的不良思想，净化虚拟网络外部环境，把虚拟环境的优化同现实世界的管理结合起来，把网络内部资源开发与现实外部条件支持结合起来。

六　形象德育的人格途径

人格，通常是指人的学识、气质、性格、品格的总和，形象德育的人格途径，指德育教师、政工人员、领导干部、典型人物依靠自己的才能、品格、气质、风范等，直接影响、感染和教育群众。人类在与自然抗争的过程中，不断思考着人的理想、本质、命运、前途等基本问题，逐渐形成自身的人格力量，并将这种人格力量投射在英雄人物和先进典型身上。人格路径是形象德育的又一重要路径。

"人不仅只模仿榜样的外部特征——言谈、举止等，而且也吸取着榜样的内涵——思想、情感、价值观念、人格等。"[1] 典型人物的人格力量主要由三个方面决定，即典型人物与受众的理想人物的形象契合度、价值契合度、行为契合度。形象契合度，是指典型人物和理想形象的财富、名望、外表，典型人物的匹配程度，匹配程度越高，就越能催生受众的羡慕、仰慕心理；价值契合度，是指典型人物和理想形象的价值取向的相容程度，包括对事物美丑、善恶、真假的态度和看法，相容程度越高，就越能引起受众的认同心理，从而在认同中印证、确认自我价值和力量。行为契合，是指典型人物和理想形象的行为手段、行为态度、行为选择、行为模式、行为偏好等方面的一致性。行为是检验形象德育有无效果以及效果大小的重要指标，是形象德育的最终目的和归宿。个体对典型人物的行为模仿的趋势，基本是从无意模仿到自觉模仿，从对外部表征的模仿到对内部精神的模仿、从模仿行为到固化行为、从行为模仿到行为创新的过程。

思政课教师"人格要正"。习近平总书记在学校思想政治理论课教师座谈会的重要讲话中提出，思政课教师"人格要正"，要有堂堂正正的人格，用高尚的人格感染学生、赢得学生。思政课教师的"人格"，是无声的教育、无形的感召，是指其道德品质、性情、气质等内在特征的总和。思政课教师所呈现的生动鲜活的人格形象，其在教学、教育活动中所体现出来的政治立场、政治方向、职业形象、道德风貌、情感态度，将直接感染影响受众，直接影响教育的效果。让有信仰的人讲信仰，如果没有真诚而坚定的政治信仰、人格撕裂、表里不一，是绝对没资格做思政课教师的。师风师德是一条红线，思政课教师必须要有敬业的精神追求，严谨务实的治学态度，认真负责的教学态度，势必会削弱其人格的影响力，思想政治理论课教师是否把思政课教学当作崇高而伟大的事业，是否在课堂上拥有真挚情感、教学激情，是促进学生成长的催化剂。德育教师塑造良好的形象，彰显人格魅力，应在实际的教育、教学和管理工

---

[1] 章志光、金盛华：《社会心理学》，人民教育出版社 1996 年版，第 201 页。

作中，在和学生广泛接触的过程中，做到"学高为师、身正为范""以身立教、言传身教""严以律己、为人师表""以身作则、率先垂范""言行一致、表里如一"，在实际的教育实践和日常生活中勇于自我剖析，努力改正缺点，真正实现"以人格塑造人格"。

典型人物的精神感召。典型人物是生动有力的榜样，是特定时代的精神标杆，是活的道德规范和行为指南。运用典型教育人，就是把抽象的思想理论和道德规范具体化、人格化、形象化，使人们在典型中受到深刻而生动的教育。在实际生活中，人们不仅要听典型人物是怎么说的，也要看典型人物是如何做的；不仅要关注典型人物的行为，还要提炼典型人物行为内生的精神。确立什么样的典型，就明确标准和导向。典型人物的性格、事迹、价值观、精神所诱发的内在的感召力和感染力。习近平总书记指出："向先进典型学习，可学者多矣！最关键的是要学精神、学品质、学方法。"[①] "雷锋以前怎么做，我就怎么做"，典型的感召和影响力铸就了"当代雷锋"郭明义丰满的人生路。榜样是最大的说服和教育，典型人物的人格力量，通过典型形象的先进思想和行为事迹来传递社会先进道德规范和价值观念，用高尚的人格形象感染人，以崇高的道德精神感召人，获得对理论、思想和价值的信服和接纳。

领导干部的率先垂范。榜样的感召力量，能够引领普通党员干部恪尽职守、社会风气激浊扬清。"为政以德，譬如北辰，居其所而众星共之"，领导干部要发挥"关键少数"的示范作用，领导干部担负着治理国家、管理社会、教育人民的重任，有其神圣的使命和职责。坚持领导带头、率先垂范，是发挥德育作用的关键环节。当领导干部能够心系群众、秉公为民，处处率先垂范、发挥模范带头作用，就会在单位、组织和部门产生一种凝聚力、向心力、感染力，下属和人民会听之信之。如果领导干部处处为己，以权谋私，揽功推过，就会败坏、带坏部门单位的风气。习近平总书记在谈到自己的榜样焦裕禄时说："我们50年代出生的这代人都深受焦裕禄精神的影响，是在焦裕禄事迹教育下成长的。我后来无论是上山下乡、上大学和参军入伍，特别是后来当县委书记、市委

---

① 习近平：《之江新语》，浙江人民出版社2007年版，第218页。

书记，一直有焦裕禄的影子伴随。见贤思齐，总是把他作为一个榜样，对照自己。"① 习近平总书记一再高扬"焦裕禄精神"，反映的是他希望共产党人可以"对照自己，见贤思齐"，发挥领导干部率先垂范的作用，树立"执政为民、心系群众""忠于职守、踏实肯干""清正廉洁、拒腐防变""谦逊和气、真诚待人""锐意进取、开拓创新"的精神，每个领导干部，都应该自觉抵制不良风气，营造良好育人环境，做言行一致、奉公守法的模范和表率，树立高尚的人格形象。

第二节　形象德育的方法

方法是人们认识和改造世界的步骤、程序和方式的综合。黑格尔认为，"在探索的认识中，方法也就是工具，是在主体方面的某个手段，主体方面通过这个手段和客体相联系"②。黑格尔实质上是把方法当作联结主客体的桥梁，当作实现目的手段、工具。所谓形象德育的方法，就是形象德育具体运行的方式和手段。在形象德育的实践过程中，形象德育的方法主要包括典型教育法、艺术欣赏法、直观教育法、情境模拟法、环境熏陶法、感受体验法、情感共鸣法、言传身教法，它们构成了形象德育方法的基本内容。

一　典型教育法

典型教育法，是通过典型的人或事进行示范，激励、引导、号召人们学习、对照和仿效，以提高人的思想认识的一种教育方法。所谓典型，是表现和包含一定思想、观念的具体的、有代表性的个别事物，包括如代表先进生产力的优秀人物和群体的正面典型以及社会中的落后分子和反面典型。"第一，典型宣传选择的是一定时期内最突出的人和事，具有时代性、先进性；第二，典型宣传选择的是最具代表性的人和事，对全

---

① 《习近平三访兰考：焦裕禄同志是一个很高很高的标杆》，中国文明网，http://www.wenming.cn/djw/djw2016sy/djw2016syyw/201703/t20170330_4150566.shtml.

② 《列宁全集》第 55 卷，人民出版社 1990 年版，第 189 页。

局具有普遍意义。他们既是全局中的典型，又能影响全局，为全局服务。"① 运用典型教育法，将抽象的理论、观点、思想转化为活生生的事物、人物和事迹，把深刻的思想和观念具体化、人格化、形象化，善于发现各条战线、各个地区、各个单位走在时代前列的先进人物，启发、鼓舞、教育人们学习先进典型的感人事迹和崇高精神，更加主动地为社会主义现代化建设事业服务，化先进典型的高尚情操和人格力量为推动社会发展的重要精神动力，在全社会形成积极进取、争优创先、学习先进的良好风气和氛围。典型教育法具有形象、生动、具体的特点，其感染力和说服力更强。

典型教育法，是根据客观事物的发展规律提出的。人们的思想觉悟、实际表现和社会贡献总是有高有低、有好有坏、有大有小，不尽相同。因而，人们总能发现不同性质、不同种类的典型，又会用艺术、虚拟的方式塑造出更集中、更概括、更理想的典型，即艺术典型和虚拟典型，这些典型都从不同的方面，以不同的方式反映和再现了社会生活的本质，同样具有重要的育人价值。其中，先进典型反映了社会发展的必然趋势和事物发展的正确方向，具有引领、示范作用，反面典型则有悖于社会发展的必然趋势，逆事物发展的正确方向，具有警示、告诫作用。开展典型教育，就是要发现、宣传、推广先进典型，以先进典型教育人，以反面典型警醒人，同时要注重正面典型与反面典型的比照，促进人们见贤思齐，见不贤而内自省。

典型教育法不能停留在典型人物和事件一般性、概括性的描述，要通过现身说法、社会推广等具体形式来开展。所谓现身说法，就是典型人物用亲身经历的事件和事实来启发、教育和疏导他人思想和行为。比如德育工作者根据受众的思想状况和需要，有针对性地组织道德模范和英雄人物开讲座和报告，请改革开放的亲历者或相关的人进行理论宣讲，讲清改革开放史；请老红军讲述回顾长征经历和体会启迪人们的思想；请在工作和生活中走过弯路的人员，如监狱贪腐服刑人员，讲述其走上

---

① 《新闻学概论》编写组：《新闻学概论》，高等教育出版社、人民出版社 2009 年版，第143 页。

错误道路的人生教训，让人们直观地看到落马前后巨大的状态反差，对比往昔台上意气风发与如今身陷囹圄的落寞苍凉，使得人们深刻思考那些贪腐的苗头自己身上存在不存在，把落马干部的堕落历程当成一剂廉洁清醒剂，引以为戒，受到深刻的警示教育等。现身说法往往感染力强、亲切可信、生动形象，广泛地用于教育和疏导人的思想和行为。运用典型进行现身说法，最重要的是要做到真实自然、情理互见。此外，要善于运用报纸杂志、电视、广播、网络、手机短信、橱窗板报等多个平台，通过报告会、表彰会、理论宣讲、主题讲座、颁奖活动、文艺汇演等多种形式，分层次、有目标、有步骤地持续跟踪和系统推广先进典型，借助主流媒体、党刊党报、领导人讲话题词等方式，增强典型教育的权威和力度，并注重运用群众力量通过微信、微博、自媒体转发、分享和扩散先进典型的感人事迹和精神，增强人们对典型的关注度、亲切度和接受度，使人们对典型的认识从感性到理性、从事迹到精神，受到感染、启发和鼓舞。

开展形象德育，运用典型教育法，应注意以下三点。

一是典型具有真实性。形象德育宣传的典型要"有血有肉""有情有义"，真实可信，越真实、越具体，就越具有吸引力和说服力。典型要真实，有真情实感，还需要通过典型化的方式塑造形象，弘扬精神，通过具体的物件排列组合、代表性话语、标志性场景、虚拟的形象还原典型场景，表现典型事件中的动人细节，把平凡的人、平凡的事通过情感的升华和提炼，用点睛之笔突出主要事迹，要凸显精神品质的高尚，使得形象饱满而真切、崇高而可亲。先进典型源自现实生活，来自人民群众，既有其突出的优秀品质，也有着同普通人一样的喜怒哀乐，一味拔高、赞美、粉饰典型，遮掩先进典型身上的缺点，会使人们产生质疑、逆反、排斥心理。而一味地打压、排斥落后典型，将落后典型看成是一开始就落后的，往往过于肤浅，流于形式，不够真实可信，弱化了典型人物的教育作用。形象德育，要注意把普通人付出了常人难以想象的努力的心路历程，把在普通岗位上做出的无私付出和重要贡献，把一刹那的高尚行为的感人事迹，比如默默守岛32年的王继才、伸手接坠楼小孩的"最美妈妈"吴菊萍，用点睛的话语、图片还原出来，用真实细节和心理活动打动人。用普通人更贴近社会现实的故事，实际上，无论是先进还是落后，都是历史的、发展的，运用落后积极追求进步最终转变为先进的励志故事，以及先进放松自我、麻痹大意而沦为落后的生动事例启发、教育学生，往往更能吸引人、震撼人、教育人。

二是典型要具有代表性。运用典型教育法，要注重树立和宣传被广大群众口耳相传、贴近人心、人民认可的榜样，把反映社会发现平凡人物的伟大之处，用群众身边的人说事，用群众身边的事教育群众，发掘和依托典型和普通群众的共通点，依托大数据时代和微信、微博进行精准推送，使受众产生思想共鸣和情感共振，形成人们竞相比较、力争上游的场面。1980 年初，正值改革开放初期，人们对奉若神圣的传统价值观念从相信走向怀疑，由狂热走向反思，发行量超过 200 万册的《中国青年》杂志，刊登了一封署名"潘晓"的长信，信件探讨了人生意义和人生价值的问题，并首次提出"主观为自己，客观为别人"的伦理命题，稳重感叹"人生的路呵，怎么越走越窄……"，事实上，"潘晓来信完全出于《中国青年》杂志编辑之手"①。据《中国青年》编辑部当时介绍，"我们考虑，这封信是一场大规模讨论的发端，它要吸引千百万青年参加讨论，就要求它更集中、典型、深刻、强烈。因此，我们没有把这封信作为一般的真人真事来处理……作为开展问题讨论所要求的，应该是思想的真实和典型的真实"②。"潘晓"的思想和情感具有典型性和代表性，吐露的彷徨、苦闷、迷惘和怀疑，一下子击中了刚刚经历"文革"的亿万青年的心，吸引了大量青年为之争辩、为它深思，短短数月竟然引发 6 万封来信，掀起了一场人生观讨论的大潮。形象德育运用形象教育人，就要善于回应社会关切、关注社会热点问题，以具有典型代表意义的形象和现象入手，诱发受众产生积极的道德认知和道德情感。

三是典型要呈现多样性。人的社会生活是多样化、多层次的，典型也应当是多样化的。客观事物的发展总是不平衡的，存在一定的差异性，

---

① 《1980 年潘晓来信引全国讨论：路怎么越走越窄》，京报网，https://news.qq.com/a/20110712/000265_2.htm。

② 《关于工人日报等单位反映"潘晓问题"的调查报告》，参见彭波主编《潘晓讨论》，南开大学出版社 2000 年版，第 298 页。

表现出一定的层次性。人的道德水平也可能完全不同，个体之间总会存在先进、中间与后进的区别，存在觉悟高低、品行优劣之分。典型教育中运用的典型是共性与个性的对立统一。典型既代表一般又不同于一般，比一般突出，集中反映了一般的特点。先进典型之所以有示范效应，具有较大的说服力和吸引力，究其原因，就在于它代表事物发展的历史趋势和一般规律。德育的重要任务，就在于从人生活的不同层次、不同领域、不同范围出发，发现、培育、塑造各种不同类型的典型，通过善与恶，美与丑的比较宣传先进典型，发挥先进典型的导向、示范、辐射效应，以典型引路，以榜样作向导，从典型成长历程中梳理分析落后典型的人生轨迹，注意转化后进典型。我们既要发挥老典型的作用，又要注意在人民群众鲜活的生活实践中发现和培育新典型；既要宣传历史典型，又要给典型队伍注入新鲜血液，注重培育新的现实典型，从而使得典型发挥更广泛、持续的社会效用。

二 艺术欣赏法

艺术欣赏法，也是形象德育经常使用的方法。艺术欣赏法是指以诗歌、绘画、音乐、舞蹈、文学、电影等艺术作品为媒介，开阔视野、陶冶性情、增长知识、汲取智慧的方法。

艺术欣赏中，主体通过视觉、听觉器官对艺术对象的表层信息进行选择、加工，以获得对艺术作品的整体把握和意蕴的深刻感悟，由之产生一系列具有审美情绪的反应。审美体验常常与道德体验交织串联，既是艺术享受的过程，侧重直觉的审美，要求"入乎其内"，又是价值判断的过程，侧重理性的判断，要求"出乎其外"。艺术欣赏活动，要从艺术感知出发，又不能单单停留在情感的愉悦上，而是要进一步考察情感愉悦的原因，真正洞察和把握艺术作品背后蕴藏的主旨要义，从个别上升到一般，从有限过渡到无限，寻求象外之象，才算是达到了深层次的艺术欣赏。延安鲁艺创作的《白毛女》成功塑造了喜儿、黄世仁等形象，深刻而生动地揭示了"旧社会把人变成鬼，新社会把鬼变成人"的道理，产生了感人肺腑、震撼人心的力量。"在当时解放区，在广大农村中，农民争相观看，每次演出都是扶老携幼，屋顶上是人，墙头上是人，树杈上是人，草垛上也是人。战场上的战士们观看后，更激发起他们的阶级觉悟，燃起了复仇的火焰，他们愤怒地喊着'为喜儿报仇'的口号奔向杀敌的战场。"① 这种生动形象的教育，比开展理论教育有效的多，在当时，就有着"开十次会，不如演一场《白毛女》效果大"的说法。艺术作品植根于人的情感，是艺术家根据人生感悟和社会阅历，用一定的物质材料塑造的可供欣赏的对象，艺术欣赏，是以感知活动为起点、包含联想和想象的形象思维活动过程，伴随大量、复杂的情感、情绪活动，往往更加真切动人。艺术欣赏是欣赏者与艺术家内在心灵与情思的交流渠道。受众通过对艺术作品的欣赏，感受领略艺术家熔铸其中的思想情怀，集中而深刻地被感染和震荡。为了让学生深刻地领悟、理解"谁是我们最可爱的人"的伟大主题，可以选用当代诗人未央的诗作《枪给我吧》："松一松手/同志/松一松手/把枪给我吧/……我知道你有宏大的志愿/你的枪握得多紧/强盗们还没有被撵走/你誓不甘心……"② 这首诗描绘了在战火纷飞的战场上，战士在急切地呼唤着已经牺牲的战友，牺牲的战友至死手都还紧紧握着钢枪，诗歌以充满画面感和场景的叙事展现了悲壮的豪情，被爱国志士的真切打动，受到极大的感染和触动，情操得到陶冶。

艺术欣赏与艺术创作直接联系，马克思曾指出，人类的物质生产过程存在着"双重肯定"，"肯定我们作为人而生产，我们每个人在他的生产过程中就会双重地既肯定自己，也肯定旁人。"③ 按照马克思的理解，"肯定自己"，是肯定和彰显生产者的个性，他们的理想、态度、价值，"肯定旁人"，是指肯定和彰显欣赏者的个性，欣赏者在肯定艺术创作主体之中反过来肯定和彰显了自己的个性，产生出与创作者相统一的"社会本质"。在艺术创作阶段，艺术家把自己的理想、态度、价值融入艺术作品，而在艺术欣赏过程中，欣赏者以外在于自己的艺术作品和艺术形

---

① 黄科安：《文本、主题与意识形态的诉求——谈歌剧〈白毛女〉如何成为"红色"经典作品》，《文艺研究》2006 年第 9 期。

② 未央：《枪给我吧》，《长江文艺》1953 年第 12 期。

③ 引自朱光潜《生产劳动与人对世界的艺术掌握——马克思美学的实践观点》，《新建设》1960 年第 4 期。

象为对象，经过感知、体验、思考等审美过程，积极主动调动自身的感觉、思维、经验、知识，进行新的审美形象的再创造，体现出强烈的个性特征和创造性。也就是说，艺术家创造供人欣赏的艺术作品，而欣赏能够最终完成和实现，又必须依托艺术欣赏者，遵循一定的艺术欣赏规律来进行。如果说艺术作品的社会价值是一种潜能的话，艺术欣赏则将这种潜在性、可能性变为现实。在艺术欣赏中，欣赏者认知与情感相互作用、相互影响，共同推动着欣赏者全面理解和深刻认知艺术形象。

艺术欣赏是审美主体与客体相互作用而产生的一种物我感应交融的复杂心理过程和审美创造活动，当向受教育者展示具体的艺术行为或艺术作品时，他们会通过自我的艺术认知、艺术体验、丰富想象，心弦被作品拨动，情绪被调动，形成个体对作品的独有认识、体味，形成精神创造性活动。需要对欣赏主体、欣赏对象以及二者的关系有清晰科学的认识和了解。马克思深刻指出："对象如何对他来说成为他的对象，这取决于对象的性质以及与之相适应的本质力量的性质；因为正是这种关系的规定性形成一种特殊的、现实的肯定方式。"① 艺术欣赏要以艺术作品及艺术形象为基础，考虑艺术欣赏主体相应的欣赏能力和欣赏水平，有助于欣赏主体充分领悟艺术作品和艺术形象的精神内涵。

欣赏主体。艺术欣赏活动中，一方面，欣赏主体必须具备健全的艺术感受器官。只有艺术形式与人的感觉活动模式达到结构一致，艺术欣赏才可能发生。绘画诉诸视觉、音乐诉诸听觉，"对于没有音乐感的耳朵说来，最美的音乐也毫无意义"②，同样，对于先天失明的人来说，绘画的感受就无法体验，艺术感受器官的功能和敏锐程度，是艺术欣赏的生理基础和条件，缺乏与之对应的健全的艺术感官，艺术欣赏难以完成。另一方面，欣赏主体必须具备一定的艺术修养。俗话说，内行看门道，外行看热闹。艺术欣赏过程实际上是主体的艺术欣赏能力动态发展和提高的过程，需要经历感官的愉悦、情感的体验、理性的审美超越这三个层次。由于欣赏主体的个性习惯、情绪爱好、经历经验、年龄性别等的

---

① 《马克思恩格斯全集》第 2 卷，人民出版社 2002 年版，第 304 页。
② 《马克思恩格斯全集》第 42 卷，人民出版社 1979 年版，第 126 页。

差异，对审美感官的重视程度、锻炼、培养不同，欣赏主体把握对象的范围、感受、程度、情感往往存在着差异性。当然，欣赏主体是否能够欣赏艺术形象，终归是由其现实的社会地位和生活条件决定和制约的，这是二者产生联系的深刻社会根源。"忧心忡忡的穷人甚至对美丽的景色都没有什么感觉；贩卖矿物的商人只看到矿物的商业价值，而看不到矿物的美与特征。"① 人的艺术欣赏能力并不是一成不变的，"艺术对象创造出懂得艺术和能够欣赏美的大众"②，人们可以在实际生活中通过学习艺术理论、参加艺术活动、观摩艺术作品、开展艺术实践等，听得多了，读得熟了，看得广了，就有了比较、有了鉴别，能够不断培养和提升自身的艺术欣赏能力。

欣赏客体。艺术欣赏客体，即用来欣赏的艺术作品及其艺术形象，是艺术创作活动的终点，却是艺术欣赏活动的起点，是创作者和欣赏者实现审美传达和价值沟通的基本媒介。艺术欣赏，必须以客观欣赏对象的存在为前提，没有艺术作品，艺术欣赏活动就无法展开。艺术欣赏作用于人的方式是"以情感人"。越是优秀的艺术作品，其艺术形象往往更鲜明、生动、典型，越能诱发和调动欣赏者产生这样或那样的情绪体验，艺术欣赏的效果就越好。如明人臧晋叔在《元曲选·序二》中所说的那样："使人快者掀髯，愤者扼腕，悲者掩泣，羡后色飞。"③ 艺术形象以情感人，在于它反映和表现深刻、普遍的人性内容和人生体验，展现出丰富而饱满的思想内容。而虚假造作、浮夸庸俗的艺术形象，通常难以引起人们的兴趣，更不要提情感上的共鸣了。除此之外，由于欣赏主体注意力的指向性、选择性的作用，有人关注艺术的思想内容，有人看重艺术的具体形式，艺术欣赏还包括对于艺术形式美的感知和把握，艺术欣赏包括对欣赏对象物化形态，如外在线条、色彩、轮廓、构图、画面的欣赏，而艺术作品能否通过含蓄蕴藉的传达形式诱发联想和想象，使得形象蕴含的意义涓涓流出，是艺术形象产生社会价值的必要条件。

---

① 《马克思恩格斯全集》第 42 卷，人民出版社 1979 年版，第 126 页。
② 《马克思恩格斯选集》第 2 卷，人民出版社 1979 年版，第 95 页。
③ 王学奇主编：《元曲选校注》第 1 册上，河北教育出版社 1994 年版，第 12 页。

主客体关系。欣赏主体和欣赏客体之间存在着相互依存、相互联系、相互作用的关系。欣赏主客体不能脱离对方而单独存在，二者的关系是在艺术欣赏这一特定实践活动下生成的。只有艺术主体具有一定的艺术修养和欣赏水平，将艺术作品转化为现实的欣赏对象，与艺术作品达到某种程度的配合、协调、补充，才是完整的、和谐的、有效的艺术欣赏活动。艺术欣赏的主体与对象并不构成恒定的关系，而是动态变化的。"艺术对象创造出懂得艺术和能够欣赏美的大众……生产不仅为主体生产对象，而且也为对象生产主体。"① 欣赏者的艺术欣赏能力不是固定不变的，而是不断变化的，同一个人面对同一形象，也可能得出不同的感受和结论。"同是一部《离骚》，在童稚时我们不曾感得甚么，然到目前我们能称道屈原是我国文学史上第一个有天才的作者。"② 显然，对艺术作品的解读和感悟不同，并不是作品本身的内容、价值发生了根本性的改变，而在于欣赏主体社会阅历、人生经验、人生际遇的变化，使得欣赏者有了对艺术形象的"填充"与想象的能力和条件，从而使得原来冲突、陌生的主客体关系达到了平衡和默契。

三　直观教育法

直观教育法，是通过实物、模型、幻灯片、宣传画、标本、图表、电影等形象的教具和形象化的语言组织德育活动，使人们获得丰富鲜活的表象，以获取知识、启迪智慧，提高认识的一种方法。运用直观教育法开展形象德育，或是通过观察、演示、参观具体实物，以具体的实物直接作用于人的感官，来说明、确证、支撑所传授的道德理论；或是利用投影、图片、幻灯片、插图、挂图、电影、电视等模拟展示感性的形象，引发学生积极思考；或是通过生动形象的语言去描述生活现象和道德状况，引发人们产生丰富的联想和想象，把抽象的、理性、晦涩的东西变得具体、感性、通俗，直接呈现在人们面前，生动直接，容易被人理解、接受。《复兴之路》通过展示珍贵文物、历史照片、艺术作品，并

---

① 《马克思恩格斯论艺术》第 1 卷，中国社会科学出版社 1982 年版，第 157—158 页。
② 郭沫若：《沫若文集》第 10 卷，人民文学出版社 1957 年版，第 79 页。

充分运用现场实景、三维动画、视频特技、音乐音效等手法，把人们带回了近代以来跌宕起伏、波澜壮阔的难忘岁月，对人们进行了生动而深刻的历史观和爱国主义教育。习近平总书记参观展览后指出："回顾了中华民族的昨天，展示了中华民族的今天，宣示了中华民族的明天，给人以深刻教育和启示。"①

　　直观教育法反映和符合人们的思维发展规律，人对客观世界的认识总是从感觉开始的，没有感觉，没有对物质世界形象的感性认识，受众获得的理论和概念完全是空洞的。然而，感觉、感性只能把握事物的现象，无法把握事物最一般和最本质的方面，理性思维能远远超出感觉器官的局限，超出感性经验的界限，它却始终不能抛弃同感知、认识和表象、想象的联系。离开了对具体事物的感知，离开人们感性知识和经验，理性认知就缺乏感性材料的支持，是不可能达到对事物内在联系和本质规律的反映和认知的。直观教学法遵循人的认识规律，通过实物的演示、图表的展示、语言的描绘，调动、刺激受众的视觉、听觉等各种感官参与认知过程，使得受众在感知形象的基础上，获得了丰富生动的表象，从具体到抽象，从现象到本质，从感性到理性，提高了思想认识。直观教学广泛的应用于日常生活和道德生活中，在幼儿阶段，父母常常借助丰富多彩的感性材料，直观地向幼儿展示苹果、香蕉等具体实物，通过实物数量的增减，让幼儿感知、观察和触摸实物，使得幼儿获得"数"这一抽象概念；有的父母则在对幼儿有意义的和熟悉的走路、搬椅子等生活情境中，通过数步数、数椅子等方法潜移默化地让幼儿获得对"数"的概念识记和认知；有教学经验的老师在讲述抽象道德理论时，往往借助直观的教具、模型、图片等，在学生头脑中唤起鲜明生动的形象，以此帮助学生理解、识记抽象理论。依照直观教育法所运用的具体教具的不同，可以将直观教育法分为实物直观、模像直观、语言直观等，它们各自有着不同的适用范围和特点。

　　一是实物直观。就是在形象德育教学中，让受众具体接触真实可感

---

　　①　习近平：《承前启后 继往开来 继续朝着中华民族伟大复兴目标奋勇前进》，《中国农业会计》2012 年第 12 期。

的具体事物，获得鲜明而实在的体验和知识。实物直观的方式比较适合讲授抽象的道德原则和道德说理，《圣经》是犹太人进行思想启蒙的教育读物，犹太人为了教育孩子热爱学习、塑造信仰，在孩子稍微懂事时，就会滴一些蜂蜜在《圣经》上，叫小孩去舔书上的蜂蜜，感受到《圣经》的"甜蜜"，诱发和培养孩子对《圣经》的喜爱。在实物直观中，由于实物中的本质属性与非本质属性堆杂在一起，本质属性容易被非本质属性遮蔽，人们容易被次要的信息影响而忽略主要内容，教师需要提醒和引导学生，抛开实物中的次要方面和非本质属性，抓住实物的主要方面和本质属性。

二是模像直观。主要是运用图片、幻灯、电影等方式作为直观的工具对实物进行模拟，根据教学内容和目的，突出表现事物的本质特点，如幻灯片、电影、图片等。模像直观便于人们了解日常生活中不太有机会接触的具体事物，比如可以通过大量原始社会的图片、资料、电影帮助人们了解原始社会的道德发展状况；通过我国军事题材视频资料、历史事件资料、航空航天技术资料、奥运会视频材料等增强人们的军情意识、爱国意识和民族自豪感。

三是语言直观。在直观教育中，只要学生头脑中有了感性材料的储备，教师恰当地发挥言语直观的作用，通过生动的案例、事实、故事、谚语等，可唤起学生丰富的表象，从而加深对知识和理论的理解。语言直观相比起其他方式更加灵活广泛，不受空间、时间、设备等条件的限制，但往往不如前两种方式那么鲜明、生动，也对教师的语言能力和语言技巧提出了更高的要求。习近平总书记是优秀的党和国家领导人，注重使用通俗生动的语言宣传、传播马克思主义，形成独具特色的"习式风格"。他曾以"老虎"和"苍蝇"为喻体，形象比喻大小贪官污吏，被人们广为流传。习近平总书记以生活中钉钉子等具体小事作为喻体，他说："抓落实就好比在墙上敲钉子：钉不到点上，钉子要打歪；钉到了点上，只钉一两下，钉子会掉下来；钉个三四下，过不久钉子仍然会松动；只有连钉七八下，这颗钉子才能牢固。"① 面对青年学生，习近平总

---

① 习近平：《之江新语》，浙江人民出版社2007年版，第241页。

书记用"扣子说"强调青年价值观培育的重要性，这样的语言，营造了具象化的场景和生动画面，直观生动，比喻贴切，让人过目不忘、印象深刻。

在形象德育中运用直观教育法，应结合具体内容，要灵活运用实物直观、模像直观和言语直观手段，提高直观手段运用的针对性。年龄小的学生，由于自身经验的局限，往往在对客观事物感性材料的积累上不够，所以要尽量直接接触实物，深入知识的源泉，到大自然中去，从中积累关于世界的丰富表象，也可运用动图、动画、幻灯等吸引儿童的注意力。而对成人进行直观教育，就可以选择多样的教具，尤其是通过语言直观充分调动人们的想象联想能力。运用直观教育法，直观仅仅是一种认识的载体，是推动受众思维发展的手段，不是认识的目的。有的教师往往有意无意地将学生的注意力引向图片、模型、电影、幻灯本身，随意地罗列和堆砌大量的直观教具，固然也会吸引学生的注意力，但却没有引向图片、模型、电影、幻灯中最主要、最本质的东西，学生往往看得眼花缭乱、云里雾里，挤压和侵占了思维空间，这样的直观教育是无效的。

四　情境模拟法

情境模拟法，是教育者根据教育目的和受教育者的身心发展特点，有目的、有意识、有计划地创设通过一定的情境设置再现、还原教学内容，唤起受众一定的情绪体验，使学生产生身临其境之感，并在情境中加以训练，以促使受教育者道德品质内化和道德习惯养成的方法。

创设合乎教育内容需要的德育情境。一般来说，创设教育目的需要的德育情境是情境模拟法的核心和关键，关乎整个教育的效果。情境模拟法主要通过生活展现情境、实物演示情境、图画再现情境、音乐渲染情境、表演体会情境、语言描绘情境、虚拟互动情境等实现。情境模拟法旨在还原事件原貌、复原事件场景，对德育情境内容的精心构思与设计，将文本、图形、图像、动画、视频、声音等多种媒体融入其中，使学生能够置身于具体的情境中，充当特定角色，身临其境、沉浸其中，通过模拟演练，反思情境表现与潜藏的社会问题和道德观念，并循序渐进、有的放矢地加以引导，促进受教育者品德素养的提升。运用情景模拟法必须要注重从各环节、各方面、各阶段营造符合教学内容要求的恰当情境，增强情境的震撼性、教学内容的贴合度、议题选择的代表性。情境模拟法要着眼于满足受众的情感需求。运用情境模拟法，教育者需要通过创设和营造特定的氛围和情境，将深刻的理论与鲜活的情感结合起来，将一定的德育思想和理论渗透在情境中的人物、事件、情节之中，受众在实际的参与体验和现场感受中体会情境中人与事表达的情感，产生浓厚的求知欲望和兴趣，在一次次的情境体验中，获得情绪上的回应、共鸣和满足，储存和积淀积极的情感体验，在认知与情感、感性与理性、思想和行为不断的、复杂的矛盾运动中，了解道德知识、领悟人生道理、固化道德行为。

情境模拟法致力于发挥受众的主体地位。情境模拟法，具体来说，教师根据预先设计的主题和教学目标，引导学生在课下通过查阅资料自主研究，以诗歌朗诵、舞台剧、情景剧、话剧小品、课堂辩论等形式呈现。运用情景模拟法，教师是设计者、引导者，任务是密切跟踪和关注社会道德热点事件，有目的、有计划地选择、设计、优化适合教育目的的情境氛围，从学生的知识背景和实际经验出发，创设能够引发受众产生体验性反思的情境，唤醒学生的道德知识和主体意识，培养学生的道德思维和道德判断能力。教师要精心设计互动环节，科学分配、把控节奏，适时组织、调动、纠偏、提醒、引导。受众是参与体验者，教师需要充分凸显学员在情境模拟演练中的主体地位和作用，关键是能否把受众置身于引发其积极思考的场景和氛围之中，让受众深刻认识到自身的道德需要并在实际活动中实现道德素质的提升。运用情景模拟法开展形象德育，就要做到以下几点。

创设情境，贴合生活。情境模拟的根本目的在于引导受众在一定的情境中通过体验获得正确的道德认知，并外化为道德行为，形成良好的行为习惯，将所学道德理论用于解决日常生活的实际问题，建构一种有道德的生活。教师创设情境一定要接近教育者的实际生活，联系实际生活、生活经验、个人经历，选择生活中有争议的、有讨论价值的、有代表性的事件，有效调动学生的感受力和经验，去探讨、反思其蕴含的现实问题，使之产生深刻而恒久的印象。尤其是伴随着信息技术的发展，当前运用情境模拟法开展德育，更要注重通过动画、视频、图像、声音、图片等多媒体技术手段，构建现代的仿真虚拟情境，充分调动学生的感官，完善德育体验过程，利用微信、微博、QQ、E-mail、弹幕等开展线上互动，激发学生更加有效参与道德体验和学习过程，使得德育内容真实、亲切和可信。

良性互动、组织有序。运用情境模拟法，受众是自我教育、自我认知、自我评价的主体，德育的效果必须通过受众自身的思想矛盾运动来实现。然而，由于受众理解能力和人生经验的不足，难免会误解教育者设置的具体情境的真实用意，造成理解认知上的偏差、情绪体验上的错位，尤其是有的情境本身就网罗了各种不同的要素和内容，受众很容易将次要的看成主要的，将非本质的看成本质的，这就需要教师及时地协调、引导、补充，使受众在其帮助下，顺利有效地进行情境模拟教学。而受众在感受体验具体情境时，往往很难反观自身行为表现，这也需要教师组织、引导受众深刻讨论各自的行为表现，检测、纠正不良的行为倾向。

检测评估，及时反馈。情境体验后，应及时对情境模拟法的使用状况和效果进行调查，以便于评估受众的思想动态和道德状况，找出受众的优点、缺点、兴趣点、兴奋点、矛盾点，通过及时反馈和诊断，引导受众共同探求一定的情感、态度、价值取向和问题策略，对受众产生鼓励或警示作用；通过信息反馈，了解取得了何种成效、起到了什么作用，尚存哪些不足，收集受众的反应信息，监控具体的情境模拟执行效果，调查受众对情境中人、形象、角色、活动的态度和看法，当发现德育情境模拟教学决策中的局限和不足时，要及时调整和完善情境模拟的具体方案，制定出更加切实合理的德育模拟活动方案，提高德育的有效性。

五　环境熏陶法

所谓环境熏陶法，是指思想政治教育工作者有目的地创设、优化和利用一定的具有德育的环境，对受教育者进行感染和熏陶，潜移默化地影响和推动受众形成正确的思想和行为的一种方法。运用环境熏陶法，教育目的是隐蔽的，教学方式是间接的，教学内容是渗透于环境之中的，而环境的影响和作用一旦奏效，受众就会获得一套合乎要求的素质和行为方式，形成稳固的思想品质。

环境熏陶法在形象德育中具有重要的作用。环境的发展和变化丰富和完善了形象德育的内容，决定了形象德育的更新与创新；而形象德育的更新与创新反过来又优化、拓展了具体环境。与传统社会相比，现代科学技术的发展，尤其是网络信息技术的发展，形成了形象德育环境的新因素，即虚拟环境。虚拟环境拓宽了人的实践活动范围，彰显了人的本质力量，拓展了形象德育的路径，形象德育面对环境的变化，必须因时而变、与时俱进，优化和利用网络环境，培养和塑造人的道德品质。环境决定人的思想、意识和观念，人的思想、意识和观念随着环境的变化而变化。"人们的观念、观点和概念，一句话，人们的意识，随着人们的生活条件、人们的社会关系、人们的社会存在的改变而改变。"① 然而，环境创造人，人也改变环境。"既然人的性格是由环境造成的，那就必须使环境成为合乎人性的环境。"② 人们运用环境熏陶法创设和利用一定的环境，直接作用于人的感官，通过暗示、舆论、示范、模仿等心理作用感染、影响他人的情绪，约束和规范个体行为，改变思想道德状况。运用环境熏陶法，通过各种间接化的方式反复、综合、集中强化先进的价值观念，从社会环境、家庭环境、学校环境、人际环境、心理环境等多领域、多角度引导人们的价值选择，将教育目标隐蔽起来，这样，受众就在不知不觉中潜移默化地受到感染、影响和教育。而"教育者的教育意图越是隐蔽，就越是能为教育的对象所接受，就越能转化成教育对象自己的内心要求"③。

环境熏陶法，寓教于境、寓教于乐、寓教于情，有很强的渗透性、感染力，尤其在人的主体意识不断被张扬的当代，更容易使人们在不知不觉中接受环境所传递的思想信息。开展形象德育，实际运用环境熏陶

---

① 《马克思恩格斯文集》第 2 卷，人民出版社 2009 年版，第 50 页。
② 《马克思恩格斯文集》第 1 卷，人民出版社 2009 年版，第 189 页。
③ ［苏联］B. A. 苏霍姆林斯基：《给教师的一百条建议》，周蕖等译，天津人民出版社 1981 年版，第 136 页。

法，就是积极创设、系统开发、优化运用利于人们良好品德发展的各种环境，要注意以下三点。

其一，系统协调环境系统。形象德育的环境功能要得到最大发挥，必须要协调环境内部诸要素之间的关系。形象德育的环境要素，相对受众的教育过程的空间分布而言，包括自然环境、家庭环境、学校环境、社会环境；从形象德育环境，相对于受众的教育影响性质而言，可分为积极环境和消极环境；从环境在社会领域中的分布来看，可分为宏观的国际环境、经济环境等，中观方面来看有行业环境、网络环境等，微观环境如社区环境、家庭环境等；以系统观点协调实现系统的最佳组合，教育者应当为人们创设、提供能够陶冶人的性情，愉悦人的身心的环境，避免、减少、屏蔽不良环境的影响，确立各个层次环境的贯通脉络，善于利用自然环境，整体优化学校环境、家庭环境和社会环境，形成虚拟环境和现实环境的优势互补，提高形象德育的效果。

其二，营造宽松心理环境。运用环境熏陶法时，要注重营造良好的心理环境，所谓心理环境，是对人产生实际影响的情绪、情感、心理、精神状态，是受众能否敞开心扉，以积极、主动、开放的态度接受环境影响的关键。营造宽松的心理环境，就是应创设和谐、民主、愉快的环境氛围，充分尊重、关心、接纳每一个受众，激发保护受众的求知欲和好奇心，注重学生积极乐观心态的建设，配合家庭及时纠正受众的不良情绪和思想，真诚热情地与受众互动对话，诱导受众与他人进行情感交流，细致认真地观察受众的反应，使得受众能够以一种理性、开放、主动的态度对待各种环境，为环境熏陶奠定良好的心理基础。

其三，培养提高主体意识。由于形象德育的环境是一个由多种要素构成的复杂的、多维的、开放的环境，呈现出纷繁复杂、层次多样的突出特征，因此，运用环境熏陶法，必然离不开对受众主体意识的培养。受众的主体意识，是受众对自身的地位、能力、状况、价值的一种自觉认识，主要包括自主认识能力、自主选择能力、自主判断能力和自主控制力。在当代社会尤其是网络社会，形象德育的环境更加复杂、多变，各种信息鱼龙混杂、良莠不齐，这无疑给形象德育环境的创设带了极大的困难。培养受众使他们学会如何区分真假、明辨是非，对事物作出正确的判断和评价，从大量的信息中选择出为我所用的信息，主体意识的重要性就更加凸显，形象德育的环境创设和受众主体意识的培养是一致的，前者体现了客观环境的决定性作用，后者反映了人的主观能动性作用，应将二者统一起来。

六 感受体验法

感受体验法是指受众在亲身尝试、经历中直接体会、反思、领悟一定对象蕴藏的思想、情感、意义，从而获得思想启迪的一种方法。在形象德育中运用感受体验法，就是教育者有意识、有目的地创设一定的活动、场景和情境，引导受教育者参与其中，在实际的感受和体验中丰富自身的情感，获得人生感悟，提升个人境界的活动。

感受体验法，重在个体的亲身体验。感受体验是一种直接的、立即的、当下的反映，强调个体去感知、参与、领悟和内省，实现自主学习，从而达到自我完善和自我提升的内化过程。"体验是一种图景思维活动。其中'图景'是一种跨越时空的整体性存在，它同时包含着个体人的生活阅历、当下生活场景和未来人生希冀，其显著特征是整体性、现场性和超越性。"[1] 体验者在亲眼所见、亲耳所闻、亲身体验中获得感性直观，能使人们获得真实感、信任感、现实感，往往能留下更深刻的印象，领悟出更为深沉的含义。对于"愁"的认识，辛弃疾有一首词写道："少年不知愁滋味，爱上层楼，爱上层楼，为赋新词强说愁。而今识得愁滋味，欲说还休，欲说还休，却道天凉好个秋。"[2] 少年不谙世事，对于愁的认识是表层的、形式的，而当真切地感受和体验过愁苦的生活后，将对"愁"的理解融入生命成为无法用言语表达的生命直觉，只道"天凉好个秋"，显然更加深沉、深刻。而创作者体验越深刻，创作出的作品往往就越能打动人。作家路遥曾深情地说："在生活中还是平凡的人、普通的人最多，我写《平凡的世界》最基本的想法，就是写普通人……我是带着

---

① 刘惊铎：《体验：道德教育的本体》，《教育研究》2003 年第 2 期，第 53—59 页。
② 徐汉明校注：《辛弃疾全集校注》（上、下），华中科技大学出版社 2012 年版，第 1006 页。

深挚感情来写中国农民的，我觉得对他们先要有深切的体验，才能理解他们，写好他们。"①《平凡的世界》是当代文学的经典，讲述了普通人人生路上遇到的挫折、痛苦、欢笑以及对现实的不满与抗争、对美好未来的追求。为了这部伟大作品的创作，作家路遥吃尽了苦头，在山上放过羊，在田野里过过夜，在煤矿下过井，有了深刻的洞察和体验，才使他的作品直抵人心，直到今天仍然拥有旺盛的生命力。

感受体验法，是"以身体之，以心验之"。体验一方面体现为直接性，"这种直接性先于所有解释、处理或传达而存在，并且只是为解释提供线索、为创作提供素材"②，另一方面是从这种直接性中得到的收获，即"直接性留存下来的结果"③。感受体验，以感官为中介，在体验中唤醒人的心灵，达到对道德的体察和领悟。一方面要"以身体之"，直觉地、直观地把握客观对象，捕捉事物的信息和细节，满足人的感官需要，没有对于事物具体的、直接的感受，没有关于事物的直接经验，就没有体验。另一方面，又要"以心验之"，要求探入对象的本质和内在，超越对象的具体形式，孕育体验者主动发展的愿景和力量，瞬间由内心生发出一种比他人更多的对生命、人生、价值的感发和体悟，这种感悟，继续存在于人的记忆之中，令人回味不已，久久难忘。

感受体验法，强调建立过去、当下和未来的联系。感受体验可以从当下的体验中获得一种感悟，并将这种感悟留存下来，成为人的知识经验的一部分。人的一生，总在感受体验各种不同的事物，在一次次的感受体验中，人们不断地从当下人、事、物、境中联想曾经的生活经历，并预感未来生活，积累大量丰富的表象信息，以历史的、发展的视角看待各种事物，诠释生命的意义和价值。这有利于激发受众的情感，丰富受众的心理体验，培养人们乐观积极的人生态度。感受体验的过程，是

① 《习近平与他的作家"朋友圈"》，中国新闻网，http://www.chinanews.com/ll/2016/10 – 19/8036622. shtml.

② ［德］汉斯－格奥尔格·伽达默尔：《真理与方法：哲学诠释学的基本特征》上卷，洪汉鼎译，上海译文出版社1999年版，第78页。

③ ［德］汉斯－格奥尔格·伽达默尔：《真理与方法：哲学诠释学的基本特征》上卷，洪汉鼎译，上海译文出版社1999年版，第78页。

人们直接认知事物，对事物做出价值选择和判断，在评价中提升情感、碰触深植心底的信念情感和价值观并改变行为的过程，内涵道德发展的知、情、意、信、行的因素，强调的是人们在德育活动中的积极性、主动性和参与性，便于受众完成道德的自我建构，发生道德境界的实质性变化。

运用感受体验法，就要积极创设受众感受体验的具体情境，引导受众在道德实践中获得实实在在的感受。当然，由于受众的感受和体验都是主观的、个人的，教育者要及时引导和纠正受众感受体验中出现的偏差和问题，鼓励强化感受体验之中的创新之处，及时克服感受体验中的不足之处，并组织安排受众间进行体验交流，增强感受体验的交互性作用。虚拟现实技术的出现能提供直观、形象的多重感官刺激的视听觉材料，有利于受教育者的全方位感受和深度体验。目前，不少学校开始探索将 VR（虚拟现实）技术应用于思想政治理论课，通过体验，感受就更深，就能对历史有更深刻的理解。北京理工大学马克思主义学院研制的基于 VR 技术的软件课程"重走长征路"，就是运用感受体验的方法，通过技术手段实现学生与长征途中的恶劣气候、地理条件等场景切换呈现和交互体验，让学生亲身感受红军长征的艰辛，从而更好地理解长征精神，学习红军不畏艰难的品质。学生带上 VR 装备，如同"置身于雪山草地当中，寒风在耳畔呼呼作响，红军战士们弓着身子，拖着疲惫的身躯，迈着沉重的步伐，缓缓地行走在铺满白雪的草地上。这时，耳边响起一个沧桑的声音：'孩子，往前走吧。'不一会儿，场景切换到雪山，左侧峭壁，右侧悬崖，脚下的石头上落满了积雪，红军一字纵队向前走，偶尔有人跌落下去"①。这种技术使得教学手段更科学化，提供直观、多重的感官刺激，让学生观察、体验到在现实生活中不能观察到的事物，使其更容易在丰富的情感上建立深刻认知。

感受体验法的使用，要注重师生双方的情感沟通。师生情感融洽、顺畅、醇厚，有利于学生敞开心扉、真实表达；反之，如果双方情感不

---

① 《"虚拟"体验思政课 "仿真"重走长征路》，科学网，http：//news. sciencenet. cn/htmlnews/2016/12/363525. shtm。

和，学生带着情绪和压力，内心是抵触逆反的，体验的效果自然不好。形象德育的教育对象是有思维、有情感、有尊严的个体，这就要求教师一定要设身处地地了解受众的处境、情感和需求。个体德育感受体验过程，是建立在个体自我意识基础之上对于活动、场景或情境的亲身经历，在此基础上获得内心的参悟，产生抽象的道德思想和观念，以致反思、形成新经验和新认识的过程。感受体验能力敏锐的受众在摄取信息、获得材料、认知形象时，往往能够敏锐细腻，捕捉细节，以小见大，领悟人生智慧与真理。反之，对于感受体验能力贫乏的人来说，再斑斓的世界也无异于广袤的荒原，产生不了深刻的体验和认识。指导受众用心观察生活，对于感受体验能力的培养是大有好处的。刘勰说过，"繁采寡情，味之必厌"，单单观察生活是不够的，非得倾入情感、全心投入、关心生活不可。将丰富的情感融入生活，往往能强化对事物的感觉，深化对事物的体验；反过来，深刻地感受体验事物又会触发对事物深厚的情感。当然，感受体验能力的培养还需要理性的锻打和指导，从而使发展感性的、情感的东西更加稳固地保存下来。

七　情感共鸣法

情感共鸣法是指教育者通过表现他人情感或引起情感变化的情境的内容，使受众在这种内容的刺激作用下，在情感上产生与之近似或一致的感受和反应，从而在情感上获得陶冶、思想上获得转变的一种方法。

情感共鸣是情感互动的最高形态，既包括人们通过直接感受具体形象与之产生的情感上的共鸣，如自然体验、艺术欣赏中的情感共鸣现象，也包括当一个人形成的情感得到他人认可之后，这种情感体验具有渲染性，他人情绪、情感产生感染和影响，他人的情感反过来会加剧这个人的情感，反复作用形成的情感上的交互感染和循环反应。如个人与他人、个人与群体的人际互动中的情感共鸣，往往能使道德情感的沟通和传递更加频繁、高效。2019年3月18日，习近平总书记在主持召开学校思想政治理论课教师座谈会上，曾深情地回忆起上初中时一位政治课老师讲授焦裕禄的事迹，数度哽咽，给同学们带来巨大的心灵震撼。习近平总书记说："这节课在我的一生中留下深刻印记，对我树立坚定的理想信念也有很重要的影响。"① 在这里，政治课老师对焦裕禄的事迹和精神在了解的基础上产生的情感，习近平总书记在课堂上提到老师授课产生的情感，其他同学在课堂上的情感，汇聚成情感的河流，他们既通过在感知形象中产生情感共鸣，又在人际互动中以情绪感染情绪，产生情感共鸣，形成叠加和循环效应，以至于习近平总书记经过那么多年还印象深刻，对他树立坚定的理想起到了重要作用。

情感共鸣现象之所以能发生，客观条件是人类社会存在着的共同的情感形态。人们在现实生活中都直接或间接地体验过喜怒哀乐、爱恨荣辱这些情感，它们是人类所具有的共同的、普遍的情感形态。别林斯基说过："感受诗人的作品——这就意味着要在自己心中体验和感到作品内容的一切富藏、一切深度，痛其所痛，苦其所苦，并且为其中的欢乐、胜利和希望而兴高采烈。"② 受众感知各种各样的形象，体会形象所表现的生动的、真实的情感形态，自然就会对形象产生情感上的共鸣。同样，某种引起情感变化的情境的刺激作用，也会引发人们与之产生情感上的共鸣。情感共鸣之所以能发生，主观条件在于人们存在的想象力。人们通过想象深入其所感知的角色的主观世界，以心换心，与之易地而处，设身处地感受他人的处境、理解他人的想法，产生情感共鸣。

形象德育，不是教师自拉自唱、自说自话，而应是师生情感共鸣的双边对话、思想互动。运用情感共鸣法具体策略如下。

发挥"自己人效应"。只有认同才能共鸣，这就需要教师运用多种互动平台，平等交流，让大学生既当"听众"又当"主角"，强化"自己人效应"，充分尊重、平等相待每一个个体，了解、关心、帮助受众，以寻求和建立心理共识，做到不盛气凌人、不高人一等，建立民主、融洽的关系，在平等沟通、自由交流中以情感共鸣来推动形象德育。"时代楷模""全国优秀教师"大连海事大学曲建武教授用真情关爱学生成长成才，发自内心地爱护学生，及时掌握学生的思想动态、用真正的才能架

---

① 《习近平讲述的故事，焦裕禄的人民情怀》，新华网，http：//www.xinhuanet.com//2019 – 07/01/c_ 1210174352.htm.

② ［俄］别林斯基：《别林斯基论文学》，梁真译，新文艺出版社 1958 年版，第 141 页。

起了与学生之间的心灵桥梁。在他看来："思想政治教育也是学问，教学生知识不难，难的是让学生认同你的价值观。这就像家长教育孩子似的，在孩子的成长过程中，如果你没有给予孩子无微不至的爱，家长讲得再有道理，孩子也不会听从家长的管教。"正是这种真切的情感带来的情感共鸣，曲建武充分利用微信、短信、博客等方式与学生保持紧密联系，及时跟学生沟通，成为塑造灵魂的典范，为老师和同学们所称赞。

寻找情感共鸣点。所谓共鸣点，就是能够引起人们产生近似感受、情感和体验的形象、区域、事物、情境等。运用情感共鸣法，关键在于发现共鸣点。人与人之间存在的共鸣点往往体现在相似的生活经历、相似的兴趣爱好、相似的职业地位、相似的地域口音等。这就需要教育者打破屏障、深入受众，与之建立心理和情感上的联系，尽可能掌握准确受众全面的信息，利用慕课、微课、翻转课堂等教学方式，回应大众普遍关心关注的热点、难点、焦点和深层次问题，准确判断和寻找关注点、兴奋点、共鸣点，找准情感的触发点，以拨动心弦、感动人心、引发共鸣。追求"共鸣"，是对教育者的要求，更需要受众的积极参与。对于受众来说，如何与形象产生共鸣，就需要丰富人的生阅历和情感体验，从感知对象之中反观自身，发挥自己的想象、联想能力。林黛玉听《牡丹亭》中杜丽娘的游园伤春情怀，"不觉心痛神驰，眼中落泪"[1]，正是林黛玉领略到杜丽娘的人生际遇、心境滋味，并反思与审视自我生命境遇和生存状态，情感上的共鸣才得以发生。现实生活中，人们在评价电影中的情节时常说的戳中"泪点""笑点"，正是对于共鸣点的生动具体表达。

以具体形象为媒。借助生动、具体的形象，情感的发生、发展、变化就有了形象化载体和媒介，往往更能引发深刻的思想共鸣。具体说来，教育者可以利用图片、电影、录音、幻灯、音乐、绘画等手段，把德育内容贯穿于生动具体、具有强烈感染力的文艺活动、电影展播、音乐欣赏、情景小品、诗歌朗诵、角色互换等活动之中，或者通过参加运动会、大型义演等群体性活动使得人们在集体活动中感受他人和群体的强烈情

---

[1] 张福昌点校，张福昌校本：《红楼梦》，沈阳出版社 2010 年版，第 122 页。

感状态，实现人与人、人与群体的情感互动，引发强烈的思想共鸣。总之，德育借助这种特殊的形象化的方式，更容易刺激人的感官，产生强烈的情绪体验，诱发人们产生丰富的想象和联想，将德育内容融入生动活泼、丰富多彩的体验活动、欣赏活动、群体活动之中，并加以引导，使其在情感的推动下在现实生活中将一定的心理感受和体验外化为具体的、实际的、自觉的行动，在培养人的道德情操方面产生潜移默化的作用。

八　言传身教法

言传身教法是指以言语教导人、以人格感染人、以行为示范人的一种德育方法。运用言传身教法，最重要的是要处理好"言传"和"身教"的关系，既要深入浅出、富有情感地讲好理论，又要言行一致，把理论落实转变为实际具体行为。

开展形象德育，运用言传身教法，一要靠言传，靠话语的力量，二要靠身教，靠人格的力量。言传，是讲解知识、分析原理、阐释理论，做好知识传播和思想疏导。振聋发聩、透彻有力的言语和口号往往能转化成为人们行动的内在驱动力，起着宣传感召、鼓舞动员、振奋人心的激励作用。言传，要有一定的感染力和说服力，要博古通今，还要充满激情，紧锣密鼓道出利弊、端出优劣警醒人，和风细雨、娓娓道来，滴水石穿打动人。身教，是以身作则，践行真理，率先垂范，以实际行动和人格魅力感染带动人。孔子认为："其身正，不令则行；其身不正，虽令不从。"[①] 自我品行端正，即使不发号施令，老百姓也会去实行，若自身品行不端，发布的命令百姓也难以服从。范晔同样指出："以身教者从，以言教者讼。"[②] 身教，是无声的德育，是以高尚的人格感化人、以积极的态度感染人、以实际的行动示范人，主要靠的是以情感征服人。教师用自身真善美的思想言传身教、感化学生，以堂堂正正的人格品格感染学生，就会真正在内心赢得学生。正如苏联著名教育家加里宁所说

---

① 《论语·子路》，北京联合出版公司 2019 年版，第 99 页。
② 《后汉书·列传·第五·钟离宋寒列传》，《后汉书》卷四一，中华书局 2012 年版。

的那样："教育者影响受教育者的不仅是他教的某些知识，而且还有他的行为、生活方式以及对日常现象的态度。"① 教育者的示范行为就是无声的德育、无形的教导，身教示范、以身作则更容易使得双方进行比照。古人深谙身教之效用，商鞅"立木为信"、季布"一诺千金"，都阐明了身教的重要性。

运用言传身教法，要坚持言传与身教的一致。形象德育不仅需要传授知识和道理，而且还要通过实际行动和榜样示范去实践所讲的道理，既要说到，又要做到，怎么说的，就怎么去做，做到言行一致、知行合一。思想政治工作者把思想观念转化为受教育者的自觉行动，既要善于说理，向受教育者宣传方针政策，解决人们的思想问题，使得人们了解和掌握社会的道德要求，提高理论水平和思想境界，同时，又要严格要求自己，身体力行，带头实践思想理论，将自己言传的内容落实到实际行动当中，通过自己的行为来示范、引导，使得言传和身教高度一致，用自己的坚定信仰和模范行为来影响和教育受教育者。言传与身教的高度统一，也是认识和实践的统一，是提高形象德育吸引力和感召力的需要。思想政治工作者在进行教育时，传授的知识、道理和观念往往都是间接经验，是从课本、书本中得来的，要真正理解、认可这些道理，不能仅仅依靠学习和钻研，必须躬身实践，亲身体验，在理论学习的基础上，从实际生活中，从社会实践中进一步理解和体会其中的深刻含义。德育工作者要注意用言传的内容指导、规范、检视自身的行为，把学习、体验、认可的思想，尤其是经过自己行动体验验证的正确思想传达给受教育者，使得言传更加入情入理，用自己的实际行动和人格魅力去赢得喜爱、信赖和崇敬，继而增加言传的影响力和说服力。

开展形象德育，如何将言传与身教相结合，起到最佳的效果呢？

博学广闻，化行为言。言传要有广博的知识储备，教育者只有博览群书、扩大知识面、狠抓业务、提高专业度，才能旁征博引、为我所用、说理透彻、语言精湛，令人耳目一新，留下深刻的印象。如果教育者怠

---

① ［苏联］米·伊·加里宁：《论共产主义教育与教学》，人民教育出版社1957年版，第44页。

于学习、胸无点墨，德育中的言传自然是毫无魅力，缺乏时效。形象德育中，言传要静思熟虑，符合实际，力求精准，切勿哗众取宠、言之无物，要注意把行动转化为语言，将实际行为中的体验、感受、心得总结概括出来，以生动形象的语言传达给受众，提高言传的吸引力和说服力。言论是否正确、恰当、科学，不是理论问题，而是实践问题。行动检验着言语是否被传播和认同，当言语的预言与行为结果一致时，就验证了言语的真理性，符合道德规范要求的行为是思想政治教育言语的完成，行为是检验言语是否真实可信的标准，人们可以在行为的践履中检验、反思言语是否真实、科学，从而及时纠正、调整言语及言语方式。

正身正己，以点带面。形象德育中，育人者必须自己先受教育，再将自己所受教育而形成的思想转化为具体的行为，引导和带动受众，产生以点带面、影响辐射的作用。形象德育运用的各种形象，主要包括先进榜样、文学形象、影视形象、动漫形象等，要发挥其引领示范作用，体现在其生动鲜活的言论上，更体现在其感人至深的行动和事迹中。没有感人的行动、事迹和精神，先进榜样的形象既不可能树立起来，也不可能产生感染教育作用。思想政治教育既要注重用典型人物、先进模范和社会榜样的鲜活语言表达他们的思想追求，更要从他们的实际行动和感人事迹中发掘其崇高精神，使人们在耳闻目染、感受体验中受到教育、熏陶和启发。思想政治教育运用的现实生活中的先进榜样如此，运用的文艺创作中的艺术形象也如此。既要注重通过言论话语表达艺术典型人物说了什么，更要注重通过行为事迹表现艺术典型人物做了什么，注重其言行是否一致，只有言行一致、知行统一的艺术典型，才能深深打动人、感染人、教育人，由点带面，产生辐射效应。

言顾于行，行顾于言。言行一致，言行相彰，言顾于行，行顾于言，深化教育者身教的力量，言传才更能入耳如心；增强教育者的人格力量，身教才更能教育人、感染人。言之愈明、愈真切、愈有理，对客观事物的认识愈深刻，则行之动力愈足，行之愈笃；践行愈深，经过亲身之行，对言的体验和认识愈深沉、愈真切，才能使言产生更大的吸引力和感召力。霍姆林斯基说："理想、原则、信念、观点、好恶、道德、审美等方面的准则在教师的言行上如能达到和谐、一致，那么就可以点燃青少年心灵中的火花，成为青少年行动的灯塔。"① 中国历来就强调行随言至，信诺践行，言行相符，高度契合。孔子指出："始吾于人也，听其言而信其行。今吾于人也，听其言而观其行。"考察和判断一个人，不仅要听其言，更要观其行，看其是否言行相符，言行一致，才值得交往、合作。言行一致，言行相契，不仅是为人处世的基本要求，更是形象德育的必然法则。无论是以言导行，言在行先，还是以行证言，行在言先，言行一致，通过言传身教，保证言与行在目的、方向和作用上的一致，是最好的说服，是实现形象德育叠加效果的重要方式。

---

① 李振澜、熊光：《中外名言大辞典》，四川辞书出版社1991年版，第499页。

参考文献

一　著作类

《马克思恩格斯列宁斯大林论德育》，四川人民出版社 1983 年版。

《马克思恩格斯文集》（第 1—10 卷），人民出版社 2009 年版。

《马克思恩格斯选集》（第 1—4 卷），人民出版，2012 年版。

《列宁斯大林论政治工作》，人民出版社 1964 年版。

《列宁选集》（第 1—4 卷），人民出版社 2012 年版。

《列宁专题文集》，人民出版社 2009 年版。

《毛泽东邓小平江泽民论思想政治工作》，学习出版社 2000 年版。

《毛泽东选集》（第 1—4 卷），人民出版社 1991 年版。

《毛泽东著作专题摘编》（上、下），中央文献出版社 2003 年版。

《邓小平文选》（第 1—2 卷），人民出版社 1994 年版。

《习近平谈治国理政》（1—3 卷），外文出版社 2014、2017、2020 年版。

《无产阶级革命家论德育》，复旦大学出版社 1984 年版。

艾思奇：《大众哲学》，人民出版社 2009 年版。

陈德礼：《中国艺术辩证法》，吉林人民出版社 1990 年版。

陈力丹、陈俊妮：《传播学入门》，人民日报出版社 2011 年版。

傅世侠、张昀：《生命科学与人类文明》，北京大学出版社 1994 年版。

黄书光：《中国社会教化的传统与变革》，山东教育出版社 2005 年版。

黄钊：《中国古代德育思想史论》（上、下），中国社会科学出版社 2011 年版。

蒋孔阳：《形象与典型》，百花文艺出版社 1980 年版。

教育部思想政治工作司组编：《思想政治教育原理与方法》，高等教育出版社 2010 年版。

李江涛：《当代文化发展新趋势研究》，中央编译出版社 2009 年版。

李锦辉：《规范与认同》，山东人民出版社出版 2011 年版。

李征：《马克思恩格斯思想政治教育理论与实践研究》，北京大学出版社 2011 年版。

联合国教科文组织国际教育发展委员会：《学会生存——教育世界的今天和明天》，上海师范大学外国教育研究室译，上海译文出版社 1979 年版。

刘纲纪：《艺术哲学》，武汉大学出版社 2006 年版。

刘玉瑛：《思想政治工作语言艺术》，中央文献出版社 2000 年版。

陆贵山：《审美主客体》，中国人民大学出版社 1989 年版。

骆郁廷：《精神动力论》，武汉大学出版社 2003 年版。

戚万学：《冲突与整合—— 20 世纪西方道德教育论》，山东教育出版社 1999 年版。

钱学森：《关于思维科学》，上海人民出版社 1986 年版。

秦启文、周永康：《形象学导论》，社会科学文献出版社 2004 年版。

任海涛：《思想教育与宣传艺术》，光明日报出版社 2012 年版。

沙莲香：《传播学—— 以人为主体的图像世界之谜》，中国人民大学出版社 1990 年版。

沈壮海：《思想政治教育的文化视野》，人民出版社 2005 年版。

宋重冰：《桥船之光——新时期思想政治工作的方法和艺术》，档案出版社 1991 年版。

王树荫、张耀灿：《中国共产党思想政治教育史》，中国人民大学出版社 2011 年版。

温寒江：《学习与思维：学习中思维的全面协调可持续发展》，教育科学出版社 2010 年版。

伍蠡甫、胡经之：《西方文艺理论名著选编》，北京大学出版社 1986 年版。

伍蠡甫主编：《西方文论选》（上、下卷），上海译文出版社 1988 年版。

肖伟胜：《视觉文化与图像意识研究》，北京大学出版社2011年版。

张耀灿、郑永廷、吴潜涛、骆郁廷：《现代思想政治教育学》（第2版），
　　人民出版社2007年版。

周辅成：《西方伦理学名著选辑》（下卷），商务印书馆1996年版。

周冠生：《形象思维与创新素质》，上海教育出版社2002年版。

朱小蔓：《情感德育论》，人民教育出版社2005年版。

二　译著

［德］黑格尔：《美学》（第1卷），朱光潜译，商务印书馆1979年版。

［法］勒庞：《乌合之众：大众心理研究》，冯克利译，中央编译出版社
　　2000年版。

［法］罗兰·巴尔特：《符号学原理》，王东亮等译，生活·读书·新知三
　　联书店1999年版。

［古希腊］柏拉图：《文艺对话集》，朱光潜译，人民文学出版社1963
　　年版。

［古希腊］亚里士多德：《诗学》，陈中梅译，商务印书馆1996年版。

［加］马歇尔·麦克卢汉：《人的延伸——媒介通论》，何道宽译，四川人
　　民出版社1992年版。

［加］马修·弗雷泽：《软实力：美国电影、流行乐、电视和快餐的全球
　　统治》，刘满贵等译，新华出版社2006年版。

［美］奥图：《人的潜能》，刘君业译，世界图书出版公司1988年版。

［美］莱斯特：《视觉传播：形象载动信息》，霍文利等译，北京广播学院
　　出版社2003年版。

［美］曼纽尔·卜斯特著：《认同的力量》（第二版），曹荣湘译，社会科
　　学文献出版社2006年版。

［美］米歇尔：《图像理论》，胡永国等译，北京大学出版社2006年版。

［美］尼尔·波兹曼：《娱乐至死·童年的消逝》，广西师范大学出版社
　　2009年版。

［美］苏珊·朗格：《艺术问题》，中国社会科学出版社1983年版。

［美］托马斯·R.布莱克斯利：《右脑与创造》，傅世侠、夏佩玉译，北

京大学出版社 1992 年版。

［美］威尔杜兰:《世界文明史 希腊的生活》,幼狮文化公司译,东方出版社 1999 年版。

［美］约瑟夫·奈:《软实力》,马娟娟译,中信出版社 2013 年版。

［美］珍妮特·沃斯、［新西兰］戈登·德莱顿:《学习的革命:通向 21 世纪的个人护照》,顾瑞荣、陈标、许静译,上海三联书店 1997 年版。

［斯洛文尼亚］阿莱斯·艾尔雅维茨:《图像时代》,胡菊兰、张云鹏译,吉林人民出版社 2003 年版。

［苏联］高尔基等:《苏联作家谈创作经验》,曹静华等译,中国青年出版社 1956 年版。

［英］安吉拉·默克罗比:《后现代主义与大众文化》,田晓菲译,中央编译出版社 2001 年版。

［英］斯图尔特·霍尔:《表征》,徐亮、陆兴华译,商务印书馆 2003 年版。

［英］汤林森:《文化帝国主义》,冯建三译,上海人民出版社 1999 年版。

三 期刊类

段钢:《图像时代的符号和象征》,《天津社会科学》2006 第 4 期。

樊浩:《伦理感、道德感与"实践道德精神"的培育》,《教育研究》2006 年第 6 期。

冯锐:《论多媒体技术对教学过程的影响》,《中国电化教育》1999 年第 7 期。

李吉林:《"情境教育"的探索与思考》,《教育研究》1994 年第 1 期。

李政涛:《图像时代的教育论纲》,《教育理论与实践》2004 年第 15 期。

刘济良:《生命体验:道德教育的意蕴所在》,《教育研究》2006 年第 1 期。

刘佳佳:《让德育走向生活化》,《山西财经大学学报》2012 年第 S2 期。

刘惊铎:《体验:道德教育的本体》,《教育研究》2003 年第 2 期。

吕耀怀:《道德榜样三要素及其局限》,《道德与文明》2008 年第 2 期。

骆郁廷:《思想政治教育的本质在于思想掌握群众》,《马克思主义研究》

2012 年第 9 期。

孟建：《视觉文化传播：对一种文化形态和传播理念的诠释》，《现代传播》2002 年第 3 期。

沈政：《脑科学与素质教育》，《教育研究》1999 年第 8 期。

王海明：《论道德榜样》，《贵州社会科学》2007 年第 3 期。

王树堂：《思想教育工作中的形象教育》，《探索》1997 年第 5 期。

温寒江：《谈思维在德育中的作用》，《中国德育》2007 年第 4 期。

薛晓阳：《学校精神文化建设的新视野》，《教育研究》2003 年第 3 期。

张新玉：《道德实践：道德教育的本体》，《社会科学战线》2006 年第 4 期。

周宪：《视觉文化的转向》，《学术研究》2004 年第 2 期。

四　英文文献

David. F. Hansen, *Exploring the Moral Heart of Teaching: Towarda Teachers Creed*, N. Y. Teachers College Press, 2001.

Gleason, P. , "Identifying Identity: A Semantic History", *The Journal of American History*, 1983.

Kohlber, L. , *The Psychology of Moral Development*, San Francisco: Harper & Rown, 1984.

Robert J. Nash, *Answering the "Virtuecrats": A Moral Conversation on Character Education*, New York and London: Teachers Colleges, Columbia University, 1997.

Thomas Lickona, "Educating for Character—How Our School Can Teach Respect and Aesponsibility", 1991.

后 记

萌生研究形象德育的想法，细想起来，已经十来年了。我在大学从事教学和科研工作期间，形象的若干问题便一直萦绕在我的心头，常常看到，大学生对抽象的理论往往感到乏味而兴趣索然，而对图片、视频等形象化材料则颇有兴致，谈论起来眉飞色舞，生活中人们似乎也越发喜欢摄取形象而不是抽象的材料，加之我的成长也受着文学艺术作品的影响，其中不乏一些经典形象，更是长久地印刻脑海，成为治学为人的风向标。本书的出现，不可不谓是体味生活的结果。

本著是在我的博士学位论文基础上修改完善的成果。我的导师骆郁廷教授对博士学位论文的研究写作倾注了大量的心血。从思路、大纲到撰写，导师多次深入、细致地指导，多次审读，提出修改意见，在迷茫时期，导师给了我莫大的鼓励和信心。桃李不言，下自成蹊。攻博和写作期间，导师在思想上的启迪、学术上的指引，更是形象育人、身教示范的生动佐证！我将深深的感激和钦佩之情转化为学术道路追索的持续动力。衷心感谢我的博士学位论文答辩主席郑永廷教授。先生做真学问，真做学问，作为我国著名思想政治教育家、思想政治教育学科奠基人之一，他治学严谨，视野宏阔，和蔼可敬，在论文答辩中给了我很大的肯定和鼓励，如今，先生已逝，但其留下的宝贵精神财富和丰厚的研究成果将成为后学的精神动力。博士期间，有幸直接聆听梅荣政教授、黄钊教授、石云霞教授、沈壮海教授、丁俊萍教授、项久雨教授、佘双好教授等导师的教诲，许多创新观点和思想给予我很大启发，尤其是在博士学位论文开题和写作过程中，许多老师从多方面给予了我关心和指导。

在此，深表感谢。

特别感谢深圳大学的领导和同事在我学习期间给予我的关心、支持和帮助。感谢我的博士同学郭莉、史珊珊、魏强、张斌、刘彦东、高聪颖等对我的关心和帮助，他们在我学习、工作和生活中给予了无私帮助，他们的扶持和关照温暖着我。感谢家人的支持和理解，他们的关爱是我前行的精神源泉。

阿根廷诗人博尔赫斯这样写道：

> 看着时间和水汇成的河，
> 会想到时间的河并不一样，
> 要知道，岁月像江河一样消逝，
> 面容像河水一样流淌

路漫漫，以梦为马，吾将上下而求索！

孙婷婷

2021 年 12 月 20 日于深圳